환동해문화권 북부지역의 선사문화
연해주 선사고고학 개론

진인진

일러두기

1. 이 저서는 2021년 부산대학교 인문학연구소의 지원을 받아 수행된 연구임.
2. 참고문헌은 각 장의 마지막에 표기했고, 같은 해의 논저도 이곳에서 확인 가능함. 책의 끝에는 참고문헌을 종합해서 정리했음.

환동해문화권 북부지역의 선사문화 **연해주 선사고고학 개론**

초판 1쇄 발행 | 2021년 11월 18일

지　　음 | 김재윤
발 행 인 | 김태진
발 행 처 | 진인진
등　　록 | 제25100-2005-000003호
본문편집 | 배원일, 김민경
주　　소 | 경기도 과천시 별양상가 1로 18 614호(별양동 과천오피스텔)
전　　화 | 02-507-3077~8
팩　　스 | 02-507-3079
홈페이지 | http://www.zininzin.co.kr
이 메 일 | pub@zininzin.co.kr

ⓒ 진인진 2021
ISBN 978-89-6347-489-2　93900

* 이 책 내용의 전부 또는 일부를 다시 사용하려면 반드시 자료 제공 협조기관과 출판사 모두의 동의를 얻어야 합니다.
* 책값은 표지 뒷면에 있습니다.

환동해문화권 북부지역의 선사문화
연해주 선사고고학 개론

목차

I. 머리말   18

II. 환동해문화권의 형성과 연구현황   22
    1. 환동해문화의 지역범위와 교류   23
    2. 기후변화와 환동해문화권의 형성   34
       1) 동해와 시호테알린산맥~백두대간   34
       2) 기온변화와 문화의 이동   36
    3. 연해주고고학연구사   41
       1) 19세기말   41
       2) 20세기초   43
          (1) 아르세니예프   43
          (2) 오클라드니코프와 안드레예프, 안드레예바   46
          (3) 오클라드니코프의 민족지 이용연구   50
    4. 고고자료와 고아시아족문제   53

III. 환동해문화권 북부지역의 선사문화   58

    구석기시대   59
    1. 특징과 편년   59
    2. 유적   64
       ① 게오그라피체스코예 옵세스트보 동굴유적   64
       ② 우스티노프카-7 유적   64
       ③ 우스티노프카-6 유적   65

신석기시대 68

  1. 고토기 단계 68

    1) 연구현황과 편년 68

      (1) 연구현황 68

      (2) 편년 73

    2) 문화적 특징 76

      (1) 유적 76

        ① 우스티노프카-3 유적 76

        ② 리소보에-4 유적 76

        ③ 체르니고프카-1 유적 76

        ④ 곤차르카-1 유적 77

        ⑤ 가샤 유적 80

        ⑥ 훔미 유적 82

        ⑦ 그로마투하 유적 83

        ⑧ 체르니고프카- 나- 지 유적 83

      (2) 유물 83

        ① 토기 83

        ② 석기 86

  2. 루드나야 문화 92

    1) 연구현황 92

      (1) 연구사 92

      (2) 분포와 편년 94

    2) 문화적 특징 98

      (1) 유적 98

        ① 세르게예프카- 1 유적 98

        ② 세클라에보-7 유적 99

        ③ 초르토비 보로타 100

        ④ 드보랸카-1 유적 103

        ⑤ 루자노바 소프카-2 유적 103

⑥ 루드나야 프린스턴 유적 — 104

⑦ 마략-르발로프 유적 — 105

(2) 유물 — 105

① 토기 — 105

② 석기 — 109

● 박편 석기: 장신구 제작도구 — 109

● 수렵구 — 112

● 가공구 — 113

● 장신구 — 114

3. 보이스만 문화 — 116

1) 연구현황 — 116

(1) 연구사 — 116

(2) 편년 — 117

2) 문화적 특징 — 117

(1) 유적 — 117

① 보이스만-Ⅰ 유적 — 117

② 보이스만-Ⅱ 유적 — 118

③ 자레치예-1 유적, 한시-1 유적, 한시-2 유적 — 120

④ 루자노바 소프카-2 유적 — 122

⑤ 서포항 유적의 1기 — 122

(2) 유물 — 123

① 토기 — 123

② 석기 — 127

◇ 수렵구 및 어로구 — 127

◇ 굴지구 — 129

◇ 가공구 — 129

◇ 장신구 — 130

4. 자이사노프카 문화 132
   1) 연구현황 132
      (1) 연구사 132
      (2) 분포와 편년 133
   2) 문화적 특징 137
      (1) 유적 137
         ① 자이사노프카-1 유적 137
         ② 그보즈제보-4 유적 138
         ③ 크로우노프카-1유적의 하층 138
         ④ 무스탕-1 유적 139
         ⑤ 보골류보프카-1 유적 139
         ⑥ 노보셀리쉐-4 유적 139
         ⑦ 아누치노-14 유적 140
         ⑧ 서포항 유적-2기, 3기, 4기 140
         ⑨ 금곡 유적 142
         ⑩ 홍성 유적 143
         ⑪ 앵가령 유적 144
         ⑫ 석회장 유적 145
      (2) 유물 145
         ① 토기 145
         ② 석기 152
           ■ 수렵구 152
           ■ 굴지구 156
           ■ 가공구류 156

청동기시대 166
1. 마르가리토프카 문화 166
   1) 연구현황 166
      (1) 연구사와 편년 166
   2) 문화적 특징 168

(1) 유적 168
① 글라조프카-2 유적 168
② 루드나야 프리스턴 유적 168
③ 프레오브라제니예-1 168
④ 페레발 유적 168
⑤ 올가 10 유적 178
⑥ 마략-르발로프 유적 178
⑦ 범의구석 유적 1기의 1호 주거지 178
(2) 유물 180
① 토기 180
② 석기 186
③ 곡물자료 186

2. 시니가이 문화 186
 1) 연구현황 186
  (1) 연구사 186
  (2) 분포범위와 편년 188
 2) 문화적특징 190
  (1) 유적 190
   ① 시니가이 A유적 중층 190
   ② 하린 유적 190
   ③ 아누치노-14 유적의 상층 191
   ④ 레티호프카 유적 191
   ⑤ 아누치노-29 유적 191
   ⑥ 루드나야 프리스턴 유적의 상층 193
   ⑦ 리도프카-1 유적 하층 194
   ⑧ 서포항 유적 5기, 6기, 7기 194
  (2) 유물 194
   ① 토기 194
   ② 석기 200

③ 청동유물   203

3. 리도프카 문화   204

  1) 연구현황   204

    (1) 연구사 및 편년   204

  2) 문화적 특징   205

    (1) 유적   205

      ① 리도프카-1유적 상층   205

      ② 모나스트르카-Ⅱ유적   205

      ③ 블라고다트노예-3 유적   205

      ④ 두브로빈스코예 토성   206

      ⑤ 서포항 유적의 6기와 7기   206

    (2) 유물   207

      ① 토기   207

      ② 석기   209

      ③ 극동전신상토우 및 토제 고리   209

철기시대   215

1. 얀콥스키 문화   215

  1) 연구사   215

    (1) 연구현황   215

    (2) 편년   218

  2) 문화적 내용 유적과 유물   226

    (1) 유적   227

      ① 슬라뱐카-1, 2유적   227

      ② 페스찬느이-1유적   228

      ③ 말라야 포두세치카 유적   228

      ④ 차파예보 유적   229

      ⑤ 발렌틴 유적   229

      ⑥ 바라바쉬-3 유적   229

⑦ 올레니 1, 2 유적   232
　(2) 동북한   232
　　① 초도 유적   232
　　② 오동 유적   233
　　③ 범의구석 유적   234
3) 문화적 특징   236
　(1) 유물   236
　　① 토기   236
　　② 석기   236
　　③ 철제품   240
　　④ 골제품   240

2. 크로우노프카 문화   241
1) 연구현황   241
　(1) 연구사   241
　(2) 편년   242
　(3) 분포범위와 옥저의 문제   247
2) 문화적 내용   249
　(1) 유적   249
　　① 크로우노프카 1 유적   249
　　② 코르사코프스코예 2 유적   250
　　③ 노보고르데예프스코예 유적   251
　　④ 아누치노-1 유적   251
　　⑤ 아누치노-4 유적   252
　　⑥ 올레니-A 유적   252
　　⑦ 페트로프 섬   252
　　⑧ 불로치카 유적   256
　　⑨ 키예프카 유적   257
　　⑩ 단결 유적   257
　　⑪ 대성자   258

(2) 유물　　　　　　　　　　　　　　　　　　　　　　258
　　　　① 토기　　　　　　　　　　　　　　　　　　　　258
　　　　② 청동기　　　　　　　　　　　　　　　　　　　263
　　　　③ 철제품　　　　　　　　　　　　　　　　　　　263
　　　　④ 석기, 골각기 및 토제품　　　　　　　　　　　　265

3. 동강문화　　　　　　　　　　　　　　　　　　　　　　265
　1) 연구현황　　　　　　　　　　　　　　　　　　　　　265
　　(1) 연구사와 편년　　　　　　　　　　　　　　　　　265
　2) 문화적 특징　　　　　　　　　　　　　　　　　　　266
　　(1) 유적　　　　　　　　　　　　　　　　　　　　　266
　　　　① 드보랸카-3 유적　　　　　　　　　　　　　　　267
　　　　② 세미퍄트나야-1 유적　　　　　　　　　　　　　268
　　　　③ 세미퍄트나야-3 유적　　　　　　　　　　　　　268
　　　　④ 대목단둔 유적- 하층　　　　　　　　　　　　　269
　　　　⑤ 雄場 유적　　　　　　　　　　　　　　　　　269
　　　　⑥ 石灰場 유적 중층　　　　　　　　　　　　　　269
　　　　⑦ 우장 유적　　　　　　　　　　　　　　　　　270
　　　　⑧ 서안촌동 유적의 후기　　　　　　　　　　　　270
　　　　⑨ 앵가령 유적-상층　　　　　　　　　　　　　　270
　　　　⑩ 동강 유적　　　　　　　　　　　　　　　　　273
　　　　⑪ 동승 유적　　　　　　　　　　　　　　　　　273
　　(2) 유물　　　　　　　　　　　　　　　　　　　　　274

IV. 맺음말　　　　　　　　　　　　　　　　　　　　　284

지도목차

지도 1	연해주의 후기구석기시대	59
지도 2	아무르강 유역과 연해주의 고토기 유적	69
지도 3	연해주 신석기시대 대표유적	96
지도 4	환동해북부지역 청동기시대 유적	167
지도 5	환동해문화권 북부지역의 철기시대 유적	222

표목차

표 1	사카치알리안 유적의 연대(김재윤 2019 재인용)	24
표 2	환동해 문화권 북부지역의 범위와 편년(김재윤 2021a 재편집)	32
표 3	카로트키(카로트키 외 1996)의 동안 기온변화(김재윤 2017 재편집)	36
표 4	아무르강 하류 오시포프카 문화와 중류의 그로마투하 문화 절대연대	74
표 5	루드나야 문화와 보이스만 문화의 유적	93
표 6	루드나야 문화의 절대연대(바타르세프 2009, 김재윤 2017 재인용)	95
표 7	루드나야 문화와 보이스만문화의 주거지 특징	95
표 8	보이스만 문화 토기의 편년(김재윤 2009 재인용)	118
표 9	자이사노프카 문화의 대표유적	134
표 10	5000~3800년 전 환동해문화 북부지역의 신석기문화 변천(김재윤 2017 재편집)	135
표 11	5000~3800년 전 환동해문화 북부지역의 신석기 유적의 절대연대(김재윤 2017 재인용)	136
표 12	5000~3800년 전 환동해문화 북부지역의 신석기 유적의 주거지 특징(김재윤 2017 재편집)	141
표 13	서포항 유적의 신석기시대 주거지(김재윤 2017 재편집)	143
표 14	5000년 전 환동해문화권 북부의 토기문양시문방법(김재윤 2017 재인용)	152
표 15	연해주 청동기시대 절대연대(김재윤 2018a, 김재윤 2018b 재편집)	176
표 16	환동해북부지역 청동기시대 문화 대표 유적	177
표 17	마르가리토프카 문화의 주거지특징(김재윤 2011 재인용)	179
표 18	연해주 청동기시대와 철기시대 편년(김재윤 2021 재인용)	187
표 19	시니가이 문화의 주거지 특징	193
표 20	얀콥스키(Y) 문화와 크로우노프카(K) 문화의 유적(김재윤 2008 재편집)	224
표 21	단결크로우노프카 문화의 절대연대(김재윤 2016 재인용)	246
표 22	단결–크로우노프카 문화의 편년(김재윤 2016 재인용)	246
표 23	얀콥스키 문화와 크로우노프카 문화의 주거지 특징	254
표 24	동강 문화 유적과 토기	274

그림목차

그림 1	환동해문화권의 암각화와 토우	25
그림 2	말리세보 문화의 토기(필자촬영)	26
그림 3	오산리C지구 토기(필자촬영)	26
그림 4	6500~6000년 전경 환동해문화권북부와 남부지역의 신석기토기(김재윤 2021a 재인용)	27
그림 5	6000년 전 환동해문화권북부와 남부지역의 신석기토기	28
그림 6	연해주 시니가이 문화와 강원도, 평거동 유적의 토기	29
그림 7	흥성유적의 돌대각목문토기(필자촬영)	30
그림 8	6000년 전과 4500년 전 보이스만 해안가 6000년경 보이스만 해안가	37
그림 9	얀콥스키(댜코바 2009 재인용)	42
그림 10	아르세니예프(댜코바 2009 재인용)	43
그림 11	아르세니예프가 조사한 시호테 알린 산맥 중부지역(댜코바 2009 재인용)	44
그림 12	표도로프 작성, 1885년 니콜라예프카-우수리스크(현재 우수리스크) 부근의 고대 유적(댜코바 2009 재인용)	45
그림 13	오클라드니코프와 안드레예프(댜코바 2009재인용)	47
그림 14	바이칼 유역의 신석기시대 물고기 모형과 축치-에스키모 인의 물고기형상 (오클라드니코프 1950, 필자재편집)	48
그림 15	세로보 유적 12호(오클라드니코프 1976, 김재윤 2018 재인용)	49
그림 16	우스티-우다 유적 4호(오클라드니코프 1955, 1978, 재편집)	50
그림 17	퉁구스족과 관련된 유물(오클라드니코프·데레비얀코 1973)	55
그림 18	게오그라피체스코예 옵세스트보 동굴 유적과 유물	60
그림 19	우스티노프카-7 유적과 우스티노프카-6 유적(코노넨코 외 2003, 필자 재편집)	62
그림 20	우스티노프카-6 유적 출토석기(코노넨코 외 2003, 필자 재편집)	63
그림 21	우스티노프카-7 유적(코노넨코 외 2003, 필자 재편집)	66
그림 22	우스티노프카-6 유적(코노넨코 외 2003, 필자 재편집)	67
그림 23	연해주 고토기(가르코빅 2000 재편집, 1a: 필자촬영)	70
그림 24	연해주 고토기(모레바, 클류예프 2016)	71
그림 25	아무르강 하류 곤차르카-1 유적 평면도(세프코무드, 얀쉬나 2012, 필자 재편집)	77
그림 26	아무르강 하류 곤차르카-1 유적 3b층(세프코무드, 얀쉬나 2012, 필자 재편집)	78
그림 27	아무르강 하류 곤차르카-1 유적 4, 5층(세프코무드, 얀쉬나 2012, 필자 재편집)	79
그림 28	아무르강 하류 곤차르카-1 유적 무덤평면도(세프코무드, 얀쉬나 2012, 필자 재편집)	80
그림 29	아무르강 하류 오시포프카 문화 토기(세프코무드, 얀쉬나 2012, 필자 재편집)	81
그림 30	아무르강 중류 그로마투하 문화 토기(세프코무드, 얀쉬나 2012, 필자 재편집)	84
그림 31	연해주 고토기 단계의 석기(코노넨코 외 2003, 필자 재편집)	87
그림 32	아무르강 하류 오시포프카 문화 석기(세프코무드, 얀쉬나 2012, 필자 재편집)	89
그림 33	아무르강 하류 오시포프카 문화 의례품 (세프코무드, 얀쉬나 2012, 메드베제프 2005, 필자 재편집)	90

그림 34	아무르강 중류 그로마투하 문화 석기(세프코무드, 얀쉬나 2012, 필자 재편집)		91
그림 35	세르게예프카-1 유적(김재윤 2017 재인용)		98
그림 36	세클라에보-7 유적(김재윤 2017 재인용)		99
그림 37	초르토브이 보로타 유적의 주거지와 출토유물(김재윤 2017 재인용)		101
그림 38	초르토브이 보로타 유적의 토기(필자촬영)		101
그림 39	초르토브이 보로타 유적의 토기(필자촬영)		101
그림 40	초르토브이 보로타 유적의 토기(필자촬영)		102
그림 41	초르토브이 보로타 유적의 장신구(필자촬영)		102
그림 42	초르토브이 보로타 유적의 골제품(필자촬영)		102
그림 43	드보랸카-1 유적 평면도와 발굴된 주거지(김재윤 2017 재인용)		103
그림 44	루드나야 프리스턴 유적 평면도와 신석기시대 주거지(김재윤 2017 재인용)		104
그림 45	루드나야유형 토기와 세르게예프카 유형(김재윤 2017 재인용)		106
그림 46	루드나야 유형의 토기(필자 촬영)		107
그림 47	베트카 유형의 토기(김재윤 2014 재인용)		108
그림 48	루드나야 문화의 박편석기(김재윤 2016)		110
그림 49	루드나야 문화의 각종석기(김재윤 2016 재인용)		113
그림 50	루드나야 문화의 장신구(김재윤 2016 재인용)		114
그림 51	투공방법(시묘노프 1967)		115
그림 52	보이스만-Ⅰ유적(보스트레초프 1998)		119
그림 53	보이스만-Ⅱ유적(포포프 외 1997)		120
그림 54	보이스만-Ⅱ유적의 무덤(포포프 외 1997)		121
그림 55	서포항 유적 9호 주거지와 토기(김재윤 2009 재편집)		122
그림 56	원보이스만 단계의 토기(필자촬영)		123
그림 57	원보이스만과 보이스만 문화의 토기(모레바 2005, 필자 재편집)		124
그림 58	보이스만 문화의 토기(모레바 2005, 필자 재편집)		125
그림 59	보이스만 5단계(필자촬영) 보이스만-Ⅱ 유적		126
그림 60	보이스만 문화의 수렵구 및 어로구(코노넨코 1998, 김재윤 2016 재인용)		128
그림 61	보이스만 문화의 각종석기(코노넨코 1998, 김재윤 2016 재인용)		129
그림 62	보이스만 문화의 장신구(포포프 외 2002, 김재윤 2016 재인용)		130
그림 63	보이스만 문화의 석기(필자촬영)		130
그림 64	보이스만 문화의 석기(필자촬영)		131
그림 65	자이사노프카-1 유적의 뇌문토기(필자촬영)		137
그림 66	그보즈제보-4 유적 출토 토기(필자촬영)		138
그림 67	보골류보프카-1 유적 이중구연횡주어골문토기		139
그림 68	흥성유적 출토 두만강 2유형 토기(필자촬영)		144
그림 69	자이사노프카 문화의 두만강 1유형(김재윤 2017 재인용)		146
그림 70	자이사노프카 문화의 두만강 2유형(김재윤 2017 재인용)		147
그림 71	자이사노프카 문화의 두만강 3유형(김재윤 2017 재인용)		148

그림 72	자이사노프카 문화의 한카호1유형(김재윤 2017 재인용)	149
그림 73	자이사노프카 문화의 한카호2유형(김재윤 2017 재인용)	150
그림 74	자이사노프카 문화의 목단강 2유형(김재윤 2017 재인용)	151
그림 75	자이사노프카 문화의 수렵구(김재윤 2016 재인용)	153
그림 76	자이사노프카 문화의 굴지구(김재윤 2016 재인용)	154
그림 77	자이사노프카 문화의 가공구류(김재윤 2016 재편집)	155
그림 78	프레오브라제니예-1 유적 평면도(국립문화재연구소 2008)	169
그림 79	프레오브라제니예-1 유적 토기(국립문화재연구소 2008)	170
그림 80	프레오브라제니예-1 유적 토기와 마제석기(국립문화재연구소 2008)	171
그림 81	프레오브라제니예-1 유적 토기와 타제석기(국립문화재연구소 2008)	172
그림 82	올가-10 유적 평면도(바타르세프 외 2017, 김재윤 재편집)	173
그림 83	올가-10 유적의 주거지(바타르세프 외 2017, 김재윤 재편집)	173
그림 84	올가-10 유적의 토기(바타르세프 외 2017)	174
그림 85	올가-10 유적의 토기와 석기(바타르세프 외 2017, 김재윤 재편집)	175
그림 86	적색마연토기의 변천(김재윤 2011 재인용)	181
그림 87	마르가리토프카 문화의 1유형(김재윤 2011 재인용)	182
그림 88	마르가리토프카 문화의 1유형과 2유형(김재윤 2011 재인용)	183
그림 89	흥성문화 1유형(김재윤 2011 재인용)	184
그림 90	흥성문화 2유형(김재윤 2011재인용)	185
그림 91	레티호프카 유적 2004년 발굴된 대형토기와 봉상파수 토기(필자촬영)	189
그림 92	시니가이 문화의 서부 1유형(김재윤 2018a 재인용)	189
그림 93	시니가이문화의 주거지(김재윤 2018a 재인용)	192
그림 94	시니가이 문화의 서부 2유형(김재윤 2018a 재인용)	195
그림 95	시니가이 문화의 서부 2유형(김재윤 2019a 재인용)	196
그림 96	시니가이문화의 동부1유형과 동부2유형(김재윤 2018a 재인용)	197
그림 97	시니가이 문화의 동부1유형(김재윤 2018a 재인용)	198
그림 98	시니가이 문화의 동부2유형(김재윤 2018a 재인용)	199
그림 99	시니가이문화 서부 지역의 2유형 석기(김재윤 2018b)	201
그림 100	시니가이문화의 동부지역 1유형과 2유형 석기와 청동기(김재윤 2018a)	202
그림 101	시니가이문화의 서부지역 청동 유물 외(김재윤 2018a)	203
그림 102	리도프카 문화의 부엌칼형 석도(필자촬영)	204
그림 103	리도프카-1 유적 출토(필자촬영)	205
그림 104	서포항 7기 및 6기 일부(김재윤 2018b 재인용)	206
그림 105	리도프카 문화의 토기(김재윤 2018b 재인용)	207
그림 106	리도프카 문화의 석기(김재윤 2018b 재인용)	208
그림 107	리도프카 문화의 석제품과 토제품(김재윤 2018b 재인용)	212
그림 108	얀콥스키 문화의 적색마연토기	215

그림 109	얀콥스키 문화의 마제석검	216
그림 110	바라바시-3 유적의 철제품	218
그림 111	노브고르도바와 즐레노바의 카라숙 동검 편년(김재윤 2021b재인용)	220
그림 112	즐레노바(1976)의 타가르 문화 동검 분류(김재윤 2021b재인용)	221
그림 113	말라야 포두세치카 유적(안드레예바 외 1986)	228
그림 114	바라바쉬-3 유적의 평면도(김재윤 2018c)	230
그림 115	바라바쉬-3 유적의 제철유구(김재윤 2018c)	231
그림 116	범의구석 4기~6기의 유물(김재윤 2016 재인용)	235
그림 117	크로우노프카 문화와 얀콥스키 문화의 유물(김재윤 2016 재인용)	237
그림 118	연해주 얀콥스키 문화의 석검(김재윤 2021b)	238
그림 119	얀콥스키 문화의 화살촉, 석창	239
그림 120	치파예보 유적 출토 골제품	241
그림 121	단결-크로우노프카 문화의 토기(필자촬영)	243
그림 122	단결-크로우노프카 문화의 토기(국립문화재연구소 2008 재인용)	244
그림 123	범의구석 6기의 철제와 청동제유물 및 관련유물(김재윤 2016 재인용)	245
그림 124	크로우노프카 1유적의 평면도(김재윤 2008 재인용)	250
그림 125	단결-크로우노프카 문화의 주거지(김재윤 2016 재인용)	253
그림 126	단결-크로우노프카 문화의 토기(김재윤 2016 재인용)	259
그림 127	단결-크로우노프카 문화의 시루(김재윤 2008 재인용)	260
그림 128	단결-크로우노프카 문화의 청동유물	262
그림 129	이즈웨스토프카 유적 출토 세형동검과 동경(클류예프 2008재인용)	263
그림 130	단결-크로우노프카 문화의 철부와 석부	264
그림 131	드보랸카-3 유적 출토유물과 평면도(김재윤 2009)	267
그림 132	세미퍄트나야-1·3 출토 토기(김재윤 2009 재인용)	268
그림 133	앵가령 유적의 하층 주거지와 토기(김재윤 2009 재인용)	271
그림 134	동강문화의 주거지(김재윤 2009 재인용)	272
그림 135	동강문화의 토기(김재윤 2016 재인용)	275

I

Primorskii

환동해문화권 북부지역의 선사문화: 연해주 선사고고학 개론

머리말

이 책은 필자가 박사졸업 후 10년간 환동해문화권 북부지역의 선사문화와 관련해서 쓴 논문을 바탕으로 한 것이다. 연해주 선사고고학 개론서로, 구석기시대부터 철기시대까지 각 시대별로 고고문화를 소개하고자 한다.

환동해문화권은 신석기시대부터 시작되지만 이 책에서는 구석기시대도 포함된다. 연해주의 구석기시대는 후기구석기시대 자료로 세석인 석기가 출토되는 유적이 있는데, 시베리아와 같은 성격이다. 환동해문화권으로 따로 분리할 만큼 근거가 없으며 연구도 매우 부실한 편인데, 시베리아와는 대조적이다.

필자가 생각하는 환동해문화권은 남한의 신석기시대와 청동기시대 물질자료의 단순한 기원지가 아니라 같은 문화권역이다. 다만 전 기간이 그랬던 것이 아니고 각 시대별로 시간적인 추이가 있다고 생각한다.

이는 백두대간 북쪽으로 연결되는 시호테 알린 산맥과 동해를 공유하는 자연환경을 배경으로 한 생업형태가 같았기 때문이다. 그래서 환동해문화권의 남부지역에 속하는 우리나라의 신석기시대 유적은 강원도 영동지역에 많이 위치한다.

반면에 청동기시대는 연해주 및 두만강 유역의 청동기 문화가 남한에서 강원도 영서 및 한강 유역 일대에서 발견되고 특히 경남의 남강 유역에서도 발견된다. 이는 연해주의 신석기시대와 청동기시대 생업형태가 달랐기 때문이다. 연해주의 청동기시대는 본격적인 농경이 있었던 것으로 보고 있고, 그 시작은 신석기시대 후기인 자이사노프카 문화부터이다. 각종 석기 및 곡물자료를 근거로 한다. 그래서 환동해문화권 남부지역인 우리나라에서 발견되는 환동해문화권 북부지역의 물질 자료는 신석기시대와는 달리 강원도 영서 및 한강 유역 심지어 남강의 충적대지에서도 볼 수 있다. 남강 대평유적의 곡옥형 청동기는 비파형동검 이전의 자료로 최초로 발견된 청동유물이지만 출토당시에는 의심스러운 자료로 평가되었다. 그러나 현재는 청동기시대 조기인 정선의 아우라지 유적에서 청동유물이 발견되어서, 비파형동검 보다 이른 단계에 청동유물이 존재한다는 것은 자연스러운 사실이다. 남강 대평의 곡옥형 청동기와 유사한 유물이 환동해문화권 북부의 시니가이 문화에서 유사한 유물이 발견된다. 따라서 필자는 강원도 영서 및 한강 유역, 남강 유역의 유적에서 발견되는 청동기와 토기 중에 일부는 시니가이 문화 및 훙성문화의 물질요소라고 생각한다. 하지만 남한의 청동기시대 형성과정 중에는 많은 요소가 있었을 것이며, 연해주 및 두만강 유역의 청동기시대 사람들 때문에 한강 이남지역에서 농경문화가 주요하게 자리잡았다는 의미는 아니다.

환동해문화권의 철기시대는 얀콥스키 문화, 단결-크로우노프카 문화, 폴체문화가 알려졌는데, 폴체 문화는 이 책에서는 제외하였다. 단결-크로우노프카 문화의 III기(기원전 1~ 기원후 1세기)에 이미 '옥저'라는 정치체가 있었다면, 이를 뒤이은 폴체문화는 철기시대에서 분리해야 한다고 생각하기 때문이다.

환동해문화권은 고정되어 있지 않고 시대별로 권역의 차이가 있다(표 2). 주로 연해주 및 인접한 두만강과 목단강 유역은 환동해문화권 북부지역이고, 우리나라 강원도의 영동과 영서를 비롯한 중부지역은 환동해문화권 남부지역이다. 시간에 따라서 환동해문화권 북부지역에는 아무르강 하류도 포함된다.

환동해문화권의 북부지역인 연해주에서는 청동기시대가 되면서 시베리아 카라숙문화의 청동유물과 같은 성분의 유물들이 발견된다. 또 철기시대 얀콥스키 문화에서는 카라숙 문화 및 타가르 문화의 동검을 모방한 석검 등이 발견되면서 시베리아 문화와 동떨어지지 않았다는 것을 보여 주고 있다. 환동해문화권의 남부지역에서도 간접적인 시베리아 문화의 요소가 보이기는 하지만 아직까지는 매우 일부이며, 연해주만이 주요한 길목이었던 것은 아니다. 남북분단이라는 정치적 상황 때문에 연구에 한계가 있다.

필자가 전고에서 밝혔듯이 '기원 찾기'의 가장 큰 문제점은 지역범위에 대한 별 다른 고민 없이 현대의 '국경'을 전제로 해서, 국경에 속하지 않으면 전부 외부로만 인식해서 생겨났다. 문화의 원류, 기원, 계보 문제를 다루기 전에 최소한 문화의 지역적 위치가 지정학적인 위치가 아닌 '선사인의 생활권역'부터 구분해야 한다고 생각한다.

때문에 필자가 연구했던 우리나라 신석기시대와 청동기시대 물질문화의 요소를 확인했던 과정은 기원찾기가 아니라 문화권역을 확인하는 과정이었다.

환동해문화권 북부지역의 선사문화가 남부지역에서 확인되는 이유는 기후와 관련있다고 생각한다. 동해안의 기온이 상승하던 기간에 일어난 현상으로 신석기시대인 6500~6000B.P.과 청동기시대인 3400~2900B.P.에 일어났다. 각각 루드나야 문화와 시니가이 문화 및 훙성문화로 기온 상승기에 새로운 문화가 생겨나고 남쪽으로 이동했다. 기온하강기에 등장한 여러 문화는 그 지역에 머물렀다는데, 기온 하강기에 등장하면서 남쪽으로 이동했다고 볼 수 있는 유일한 문화는 철기시대 단결-크로우노프카 문화인데, 쪽구들(온돌)을 만들던 사람이었기 때문에 가능했을 것이다.

II

Primorskii

환동해문화권 북부지역의 선사문화: 연해주 선사고고학 개론

환동해문화권의 형성과 연구현황

1. 환동해문화의 지역범위와 교류

환동해문화권은 선사시대부터 고대까지 한반도 두만강 북쪽에 위치한 연해주와 우리나라 중부지역(동해안)이 서로 일정한 문화적 특징이 나타나는데 각 지역의 문화를 엮어서 통칭한 것이다.

환동해문화권은 러시아의 연해주와 아무르강(Амур, Amur) 하류를 포함하는 북부지역과 우리나라의 동해안 및 동남해안을 포함하는 남부지역으로 구분된다. 그 범위는 고정된 것은 아니며 시간에 따라서 차이가 있는데, 가장 넓은 범위를 보이는 시대는 신석기시대이다.

환동해문화권의 형성은 아무르 강 하류와 연해주에서 그 시작되었는데, 아무르강 하류의 사카치 알리안(Сакачи-Алян, Sakachi-Alyan) 유적과 우수리(Уссури, Ussuri)강변의 세레미체보(Шереметьево, Sheremetyevo) 유적에서 확인된다. 각각 아무르강 하류와 연해주의 대표적인 암각화 유적으로 동심원문을 응용한 마스크형 암각화가 그려져 있다. 그러나 암각화 유적은 연대를 명확하게 알 수 없어서 고고자료로서의 단점이 있다(김재윤 2019).

마스크형 암각화는 사카치 알리안 유적의 보고 당시에 6000~5000년 전의 그림으로 여겨졌고, 최근에는 아무르강 하류의 가장 낮은 신석기문화인 보즈네세노프카(Вознесеновка, Voznesenovka) 문화라고 생각되었다(표 1). 하지만 토기의 문양이 마스크형 암각화의 문양요소로 볼 수 있다는 것이었지, 직접적인 근거가 되기에는 부족했다.

그러나 마스크형 암각화와 동일한 그림이 눈강 유역의 쌍탑(雙塔)유적 1기(그림 1-1)의 토기 동체부에서 발견되어서 이 유적의 연대를 참고로 할 수 있게 되었다. 쌍탑 1기의 연대는 9550±45, 10162±630, 9445±710, 10400±600, 10202±1000, 9679±750B.P.으로 10000년 전 후에 해당한다. 이 시점에 아무르강 하류에는 오시포프카(Осиповка, Osipovka) 문화가 이미 존재했지만, 연해주에는 아직 고토기 문화가 생성되기 전이다. 그래서 연해주의 고토기 단계 마지막 시점인 9000년 전에 아무르강 하류와 연해주에 마스크형 암각화가 강변에 그려진다고 볼 수 있으며, 환동해문화권의 북부지역이 형성되었다고 볼 수 있다.(김재윤 2019)

그 이후에는 아무르강 하류와 연해주의 신석기문화는 우리나라 동해안의 신석기 유적에도 문화적 요소가 나타나면서, 환동해문화권은 지속된다. 아무르강 하류의 말리세보(Малышево, Malyshevo) 문화 특징인 적색마연토기(그림 2, 그림 4-1, 2, 4~9)가 오산리 C지구(9층, 10층)(그림 3, 그림 4-11, 15, 16)에서 나타나며, 그 연대는 오산리 C지구의 가장 아래층을 참

표 1   사카치알리안 유적의 연대(김재윤 2019 재인용)

주제		오클라드니코프 1971	라스킨 2015
새, 사슴	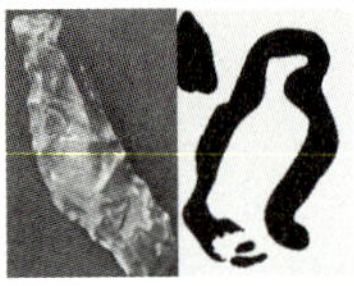	12000~10000년 전 (플라이스토세)	오시포프카문화
동심원문 사람얼굴마스크	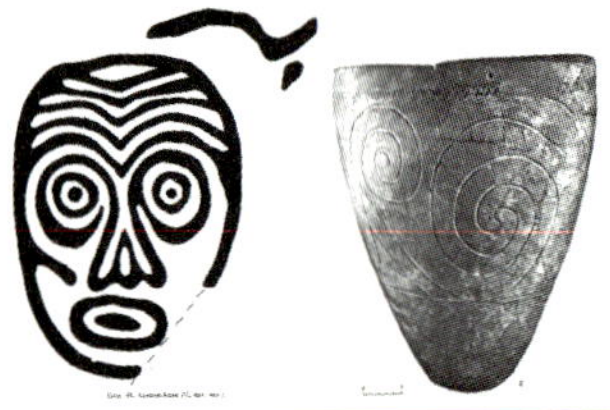	6000~5000년 전	4000~3000년 전
하트형 사람얼굴		보즈네세노프카 문화	
전쟁에 참가한 말, 사냥하는 장면 등	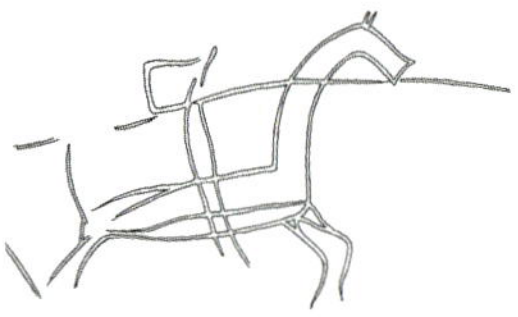	8세기(말갈 혹은 퉁구스 족)	4~13세기

고 하면 6500~6000년 전 후이다. 오산리유적의 C지구 뿐만 아니라 문암리, 망상동 등에서 적색마연토기는 확인된다. 토기 뿐만 아니라 수추섬 24호 주거지(그림 4-3) 및 오산리 최하층(그림 4-12)에서 발견된 토우는 매우 유사한데, 같은 동물을 보고 제작되었을 가능성이 있으며, 동물토템 사상이 양 지역에 존재했을 수 있다(김재윤 2015).

또한 연해주의 루드나야(Рудная, Rudnaya) 문화의 세르게예프카(Сергевка, Sergevka) 유형(그림 5-1~8)에서 볼 수 있는 융기문토기(그림 5-12~30)와 구연부에 다치구와 단치구로 압날하는 문양요소는 오산리 C지구의 8~6층, 오산리 A·B지구, 문암리 등에서 확인된다. 그 연대는 6000년 전 후이다(김재윤 2015).

한편 고령 양전동(그림 1-17), 포함안 도항리(그림 1-18), 포항 대련리(그림 1-19)의 암각화에는 동심원문과 인물형 암각화가 발견되는데, 아무르강 하류의 사카치 알리안 유적 및 우수리강 변의 세레미체보 유적, 두만강의 지초리 유적에서 볼 수 있는 요소이다. 반구대 암각화에서도 환동해문화권의 암각화 그림 요소가 보이는데, 북극해에 위치한 페그티멜(Пегтимель, Pegtimel) 암각화(그림 1-13)와 아무르강하류의 사카치 알리안에서 확인되는 사슴그림과 같은 방법으로 그려진 것이 모두 반구대)에서 확인된다. 아울러 반구대(그림 1-20)

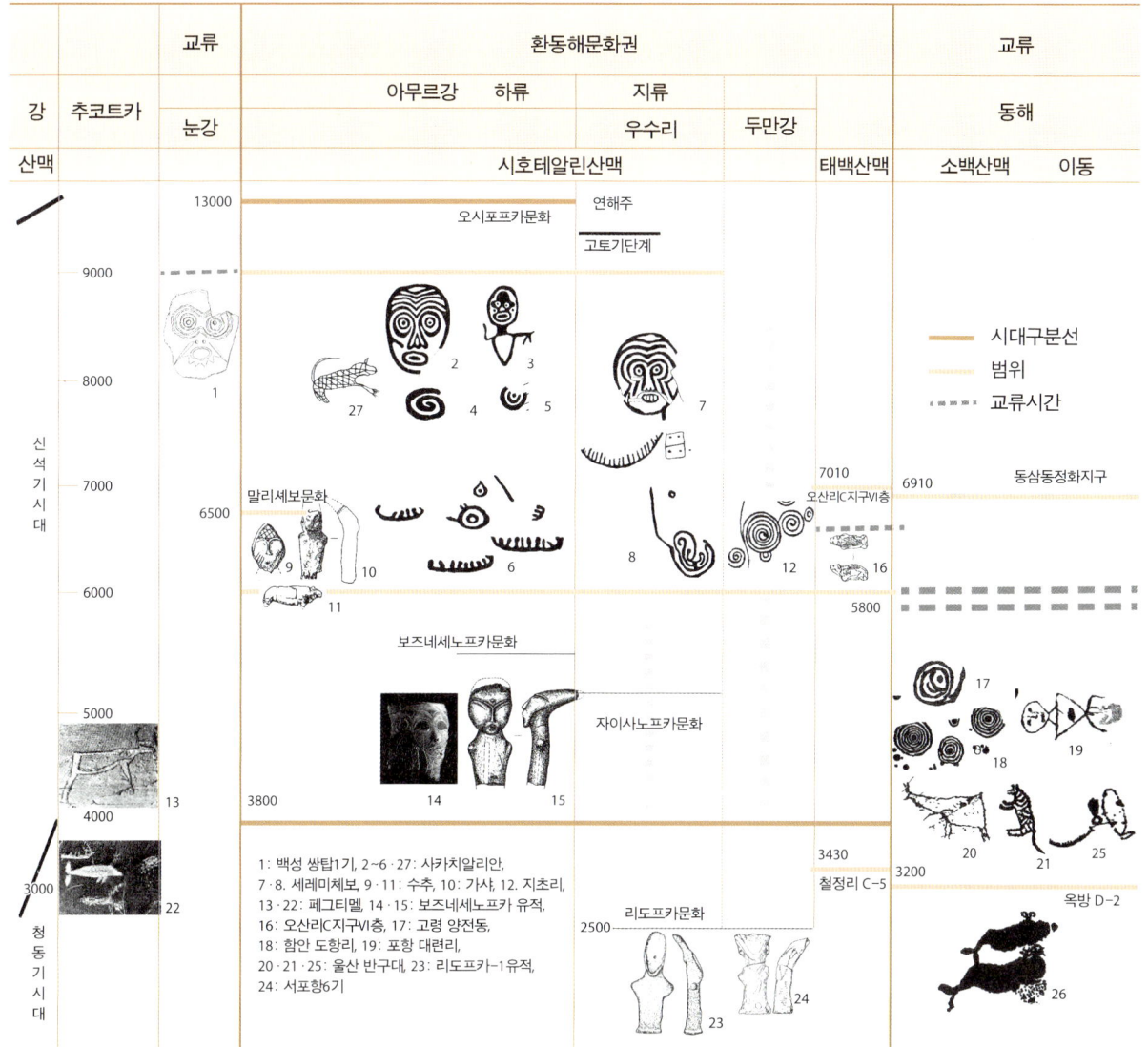

그림 1 　환동해문화권의 암각화와 토우

와 사카치 알리안의 호랑이(그림 1-21) 그림도 서로 유사하다(김재윤 2017). 그래서 우리나라의 소백산맥 동쪽에서만 발견되는 동심원문 암각화 및 동물문양 암각화 중 일부 요소는 환동해문화권의 직접적인 문화권이라기 보다는 이 지역과 교류한 지역으로 볼 수 있다(김재윤 2019, 그림 1). 이미 소백산맥 동쪽에는 남해안의 고유한 신석기문화가 자리잡고 있었기 때문이다.

그 이후 환동해문화권은 매우 축소되는데, 환동해문화권의 남부지역인 우리나라 중동부지역에서는 환동해문화권 북부지역의 특징이 보이지 않기 때문이다. 우리나라 중동부지

그림 2   말리세보 문화의 토기(필자촬영)

그림 3   오산리C지구 토기(필자촬영)

역의 한반도 중서부지역의 첨저토기가 나타나는데 5180년 전 후 이다. 이 때 환동해문화권의 북부지역에서는 자이사노프카(Зайсановка, Zaysanovka)문화가 펼쳐지고 목단강 유역의 앵가령 하층까지 같은 문화적 성격을 띤다(김재윤 2017).

　　환동해문화권 북부지역의 문화가 다시 남쪽에서 확인되기 시작한 것은 청동기시대 부터이고, 연해주의 시니가이(Синий Гай, Siniy Gay) 문화와 두만강 내륙의 흥성(興城)문화가 강원도 및 경상남도 남강 일대에서 발견된다(김재윤 2011, 2018b, 2019).

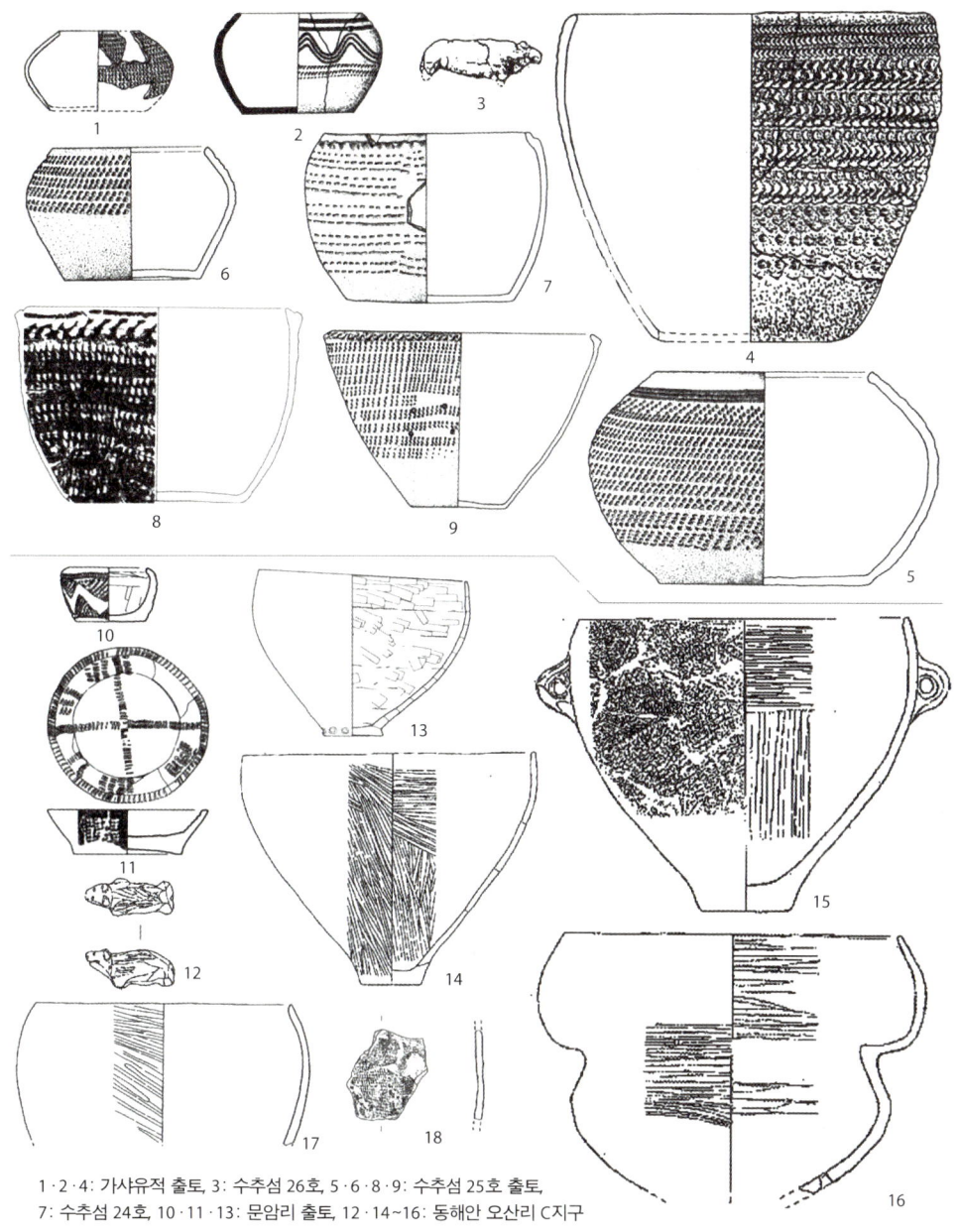

1·2·4: 가샤유적 출토, 3: 수추섬 26호, 5·6·8·9: 수추섬 25호 출토,
7: 수추섬 24호, 10·11·13: 문암리 출토, 12·14~16: 동해안 오산리 C지구

그림 4　6500~6000년 전경 환동해문화권북부와 남부지역의 신석기토기(김재윤 2021a 재인용)

　　시니가이 문화의 특징적인 토기인 구연단을 접은 이중구연 옹형토기, 점토띠를 부착해서 만든 발형토기와 옹형토기 및 소형토기, 부리형 석기, 곰배괭이, 무공 석도, 장타원형 갈돌, 환상석기 등은 강원도 뿐만 아니라 남강의 평거동 유적에서 출토되었다. 시니가이 문화에서만 발견되는 곡옥형 청동기도 옥방 5지구에서 발견된 바 있다. 시니가이 문화는 해안가에 위치한 동부유형과 내륙의 서부유형으로 지역적으로 구분되고, 지역에서는 시간

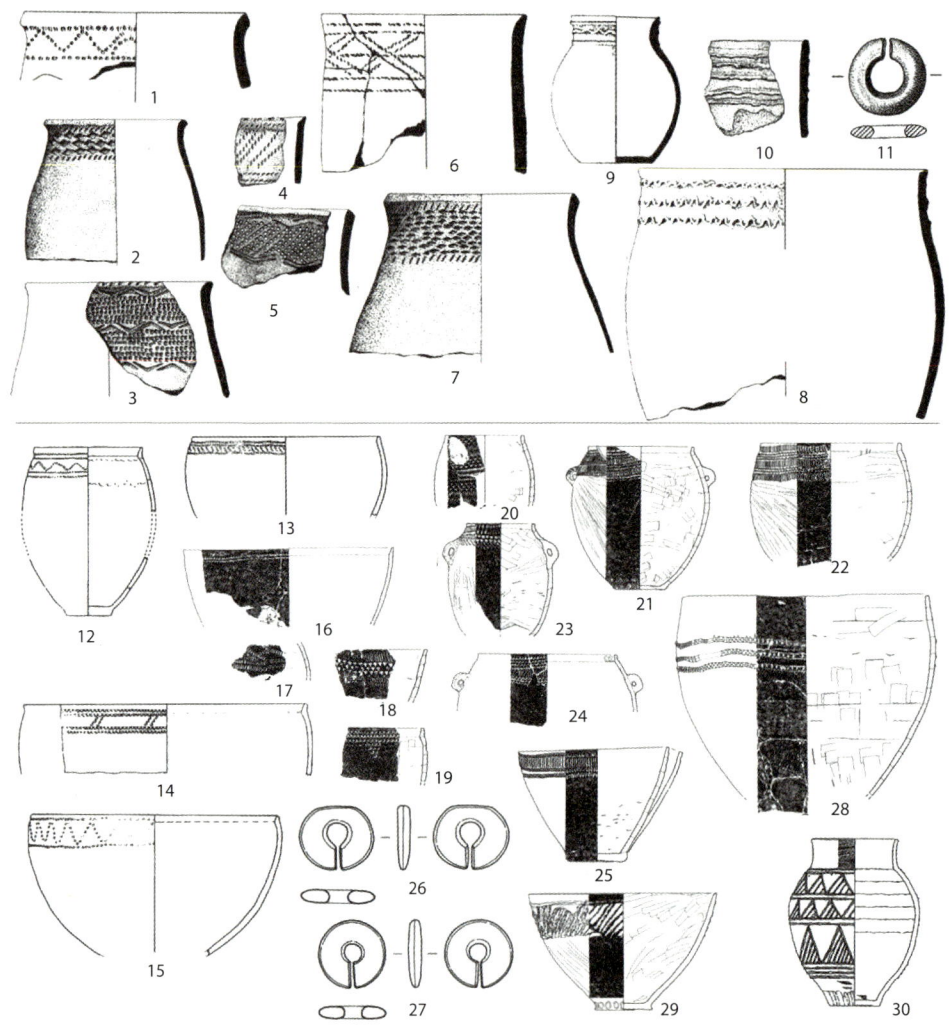

1·6·8·9: 쉐클라예보 7유적, 2·3·5·7: 세르게예프카 1유적, 4·10: 시로텐카, 11: 쵸르토브이 보로타 유적, 12~15: 오산리 AB지구, 16~25·28~30: 문암리 Ⅶ-1층, 26·27:문암리 02-3호

그림 5 6000년 전 환동해문화권북부와 남부지역의 신석기토기

적으로 변화된다. 시니가이 문화 서부 1유형은 3400~3200년 전, 2유형은 3200년 전부터 시작되지만 하한[1]은 명확하지 않으나(김재윤 2018b), 2700년 전쯤일 가능성이 있다. 동부 1

---

1 전고(김재윤 2018)에서는 시니가이 문화 서부 2유형의 하한을 2500년 전으로 보았는데, 이는 리도프카 문화가 시작되는 연대를 참고 한 것이다. 하지만 서부 2유형에 해당하는 유적 가운데 절대연대가 측정된 유적이 정확하지 않다는 것을 본문에서 밝힌 바 있다. 다시 복기 해보면 리도프카 문화는 연해주의 청동기시대 문화이긴 하지만 이를 그대로 하한으로 삼기에는 부정확하다는 결론을 내렸

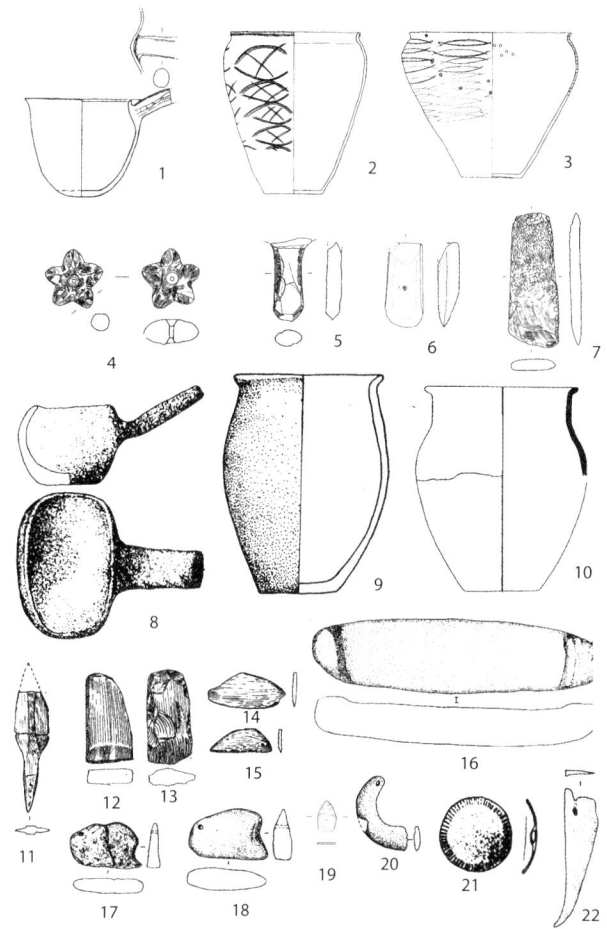
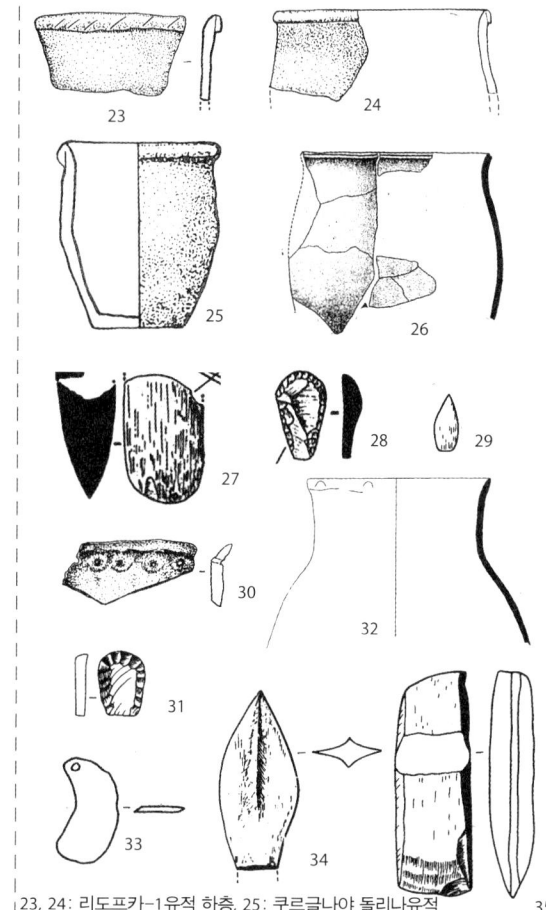

1~7: 레티호프카 1유적, 8, 9, 20~22: 시니가이A유적 중층, 11~18: 하린 유적
10, 19: 아누치노-14유적

23, 24: 리도프카-1유적 하층, 25: 쿠르글나야 돌리나유적
26: 루드나야 프리스턴 12호, 27, 28: 루드나야 프리스턴 13호
29, 31, 34, 35: 루드나야 프리스턴 청동기시대 층
30, 33: 베트로두이 유적, 32: 수보로보-6유적

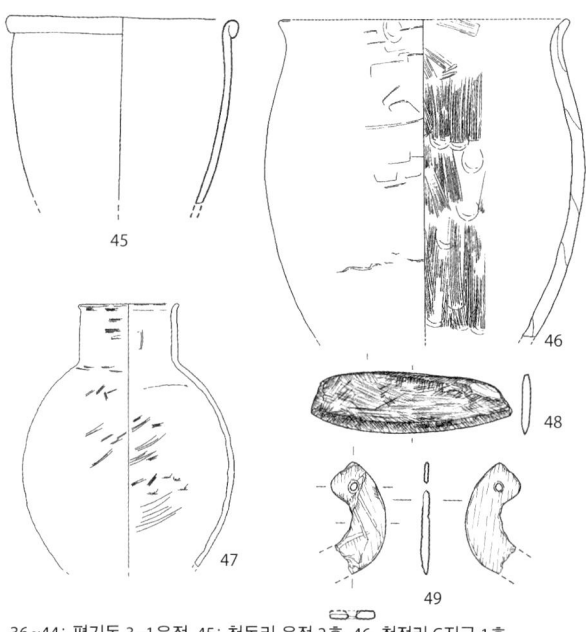

36~44: 평기동 3-1유적, 45: 천동리 유적 2호, 46: 철정리 C지구 1호
47: 철정리 C지구, 48: 외삼포리 유적, 49: 아우라지 유적 6호

그림 6   연해주 시니가이 문화와 강원도, 평거동 유적의 토기

그림 7　흥성유적의 돌대각목문토기(필자촬영)

유형은 3300~3000년 전, 2유형 역시 하한은 서부 2유형과 같다.

　　남강 유역 평거동에서 출토된 점토띠가 부착된 이중구연으로 발형 및 옹형토기, 점토띠를 접은 이중구연 옹형토기, 소형토기는 앞서 설명한 연해주 시니가이문화의 동부 1유형과 관련이 깊다. 홑구연 옹형토기 및 장방형 갈판, 무공석도, 곰배괭이 등도 연해주 시니가이문화의 서부 2유형의 문화요소이다.

　　그래서 평거동 유적에서 확인되는 시니가이 문화의 요소는 동부1유형 토기와 서부2유형 토기 및 석기가 함께 확인되는 양상이다. 대략 3300년 전부터 서부경남까지 시니가이문화가 내려왔을 가능성이 있으며, 단발적이지 않고 청동유물을 반출한 2유형까지 지속적이었을 것이다(김재윤 2018a).

　　연해주의 시니가이 문화는 연해주 내륙과 동해안가에서만 발견되고, 두만강 내륙에서는 흥성문화(3400~3000년 전)가 존재한다. 이는 신석기시대 자이사노프카 문화가 두만강 지역에서 내륙과 해안가가 문화적 특징이 구분되지 않았던 것과는 대조된다.

　　흥성문화에서는 시니가이 문화와는 약간 다른 특징의 돌대문토기가 존재한다. 점토띠

다. 왜냐하면 일부지역에서는 철기시대 얀콥스키 문화가 2700년 전 정도에 시작되기 때문이다(김재윤 2021). 따라서 시니가이 문화의 서부 2유형의 하한은 이 시점쯤으로 추정해 볼 수 있다.

를 붙이고 각목하는 특징이 있는 토기(김재윤 2011)로, 시니가이 문화의 토기가 점토띠를 접
거나 부착해서 문양을 생략하는 것과는 차이가 있다. 시니가이 문화가 강원도와 남강으로
이동할 때 함께 이동했으며, 시니가이 문화와 같이 환동해문화권의 남부지역에서 나타난다.

따라서 청동기시대 환동해문화권의 북부지역은 연해주 및 두만강 유역이고, 남부지역
은 태백산맥 동쪽지역으로 철정리, 대성리, 천동리 유적과 한강 유역도 포함될 수 있다. 시
니가이 문화와 홍성문화의 특징이 보이는 남강의 평거동 유적과 옥방 유적은 환동해문화
권역으로 설정하기에는 압록강 유역 및 요동지역과의 문화적 특징이 보이기 때문에 단순
하게 볼 수 없고, 환동해문화권의 남부 및 북부지역과 교류지역으로 볼 수 있다(표 2).

철기시대 환동해문화권의 북부지역인 연해주에는 얀콥스키(Янковский, Yankovsky) 문
화로 시작된다. 얀콥스키 문화가 연해주 뿐만 아니라 두만강 유역의 범의구석 유적 4기 등
에서 관찰되지만, 신석기시대와 청동기시대 환동해문화권의 남부지역이었던 곳에서는 발견
된 바 없어서 얀콥스키 문화 기간인 2700~2500년 전에는 환동해문화권은 축소되었다.

하지만 얀콥스키 문화에서는 유라시아 초원의 스키토-시베리아 문화권에 속하는 타
가르(Tarap, Tagar) 문화의 흔적이 발견된다(김재윤 2021b). 이 문화에서 주로 출토되는 석검
이 타가르 문화의 동검을 모방한 것이 그 근거가 되는데, 문화의 교류 흐름이 바뀐다는 점
에서 중요하다.

얀콥스키 문화가 끝나면서 본격적으로 철기시대 문화인 크로우노프카(Кроуновка, Kro-
unovka) 문화는 그 범위가 연해주의 한카호 유역까지 포함되지 않고 단결(團結) 유적, 대성
자(大成子) 유적, 크로우노프카 유적 등이 위치한 라즈돌나야(Раздольная, Razdolnaya) 강(수
분하 유역)이 경계지역으로 생각된다. 한카호 유역 및 목단강 유역에는 단결-크로우노프카
문화와는 구분되는 동강(東康)문화가 존재했기 때문이다(김재윤 2016). 단결-크로우노프카
문화는 2500년 전 수분하 강변의 대성자 유적, 단결 유적의 하층, 크로우노프카 1 유적에
서 시작된 이 문화는 1900년 전(기원후 1세기)까지 존재했다(김재윤 2016, 표 2). 단결-크로우
노프카 문화와 동강문화는 문화적으로 구분은 되지만 환동해문화권에 속한다.

연구자 마다 시각의 차이는 있지만 우리나라 강원도 및 중부지역에 나타난 중도식무
문토기 단계에 나타나는 문화적 요소는 연해주 단결-크로우노프카 문화의 영향에 의한 것
으로 여겨진다. 춘천 중도, 신매리, 횡성 둔내 유적에서 나타나는 중도식 무문토기는 연해
주의 단결-크로우노프카 문화의 영향이라는 의견이 있다(수보티나 2005, Subbotina 2008, 심재
연 2011). 토기 뿐만 아니라 율문리 75-1호 쪽구들은 단결-크로우노프카 문화의 요소라고
보았다(유은식 2014; 2015). 구들 시설이 있는 주거지는 남해안의 늑도 유적에서도 발견되는

데, 단결-크로우노프카 문화의 영향으로 볼 수 있다(공봉석 2008).

연해주의 무문토기 전통이 함경도와 강원도를 건너 남하했고 태백산맥을 넘어 북한강 수계를 따라 한반도 중부지역으로 확산된 것으로 대규모 이주라고 보았다(노혁진 2004). 반면에 강인욱은 토기에 대해서는 회의적인 입장이고, 연해주에서 발견되는 세형동검은 단결-크로우노프카 문화의 요소로 한반도와 관련성이 있는 것은 사실이지만 소규모 이주라고 보았다(강인욱 2009). 한편 연해주의 신석기문화부터, 청동기시대, 철기시대까지 지속적으로 강원도와 관계가 있으며, 철기시대는 단결-크로우노프카 문화 뿐만 아니라 폴체(Польце, Poltse) 문화까지 상호작용이 있었다(홍형우 2017)는 의견이 있지만 좀 더 구체적인 연구가 필요하다.

표 2 환동해 문화권 북부지역의 범위와 편년(김재윤 2021a 재편집)

우리나라 중부지역에서 단결-크로우노프카 문화의 요소가 확인되는 것은 사실이지만 이와 함께 우리나라 서북지역 및 요동지역의 문화적 요소가 많기 때문에 철기시대 중부지역을 환동해문화권역으로 단순화 하기에는 힘들다. 우리나라 중부지역과 남부지역에 나타나는 단결-크로우노프카 문화의 요소는 교류에 의한 것으로 생각하는 것이 합리적이다.

따라서 철기시대 환동해문화권의 범위는 동강문화가 존재했던 목단강 유역~한카호 유역 및 단결-크로우노프카 문화가 영위되었던 수분하~두만강 유역 및 함경도 일부 지역이다.

그림출처

- 그림 1　환동해문화권의 암각화와 토우
- 그림 2　말리세보 문화의 토기(필자촬영)
- 그림 3　오산리C지구 토기(필자촬영)
- 그림 4　6500~6000년 전경 환동해문화권북부와 남부지역의 신석기토기(김재윤 2021a 재인용)
- 그림 5　6000년 전 환동해문화권북부와 남부지역의 신석기토기
- 그림 6　연해주 시니가이 문화와 강원도, 평거동 유적의 토기
- 그림 7　흥성유적의 돌대각목문토기(필자촬영)

참고문헌

강인욱, 2009, 「연해주 초기철기시대 끄로우노브까문화의 확산과 전파」, 『철기시대 한국과 연해주』, 환동해고고학연구회 편

김재윤, 2011, 「동북한 청동기시대 형성과정-연해주와 연변 고고자료의 비교를 통해서-」, 『동북아역사논총』 32호

김재윤, 2015, 「평저토기문화권 동부지역의 6500~6000년 전 신석기문화 비교고찰」, 『韓國考古學報』 96호

김재윤, 2017, 『접경의 아이덴테티: 동해와 신석기문화』, 서경출판사

김재윤, 2018a, 「청동기시대 조기 경남 평거동 유적과 연해주 시니가이문화의 관련성 검토」, 『嶺南考古學』, 81호

김재윤, 2018b, 「제2장 신석기시대」, 『북방고고학개론』, (재)중앙문화재연구원, pp.62~88

김재윤, 2016, 「한중러 접경지역 철기시대 단결-크로우노프카 문화범위에 대한 검토」, 『한국상고사학보』, 제93호, pp.109-142

김재윤, 2019,「선사시대 동심원문 암각화를 통해서 살펴본 환동해문화권의 범위와 교류영역 - 고아시아족과 퉁구스족문제를 겸해서」,『한국상고사학보』, 제 104호

김재윤, 2021a,「환동해문화권 선사시대문화의 이동과 동해기온변화와의 관련성에 대한 검토」,『동북아문화학회』, 제66호

김재윤, 2021b,「연해주 철기시대 시작연대에 대한 검토- 연해주 얀콥스키 문화의 마제석검과 시베리아 동검비교-」,『한국상고학보』, 제113호

홍형우, 2017,「연해주의 고고 문화와 강원도」,『江原史學』, 29

공봉석, 2008,「경남 서부지역 삼국시대 수혈 건물지의 구들연구」,『한국고고학보』, 제66집

유은식, 2014,「한반도 북부지방 토기문화를 통해 본 중부지방 원삼국문화의 계통 - 소위 '중도유형문화'를 중심으로」,『고고학』 13-2, 2014

유은식, 2015,「동북아시아 초기 쪽구들의 발생과 전개」,『고고학』 14, 2015

유은식, 2017,「동북아시아 초기철기문화의 병행관계와 교류양상」,『한국상고사학보』 96호, 2017

심재연, 2011,「경질무문토기의 기원 - 점토대토기문화와의 관련성을 중심으로」,『고고학』 10-1, 중부고고학회, 2011

수보티나 A.,「鐵器時代 韓國과 러시아 沿海州의 土器文化 比較研究 -硬質無文을 中心으로」, 서울대학교석사학위논문, 2005.

Ласкин А.Р. 2015,ПЕТРОГЛИФЫ СИКАЧИ-АЛЯНА: ИСТОРИКО-КУЛЬТУРНЫЙ КОНТЕКСТ И СОСТОЯНИЕ СОХРАННОСТИ :Автореф. дис...канд.ист.нук., Москва(라스킨, 2015, 사카치 알리안; 보존상태와 문화적 교류의 텍스트)

Окладников А.П., Петроглифы нижнго Амура, издательство НАУКА, Ленигpaд, 1971(오클라드니코프 1971, 아무르강 하류의 암각화)

2. 기후변화와 환동해문화권의 형성

1) 동해와 시호테알린산맥~백두대간

동해는 지질학적인 관점에서 태평양의 동북부로서 아무르 강 하류에서부터 한반도 동해안까지다. 이 지역과 인접한 산맥은 우리나라에는 백두대간이 남북방향으로 뻗어가서, 낭림

산맥, 함경산맥으로 이어지며 연해주 및 아무르 강 하류까지도 시호테알린(Сихотэ-Алинь, Sihote Alin) 산맥으로 연결된다.

시호테 알린산맥은 아무르강 하류에서 블라디보스톡까지 1200km에 이르는 산맥으로 너비는 250km에 달하며 가장 높은 산봉우리는 토르드키 야니(Тордки Яни)로 높이가 2090m에 달한다. 산맥의 중심부는 소나무, 낙엽송, 자작나무, 전나무로 덮혀 있다. 이곳에 사는 동물은 아주 다양한데 시베리아 호랑이와 히말라야 곰 등이 살고 있으며, 산맥의 동쪽 해안가에는 물개가 서식한다(베테르니코프 1976).

동해의 홀로세 기온변화 연구는 동해를 공유하고 있는 한국과 러시아에서 이루어졌다. 한국에서는 윤순옥과 황상일의 연구(황상일·윤숙옥 2011)가 대표적이다. 이전 연구에서는 동해의 해수면 높이는 현재와 같은 수준에 도달한 것은 6000B.P. 경으로 보았지만, 이 연대에 대해서는 비판이 있다(황상일 1998). 현재 해수면과 비슷한 높이에 달하는 시점은 비봉리와 울산 세죽 신석기 유적에서 나온 결과에 의하면 6900이고 최근에는 7000B.P. 경으로 판단하고 있다(황상일·윤순옥 2011). 7000B.P. 경에 현재와 같은 해수면 높이 혹은 0.5m 정도 낮은 수준에 도달하였으며, 6000~5000B.P. 경에는 현재 해수면 보다 0.8~1m 정도 높았고, 지금보다 기온이 1.5~2.5도 정도 더 높은 것으로 예상되었다(표 3).

러시아에서 기온변화에 의한 연구는 표 3에서 알 수 있다(카로트키 외 1996), 현재 해수면에 최초로 도달한 것은 7000B.P.이며, 해수면의 높이는 현재보다 거의 2m정도 낮았다. 현재 해수면에 도달한 시점과 현재보다 낮다는 사실은 앞의 황상일·윤순옥의 연구와 같지만, 그 높이는 차이가 있다. 6000~5000B.P.은 현재보다 해수면이 높아서 따뜻한 기간이지만 그 전 시기보다는 7000~6000B.P. 사이에 비해서 기온이 낮다. 또한 해수면의 높이는 일정하지 않고 다른 기간에 비해서 변화의 폭이 심하다. 5000~4000B.P. 년 전에는 동해안의 해수면이 지금보다 4m정도 낮아졌다가 4000B.P.에는 현재보다 약간 낮은 수준으로 복원되었다가 다시 급격히 추워진다(표 3).

이 시점의 한국의 연구는 일산, 김해, 서해안과 동해안 자료는 꽃가루 분석에 의한 자료만 있다. 현재 보다 약간 낮다는 의견도 있지만, 정확하지는 않은 것으로 보고 있다(황상일·윤순옥 2011).

그럼 기온변화와 환동해문화권 문화이동의 상관성에 대해서 살펴보기로 하자.

표 3 카로트키(카로트키 외 1996)의 동해안 기온변화(김재윤 2017 재편집)

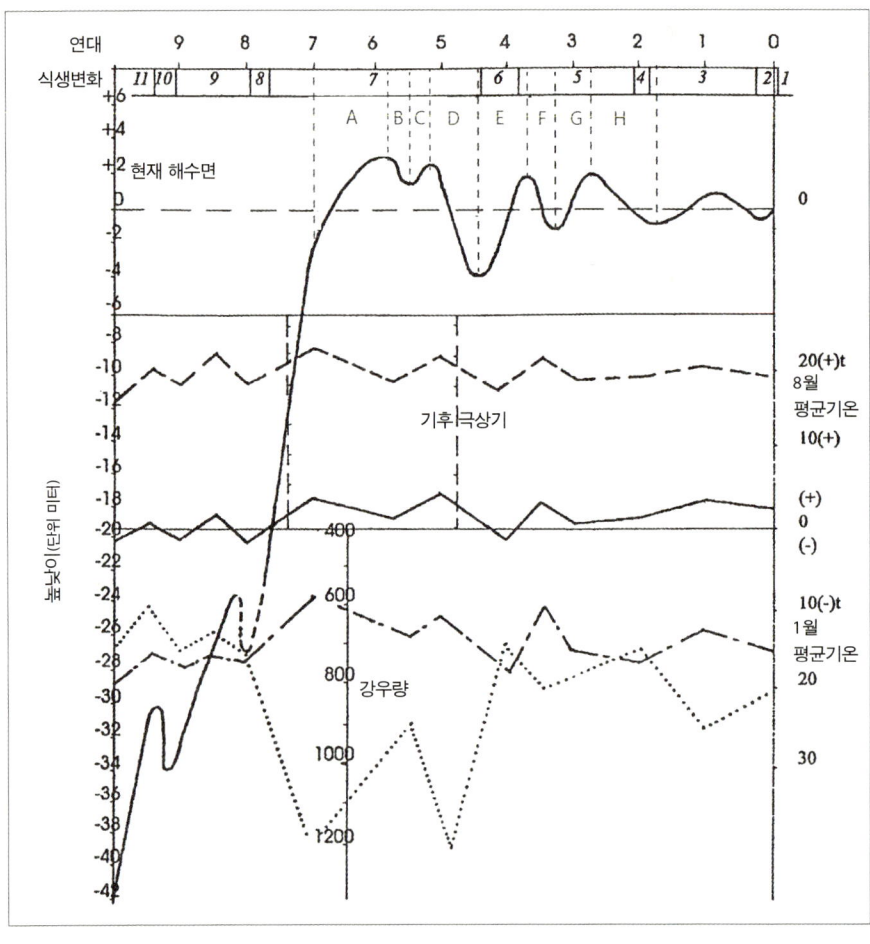

식생
1~4: 자작나무와 오리나무가 증가하는 소나무 침엽수림, 5: 자작나무가 풍성한 참나무 등 낙엽수림,
6: 소나무, 자작-참나무와 자작-오리나무 수림, 7: 낙엽수림,
8: 한대성 식물의 요소가 확인되는 자작나무-느릅나무 수림, 9: 자작나무의 팽창,
10: 자작-오리나무 덤불이 확인되는 자작-느릅나무 수림, 11: 툰드라 숲의 요소가 확인되는 자작-누릅나무와 자작-오리나무 수림

2) 기온변화와 문화의 이동

동해안이 현재보다 기온이 높은 기간은 7000~5000B.P.과 4000B.P.~3800B.P., 3100~2000B.P.경이다(**표 3**). 필자는 카로트스키(Коротий A.M., Koroty A.M.)(1996)가 그린 해수면 변동 그래프에서 기온 변화가 가장 심한 꼭지점 구간을 A~H까지 구분했다(**표 2, 표 3**)(김재윤 2021).[2]

---

[2] 전고(김재윤 2021)에서는 청동기시대 시니가이 문화가 이동한 2900년 전까지를 대상으로 했으나

7000~5100B.P.까지는 현재보다 따뜻하지만 기온변화가 심한데, 세 구간으로 구분할 수 있다. 7000B.P.부터 기온이 상승하는데 5800B.P.까지 지속된다(표 2, 표 3의 A). 이후 기온은 하강하는데 5500B.P.까지 흐름이 지속되다가(표 2, 표 3의 B) 5100년 전(표 1의 C)까지 다시 기온이 올라간다. 그 이후로 4500B.P.까지 계속 하강해서 해수면 높이가 지금보다 가장 내려간 시점으로 4m나 내려가는 가장 추워진다(표 2, 표 3의 D). 이 시점을 지나면서 현재의 해수면을 회복하며 3800B.P.까지 해수면이 급격하게 올라간다(표 2, 표 3의 E). 하지만 3400년 전까지 현재의 해수면 보다 낮아졌다(표 2, 표 3의 F). 그 이후 2900B.P.까지 기온은 꾸준히 상승하다가(표 3의 G) 1900년 전(표 3의 H)까지 기온은 다시 하강한다.

7000~6000B.P.는 홀로세 기간에서 가장 따뜻했던 기간(표 3의 A)이다. 현재 아무르 강을 떠올리면 매우 추운지역으로 생각할 수 도 있지만, 현재보다 해수면이 높아서 이 기간은 매우 따뜻했다(표 2, 표 3의 A). 이 시점에 아무르 강 하류에는 말리셰보 문화와 연해주에는 보이스만 문화가 새롭게 등장했고, 루드나야 문화는 지속되는 시점이다. 보이스만-2 유적이 위치하는 보이스만 만은 석호에 형성되었는데 현재와는 달리 6000년 전 당시에는 보이스만-2 유적은 해안가에 위치한 것으로 밝혀졌다(그림 8), 카로트키, 보스트레초프 1998).

기온 상승기에 해당하는 신석기시대 A(7000~6000B.P.)기간과 청동기시대 G기간(3400~2900B.P.) 중에는 각각 루드나야 문화와 시니가이 문화가 등장한다. 루드나야 문화는 환동해문화권 남부 지역인 강원도 동해안의 유적에 확인되고, 청동기시대 시니가이 문화는 강원도 내륙 영서지역 및 남강 유역까지 이 문화가 이동한 정황이 나타났다.

현재 해안에서 가장 이른 유적인 오산리 C지구의 신석기시대 최하층이 형성된 시점

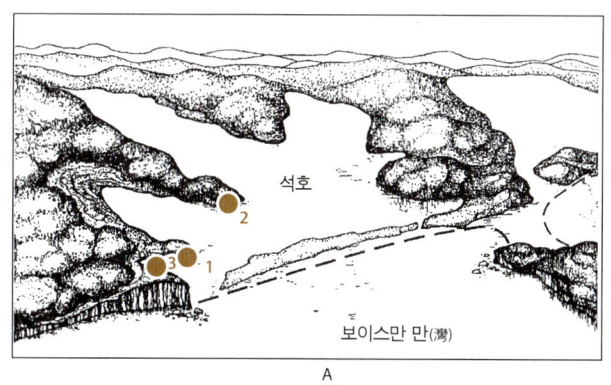 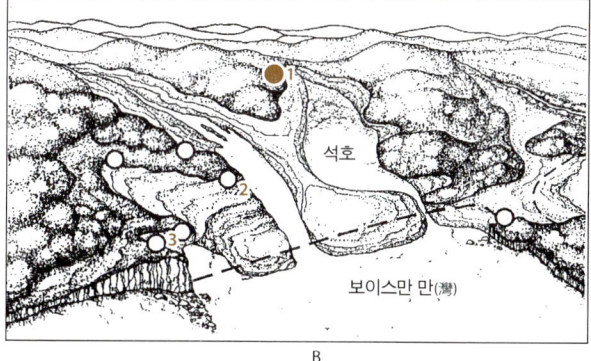

그림 8 6000년 전과 4500년 전 보이스만 해안가(카로트키, 보스트레초프 1998 재인용)(A: 보이스만 문화, B: 자이사노프카 문화) 1: 보이스만-1 유적 | 2: 보이스만-2 유적 | 3: 보이스만-3유적 | ○: 자이사노프카 문화의 유적

이 책에서는 단결-크로우노프카 문화가 끝나는 시점인 1900년 전까지 확장해서 살펴보았다.

은 7000B.P.(예맥문화재연구원 2010)이다. 뿐만 아니라 최하층 보다 윗 층에서 출토되는 오산리식 토기와 융기문토기는 오산리 C지구의 VIII~VI층, 문암리, 망상동 유적 등에서 6100~5700년 전에 출토된다. 환동해문화권 남과 북에서 모두 기온 상승기에 유적이 형성되었다.

6500~6000B.P.동안은 앞서 살펴본 바와 같이 한반도 동해안 유적이 연해주와 아무르 강 하류와 관련성이 깊은 기간이다(김재윤 2017). 이때는 기온상승기로 6000~5800B.P.전후가 가장 따뜻했다(표 3의 A)인데, 한반도 동해안 유적에서 아무르 강 하류와 연해주의 문화양상이 확인된다(김재윤 2015).

3400~2900B.P.는 동해안의 기온 상승으로 다시 현재의 해수면 보다 올라간 기간으로 시니가이 문화가 연해주 전역에 번성했다. 연해주 해안가에 위치한 시니가이 문화의 동부유형은 강원도에서 토기가 발견되면서 이 문화가 이동한 흔적이 확연해진다. 물론 서부유형의 토기와 석기도 강원도 및 남강 유역의 평거동 유적의 3-1지구에서 출토되며 시니가이 문화의 가장 특징적인 곡옥형 청동기가 남강유역에서 나왔다(김재윤 2018a).

즉 연해주에서 선사시대 문화의 이동이 있는 기간은 6500~6000B.P.과 3400~2900B.P.인데, 현재 보다 따뜻한 시점이며, 기온 상승기에서 일어났다는 점을 알 수 있다.

그런데 카로트키의 그래프(표 3)에서 기온 상승기이면서 4500~3800B.P.(표 1, 표 3의 E)에는 환동해문화권에서 문화이동의 정황이 확인되지 않는다. 왜 그럴까?

이 시점에는 연해주에는 자이사노프카 문화가 번성하고 있었고, 동해안에는 앞서 설명한 평저토기가 아닌 중서부 지역의 첨저토기를 이용하는 사람들이 살고 있었다. 그런데 각 지역의 문화는 기온 하강기에 5000B.P.(표 1, 표 3의 E) 이후부터 이미 시작되고 있었기 때문이다.

즉 두만강 유역 및 연해주 일대 자이사노프카 문화는 추워지기 시작하는 시점에 등장해서 홀로세 기간동안 가장 추운 시점을 찍고 다시 기온이 상승하는 기간에 존재했다. 이 문화가 영위되는 동안 매우 극심한 기후변화가 있었다고 볼 수 있다. 이는 기온 상승기인 A와 G 기간에 새로운 문화가 각각 생기는 것과는 다른 현상이다. 그래서 4500~3800B.P.는 기온이 상승하기는 했지만, 남쪽으로는 이동하기 힘든 사회적 동인이 있었을 것으로 추정해 볼 수 있다.

동해안의 신석기문화에서 가장 뚜렷하게 나타나는 문화적 변화는 5100B.P. 평저토기 대신해서 중서부지역의 첨저토기가 나타나는 것(임상택 2001)으로 보고 있다(표 1). 그런데 5100년 전 이전부터 평저토기인 오산리식 토기와 융기문토기가 마지막 발견된 5800년 전

사이 동안(표 3의 B)은 환동해문화권 남부 지역에 유적이 거의 발견되지 않는다.[3]

왜 동해안에서 유적이 없는 기간이 나타난 것일까?

연해주에서 강원도로 이동했던 루드나야 문화(세르게예프카 유형)가 사라지면서 이를 기억하던 루드나야 문화 사람들이 살던 사회적 배경이 바뀌었기 때문으로 볼 수 있다(표 1). 이 문화는 5800년 전 무렵에 기후가 가장 따뜻했다가 이후로 추워지기 시작하면서 더 이상 보이지 않고 사람들의 이동도 없었을 것이다. 물론 연해주 보이스만(Бойсман, Boisman) 문화의 3단계와 4단계가 펼쳐지고 있긴 하지만 이 문화의 토기가 환동해문화권 남부지역까지 출토되지는 않는다. 다만 보이스만 문화의 토기는 북한 라진 유적에서는 발견되기 때문에 두만강 유역 부근에서 그 문화가 확인되었다고 볼 수 있다(김재윤 2015).

루드나야 문화가 끝나면서 추워지기 시작한 5800B.P.이후부터 계속 기온이 떨어져서 5500B.P.무렵 추웠던 기간(표 3의 D)에는 남쪽으로 문화는 움직이지 않았고, 동해안에는 유적이 발견되지 않았다. 5100B.P. 무렵에 강원도 문암리 유적에서 평저토기 보다 상층에서 첨저토기가 발견되면서, 중서부 지역의 첨저토기를 쓰는 사람들이 이 지역에서 새로운 생계를 꾸린 것으로 볼 수 있다.

연해주의 신석기 마지막 문화인 자이사노프카 문화는 기온 하강하는 시점인 5000년 전에 생겨나며, 기온하강기(D)와 기온상승기(E)를 모두 거친다. 앞서 언급한 바와 같이 이 때 환동해문화권의 영역은 연해주~목단강 일대로 좁아졌다.

또 다른 기온하강기인 2900~1900년 전은 청동기시대 리도프카 문화, 철기시대 얀콥스키 문화, 단결-크로우노프카 문화 등이 생겨났다. 리도프카 문화와 얀콥스키 문화는 기후 하강기에 등장한 자이사노프카 문화와 마찬가지로 그 이전에 한반도 남부로 이동한 곳으로 이동하지 못하고 연해주 및 목단강 유역, 두만강 유역에만 머물렀다.

그러나 단결-크로우노프카 문화는 여러 연구자들이 지적한 바와 같이 한반도 중서부 지역과 중동부 지역에서 확인된다(수보티나 2005, 강인욱 2009, 유은식 2014, 홍형우 2017). 단결-크로우노프카 문화의 이동이 가능했던 것은 이 문화에서 고안되기 시작한 주거지의 구들 때문이었을 수 있다(강인욱 2009). 기후에 적응하기 위해서 단결-크로우노프카 문화 사람들이 발명품을 만들었기에 가능했을 수 있다.

---

[3] 오산리C지구의 2호와 문암리 10호 야외노지가 있기는 하지만 그 이전 시기와 같이 취락 유적이 발견되지는 않았다.

그림출처

그림 8 6000년 전과 4500년 전의 보이스만 해안가

참고문헌

강인욱, 2009, 「연해주 초기철기시대 끄로우노브까문화의 확산과 전파」, 『철기시대 한국과 연해주』, 환동해고고학연구회 편

김재윤, 2015, 「평저토기문화권 동부지역의 6500~6000년 전 신석기문화 비교고찰」, 『韓國考古學報』 96호

김재윤, 2017, 『접경의 아이덴티티: 동해와 신석기문화』, 서경출판사

김재윤, 2018a, 「청동기시대 조기 경남 평거동 유적과 연해주 시니가이문화의 관련성 검토」, 『嶺南考古學』, 81호

예맥문화재연구원, 2010, 『襄陽 鼇山里遺蹟』

임상택, 2001, 「빗살무늬토기문화의 지역적 전개-중서부지역과 강원영동지역을 대상으로」, 『한국신석기연구』, 창간호.

유은식, 2014, 「한반도 북부지방 토기문화를 통해 본 중부지방 원삼국문화의 계통 – 소위 '중도유형문화'를 중심으로」, 『고고학』 13-2, 2014

수보티나 A,, 「鐵器時代 韓國과 러시아 沿海州의 土器文化 比較硏究 -硬質無文를 中心으로」, 서울대학교석사학위논문, 2005.

홍형우, 2017, 「연해주의 고고 문화와 강원도」, 『江原史學』, 29

황상일, 1998, 「일산 충적평야의 홀로세 퇴적환경변화와 해면활동」, 『대한지리학회』 33-2

황상일·윤순옥·조화룡, 1997, 「완신세 중기에 있어서 道垈川 유역의 堆積環境變化」, 『대한지리 학회지』, 32-4

황상일·윤순옥, 2011, 「해수면 변동으로 본 한반도 홀로세(Holocene)기후변화」, 『한국지형학회지』 제18권 제4호

Ветренников В. В., 1976, Геологическое строение Сихотэ-Алинского заповедника и центрального Сихотэ-Алиня, Труды Сихотэ-Алинского заповедника. — 1976. — Вып. 6. — 167 с.(베테르니코프 1976, 『시호테 알린 산맥의 중부 자연보호구역의 지형학적 특징』)

Коротий А.М.,Гребенникова Т.А., Пушкарь В.С.,Разжигаева Н.Г.,Волкова В.Г.,Ганзей Л.А., Мохова Л.М.,Базарва В.Б.. Макарова Т.Р.. 1996, Клаиматичские смены на территрии юга Дальнего Востока в позднем кайназое (миоцен-плейстоцен), Владивосток(카로트키이, 그레베니코바, 푸시카리 등 1996, 『신생대 홀로세의 극동 남부 기후변화』)

Коротий А.М., Вострецов Ю.Е.. 1998 Географическая среда и культурная динамика в среднем голоцене в заливе Петра Великого// Первые рыболовы в заливе Петра Великого-Владивасток.(카로트키, 보스테레초프 1998, 표트르 대제만의 홀로세 중기 문화변동과 자연환경, 『표트르 대제만의 원시어업』)

Конькова Л.В., 1989, : Бронзолитейное производство на юге Дальнего Востока СССР (рубеж II-I тыс. до н.э. — XIII век н.э.). Л.: 1989. 124 с.(콘코바 1989, 『소비에트 극동남부의 청동기 제작』)

3. 연해주고고학연구사

러시아 고고학 연구사는 주로 개별인물의 연구활동을 바탕으로 다루어질 수 밖에 없다. 19세기 및 20세기 초의 연구는 고고학 유적이 알려지지 않은 상황에서 한 인물이 어떤 시대만을 특정해서 연구할 수 없는 경우가 많았기 때문이다.

현재 고고학계에서 연구하시는 분을 제외하고, 연해주 고고학의 바탕을 만들었다고 평가되는 분을 중심으로 간략 하게 소개하고자 한다. 각 시대와 고고문화에 대한 연구현황은 각 장에서 다루도록 하겠다.

1) 19세기말

러시아에서 고고학연구는 1859년 로마로프 왕조에서 제국고고학위원회((Императорская археологическая комиссия, The Imperial archaeological Commission)를 설치하면서 공식적으로 시작되었다. 제국고고학위원회는 당시에 주로 러시아제국 내의 유럽지역을 연구했고, 연해주는 아직 러시아 영토로 포함되지 않았기에 위원회의 활동은 이곳에서 이루어지지 못했다. 연해주가 러시아제국의 영토에 들어가게 된 것은 1860년에 이루어진 베이징 조약 이후이다.

연해주에서 본격적인 고고학적 학술조사가 시작된 것은 1953년 오클라드니코프(Окладников А.П., Okladnikov A.P.)와 안드레예프(Андреев Г.И., Andreev G. I.)가 이끈 극동 학술조사단이 꾸려지게 되면서 부터다. 모스크바와 레닌그라드(현재의 상트페테르부르그) 학자들로 구성된 학술단은 1961년에 노보시베리스크를 기반으로 활동했으며, 북아시아 학술조사단이라고 이름을 바꾸었다.

하지만 오클라드니코프가 극동조사단을 이끌고 조사하기 이전에도 고고학 조사는 1880년에 얀콥스키(그림 9)가 패총을 발굴한 것으로 시작되었다. 발굴자의 이름을 딴 현재 얀콥스키 반도에 있는 곳에 위치한 패총 중의 하나가 그가 발굴한 곳으로 알려졌다. 발굴한 자료를 바탕으로 그곳에 산 사람들의 필수한 식량은 조개패류라고 결론내렸다. 19세기 조사이지만 동물뼈를 분석해서 그곳 주민들이 사슴과 영양을 사냥했고, 소와 개를 길렀다는 분석을 내놓았다(얀콥스키 1881). 당시에는 동아시아고고학 조사가 미미했던 시기로 이 자료를 동아시아 자료와 비교하지는 못했고, 덴마크의 키요켄메딩그 유적과 비교해서 태평양과 대서양 인류의 물질문화의 특징으로 보고, 단일노선으로 발전했다는 견해를 밝혔다.

얀콥스키 반도는 폴랴코프(Поляков И.С., Polyakov I. S.)가 조사해서 사할린 패총과 비교한 바 있다. 그는 고고학 뿐만 아니라 동물학과 민속학을 연구했는데, 얀콥스키 반도와 포시에트 만에서 조사하고 사할린의 패총 유적과 비교했다. 연해주의 패총들은 비슷한데 연해주에서 연어과 물고기 어업이 있었고, 편암제 도구로 만든 석기가 대량인데, 사할린 오호크츠 문화와 비교할 때 연해주 유적들에서 발견된 도구와 동물상이 매우 다양하다는 결론을 내렸다(폴랴코프 1884).

마르가리토프카(Маргаритовка В.П., Margaritovka V.P.) 역시 얀콥스키 반도를 발굴했는데 연대까지 추정해서 앞서 발굴한 두 연구자 보다 훨씬 고고학적인 관점에서 다룬 것으로 여겨졌다. 이 발굴은 당시에 아무르 주 연구 협회의 지원에 의해서 이루어졌다는 점에서 얀콥스키나 폴랴코프 보다는 공식적인 연구로 평가받는다. 유물을 기능별로 분류했을 뿐만 아니라 패총에 버려진 패각은 굴이 가장 우세했고, 유적은 석호에 만들어진 패총이라는 점을 특히 강조했다. 얀콥스키도 주장한 바 있지만 해안가의 주거지는 계절적인 것이라고 분석했고, 이 유적의 연대를 발해 보다 이르며 기

그림 9 얀콥스키(댜코바 2009 재인용)

원전 8~7세기로 편년했다.

    1880~1885년 동안 얀콥스키 반도를 연구한 세 학자는 연해주 고고학 1세대로 일컬어지는데, 동아시아에서 아직 고고학연구가 자리잡지 않았던 것과 비교하면 연해주에서는 일찍부터 고고학연구가 시작되었다고 볼 수 있다.

    그러나 오클라드니코프와 안드레예프가 활동하기 시작한 1953년 이전에는 러시아의 다른 지역에 비해서 발굴조사는 크게 이루어지지 않았다. 대신에 아무르 주 협회 소속의 아르세니예프(Арсеньев B.K.Arsenyev V.K.)가 연해주를 조사하면서 발해와 여진의 성 유적을 찾았는데, 지금까지도 발해와 여진의 고고학연구에 영향을 준다. 단적인 예가 동해안가의 발해, 여진 시기의 성(城) 유적에 대한 연구(댜코바 2019)인데, 아르세니예프가 찾은 유적을 기초로 한 것이다.

2) 20세기초

(1) 아르세니예프

아르세니예프(그림 10)는 1906년 러시아지질학회의 아무르 지역분소 프로젝트로 시호테-알린 산맥을 조사하기 위해서 탐험대를 꾸렸다. 발해와 여진의 성으로 추정되는 유적과 교통로를 조사했는데, 그가 남긴 기록에는 다음과 같이 기록되어 있다.

    그는 첫 번째 탐험에서 '우수리스크 철도 시마코프카 역에서부터 출발해서, 우수리 강, 울라헤, 푸드진 강을 따라서 시호테 알린 산맥을 지나서 아브바쿠모프카(Аввакумовка, Avvakumovka) 강까지인데, 북쪽 올가(Ольга, Olga) 만 쪽이다. 그리고 북위 45°에 위치한 테르네이(Терней, Terney) 항구에서부터 다시 산호베 강을 따라서 시호테-알린 산맥을 넘어서, 이만 강을 따라 이 역까지 다시 오는 것이 그 계획이라고 했다(아르세니예프 1906). 많은 성지 중에서 시호테-알린 산맥의 파블로프카 고개에서 제르칼나야(Зер-кальная, Zerkal'naya) 강까지의 조사된 성지들은 현재의 관점에서도 정확하게 조사된 것이다(댜코바 2019, 그림 11).

그림 10   아르세니예프(댜코바 2009 재인용)

그 이후 여러 차례 탐사를 했는데 그 중에서 1908~1910년 시호테 알린 산맥의 북쪽 지역을 조사하는 것이 가장 힘들었다고 기록되었다. 이 조사구역에는 루드나야(Рудная, Rudnaya)(현재명) 강의 북쪽, 드지기토프카(Джигитовка, Dzigitovka) 강, 세레브랸카(Серебрянка, Serebryanka) 강, 페세르나야(Серебрянка, Serebryanka) 강, 암구(Амгу, Amgu) 강, 지보피스나야(Живописная, Zhivopisnaya) 강, 쿠즈네초바(Кузнецова, Kuznetsova), 말라야 케마(Малая Кема, Malaya Kema) 강, 케마(Кема, Kema) 강, 사마르가(Самарга, Samarga) 강 등이 포함되었다. 아르세니예프는 강에서 몇 개의 성곽들을 발견하였고, 그 곳으로 가는 길과 고개 고대에서부터 이용되었던 길 등을 알 수 있었다.

그는 1910년까지 연해주를 12번 조사했고 수십 기의 성을 포함해서 128개의 유적을 발견했다. 베뉴코바(Венюково, Venyukovo) 고개의 성, 소프카 류브비(Сопка Любви, Sopka Lyubvi), 예디킨스코예(Единкинское, Edinkinskoe), 쿠즈네초프스코예(Кузнецовское, Kuznetsovskoye), 드지기토프스코예(Джигитовское, Djigitovskoe), 쿠날레이스코예(Куналейское, Kunaleyskoye),

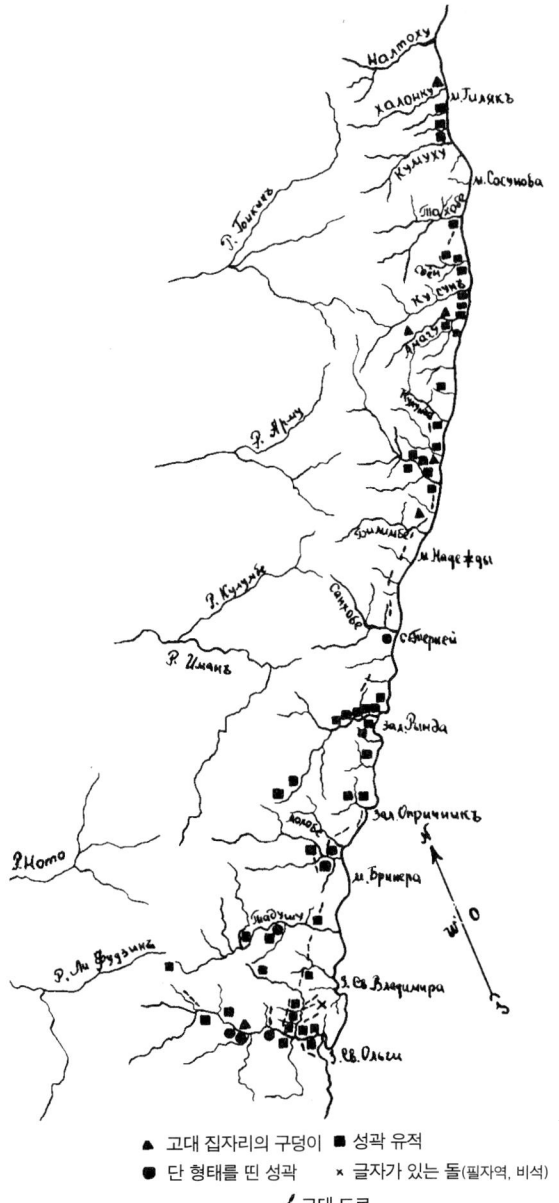

▲ 고대 집자리의 구덩이 ■ 성곽 유적
● 단 형태를 띤 성곽 × 글자가 있는 돌(필자역, 비석)
／고대 도로

그림 11 아르세니예프가 조사한 시호테 알린 산맥 중부 지역(댜코바 2009 재인용)

우스티-소볼레프스코예(Усть-Соболевское, Ust'-Sobolevskoye), 부르리보예(Бурливое, Burlivoye), 소욘스코예(Соёнское, Soyonskoye), 리스벤노예(Лиственное, Listvennoye), 말라야 케마, 켐스코예(Кемское, Kemskoye) 평지성과 산지성, 페세르나야 성 등을 찾아서 모두 지도에 표시했다.

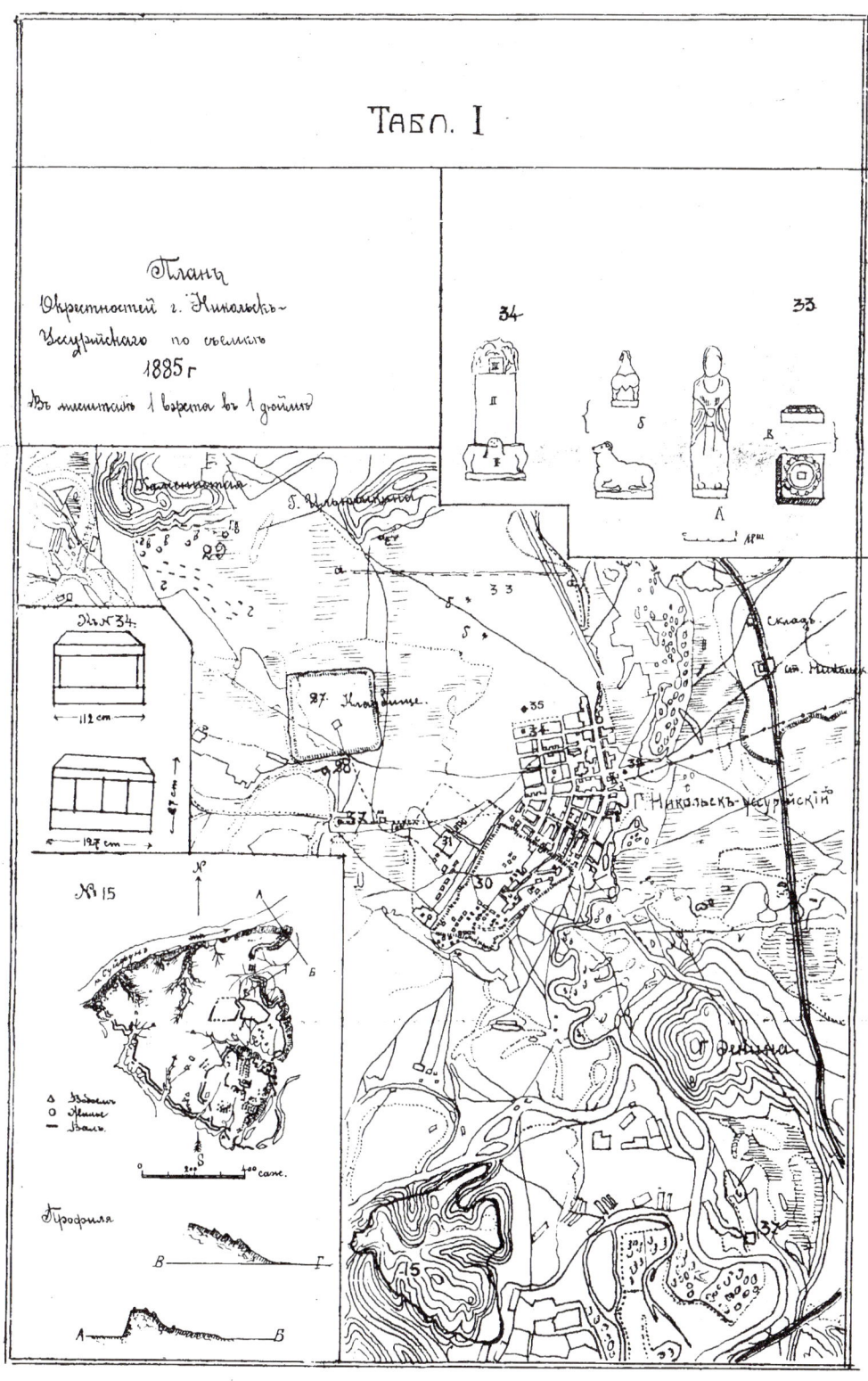

그림 12   표드로프 작성, 1885년 니콜라예프카-우수리스크(현재 우수리스크) 부근의 고대 유적(댜코바 2009 재인용)

1916년 하얼빈에서 열린 러시아 동방학자 학술대회에서 그가 조사한 유적을 유형을 분류해서 발표했다. 12~13세기의 유적으로 강안의 테라스 위에 설치된 성지인데 만주인과 원주민의 전쟁시에 축조된 유적, 12~13세기 산지성과 평지성, 고대도로의 표지 역할을 하는 유적, 경계를 표시하는 유적 등으로 구분했다(디야코바 2019).

　뿐만 아니라 그는 선사시대부터 여진시대까지 고고학 유적을 편년을 시도했는데(아르세니예프 1922), 현재의 관점에서는 맞지 않지만, 그가 자신의 연구를 미래의 역사고고학자들을 위한 연구의 바탕이라고 자평한 것처럼 그가 발견한 성 유적은 발해와 여진 연구에 영향을 미쳤다.

　아르세니예프가 시호테 알린 산맥을 조사할 때 연해주의 원주민인 나나이족에게 도움을 많이 받았고 그에 대한 높은 휴머니즘과 존경을 소설로 남겼다.[4] 이를 바탕으로 영화 '데르수 우잘라'는 구로사와 아키라(黑澤明)가 감독하고 소비에트 배우가 출현했는데, 당시 소비에트에서 자본을 지원해서 소비에트 영화로 알려져 있다.

　아르세니예프의 조사를 기반으로 한 발해와 여진 연구는 디야코바 박사가 이어받았고, 유적의 연대와 성격들이 좀 더 명확해졌으며(디야코바 2009), 그 저작물은 한국에 소개되었다(디야코바 2019).

　아르세니예프 외에도 프레제발스키(Пржевальский Н.М.,Przhevalsky N.M.), 부세(Буссе Ф.Ф., Busse F.F.)와 표드로프(Федоров А.З., Fedorov A.Z.,) 등도 연해주의 성을 연구했다. 지하에 있는 유적과 달리 발해, 여진시기의 성곽은 발굴하지 않아도 구조를 알 수 있기 때문이다. 또한 19세기말에서 20세기 초에 미지의 세계를 탐사하는 것이 러시아 지식인들 사이에 인기였는데, 러시아의 대표적 탐험가인 프레제발스키는 중앙아시아 뿐만 아니라 연해주의 우수리스크까지 왔던 것으로 알려졌다.

(2) 오클라드니코프와 안드레예프, 안드레예바

1953년 부터는 오클라드니코프와 안드레예프가 주도한 극동고고학 조사단(ДВАЭ, FEAE)이 연구되면서 유적이 본격적으로 발굴되기 시작한다. 두 사람은 거의 독립적으로 조사했고 루드나야 프리스턴(Рудная пристант, Rudnaya pristan), 자이사노프카-1, 세키노 샤프카(Щекино шапка, Shchekino shapka) 유적 등을 발굴했다.

　오클라드니코프는 1959년에 자신이 조사한 유적을 총망라해서 『Далекое прошлое

---

[4]　한국어로 번역되어 있다.

Приморья(The distant past of Primorye, 연해주의 먼 과거)』라는 저서를 출판했다. 이 시기에 신석기시대가 분리되었고, 청동기시대와 초기철기시대 유적을 구분해서 정리했을 뿐만 아니라 발해와 여진의 성 유적을 구분했다. 물론 나중에 이 책은 시대별로 구분되고 재 정리되어 여러 저서로 분리되었다.

오클라드니코프가 중요하게 생각한 것은 층위로 유적의 서열을 밝히는 것이었기

그림 13 　오클라드니코프와 안드레예프(댜코바 2009재인용)

때문에 발굴조사를 중요하게 생각했다. 오클라드니코프가 활동한 1950년대 당시에는 연해주, 아무르 지역 모두 선행한 연구가 없었기 때문에 기초작업이 중요했던 것이다. 그래서 오클라드니코프는 층위학적 방법론의 개발에 힘썼다.

물론 안드레예프도 층위학에 신경을 써서 유적을 발견하고 발굴하는데 급급하지 않고, 한 유적에서 다른 시대를 구분하는데 힘썼다. 자이사노프카-1 유적에서 자이사노프카 문화와 얀콥스키 문화를 구분했다. 그는 오클라드니코프 보다는 유물에 더 많은 관심을 기울여서 편년설정에 집중했다(안드레예프 1960). 그 결과를 중국 감숙성, 일본, 에스키모, 앙소문화와 비교했다. 이를 통해서 얻은 편년결과는 중에 얀콥스키 문화를 기원전 7세기부터 시작한 것(안드레예프 1958)으로 추정한 것은 지금도 통용된다.

오클라드니코프와 안드레예프는 동시기에 연해주를 조사하면서 신석기문화와 초기철기시대인 얀콥스키 문화를 연구해서 그 결과물을 각각 출판했다. 연구방법론에서 차이를 보이며 대립적인 관계였으나, 안드레예프가 35살의 나이로 갑자기 사망하게 되면서 상대적으로 안드레예프가 남긴 저작물은 얼마 되지 않는다.

대신 그와 함께 연구하던 안드레예바가 말라야 포두셰치카(Малая подушечка, Malaya podushechka), 차파예보(Чапаево, Chapayevo) 등을 발굴해서 총망라한 연해주의 철기시대 문화는 밝히게 되었다(안드레예바 외 1977). 현재 연해주를 중심으로 활동하는 대부분의 고고학자는 그의 제자들이다. 이 외에도 시니예 스칼르이(Синие Скалы, Siniye Skaly, 아누치노(Анучино, Anuchino)-1 유적 등 연해주 선사시대 연구에서 중요한 유적들은 그녀가 발굴했다고 해도 과언이 아니다.

오클라드니코프는 1960년대에도 극동 고고학 발굴단을 꾸려서 연해주의 중요한 유적인 올레니(Олений, Olenyy-1), 우스티노프카(Устиновка, Ustinovka) 유적 등 구석기시대 및

신석기시대 유적 뿐만 아니라 발해 및 여진시대 유적까지 조사했다. 데레비얀코(Деревянко А. П., Derevyanko A. P.), 브로댠스키(Бродянский Д.Л.,Brodyanskiy D.L.), 메드베제프(Медведев В.Е., Medvedev V.Ye.) 등이 조사단에서 오클라드니코프와 함께 연구했다.

1960년대에서 가장 중요한 발굴은 주조철부가 출토된 얀콥스키 문화의 페스찬느이 유적이다. 1959년의 저서(오클라드니코프 1959)는 개론적인 성격이었다면, 페스찬느이(Песчаний, Peschaniy) 유적을 대상으로 한 저서(오클라드니코프 1963)는 유적의 발굴부터 유물 분석까지 전문적인 연구서로 평가받는다.

1960년대 조사된 내용된 내용은 『История Сибири(시베리아 역사)』(오클라드니코프 1968)에 수록되었는데, 『Далекое прошлое Приморья(The distant past of Primorye, 연해주의 먼 과거)』의 개정판이었고 가장 변화된 점은 연해주에서 최초로 발견된 철과 초기 농경에 대한 것이었다.

오클라드니코프는 연해주 뿐만 아니라 시베리아의 바이칼 유역, 앙가라 강 및 중앙아시아지역까지 조사범위가 매우 넓었기 때문에 이 책에서 그의 업적을 다 소개할 수는 없다. 하지만 연해주 및 시베리아 고고학의 기틀을 세운 사람으로써 아직까지도 평가받는다.

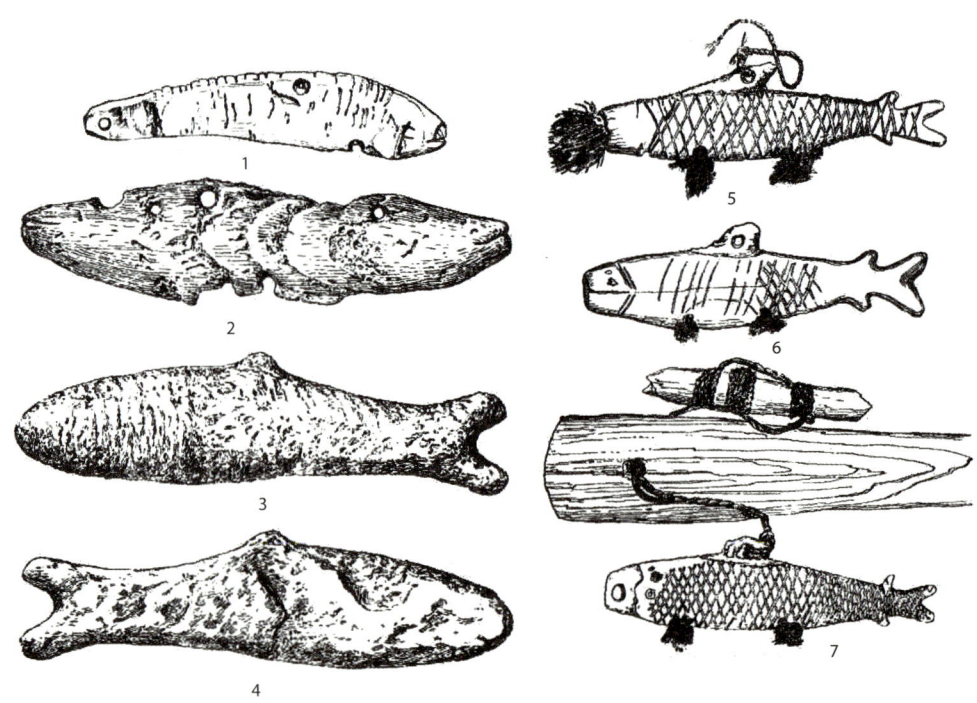

그림 14 바이칼 유역의 신석기시대 물고기 모형과 축치-에스키모 인의 물고기형상(오클라드니코프 1950, 필자재편집)

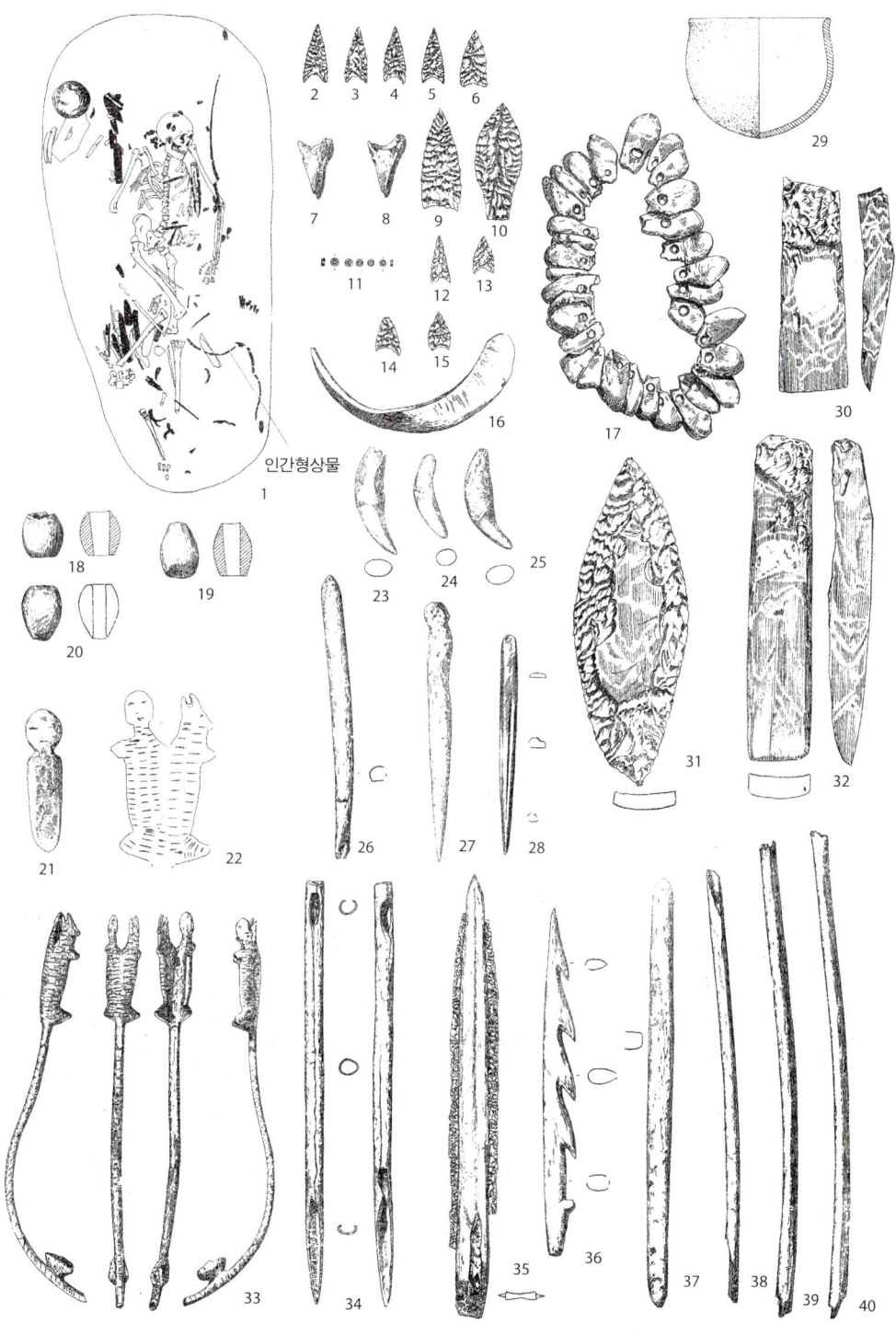

그림 15 세로보 유적 12호(오클라드니코프 1976, 김재윤 2018 재인용)

(3) 오클라드니코프의 민족지 이용연구

필자가 생각하는 오클라드니코프의 연구에서 중요한 성과 중에 하나는 고고학 자료를 그 지역의 민속학 자료로 해석하려 했다는 점이다.

대표적인 것은 바이칼 유역의 신석기문화에서 발견된 토기의 제작방법과 용도를 민족지자료와 비교한 것이다. 바이칼 유역의 세레보 문화는 이 지역의 다른 신석기문화에 비해서 토기가 많이 발견되었다. 토기표면에 남아 있는 망상문과 손자국 흔적은 점토를 발라서 성형해서 만든 것이라고 생각했다. 혹은 유기물로 짠 자루를 땅을 파서 만든 구덩이에 넣고 저부가 뾰족 혹은 원형의 토기를 생산했다고 추정했는데 그 근거가 된 것은 민족지자료이다. 후에 이르쿠츠키 대학에서 실험고고학으로 이를 증명했다.

세로보 문화의 토기는 17~18세기 지역민인 퉁구스 족이 해충방지용으로 가지고 다닌 항아리와 같은 용도로 사용했을 것이라고 추정했다. 퉁구스 여성들이 자작나무 껍질로 감싼 토기를 가지고 다니면서 나뭇가지를 넣어 해충을 쫓는 장면을 목격했기 때문이다. 이때 항아리에는 작은 파수가 달려 있는데 세로보 문화의 토기의 파수도 끈을 달기 위한 용도라고 생각했다(오클라드니코프 1950).

뿐만 아니라 세레보 문화에서 발견된 물고기모양의 장식판(**그림 14-1~3**)도 민족지자료와 비교해서 의례용으로 사용한 방법과 실제로 낚시에서 이용한 했다.

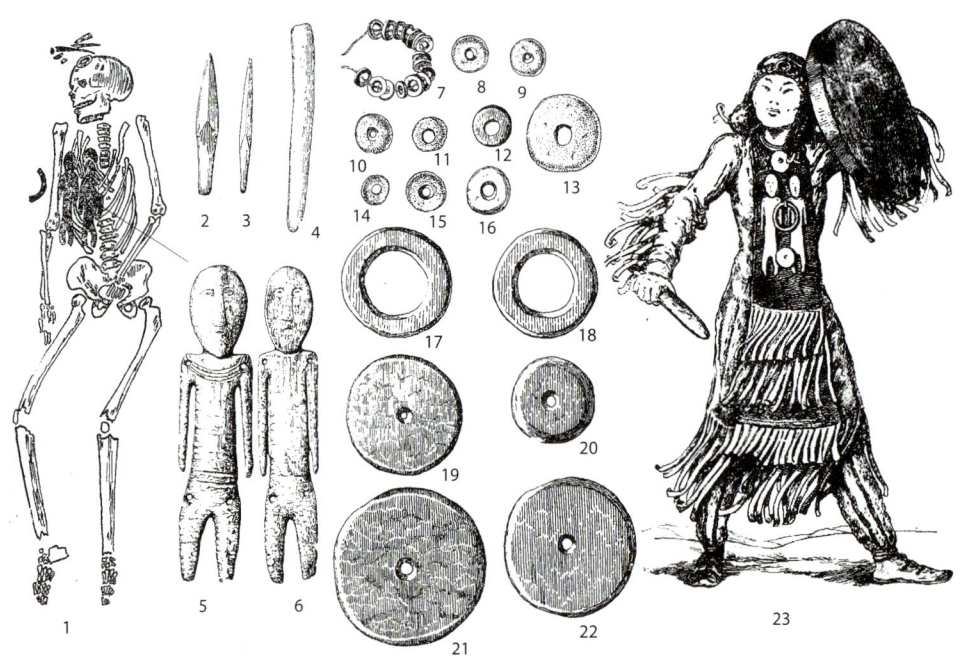

그림 16 우스티-우다 유적 4호(오클라드니코프 1955, 1978, 재편집)

야쿠티아 인들의 아르치 의례에 사용되는 것에서 착안해서 의례용이었을 것으로 추정했다. 또한 오클라드니코프는 구멍이 있는 물고기 모형으로 실험을 했는데, 구멍에 실을 꿰어 매달면 물고기 모형이 수평을 유지하는 점도 주목하였다. 축치-에스키모 인(그림 14-5~7)은 도식적인 물고기 형태의 추를 만들어 사용했다. 물고기 모양 추를 낚싯줄에 연결하였고, 아가미 부위의 구멍에 낚시 바늘을 연결해서 사용하였다. 또 에벤키 인들은 겨울에 얼음을 깨고 작살로 물고기를 잡을 때 물고기미끼로 사용했다. 얼음 구멍위에 자작나무 껍질로 조그만한 원추형 텐트를 짓고 그 안에 들어가서 물고기잡이를 하였다. 원추형 텐트는 물속에서 구멍을 뚫어서 밖의 빛이 얼음안으로 들어가는 것을 방지해서 물고기를 속이기 위한 것인데, 이때 물고기 미끼를 사용하였다(오클라드니코프 1950).

또한 세로보 문화의 사람과 곰이 한 몸으로 제작된 조각품(그림 15-33)은 옥기와 함께 출토되었다. 특히 사람과 몸이 한 몸으로 제작된 조각품은 시베리아 샤먼의 의식에서 힌트를 받아서 이 유물이 출토된 무덤 주인공은 당시에 샤먼 이었을 것으로 추정했다. 뿐만 아니라 글라스코보 문화에서도 옥기 및 인간형상물과 함께 무덤(오클라드니코프 1978)에 부장되어서 시베리아 샤먼의 모습을 복원했다(그림 16)(오클라드니코프 1955, 김재윤 2020).

극동이나 시베리아의 소수민족은 17~18세기 혹은 19세기 말까지 러시아인들과 접촉하기 전까지도 수렵채집을 주 생업으로 살아가던 사람으로 어피로 옷을 만들어 입고, 골제 바늘을 이용했던 것으로 알려져 있다. 수렵채집민의 생업이 선사시대와 유사함에 근거해서 그들의 생활양식과 습관을 오클라드니코프는 고고학자료에 대입했다. 현재의 관점으로는 알 수 없는 유물의 이해를 민족지 자료를 통해서 파악하려고 했다는 점은 한국고고학계에서는 드문 예이다. 고고학 연구의 다양화나 새로운 관점을 개척하기 위해서 필요한 부분으로 생각된다(김재윤 2018).

그림출처

- 그림 9   얀콥스키(댜코바 2009 재인용)
- 그림 10   아르세니예프(댜코바 2009 재인용)
- 그림 11   아르세니예프가 조사한 시호테 알린 산맥 중부지역(댜코바 2009 재인용)
- 그림 12   표드로프 작성,1885년 니콜라예프카-우수리스크(현재 우수리스크) 부근의 고대 유적(댜코바 2009 재인용)
- 그림 13   오클라드니코프와 안드레예프(댜코바 2009재인용)
- 그림 14   바이칼 유역의 신석기시대 물고기 모형과 축치-에스키모 인의 물고기형상(오클라드니코프 1950, 필자재편집)

| 그림 15 | 세로보 유적 12호(오클라드니코프 1976, 김재윤 2018 재인용) |
| 그림 16 | 우스티-우다 유적 4호(오클라드니코프 1955, 1978, 재편집) |

참고문헌

김재윤, 2018, 「제2장 신석기시대」, 『북방고고학개론』, (재)중앙문화재연구원, pp.62~88

김재윤, 2020, 「바이칼 지역 순동시대 글라스코보 문화의 무덤변화와 옥기부장양상 검토」, 『러시아연구』, 제30권-2

디야코바, 2019(김재윤 譯), 『러시아 연해주의 성(城) 유적과 고대 교통로』, 서경출판사

Андреев Г.И., 1957, "Поселение Зайсановка 1 в Приморье", СА, 2, 121-145 (안드레예프, 1957, 「연해주의 자이사노프카-1 유적」, 『소련 고고학 1957-2호』)

Андреев Г.И., 1960, "Некоторые вопросы культур Южного Приморья III – I тыс. до н.э.", МИА 86, 136-161. (안드레예프, 1960, 「기원전 3천년기~1천년의 연해주 남부 제문제」, 『소련물질문화연구 86호』)

Андреева Ж.В., 1970 : Древнее Приморье. Железный век. М.: 1970. 148 с.(안드레예바 1970, 연해주의 철기시대)

Андреева Ж.В., Жущиховская И. С., Кононенко Н. А., 1986, Янковская культура. М. (안드레예바 외 1986, 얀콥스키 문화)

Арсеньев В.К. 1922, Обследование Уссурийского края в археологическом и архигеографическом отношениях // Изв. Южно-Уссур. отд-ния Приморского отдела РГО. Никольск-Уссурийский. 1922. 1. Январь. С. 55. (아르시네프 1922, 우수리 지역의 고고학 유적에서 고건축물의 연구)

Бродянский Д.Л., 1987, ВВедение в Далневосточную археология-Владивосток; Изд-во Дал-невосточого университет (브로댠스끼 델. 엘. (정석배 역), 1996, 연해주의 고고학)

Окладников А.П., 1950, Неолит и бронзовый век Прибайкалья (Часть I – II)/ Материалы и исследования по археологии СССР. № 18. - М., Л.: Изд-во АН СССР, - 412 с.(오클라드니코프 1950, 프리바이칼 지역의 신석기시대와 청동기시대, I~II권)

Окладников А.П., 1955, Неолит и бронзовый век Прибайкалья. Ч. III, МИА №43. Москва-Ленинград. 376 с. (오클라드니코프 1955, 프리바이칼 지역의 신석기시대와 청동기시대 III권)

Окладников А.П., 1956, Приморье в тысячелетии до н э по материалам поселений с раковинными кучами //СА Т. 26(오클라드니코프 1956, 기원전 일천년기의 연해주의 패총유적)

Окладников А.П., 1958, Далекое прошлое Приморья, Владивосток (오클라드니코프 1958, 연해주의 머나먼 과거)

Окладников А.П., 1963, Древнее поселение на полуострове Песчаном у Владивостока // МИА (오클라드니코프 1963, 블라디보스톡 부근의 페스챤느이 반도 고대유적)

Окладников А.П. (гл. ред.), 1968, История Сибири с древнейших времен до наших дней. Древняя Сибирь Том 1, 1968 (오클라드니코프 1968, 선사시대에서 현재까지 시베리아의 역사)

Окладников А.П., 1976, Неолитические памятники Нижней Ангары. (오클라드니코프 1976, 앙가라 강 하류의 신석기유적)

Окладникв А.П., 1978, Верхоленский могильник памятник древней культуры народов Сибири. Новосибирск (오클라드니코프 1978, 시베리아의 고대문화, 베르홀렌스크 무덤유적)

Окладников А. П., Деревянко А. П., 1973, Далекое прошлое Приморья и Приамурья Владивосток(오클라드니코프, 데레비얀코 1973, 연해주와 아무르강의 머나먼 과거)

Поляков И.С., 1884, Отчет об исследованиях на острове Сахалине, в раяо-Уссурийском крае, в Японии: Приложение к XLVIII Т. Записок Имп, Академии наук, No6 -СПб.(폴랴코프 1884, 우수리스크 지역과 사할린 섬의 비교연구)

Янковский М.И., 1881, Кухонные остатки и каменные орудия, найденные на берегу Амурского залива на полуострве, лежащем между Славянской бухтой и устьем р.Сиидми: Заметка, приложенная к археологическим древностям, пересланным в музей ВСОРГО, //Изв, ВСОРГО.-Т.XII, No2-3. Иркутск (얀코프스키 1881, 아무르만 지역의 시데미강 하류와 슬랴반카 반도 사이에서 발견된 고대의 패총 흔적과 석제품)

4. 고고자료와 고아시아족문제

사카치알리안을 조사한 오클라드니코프는 암각화의 주인공을 아무르강 하류에서 어로생활을 하는 나나이족의 조상으로 소개한 바 있다(오클라드니코프 1971). 또한 보즈네세노프카 문화의 예술성이 강한 토기를 아무르강 고아시아족의 조상이 남긴 것으로 보았다(오클라드니코프 1966). 이와 같이 오클라드니코프는 연해주 및 아무르강 유역의 고고학 자료를 접목시키려 했다.

러시아에서는 언어학적인 관점에서 시작된 퉁구스족의 기원연구가 18세기 중반부터 이루어졌고, 20세기 초에는 고고학, 역사학, 형질인류학, 언어학 등 전방위적인 연구에서 고아시아족과 퉁구스족에 대한 논의가 이루어졌다(볼로틴 2008). 그 중 퉁구스족과 고아시아족에 대한 고고학적 연구는 오클라드니코프가 시작했다.

오클라드니코프는 아무르강의 여러 종족인 나나이족, 울치족, 니히브족을 고아시아족, 시베리아의 순록사육거주민을 퉁구스족으로 구분했다(오클라드니코프 1965, 1966). 그가 아무르강의 신석기시대 기원전 3000~2000년 기의 주민을 고아시아족의 선조로 본 이유는 19~20세기 나나이족, 울치족, 니히브족 특징이 신석기시대부터 전해진 것으로 생각했기 때문이다. 아무르강 하류의 신석기시대 콘돈-포취타 유적에서 집은 구덩이를 깊게 파서 설치하고, 저장구덩이가 집안에 있는 점은 20세기 초 아무르강 나나이족의 집과 유사하며, 토기의 타래문양은 여성의 옷에 그대로 장식된 것으로 보았다. 물고기잡이를 기본으로 한 생업방법, 개를 기르고, 어피로 된 옷을 입으며, 제사 지낼 때 돼지와 개를 봉양물로 받치는 등 생활습관도 그대로 남아 있다고 보았다(오클라드니코프 1966).

퉁구스족은 시베리아의 바이칼 유역 타이가 지역에 거주하던 순록사육민과 토착민의 융합으로 생긴 것으로 보았고(오클라드니코프 1955), 그때 당시의 신석기문화로 여겼던 글라스코보문화(현재는 동석기시대)에서 그 원류를 찾고자 했다(오클라드니코프 1966).

특히 글라스코보문화에서 확인되는 패각, 백옥제로 제작된 옥벽, 모자, 물고기모양의 나무조각품(그림 16-1~22) 등은 17~19세기에 바이칼 유역의 퉁구스족의 일상생활과 관련된 것으로 보았다. 퉁구스족의 의복 중 가장 큰 특징은 가슴가리개인데, 글라스코보문화에서는 여기에 패각과 옥벽을 달았고, 17~19세기의 것은 주로 은제를 달았던 차이점 밖에 없다고 여겼다. 물고기모양 나무조각품은 낚시할 때 회유기를 사용하는 습관이 그대로 남았던 것으로 보았다(오클라드니코프 1966). 뿐만 아니라 퉁구스족의 가부장제도, 가족간의 불평등, 가족구성, 노예제도 등등도 글라스코보문화의 무덤 부장품을 분석해서 한 문화의 특징을 현존한 민족의 관습과 유사한 것으로 여겼다(오클라드니코프 1966).

오클라드니코프(1965, 1965)가 글을 쓸 당시에 밝혀진 아무르강의 신석기문화는 콘돈문화와 보즈네세노프카 문화였으며, 콘돈문화의 특징인 아무르망상문을 연해주의 마략-

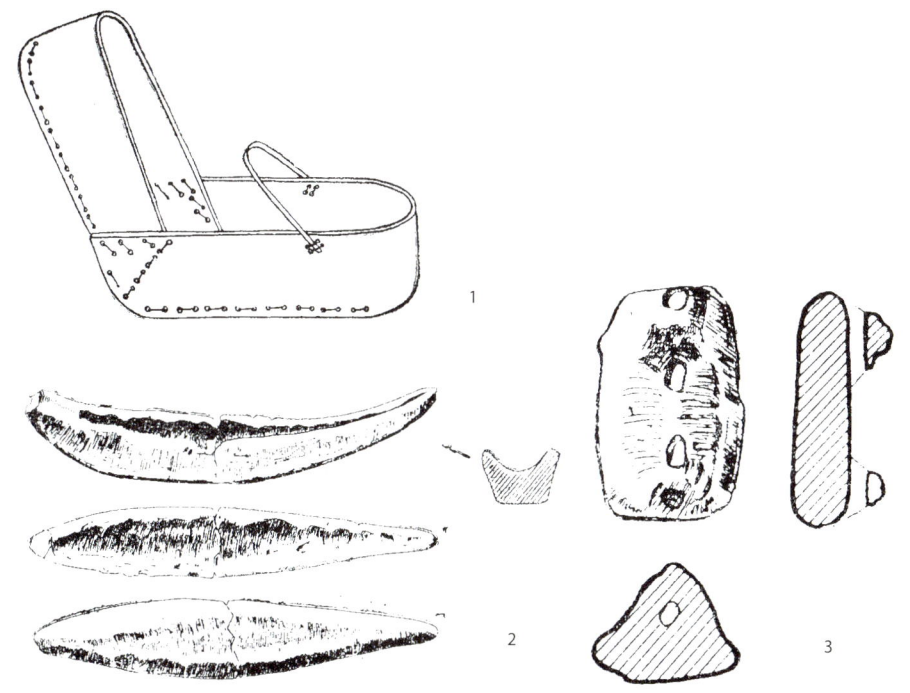

그림 17 퉁구스족과 관련된 유물(오클라드니코프·데레비얀코 1973) 1: 퉁구스족의 애기요람 | 2: 토제배 |
3: 활시위당길 때 사용된 엄지골무(1: 민족지자료, 2, 3: 사나토리 유적)

르발로프 유적과 비교한 점으로 보아(오클라드니코프 1964), 아무르강하류지역과 연해주 신석기문화가 같은 양상을 보인다고 인식했다. 그렇다면 그는 연해주의 신석기인도 고아시아족으로 여겼을 것이다.

그런데 오클라드니코프는 아무르강 하류의 종족기원에 대한 인식을 바꾼다. 폴체문화의 유적인 아무르강 하류의 아무르스키 사나토리이 유적에서 출토된 토제 배, 시위를 당길 때 손가락에 끼우는 골무와 아이의 요람(그림 17-1) 등이 17~19세기 퉁구스족에게 확인된다는 것을 근거로 한 것이다. 시베리아 바이칼유역의 퉁구스족이 아무르강 유역으로 남하한 시점은 기원전 1000년 기로 청동기시대 말~철기시대로 폴체문화 및 이를 영위한 폴체인을 만주-퉁구족으로 규정했다(오클라드니코프·데레비얀코 1973).

토제 배(그림 17-2)는 아무르강의 종족 뿐 만 타이가지역에 사는 아니라 에벤키, 에벤 등 여러 종족이 사용하며, 이를 지칭하는 발음도 유사하고, 특히 순록유목을 하는 퉁구스족의 특성상 아이의 요람(그림 17-1)은 필수적인데, 아무르강 하류에서 확인된다는 점에서 아무르강 주민의 형성에 시베리아 퉁구스족이 관여한 정황으로 본 것이다.

즉 오클라드니코프는 아무르강 및 연해주의 신석기시대인을 고아시아족으로 인식하다가, 고고학 자료가 증가하면서 기원전 천년기의 폴체문화와 관련시켰고, 만주-퉁구스족으로 정정했다. 그리고 그가 최초로 고아시아족으로 언급한 나나이족, 울치족은은 만주퉁구스어군, 니흐브족(길략족)은 고시베리아어족 혹은 고아시아족으로 정의되고 있다(곽진석 2011).

그런데 오클라드니코프는 아무르강과 연해주의 신석기시대 주민이 고아시아족의 원류임을 전하면서 한국을 언급했는데, 동삼동 유적의 토기 및 패총을 들어서 연해주와 한국의 신석기시대 주민이 밀접하게 접촉했을 가능성을 제시한 바 있다(오클라드니코프 1965).

문제는 이 연구관점이 한국에서도 받아들여져서 한국민족의 원류가 퉁구스 및 예맥인이 아닌 고아시아족이라는 관점(金貞培 1973)일부에서는 아직까지도 인용되고 있다는 점이다.

고고학 자료를 민족지자료로 해석하려고 했던 오클라드니코프의 노력은 필자도 어느 부분(김재윤 2008) 동의한다. 토우의 용도가 민족지자료로 보아서 집과 관련된 제의적인 유물일 수 있다는 점에 뜻을 보탠 것이다. 그러나 현대의 나나이족과 신석기시대 주민이 혈통적으로 연결되는지는 연구되지 않았다.

또한 고고학 자료가 많이 증가한 현재는 글라스코보문화는 신석기시대(오클라드니코프 1966)가 아닌 순동이 확인되는 시대이며, 한국 동삼동 유적과 연해주의 신석기문화는 전혀 관련성이 없다.

연해주와 강원도 자료는 유사한 면이 있지만, 강원도 동해안의 양양 오산리 이남의 죽변 및 세죽과 출토품은 오산리유적과 관련성이 더 많다. 오클라드니코프의 논저 당시에는 알려진 동삼동 유적의 예는 샘플이 조사한 것을 주로 참고했을 것인데, 그 이후에 동삼동 조사는 다섯 번에 걸쳐서 재조사되었다.

오클라드니코프는 연해주 신석기인과 한반도 신석기인의 '관련성'을 '접촉'이라고 표현했다(오클라드니코프 1965). 하지만 이를 한반도 신석기문화의 원류로 파악하고, 더 나아가 고아시아족으로 해석한 것은 문제가 있다. 한반도 소백산맥 이동의 남부지역에는 독자적인 신석기문화가 이미 존재하고 있었고, 남부지역 신석기문화가 단계적으로 발전된 사실은 자명하다.

따라서 환동해문화권의 동심원문 암각화가 소백산맥 이동에서 확인된다고 해도 이는 환동해문화권 사람들과의 교류 흔적이며, 환동해문화권이 고립적인 지역이 아니었음을 의미하는 것이지, 한반도 남부지역 신석기문화 전체형성에 영향을 주었다고 해석할 수 없고, 더욱이 아무르강 민족문제와도 관련시키기도 힘들다(김재윤 2019).

그림출처

그림 17   퉁구스족과 관련된 유물(오클라드니코프·데레비얀코 1973)

참고문헌

김재윤, 2008, 「선사시대의 極東 全身像 土偶와 환동해문화권」, 『한국상고사학보』, 제 60호

김재윤, 2019, 「선사시대 동심원문 암각화를 통해서 살펴본 환동해문화권의 범위와 교류영역 – 고아시아족과 퉁구스족문제를 겸해서」, 『한국상고사학보』, 제 104호, pp.5-34

金貞培, 1973, 『韓國民族文化의 起源』, 高麗大學校 出版部

Болотин, Д. П. 2008. "Происхождение амурских эвенков." Краведение Приамурья, 3(볼로틴 2008, 『아무르강의 에벤키 기원』)

Окладников А.П. 1955. Неолит и бронзовый век Прибайкалья. М.-Л.: Академии наук СССР(오클라드니코프 1955, 『프리바이칼 지역의 신석기시대와 청동기시대』)

Окладников А.П. 1964. Древнее поселение в бухте Пхусун [в Приморье] // Материалы по истории Сибири. Древняя Сибирь. - Новосибирск: РИО СО АН СССР. - Вып. 1. - С. 73-83(오클라드니코프 1964, 『연해주 푸후순 만(灣)의 고대 유적』)

Окладников А.П. 1966, неолитические племена Прибайкалья, Восточной Сибири и дальнего Востока// ИСТОРИЯ СССР: С древнейших времен до наших дней.-Москва, 1966-Том 01. Первобытнообщинный строй. Древнейшие государства Закавказья и Средней Азии. Древняя Русь (до начала XIII в.)(오클라드니코프 1966, 「동시베리아와 극동, 프리바이칼의 신석기시대 주민」, 『소비에트의 역사: 고대부터 현대까지』)

Окладников А.П., 1971. Петроглифы нижнго Амура, издательство НАУКА, Ленинград(오클라드니코프 1971, 『아무르강 하류의 암각화』)

Окладников, А. П., Деревянко А. П. . 1973. Далекое прошлое Приморья и Приамурья. Владивосток: Дальневосточное кн. изд.(오클라드니코프, 데레비얀코 1973, 『연해주와 아무르강의 머나먼 과거』)

Okaldnikov A.P. 1965, The Soviet Far East in Antiquity :an Archaeological and Historical Study of the Maritime Region of the USSR-Toronto: Univ. Toronto Press.

III

Primorskii

환동해문화권 북부지역의 선사문화: 연해주 선사고고학 개론

환동해문화권 북부지역의 선사문화

구석기시대

1. 특징과 편년

연해주에서 인간이 살았던 흔적은 중기구석기시대와 후기구석기시대 경계인 30000년 전

지도 1　연해주의 후기구석기시대　1: 게오그라피체스코예 옵세스트보 동굴유적　|　2: 우스티노프카 7　|　3: 우스티노프카 6 유적

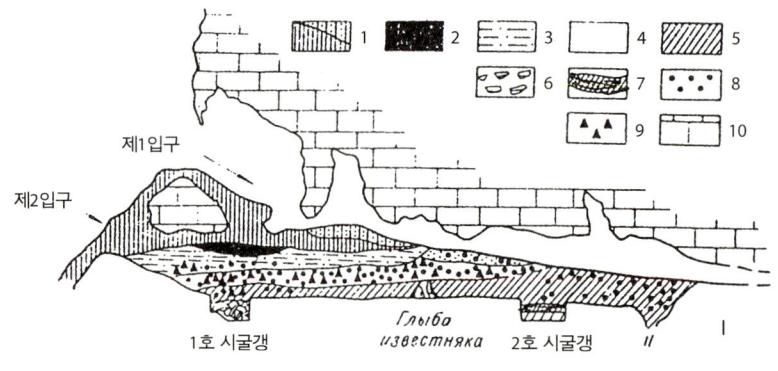

1: 제1층, 2: 제2층, 3: 제3층, 4: 제4층, 5: 제5층, 6: 제3층, 7: 진흙 간층
8: 플라이스토세 포유류 뼈의 위치, 9: 석기의 위치, 10: 석회암

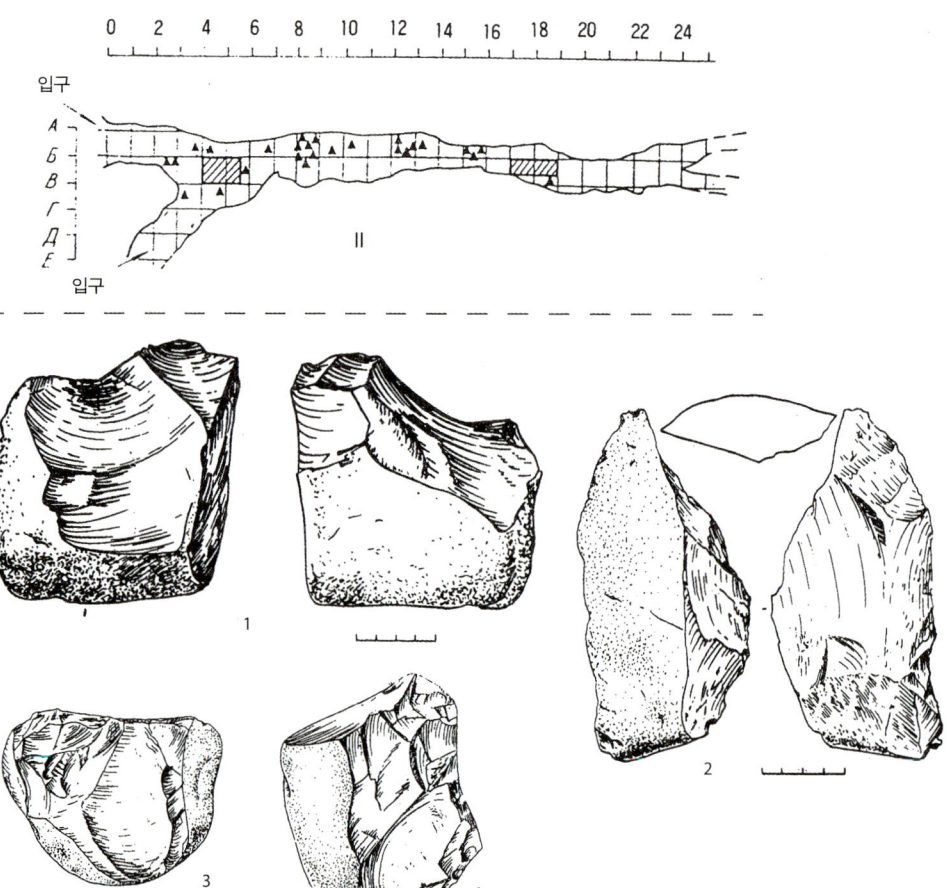

그림 18 게오그라피체스코예 옵세스트보 동굴 유적과 유물

부터 확인되는데, 게오그라피체스코예 옵셰스트보(Географическое общество, Geographical Society) 유적, 우스티노프카-7 유적과 우스티노프카-6 등이 대표적인 유적이다.

구석기시대 연구는 시베리아에 비해서 구석기유적이 많이 발견되지 않았고, 연해주 선사시대 가운데 가장 연구가 빈약한 부분이기도 하다. 대부분 연해주 동해안의 제르칼나야(Зеркальная, Zerkal'naya) 강변에 위치한 우스티노프카(1, 3, 6, 7)유적군의 발굴에 대한 연구성과라고 볼 수 있다.

그래서 이 책에서는 연해주의 구석기문화를 연대에 따라서 각 유적의 유물을 중심으로 설명하고자 한다.

연해주의 구석기연구는 오클라드니코프가 1953년 지표조사를 시작되었고, 우스티노프카 1유적은 지질학자인 페트룬(В.Ф.Петрун, V.F. Petrun) 이 발견했다. 1963년에 오클라드니코프는 게오그라피체스코예 옵세스트바 동굴유적을 탐사해지만, 발굴하지는 못했고, 아보도프(Н.Д.Оводов, N.D. Ovodov)가 3년 뒤(1966~1967년)에 발굴했다. 1992년부터 러시아 과학아카데미 코노넨코(Н.А. Кононенко, N. A. Kononenko) 박사가 일본 동북복지대학(東北福址大學)과 공동조사한 우스티노프카-6, 우스티노프카-7 유적이 연해주의 구석기시대를 대표한다.

게오그리피체스코예 옵세스트보 동굴 유적에서는 대형 긁개와 찍개, 몸돌 등 자갈돌 석기 전통이 발견되어서, 돌날 전통의 우스티노프카-7 유적, 우스티노프카-6 유적보다는 이른 시기의 유적으로 생각된다.

게오그라피체스코예 옵세스트보 유적에서 출토된 몸돌에서는 석인기법이 일부 발견되지만 격지를 얻는 방법이 1차 박편을 취득하기 위한 것이었고, 정형적인 석인은 생산하지는 않았던 것으로 생각된다. 동굴에 사냥꾼들이 짧은 기간에 살고 남긴 흔적으로 보았다(데레비얀코 1983). 3층의 가장 아랫면과 4층의 가장 윗면인 경계면에서 나온 뼈를 시료로 해서 탄소연대측정한 결과 32570±1510(ИГАН-341)B.P.로 연대측정되었다.

자갈돌 석기 전통은 우스티노프카-7과 우스티노프카-6 유적에서 돌날 석기전통와 세돌날전통으로 바뀌게 된다. 우스티노프카-7 유적은 돌날석기가 우세하며, 우스티노프카-6 유적은 세돌날전통이 정착하게 되며 양면석기도 확인된다.

우스티노프카-7 유적에서는 석인(**그림 19-3~7**)과 몸돌(**그림 19-2**), 몸돌에서 떼어낸 스폴 (**그림 19-1**)등이 출토되었는데 후기구석기시대 초기에 해당하는 특징이다.

우스티노프카-6 유적에서는 몸돌에서 세석인을 떼어낸 방법으로 여러 용도의 도구가 제작되었다. 몸돌은 한 쪽면을 쐐기모양(**그림 19-8, 10, 11**)과 ㄱ모양(**그림 19-9**)으로 떼어낸

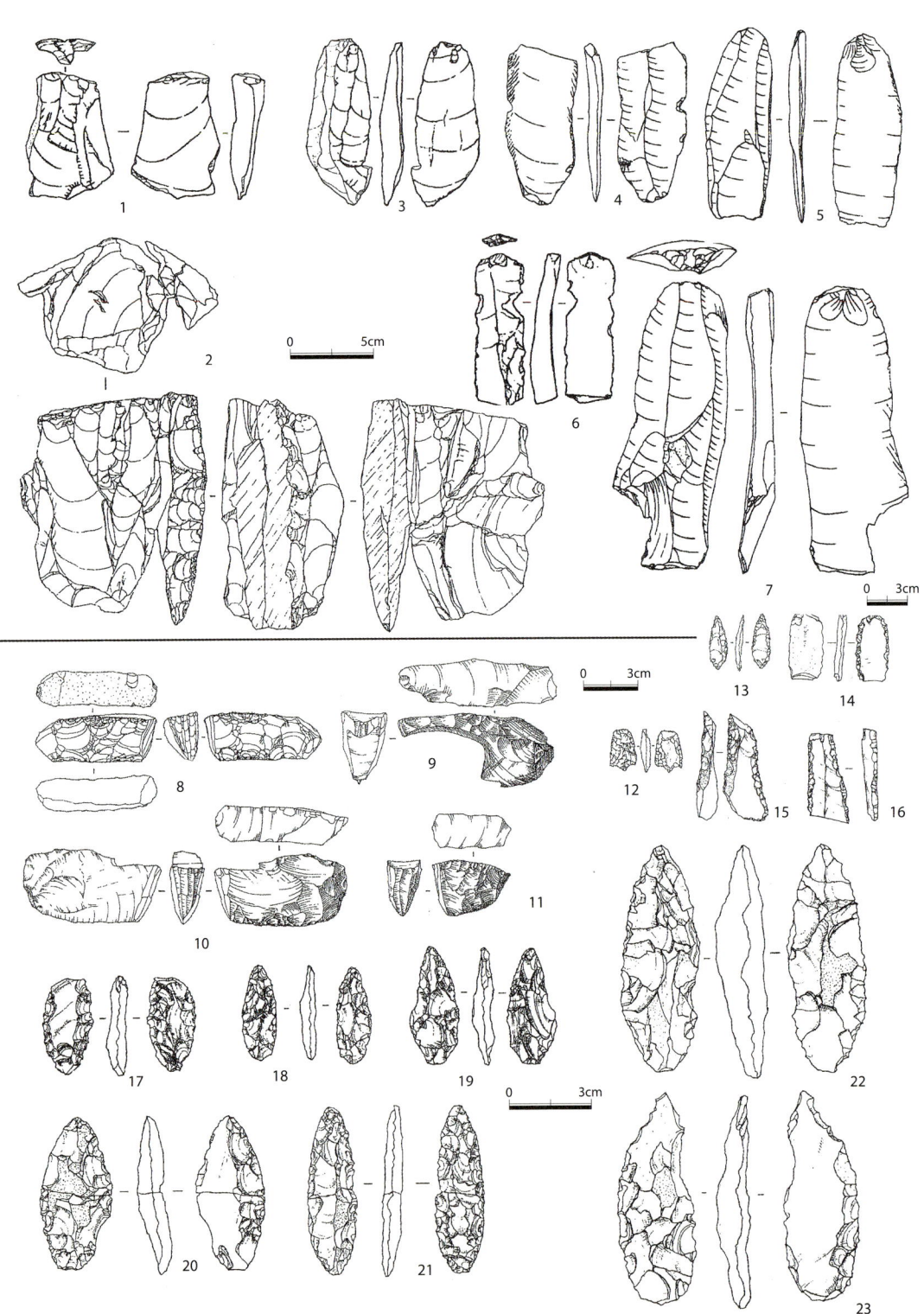

그림 19 우스티노프카-7 유적과 우스티노프카-6 유적(코노넨코 외 2003, 필자 재편집)

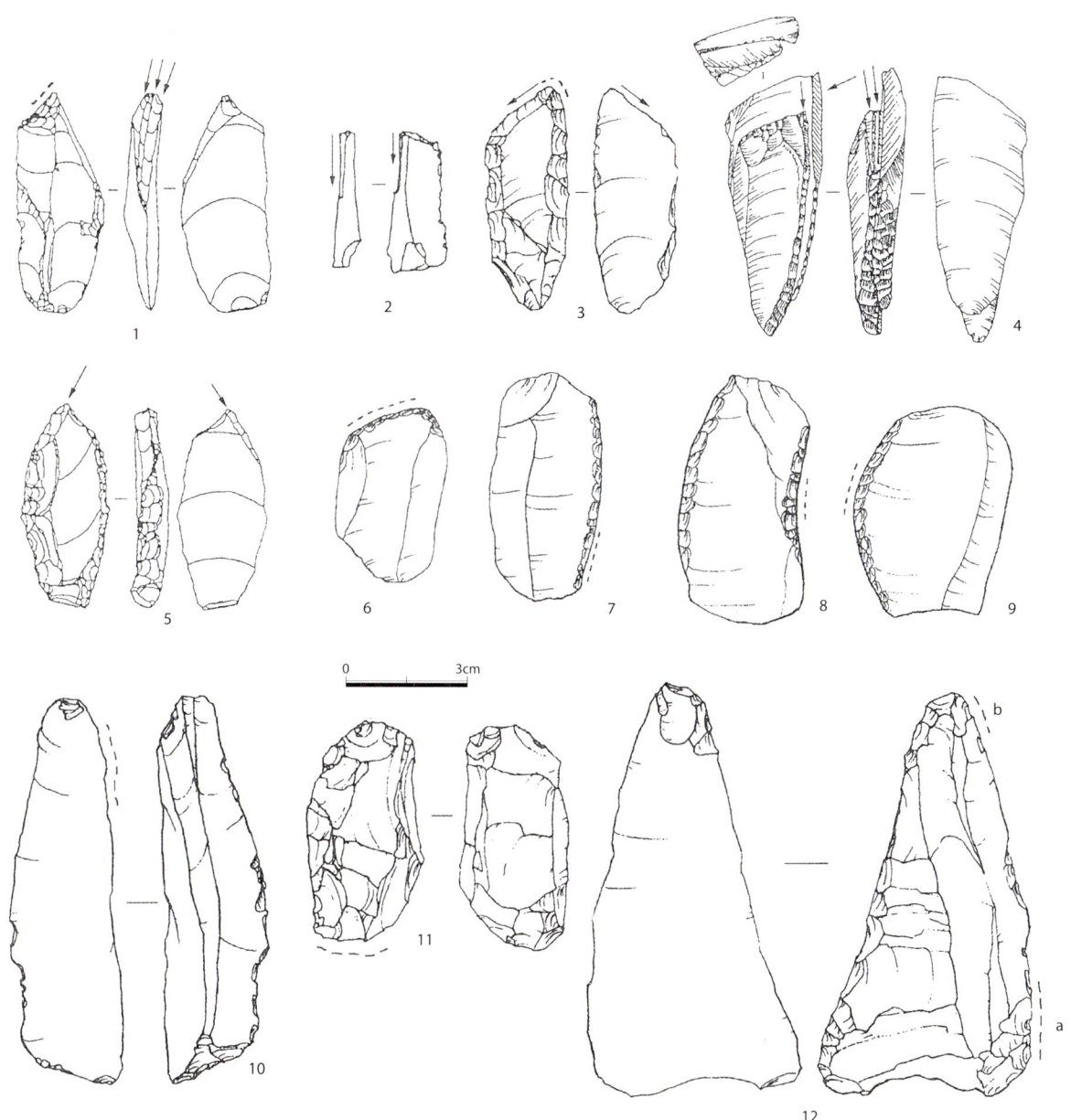

그림 20 우스티노프카–6 유적 출토석기(코노넨코 외 2003, 필자 재편집)

것이다. 세석기 가운데 눌러떼기 기법을 사용해서 제작한 도구로 석촉(그림 19–12, 13) 등이 있고, 박편석기로는 중앙에 능을 두고 양쪽면을 눌러떼기로 조종한 석기(그림 19–14~16)가 있다. 새기개(그림 20–1~5)는 뷰랭(burins)을 이용해서 제작된 것이 출토되었다.

양면석기는 석촉(그림 19–17~21)과 석창(그림 19–22, 23)이 대표적이다.

뿐만 아니라 현미경분석법을 이용해서 석기별로 용도를 추정한 코노넨코의 연구도 대

구석기시대 63

표적이다. 고기를 자르는데 이용된 석인(그림 20-10), 나무를 다듬은 도구(그림 20-11), 풀 등의 식물을 자르는데 이용한 박편석기(그림 20-12) 등을 구분했다.

우스티노프카-7 유적은 시베리아, 몽골의 후기구석기시대 유적의 층위와 유물로 비교해서 33,000~30000 BP에 해당된다. 우스티노프카-6 유적에서는 2~3층에서 유물이 출토되며, 노지에서 얻은 목탄을 통해서 얻은 데이터는 11,550+240 BP(GEO-1412) 및 11,750+620 BP(SOAN-3538)이다.

뒷 장에서 설명할 우스티노프카-3 유적은 우스티노프카-6과 우스티노프카-7 유적에서 1.5km 떨어진 곳으로 고토기와 함께 세석기가 출토되는데, 9,305+31BP로 연대가 측정되었다. 연해주에서 돌날석기전통은 30000년 전후로부터 시작되어, 12000~11000년 전 후까지 이어지며, 그 이후로 토기가 생산되어도 지속된다고 볼 수 있다.

2. 유적

① 게오그라피체스코예 옵세스트보 동굴유적

연해주의 나호드카(Находка, Nakhodka) 시에서 동북쪽으로 20km 거리의 파르티잔(Партизан, Partisan) 강 우안에 위치한다. 그곳에서는 티그로브이(Тигровый, Tigrovyy), 베르블류다(Вербюда, Verblyud) 등 석회암 동굴이 발견되는 곳이다. 게오그라피체스코예 옵세스트보 동굴은 파르티잔 강에서 12m 높이에 위치한다. 길이는 24m이며, 바닥의 면적은 40m²이며, 1963년에 동굴은 발견되었다.

1, 2층의 사질점토층에서는 동물뼈, 물고기뼈, 새뼈, 연체동물 껍질 및 신석기시대 유물이 발견되었다. 제 3층은 밝은 회색의 사질점토층으로 말뼈, 들소뼈, 만주 사슴 뼈, 4층에서는 맘모스, 털코뿔소, 들소 동굴하이에나 등과 함께 화덕자리 및 격지를 떼어낸 흔적이 있는 석핵, 긁개 플라이스토세 동물상 등이 발견되었다. 5층은 적갈색 점토층으로 유물이 발견되었지만 소량이었다.

② 우스티노프카-7 유적

유적은 연해주의 카발레로보(Кабалерово, Kabalerovo) 지구에 위치한다. 동해로 흘러가는 제르칼나야 강변을 따라서 크게 3개의 유적이 발견되었는데, 후기구석기시대에 해당하는 우스티노프카-7 유적과 우스티노프카-3 유적이다. 제르칼나야 강변의 40m높이의 테라스 위에 위치한다.

5개 층위가 확인되었는데, 1층은 흑색 부식토(7~8cm두께)로, 홀로세의 따뜻한 기간에 형성된 층이다. 2층은 회갈색 사질양토(7~12cm 두께)로 홀로세의 한랭기에 형성된 층이다. 3층은 황갈색 사질토(18~22cm두께)로, Sartan Glaciation 단계의 한랭기 경수림 및 삼림 툰드라와 동일시 된다. 3층의 가장 아래에서 OSL기법을 사용해서 18,600B.P.가 확보되었다. 4층은 적갈색 사질토(16~20cm두께)인데, 상단에서 하단으로 꽃가루 분석을 통해서 기후변화가 관찰된다. 꽃가루 스펙트럼의 변화는 따뜻한 기간(24,000~30,000년 BP) 및 한랭한 기간(30,000~33,000년)에 해당하는 식생 변화를 그대로 반영한다. 5층은 암갈색 양토(8~10cm두께)로 Wurm 중부(43,000~33,000 BP)의 최적 기후와 관련이 있다. 돌날기법으로 제작된 유물은 4층과 5층에서 발견되었고, 세석인 전통의 석기는 1~3층에서 발견되는데, 유물은 많지 않다. 우스티노프카-7 유적은 사르마탄 Sartan Glaciation 단계의 최후까지 존재했다(코노넨코 외 2003).

③ 우스티노프카-6 유적

우스티노프카-7 유적에서 150m 떨어진 높이 15~20m와 높이 40m 테라스의 남쪽 끝에 위치한다. 하천 계곡의 경사면에 노출되어서 퇴적후변형상(cryoturbation)이 발견되지 않았다. 유물은 발굴된 지역의 남쪽부분에서 출토되었다. 4개의 층위가 확인되고 26,393개의 유물이 발견되었다. 유물은 제 3층 시작부터 제 2층 아래층까지 축적되었고, 2층과 3층 경계에서는 바닥에 돌이 깔린 화덕자리(**그림 22-5a~5c**)도 발견되었다. 유적의 북동쪽 지역에는 약 2m²에 석기 제작소(**그림 22-4**)가 발견되었다. 양면석기, 모루돌 등 석기가 6,000개 이상 발견되었다.

우스티노프카-6 유적에서는 석인은 거의 발견되지 않고 세석인기법으로 제작된 유물이 주를 이루었다(코노넨코 외 2003).

그림출처

그림 18	게오그라피체스코예 옵세스트보 동굴 유적과 유물	
그림 19	우스티노프카-7 유적과 우스티노프카-6 유적(코노넨코 외 2003, 필자 재편집)	
그림 20	우스티노프카-6 유적 출토석기(코노넨코 외 2003, 필자 재편집)	
그림 21	우스티노프카-7 유적(코노넨코 외 2003, 필자 재편집)	
그림 22	우스티노프카-6 유적(코노넨코 외 2003, 필자 재편집) 2, 3: 단면도 ǀ 4: 석기 제작소 ǀ 5a: 화덕자리 상면 ǀ 5b: 화덕자리에 깔린 돌 ǀ 5c: 화덕자리 바닥	

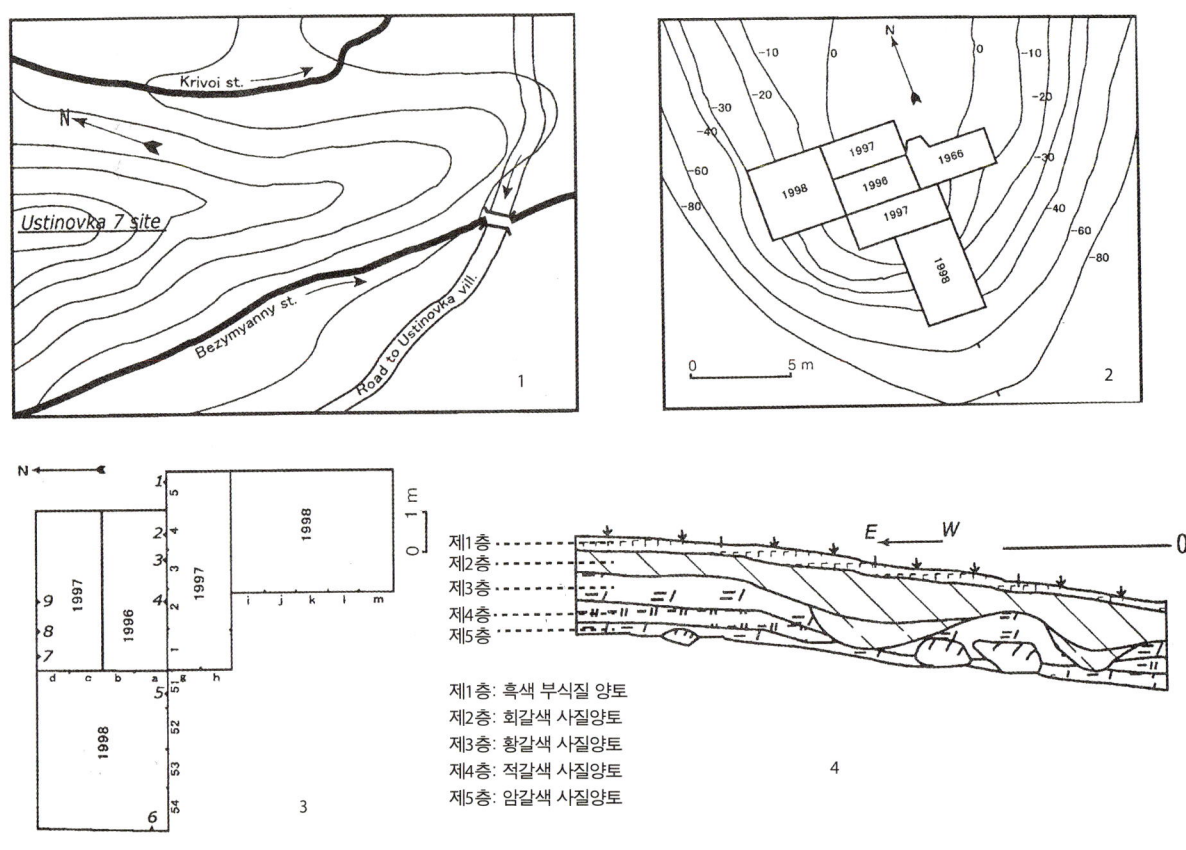

그림 21　우스티노프카-7 유적(코노넨코 외 2003, 필자 재편집)

참고문헌

Н.А. Кононенко, Х. Кадзивара, А.В. Гарковик, А.М.Короткий, А.В. Кононенко, Ю.Екояма, Е.Такахара, 2003, Охотники-собиратели бассейна Японского моря на рубеже плейстоцена - голоцена(코노넨코 외 2003, 플라이스토세 동해의 사냥꾼과 채집민)

Деревянко А.П 1983, Палеолит Дальнего Востока и Кореи. - Новосибирск.(데레비얀코 1983, 극동과 한국의 구석기시대)

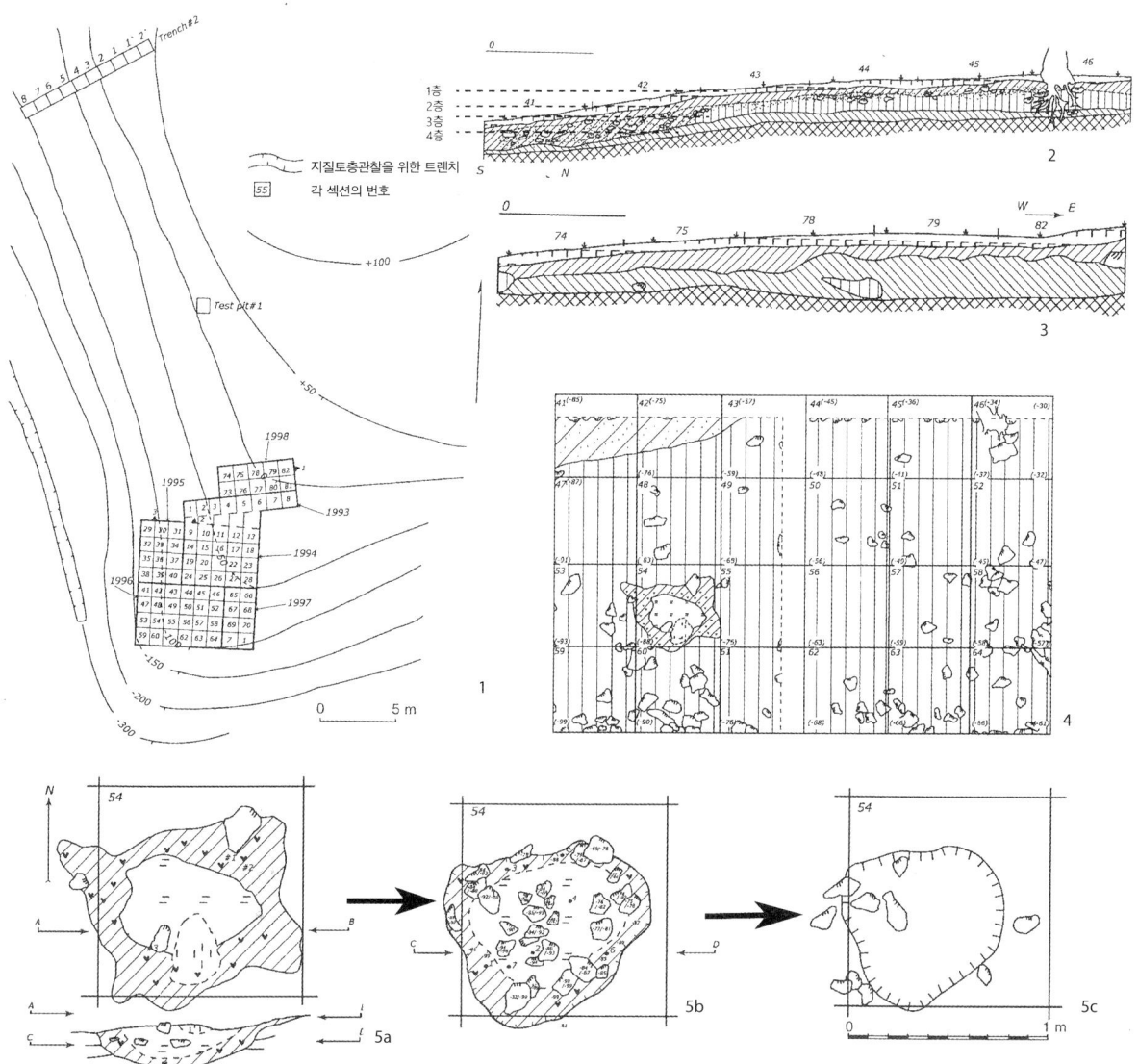

그림 22　우스티노프카-6 유적(코노넨코 외 2003, 필자 재편집)　1: 유적 평면도　|　2, 3: 단면도　|　4: 석기 제작소　|　5a: 화덕자리 상면　|　5b: 화덕자리에 깔린 돌　|　5c: 화덕자리 바닥

신석기시대

1. 고토기 단계

고토기는 연해주 뿐만 아니라 아무르강 하류와 아무르강 중류까지 확인된다. 특히 연해주의 자료는 아무르강 하류의 오시포프카 문화와 비교되고, 나아가 아무르강 하류의 토기는 아무르강 중류의 노보페트로프카 문화와 일정정도의 영향을 받는 것으로 알려져 있어서 이를 포함해서 설명하도록 하겠다.

1) 연구현황과 편년

(1) 연구현황

연해주에는 고토기가 출토되는 우스티노프카-3, 체르니고프카(Черниковка, Chernikovka)-1 유적,[5] 고르니 후토르(Горний Хутор, Gorniy Khutor)-2, 리소보예(Рисовое, Risovoye)-4 유적 등이 있다. 아무르강 하류에서는 고토기가 출토되는 유적은 오시포프카 문화로 규정되었으나 연해주에서는 별도의 문화로 규정되지는 않았다. 발굴된 우스티노프카-3 유적과 리소보에-4 유적 외에 체르니고프카-1 유적, 고르니 후토르-2 유적은 유적이 파괴된 채 확인되었다.

고토기의 연구는 주로 토기의 제작방법과 인접한 지역과 비교연구가 대부분이다.

우스티노프카-3 유적 연해주 출토의 고토기의 태토는 자연적인 점토에 잘게 자른 풀을 첨가하여 만들었는데, 토기표면에 무질서하게 붙어 있거나, 흔적이 남아 있다. 주로 사초(莎草)과의 줄기를 이용하는 경우가 많다. 글루쉬코프(Глушков И.Г., Glushkov I. G.)(1998)는 토기의 내구성을 높이고, 소성온도를 놓여서 결국은 토기의 질을 높이는 결과를 가져오게 한다고 보았다. 주시호프스카야(Жущиховская И.С., Zhushchikhovskaya I. S.)(2004)도 체르니고프카-1 유적의 토기 단면에서 식물이 혼입된 것을 발견했다.

---

5 체르니고프카-알티노프카 유적에서 명칭이 변경되었다.

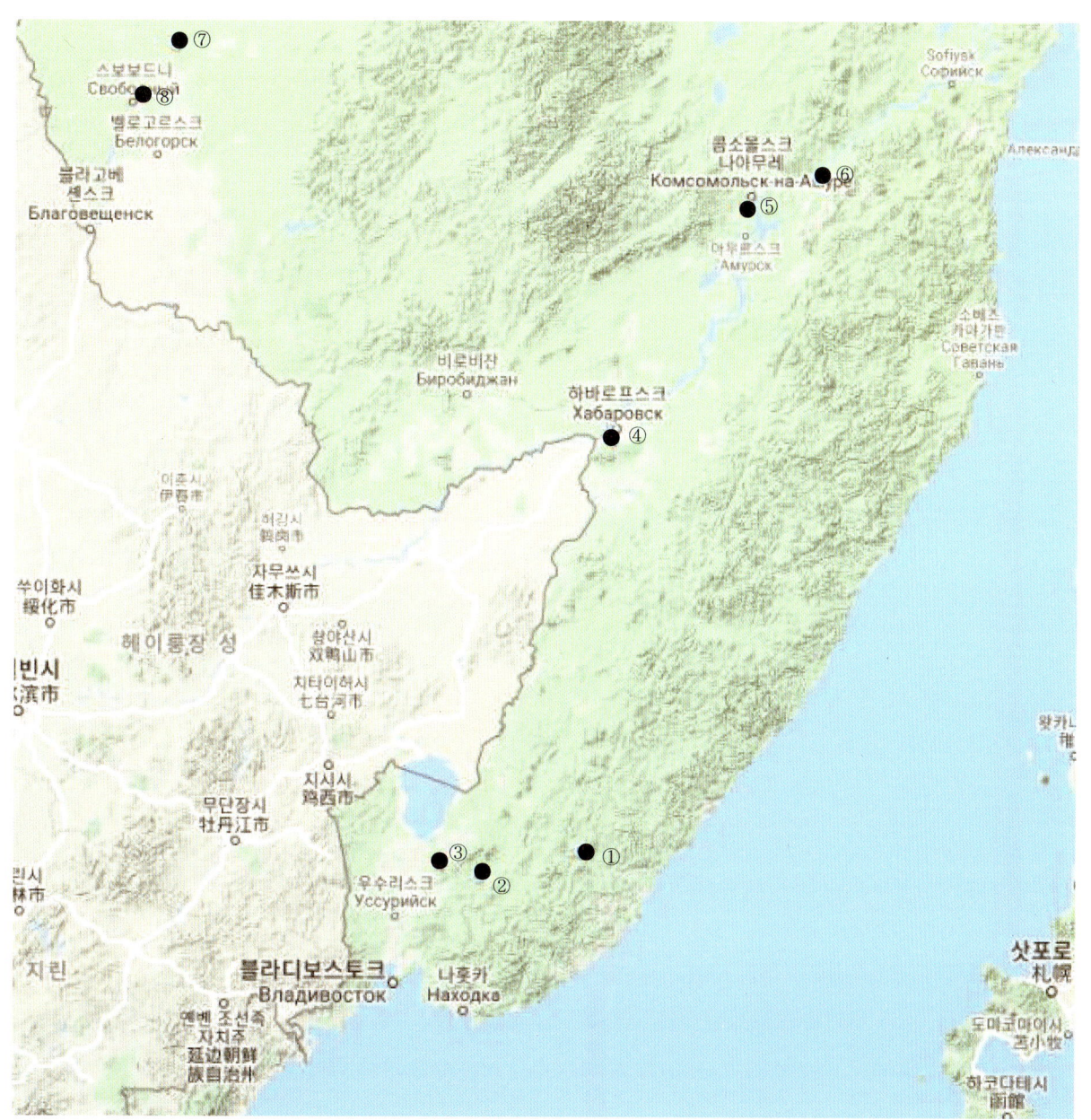

지도 2 　아무르강 유역과 연해주의 고토기 유적 　1: 우스티노프카-3유적 ｜ 2: 리소보에-4유적 ｜ 3: 체르니고프카-1 유적 ｜ 4: 곤차르카-1 유적 ｜ 5: 훔미유적 ｜ 6: 가샤 유적 ｜ 7: 그로마투하 유적 ｜ 8: 체르니고프카

그런데 리소보에-4 유적에서 출토된 토기는 토기의 안쪽 보다는 기벽에만 유기물질이 빠진 흔적이 남아 있는데, 실험한 결과 사슴털을 섞은 묽은 태토를 발라야 생기는 현상이라는 점을 알아내었다(모레바·클류예프 2016).

우스티노프카-3유적, 체르니고프카-1 유적의 유물에서는 토기 태토에 식물 흔적이

신석기시대　69

그림 23 연해주 고토기(가르코빅 2000 재편집, 1a: 필자촬영)   1: 우스티노프카-3유적 | 2~10: 체르니고프카-1 유적

남아 있는데, 리소보에-4 유적만 동물털을 혼입한 묽은 태토를 발라서 제작되었다는 점을 감안하면 연해주에는 유적에 따라서 동물털과 식물을 혼입해서 만든 두 가지 토기 제작 전통이 있다는 점을 알 수 있다.

체르니고프카-1 유적의 토기는 제주도 고산리와 유사하다는 점은 주시호프스카야(2004)가 이미 지적한 바 있다. 또 리소보에-4 유적의 토기도 구연부에 구멍이 없는 무문양이고, 태토의 특징으로 보아서 동해안의 우스티노프카-3 유적 보다는 내륙의 체르니고프카-1. 모나키노-3 유적과 유사하며, 한국의 고산리 유적과 유사성과도 지적되었다(모레바·클류예프 2016). 이는 주시호프스카야와 네스테로프(Нестеров С.П., Nesterov S. P.)의 관점을 참고로 한 것인데, 의문점도 남아 있다.

모레바(Морева О.Л., Moreva O. L.) 가 체르니고프카-1 유적의 유물이 리소보에-4 유적과 유사하다고 생각한 이유 중에 하나는 토기에 문양이 없기 때문이다. 그러나 주시호프스카야(2004)가 분석한 바에 따르면 체르니고프카-1 유적의 토기 구연부에 구멍이 열을 이루며 있다. 뿐만 아니라 체르니고프카-1 유적의 유물은 리소보에-4 유적의 토기와 달리 단면에 유기물질의 흔적이 있고, 특히 토기 단면에서 식물의 흔적이 현미경으로 관찰되었다. 이러한 점 때문에 주시호프스카야는 아무르강 하류의 후미 유적과 가샤 유적의 유물을 주목했다.

연해주의 고토기는 연구자에 따라서 토기의 외형과 태토 특징으로 유적에 따라서 아무르강 하류의 유적 및 제주도 고산리와 연결시키는 방향으로 연구되고 있다.

아무르강 하류의 오시포프카 문화(Осиповка, Osipovska)문화는 대체적으로 13000년 전부터 토기가 발견되는데, 동아시아에서 가장 빨리 토기가 생산된 곳으로 50여 개 이상의 유적이 발굴되었다.

그림 24 연해주 고토기(모레바, 클류예프 2016) 1~7: 리소보에-4 유적

신석기시대 71

가샤(Гася, Gasya) 유적에서는 평저의 발형토기가 출토되어서, 자바이칼 우스티-칼렌가(Усть-Каренга, Ust-Karenga) 7 유적 12층에서 첨저 토기가 가장 먼저 발견된 것과는 대조되면서 아무르강 하류의 토기 전통과 시베리아가 차이가 있다는 것을 알 수 있었다.

오시포프카 문화의 유적은 아무르강 하류와 우수리강을 따라서 550km 반경 안에서 발견된다. 예브로노-고린스키(Евроно-Горниский, Eurono-Gornisky) 지질고고학지구에서부터 우수리강과 아무르강이 합류되는 지점의 하바로프스크(Хабаровск, Khabarovsk) 시내에서 중국 국경까지는 헤흐치르(Хехцир, Hekhtsir) 지질고고학지구로 불리는데, 이곳에서 70여 개 이상의 오시포프카 문화 유적이 발견되었고, 특히 56개의 유적은 근거리에 위치한다. 특히 이곳에서 최근에 오시포프카 문화의 유적들이 조사되었다. 노보트로이츠코예(Новотроицкое, Novotroitskoye)-3, 10, 14, 17, 곤챠르카(Гончарка, Goncharka)-1~4, 오시노바야 레치카(Осиновая Речка, Osinovaya Rechka) 유적 등이 알려졌다(셰프코무드 2002, 셰프코무드 2003).

특히 곤차르카-1 유적에서는 주거의 흔적과 함께 무덤과 석제로 만든 의례품 등이 출토되었다. 오시포프카 문화의 의례 흔적은 암각화 유적으로도 알려져 있다. 사카치 알리안(Сакачи-Алян.Sakachi-Alyan)에서 가장 이른 암각화는 새 그림인데, 이웃한 후기구석기시대 유적에서 발견된 새 모양의 석제품과 유사해서 오클라드니코프는 후기구석기시대의 암각화로 생각했다(오클라드니코프 1971). 그러나 당시에는 오시포프카 문화가 알려지지 않았기 때문에 뒤에 유적을 연구한 라스킨(2015)은 해당 유물은 오시포프카 문화이고, 사카치 알리안의 암각화도 이 문화의 것이라고 견해를 밝혔다(표 1). 여러 특징을 보아서 아무르강 하류에도 홀로세 이전에 이미 의례행위가 있었다는 점을 보여준다.

아무르강 하류의 오시포프카 문화는 아무르강 중류의 그로마투하(Громатуха, Gromatukha) 문화와 관련성이 제기되었다. 그 이유는 아무르강 하류의 오시포프카 문화와 같은 석기제작 전통이라고 생각되었기 때문이다(오클라드니코프·데레비얀코 1977, 셰프코무드·얀쉬나 2014).

하지만 오클라드니코프와 데레비얀코는 그로마투하 문화의 석기제작 전통은 오시포프카 문화의 사람들로부터 시작되었다고 처음에 믿었다. 당시에는 그로마투하 문화가 토기 특징으로 보아서 5000~4000년 전 정도에 해당된다고 생각했기 때문이다(오클라드니코프·데레비얀코 1977).

그러나 이러한 생각은 2000년대 들어서 아무르강 중류의 오시포프카 문화의 절대연대측정치가 12800~8700년 전으로 밝혀지게 되면서 그로마투하 문화가 오시포프카 문화로 영향을 주었다고 확신을 하게 된다(드잘 외 2001, 셰프코무드, 얀쉬나 2012).

그렇지만 이미 아무르강 중류의 초기 신석기문화 절대연대치가 알려지기 전에 데레비얀코는 그로마투하 문화에서 나오는 '자귀형 긁개(그림 34-6, 9, 20)'가 이미 이 지역의 후기 구석기시대 문화인 셀렘자(Селемджа, Selemdzha)문화에서 출토되고, 신석기시대까지 이어진다고 보았다. 그래서 '자귀형 긁개'는 신석기시대 그로마투하 문화의 사람들이 먼저 사용했고 그 뒤에 오시포프카 문화의 사람들이 이용했을 것이라는 추론을 내었다(데레비얀코, 제닌 1995). 그 추론은 아무르강 중류의 그로마투하 문화가 10000년 전을 상회한다는 점이 알려지게 되면서(드잘 외 2001, 데레비얀코 외 2017), 사실로 받아들여지고, 아무르강 중류의 신석기시대 초창기 문화로서 자리매김하게 되었다.

1970년대 알려진 그로마투하 문화로 여겨졌던 토기는 벨카친(Белькачин, Bel'kachyn)문화, 말리셰보(Малышево, Malyshevo) 문화 등 당시에 알려지지 않았던 신석기시대 문화의 토기이다. 10000년 전을 상회하는 그로마투하 문화의 토기는 태토의 단면에 식물이 혼입되었으며 저화도로 소성된 고토기이다. 그 외에도 토기의 구연부에 홈이 있는 토기도 발견되었다(그림 30-1). 이러한 유물은 아무르강 하류의 야미흐타 유적과 유사하다고 여겨져서 오시포프카 문화의 늦은 시기에 그로마투하 문화로부터 토기도 받아들여졌던 것으로 알려졌다(셰프코무드 외 2017).

하지만 그로마투하 유적의 토기 구연부는 '화변형'이라기 보다는 토기 구연부에 홈을 내어서 이빨처럼 표현한 것으로 야미흐타 유적의 토기와 차이가 있다. 야미흐타(Ямихта, Yamichta) 유적(셰프코무드 외 2017)의 토기특징으로 그로마투하 문화와 오시포프카 문화를 연결하기는 힘들다고 생각되는데, 앞으로의 연구가 필요하다. 하지만 석기제작과 관련해서는 두 문화의 관련성은 충분히 개연성이 있다고 생각한다.

(2) 편년

연해주는 아무르강 보다 상대적으로 늦게 고토기가 출토되며 유적의 수도 적은데, 이에 대한 원인은 뚜렷하지 않았다. 연해주 고토기의 절대연대는 아무르강 하류에 비해서 늦은 편으로 우스티노프카-3 유적의 절대연대는 9301±31B.P.이고, 체르니코프카-1 유적에서는 9020±65B.P.가 알려져 있다.

아무르강 하류의 오시포프카 문화는 플라이스토세 가장 마지막 기간인 13000~1000년 전 사이에 존재했던 것으로 알려졌다. 셰프코무드는 일본연구자들과 함께 발굴한 야미흐타 유적을 오시포프카 문화로 생각하고 이 유적의 연대를 오시포프카 문화의 마지막 연

표 4 아무르강 하류 오시포프카 문화와 중류의 그로마투하 문화 절대연대

	유적명	위치	실험실번호	표본	측정연대 (B.P./년 전)	Cal BC	참고문헌
아무르강 하류 - 오시포프카 문화	골르이 미스 4	노지	AA-36277	숯	12925±65	13630~13050	드찰 외 2001
		노지	AA-36278	숯	12680±65	13270~12720	
		노지	AA-36279	숯	12610±60	13200~12530	
		노지	AA-36281	숯	12360±60	12800~12120	
	가샤	5층	ЛЕ-1781	숯	12960±120	13800~13010	오클라드니코프·메드베제프 1983
		아래층	GEO1413	숯	11340±60	11370~11160	Keally et al. 2004
		아래층	AA13393	숯	10875±90	11080~10800	
	곤챠르카1, 1995	얼음쐐기 충진토	LLNL102169	숯	12500±60	13010~12280	Shevkomud 1997
	곤챠르카1, 1995	얼음쐐기 충진토	AA-25437	숯	12055±75	12130~11810	드찰 외 2001
	곤챠르카 1, 2001	4층, 노지	TKa-13005	숯	11340±110	11460~11050	셰프코무드 2005
	곤챠르카 1, 1995	3B층, 토기출토	LLNL102168	숯	10590±60	10850~10450	Shevkomud 1997
	곤챠르카 1, 2001	3B층, 노지 옆	TKa13007	숯	10550±80	10850~10240	셰프코무드 2005
	훔미, 1992	하층의 1호 노지	AA-13392	숯	13260±100	14220~13350	라프시나 1999
		하층 모서리 수혈	AA-13391	숯	10375±110	10730~9880	
	훔미, 1997	하층	AA-23130	숯	10540±70	10843~10289	라프시나 2002
	오시노바야 레치카 16, 2000	3층, 1호 노지	AA-60758	숯	11365±60	11390~11170	셰프코무드·쿠즈민 2009
		3층, 1호 노지	TKa-12951	숯	11140±110	11280~10930	셰프코무드 2004
	오시노바야 레치카 10, 2001	3층, IV층	TKa-12954	숯	10760±150	11110~10290	셰프코무드 2003
아무르강 중류 - 그로마투하 문화	그로마투하	3층	MTC-05937	숯	12380 ± 70	14820 - 14 090	Nesterov et al., 2006
	그로마투하	3층	MTC-05936	숯	12340 ± 70	14740 - 14 030	
	그로마투하	3층	AA-36079	숯	12340 ± 60	14740 - 14 040	
	그로마투하	3층	MTC-05938	숯	12340 ± 70	14560 - 13 980	
	그로마투하	3층	AA-60765	숯	12120 ± 40	14090 - 13 840	
	그로마투하	3층	COAH-5762	숯	11580 ± 190	13810 - 13 100	
	그로마투하	3층	AA-36447	숯	9895 ± 50	11600 - 11 200	джалл и др., 2001
	그로마투하	3층	AA-20940	태토의 풀	13310 ± 110	16260 - 15 350	
	그로마투하	3층	AA-20939	태토의 풀	13240 ± 85	16120 - 15 300	Derevianko et al., 2004
	그로마투하	3층	SNU02-002	태토의 풀	11320 ± 150	13360 - 13 050	
	그로마투하	3층	AA-38108	태토의 풀	10450 ± 60	12650 - 12 120	
	그로마투하	3층	AA-38102	태토의 풀	8 660 ± 90	10200 - 9 630	
	그로마투하	3층	AA-38102	태토의 풀	7 310 ± 45	8 200 - 8 010	

유적명		위치	실험실번호	표본	측정연대 (B.P./년 전)	Cal BC	참고문헌
아무르강 중류 - 그로마투하 문화	그로마투하	3층	MTC-17798	숯	12400 ± 100	15010 – 14 050	데레비얀코 외 2017
	그로마투하	3층	TKa-15189	숯	12170 ± 50	14190 – 13 840	
	그로마투하	3층	MTC-17808	숯	11440 ± 80	13450 – 13 140	
	그로마투하	3층	MTC-17799	숯	9680 ± 80	11230 – 10 770	
	그로마투하	3층	MTC-17800	숯	9620 ± 80	11200 – 10 730	
	그로마투하	3층	MTC-17797	숯	9360 ± 80	10780 – 10 280	
	그로마투하	3층	MTC-17802	숯	9460 ± 80	11090 – 10 510	
	그로마투하	3층	MTC-17796	숯	9150 ± 80	10520 – 10190	
	그로마투하	3층	MTC-17801	숯	9280 ± 90	10680 – 10250	
	그로마투하	2-2층	Beta-205394	숯	10660 ± 40	12820 – 12650	Nesterov et al., 2006
	그로마투하	2층	MTC-17805	그을음	12530 ± 90	15120 – 14190	데레비얀코 외 2017
	그로마투하	2층	MTC-17794	그을음	10060 ± 90	11970 – 11270	
	그로마투하	2층	MTC-17793	그을음	9960 ± 80	11750 – 11730	
	그로마투하	2-2층	MTC-17806	그을음	9910 ± 70	11680 – 11200	
	그로마투하	2층	MTC-17795	그을음	9900 ± 80	11700 – 11190	
	그로마투하	2층	MTC-17807	그을음	9360 ± 70	10760 – 10300	
	그로마투하	2층	MTC-17803	그을음	9670 ± 80	11220 – 10770	
	노보페트로프카 II		AA-38103	태토의 풀	12720 ± 130	15430 – 14320	[Derevianko et al.,2004
	체르니고프카-나- 지	2층	AA-78935	숯	9885 ± 55	11600 – 11200	쿠즈민 2006
	체르니고프카-나- 지	2층	MTC-17811	그을음	9080 ± 230	11060 – 9550	데레비얀코 외 2017
	세르게예프카		MTC-17811	태토의 풀	7940 ± 45	8980 – 8640	[Derevianko et al.,2004

대로 보고 했다(셰프코무드 외 2017, **표 4**). 그러나 이 유적의 연대는 기존에 알려진 연대보다 상당히 늦은 편이고, 토기 특징도 다르기 때문에 야미흐타 유적과 비슷한 토기군이 발견된다면 오시포프카 문화와는 다른 문화적 특징일 수 있다.

아무르강 중류의 그로마투하 문화는 12800~8700년 전에 해당된다. 뿐만 아니라 2000년대 들어와서 발굴된 노보페트로프카(Новопетровка, Novopetrovka)-III유적의 3층 절대연대가 12380~9895년 전으로 측정되었고 (네스테로프 2005), 그로마투하 II유적의 3층에서 출토된 토기의 혼입물이었던 풀로 측정한 결과 13310±110년 전([Derevianko et al.2004]까지 올라가는 연대측정치를 얻었다(**표 4**). 그로마투하 문화도 아무르강 하류의 오시포프카 문화와 비슷한 시점에 존재했다는 사실을 알 수 있다.

2) 문화적 특징

(1) 유적

① 우스티노프카-3 유적

유적은 연해주 카발레로프 마을에서 30km정도 떨어진 제르칼나야 강의 계곡부에 위치하고 있다. 1961년에 러시아 과학아카데미에서 제르칼나야 강 주변의 고고학유적 지표조사에서 처음으로 확인하였고, 1987년에 처음으로 발굴하였다. 그 뒤로 1992년부터 1997년까지 러시아 과학아카데미 극동분소 역사·고고학·민속학 연구소와 일본 東北福祉대학이 공동발굴 조사하였다.

우스티노프카-3 유적은 13구역으로 나누어서 발굴되었는데, 표토층을 제외하고 모두 3개~4개의 층으로 나누어진다. 제일 아래층(3층과 4층)에서 고토기가 출토되는 층으로 노지가 있는 주거시설이 2기 확인되었다. 4층에서는 저화도의 질이 좋지 않은 토기가 세석인과 함께 확인되었다. 주거시설(2호 주거지)의 북쪽에서도 3편이 확인되었다.

② 리소보에-4 유적

리소보에-4 유적은 아르세니예프 강의 지류인 티하야 강 유역의 높이 8m의 편평한 언덕 위에 위치한다. 발굴한 결과 문화층의 두께가 75cm에 달하는 다층위 유적이다. 구릉의 기저층은 화강섬록암으로 이루어지진 암반인데, 상층은 진흙 같은 모래층이 덮인 층으로 그 위에 문화층이 확인되었다.

유적은 신석기시대, 청동기시대, 철기시대인 폴체 문화 및 중세시대까지 발견되었다. 신석기시대층은 가장 아래의 고토기가 발견되는 문화층 외에도 루드나야 문화의 세르게예프카 유형과 자이사노프카 문화 단계까지 발견되어서, 유적의 입지가 오랫동안 인간이 거주했다는 점을 알 수 있다.

③ 체르니고프카-1 유적

유적은 연해주의 체르니고프카 지구에 위치하는데 체르니고프카 강 유역에 가까운 곳이다. 현재 유적은 거의 파손되었다. 80~90년대 유적이 알려졌으며, 플라이스토세와 홀로세의 경계 지점에 있는 문화층을 발견했다.

④ 곤차르카-1 유적

유적은 아무르 강의 지류와 합하는 곳의 돌출된 단애부에 위치한다. 1995~1996년과 2001년에 발굴되었다.

유적의 토층은 5개로 나누어지는데, 1층은 부식토층이고, 2층은 회백색의 롬(loam)층인데, 신석기시대와 초기철기시대 유물이 소량 출토되고 있다. 3층은 2층보다 풍화가 많이 되고 점토성이 강한데, 오시포프카 문화의 유물이 포함된 층이고, 두 층(3a, 3b)으로 세분할 수 있다. 4층은 모래층으로 유물이 계속 나오고 있지만, 4층 하부부터 5층 상면까지 유물이 점점 줄어들고 있고, 5층은 자갈층으로 유물이 없다. 이 유적의 3층(a,b)에서는 얼음쐐기층이 발견되었는데 3b층에서는 노지가 7기 확인되었다(그림 25, 그림 26). 직경 30~50cm로 원형 혹은 타원형인데, 탄화물이 집중되거나 소토, 재 등이 확인되지는 않았다. 뿐만 아니라 무덤으로 추정되는 공간이 3b층에서 드러나기 시작해서, 3a층에서 완전히 드러났다. 이 곳은 평면형태 장방형(3.5×1.5m)(그림 28)이고 깊이 15~20cm 구역내에 심하게 불탄 흔적과 의례와 관련된 것으로 보이는 석제품(그림 33) 외에도 다양한 석제품과 토기 등이 발견되어

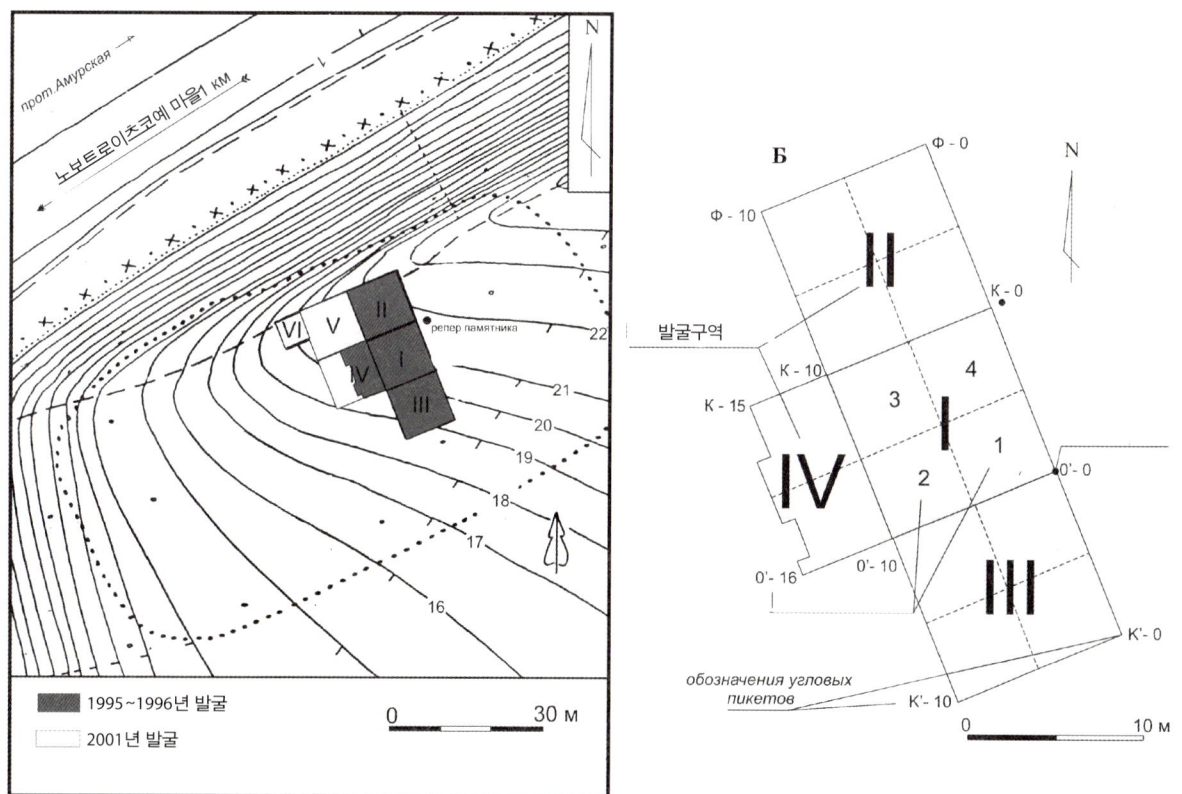

그림 25   아무르강 하류 곤차르카-1 유적 평면도(세프코무드, 얀쉬나 2012, 필자 재편집)

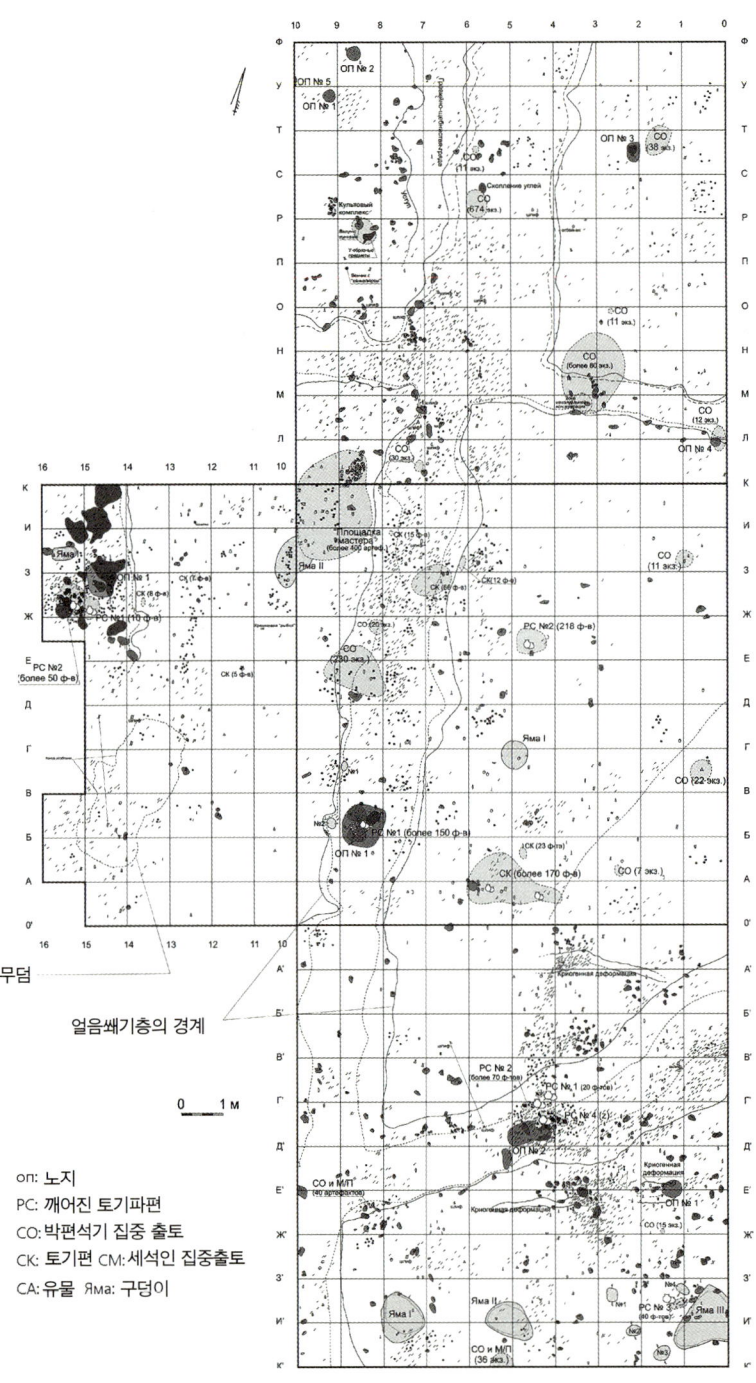

그림 26　아무르강 하류 곤차르카-1 유적 3b층(세프코무드, 안쉬나 2012, 필자 재편집)

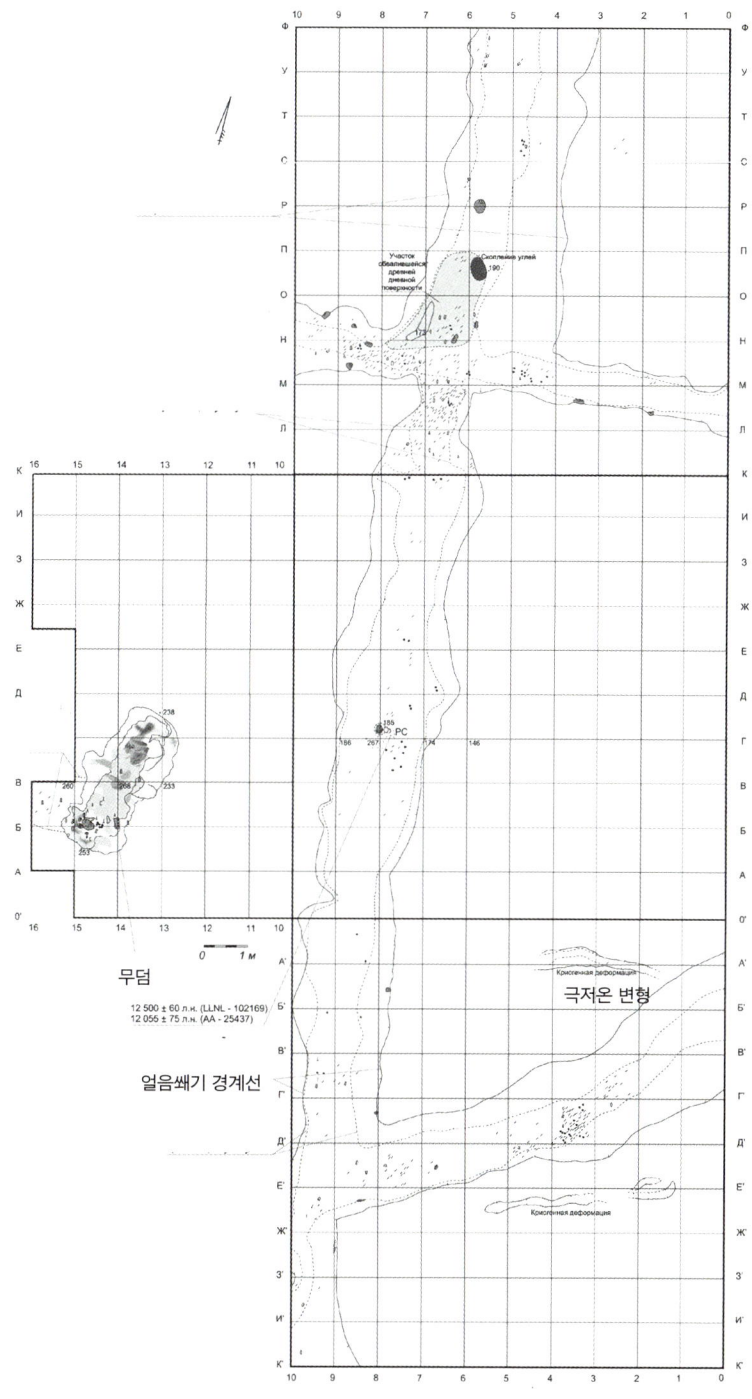

그림 27 아무르강 하류 곤차르카-1 유적 4, 5층(세프코무드, 얀쉬나 2012, 필자 재편집)

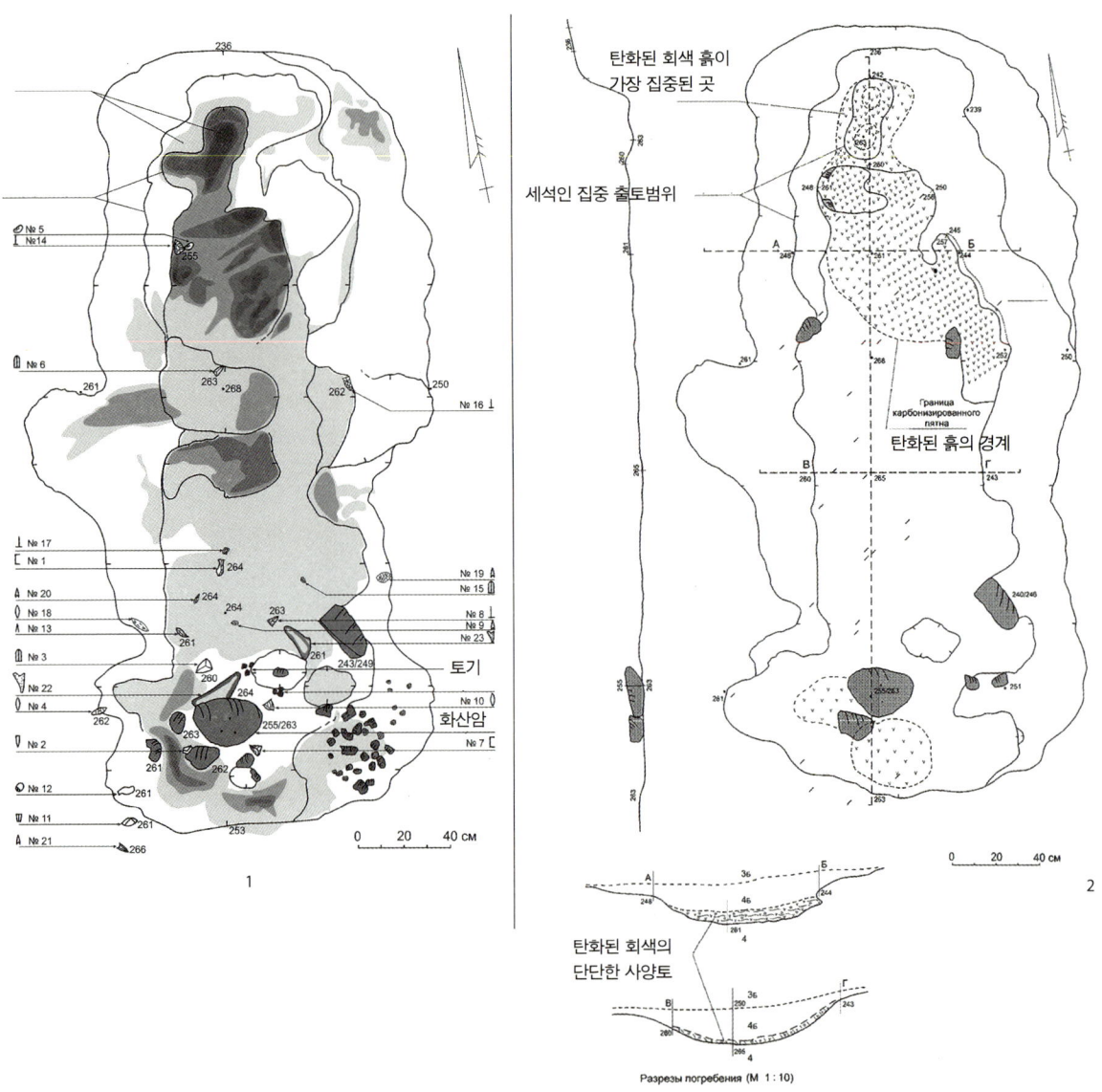

그림 28 아무르강 하류 곤차르카-1 유적 무덤평면도(세프코무드, 얀쉬나 2012, 필자 재편집)

서 일종의 무덤이었다고 보여진다.

⑤ 가샤 유적

가샤 유적은 러시아연방 하바로프스크주의 아무르강 하류의 사카치 알리안 마을에서 0.7km 떨어진 곳에 위치한다. 1975년부터 러시아과학아카데미의 데레뱐코 박사와 메드베제프(Медведев В.Е., Medvedev V.E.) 박사가 8번 조사해서 아무르강 하류의 가장 이른 신석

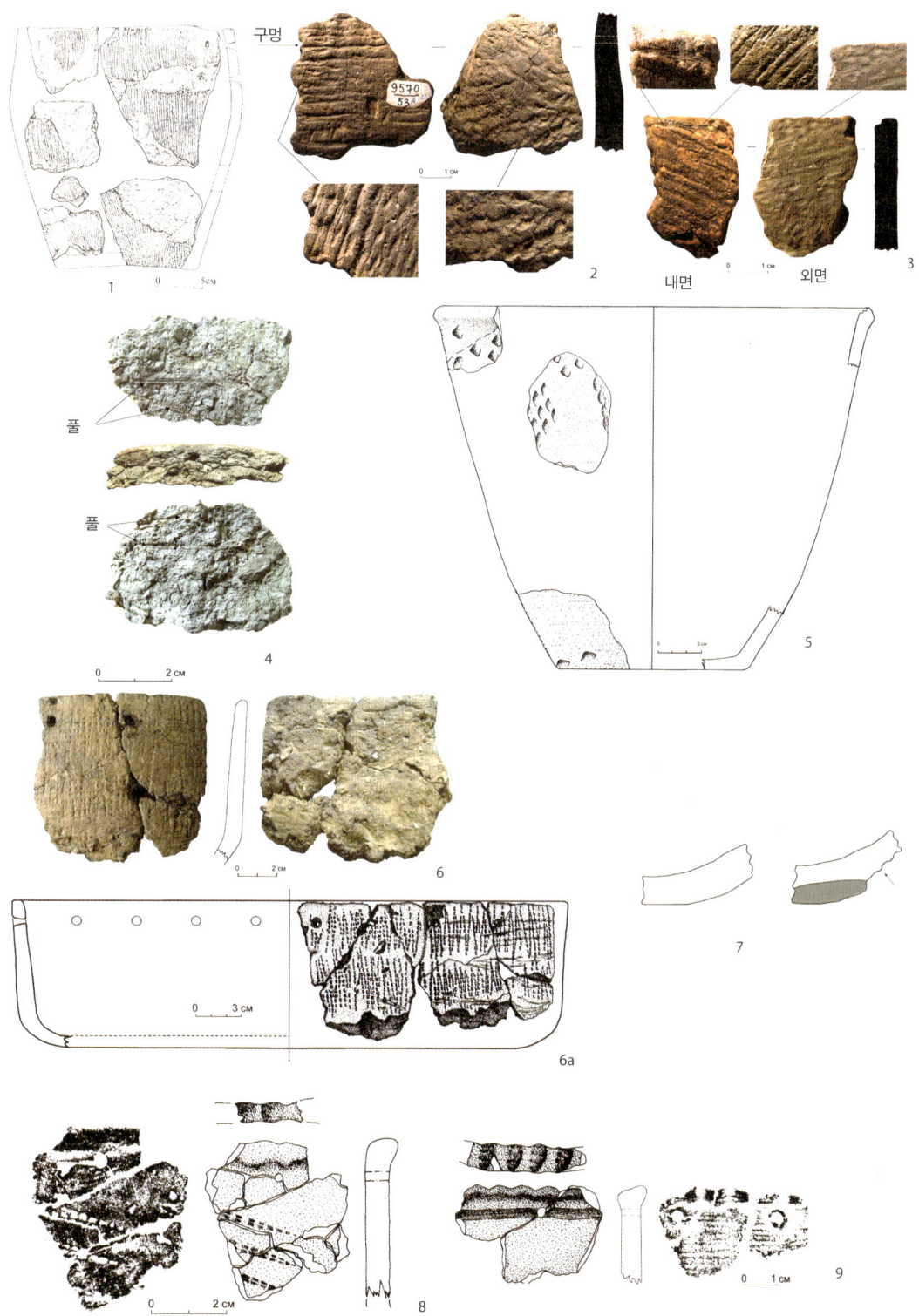

그림 29 아무르강 하류 오시포프카 문화 토기(세프코무드, 얀쉬나 2012, 필자 재편집) 1: 가샤 유적 | 2, 3: 훔미 유적 | 4~9: 곤차르카 1유적

신석기시대 **81**

기시대를 밝히게 되었다.

유적은 사질점토와 사질토층에 의해서 덮여 있고, 두께 2.5~3m에 달하는 플라이토세 점토층이 이 유적의 가장 아래층이다. 가장 이른 신석기시대 유물은 주로 이 점토층 상면에 놓여 있었다. 이 층위 위로 말리셰보 문화층과 보즈네세노프카(Вознесеновка, Voznesenovka) 문화층이 있고, 그 위로 철기시대문화층(폴체문화)과 중세문화층(말갈문화)까지 형성되어 있다. 그 중에서 가장 잘 알려진 것은 동북아시아에서 가장 이른 토기로 생각되는 고토기(그림 29-1)가 출토되는 오시포프카 문화층이다. 이 외에 신석기시대 문화 말리셰보 문화와 보즈네세노프카 문화의 유물은 잘 알려져 지지 않았다.

가장 이른 오시포프카 문화층에서는 주거지 시설이 확인되었는데, 이동식주거지 춤(чум, 원두막식 주거지)와 유사하다. 알려진 주거지의 평면크기는 길이 3.5m, 너비 4.5m와 길이 5.0m, 너비 1.7m인데, 주거지의 시설물에 대해서는 자세하게 알려지지 않았다. 이 외에 후미 유적에서 보이는 반수혈식 주거지도 이 시기에 보인다.

⑥ 훔미 유적

훔미 유적은 러시아연방 하바로프스크 주 콤사몰스키(Комсомолский, Komsomol'skiy)지구의 아무르 강 지구인 훔미 강의 우안에 위치한다. 1989년 러시아과학아카데미 시베리아 분소에서 조사하였다.

다층위 유적으로 신석기시대 오시포프카 문화층은 생토 바로 위 사질점토층이다. 오시포프카 문화층에서는 주거지 2기가 확인되었는데, 반수혈식으로 평면형태 말각장방형이다. 주거지 내부 중앙에는 노지가 설치되었고, 10개의 기둥구멍도 확인되었다.

출토된 유물은 여러 가지 재질의 석기가 출토되었다. 니암, 응회-니암이며, 규질암 옥수석, 사암, 현무암, 섬록암으로 제작된 석기로, 이를 가공하는 기술은 2가지이다. 세석인 기법과 양면가공인데, 주로 양면가공이 많다. 가장 보편적인 것은 단면 렌즈형의 첨두-비파스이고, 자귀-긁개형 석기도 이 문화의 특징적인 석기이다. 자갈돌 중에는 격지나 혹은 일부러 잘라낸 면을 보이는 다양한 크기의 석기들이 있는데, 그 중 상당수가 몸돌이다. 가샤 유적에서는 쐐기형과 사각형 소형 몸돌이 가장 우세하다.

상기한 석기들은 '중석기'층으로 보고되었으나, 뒤에 같은 층에서 토기편이 출토되면서 오시포프카 문화로 재고찰되었다(얀쉬나, 셰프코무드 2012). 가장 오래된 토기는 검거나 흑색을 띠며, 기벽이 두껍고(두께 0.8~0.9cm) 무르다(그림 29-2, 3). 일부 편에는 짚 자국, 동물털 자국도 남아 있다. 토기의 소성온도는 매우 낮은데 토기 내외면에는 얇은 선이 그려져 있다.

⑦ 그로마투하 유적

유적은 아무르강 중류의 그 지류인 제야 강이 갈라지는 지점의 테라스에 위치한다. 1965년과 1966년에 T자로 구획된 부분을 발굴했다. 1965년에는 A구역을 발굴하고 1966년에는 나머지 구역을 발굴했고, 3개의 문화층이 발견되었고, A구역과 D구역에서는 화덕자리가 발굴되었다.

I~III문화층에서는 자귀형 긁개, 프리즘형 몸돌, 고토기 등이 발견되어서 그로마투하 문화의 층이라는 점을 보여준다. 태토에 풀이 들어간 토기(그림 30-1b, 2), 동체부에 다치구로 긁은 흔적이 있는 토기(그림 30-1a, 1c), 구연부에 구멍이 있는 토기(그림 39-6a, 그림 30-1), 두드린 흔적이 있는 토기 등은 다른 오시포프카 문화의 유적에서도 볼 수 있는 특징이다.

유적은 2004년에 다시 발굴되었고 3개의 문화층을 발굴했는데, 그 중에서 그로마투하 문화의 층은 2층과 3층으로 연대가 발표되었다(데레비얀코 외 2017, 표 4). 3층의 연대는 이미 2004년(데레비얀코 외)과 2006년(네스테로프 외)에 발표된 바 있고, 2017년(데레비얀코 외 2017)에도 다른 시료에서 나온 측정결과는 2004년, 2006년 결과와 유사하다(표 4).

⑧ 체르니고프카-나-지 유적

체르니고프카-на-Зее, Chernigovka-na-Zeye)유적은 아무르주 스보보드네스키(Свободненский, Svobodnenskiy) 지구의 체르니고프카 마을에서 북동쪽으로 3km 떨어진 나지막한 구릉위에 위치한다. 구릉은 남서에서 동북방향으로 길게뻗은 형태이고, 높이가 약 8m 정도 된다. 두 개의 구릉이 연결된 형태의 지형으로 상면에는 별도의 수혈 흔적은 발견되지 않았다. 그러나 10×10m를 발굴한 결과 2개의 문화층이 발견되었고, 석기 546점과 토기 404편이 발견되었다. 2층의 숯과 토기에 붙은 그을음을 연대측정한 결과는 그로마투하 문화에 해당된다(표 4). 석기는 '자귀형 긁개'를 포함해서 유엽형의 대형 창 등이 출토되었고, 토기는 구연부에 구멍이 있는 문양이다.

(2) 유물

① 토기

우스티노프카-3 유적에서 출토된 토기는 직립구연에 아래로 갈수록 직경이 줄어드는 형태로, 표면이 아주 거칠고, 구연부에 구멍(그림 23-1)이 뚫린 것도 있다. 토기의 태토에는 풀이나 동물 털 등이 혼입된 것으로 저화도소성이다. 모두 140편 가량이 확인되었는데 토기 2~3개체분 정도이다.

그림 30 아무르강 중류 그로마투하 문화 토기(세프코무드, 얀쉬나 2012, 필자 재편집)   1~3: 그로마투하 유적 | 4: 체르니고프카-나-지 유적

리소보예-4 유적의 토기는 표면에 유기물질의 흔적이 남아 있는 아주 얇은 홈이 무질서하게 있다(**그림 24**). 내외면과 속심의 색깔은 모두 갈색인데, 단면은 암회색 혹은 검은 색이다. 두께가 5~6mm이고, 7mm이상인 것도 있다. 태토에는 석영과 운모 등이 혼입되어 있다. 토기의 외면과 내면 기벽에는 유기물질이 빠진 흔적이 있다. 길쭉하고 얇으며 단면은 원형인 것으로 길이가 5cm이다. 외벽의 표면 홈은 약간 가로방향(비스듬함) 혹은 평행

하지만, 세로로 있어서 무질서하다. 내벽의 홈은 더 불규칙적이다. 체르니고프카-1 유적의 토기는 20여 점도 알려졌는데, 대부분 토기의 상체부와 동체부이다. 토기의 기벽은 일정하지 않은데 0.4~0.7cm 가량이다. 구연부태토에는 aleurite 및 석영, 샤모트, 모래(1~2mm)가 40~50%정도 포함되었다. 토기의 단면과 표면에는 유기물질의 흔적이 남아 있는데, 길쭉한 것, 좁은 것, 직선적인 인 홈 등이 남아 있다. 이 흔적은 식물의 흔적으로 생각되는데, 현미경으로 잘 관찰된다. 구연부 아래 1.5cm 떨어진 곳에 직경 0.2~0.3cm가량의 구멍(그림 23-3)이 뚫어져 있다. 토기의 내면에는 도구에 의해서 정면한 흔적이 남아 있다.

아무르강 하류에서는 가샤 유적, 곤차르카-1 유적 등에서 기형을 알 수 있는 고토기가 출토되었다.

가샤 유적 토기(그림 29-1)는 석영 알갱이, 분쇄된 샤모트 및 식물 잔류물 등이 혼입되었다. 기형은 심발형 평저로 복원되었고, 토기 표면에는 다치구로 긁은 흔적이 있다. 소성 온도는 350°도 미만이다.

후미 유적의 토기(그림 29-2, 3)는 36개의 편이 알려졌는데, 곤차르카-1 유적의 토기 특징과 유사하다. 토기는 작은 조각으로 쉽게 부스러지고 부서지기 쉬운 재질이다. 외면은 붉은 색이고 단면은 회색이다. 보이기에는 태토에 미네랄 혼입물이 작게 들어가고, 샤모트가 더 많이 들어간 것으로 보인다. 곤차르카-1 유적의 토기 보다는 식물혼입된 것이 더 많이 확인된다. 외면에 다치구로 긁은 흔적이 있고, 구멍이 뚫린 구연부편도 발견되었다. 기형을 알 수 있는 토기편은 발견되지 않았다.

곤차르카-1 유적의 토기(그림 29-4~9)는 태토의 특징은 훔미 유적의 태토와 유사하다. 석영알갱이, 샤모트 등이 섞여 있으며, 식물 흔적이 발견된다. 토기의 문양을 알 수 있는 토기편이 많이 발견되었는데, 구연부에 구멍이 있고 구연단을 눈금으로 새긴 토기(그림 29-9), 구연부의 구멍과 회전식 시문구로 굴린 문양(그림 29-6a, 8) 단치구로 압인한 토기(그림 29-5)등이 출토되었다. 뿐만 아니라 다치구로 긁은 흔적이 있는 토기도 역시 발견된다(그림 29-9).

구연부부터 저부까지 남아서 토기의 기형을 알 수 있었는데, 바닥이 편평한 잔발토기로 추정된다(그림 29-6a). 뿐만 아니라 단치구로 압인된 심발형 토기도 출토되었다(그림 29-5)저면의 바닥에 점토를 붙인 흔적이 있는 토기(그림 29-7)를 통해서 토기 제작방법을 알 수 있다.

아무르강 중류의 그로마투하 문화의 유적인 그로마투하 유적 토기 역시 샤모트와 석영등이 혼입된 태토에 혼입되었고, 식물의 흔적이 토기의 외벽에도 남아 있으며(그림 30-

2), 단면에서도 관찰된다. 문양은 구연단에 각목으로 새김이 있고, 그 아래에 구멍이 있고, 평저의 발형토기가 복원되었다(그림 30-1). 외면에는 다치구로 긁은 흔적이 있으며, 저면의 내면에도 마찬가지이다. 또한 평저의 잔발형 토기도 출토되었다. 체르니고프카-나-지 유적의 토기(그림 30-4)도 유사한 성격인데, 기형을 복원할 수 있는 토기편은 발견되지 않았다.

② 석기

연해주에서는 오시포프카 문화와 마찬가지로 고토기는 후기구석기시대 석기와 함께 출토된다. 우스티노프카-3 유적에서는 석핵, 석인, 세석인과 석인을 재가공한 석기도 있다. 석인의 양쪽 가장자리를 다듬은 것이다.

석핵은 다양한 수의 타격면이 있는 부정형 프리즘형, 쐐기형, 무정형 등이 있다. 석인으로는 주로 새기개가 출토되는데, 가공된 위치에 따라서 측인 새기개, 모서리 새기개, 양면 새기개, 다절면 새기개 등이 출토되었다.

뿐만 아니라 양면가공(bifacial) 석기류는 삼각형 화살촉(그림 31-1~3)과 창 촉(그림 31-4) 등이 있다. 아무르강 하류의 오시포프카 문화에서는 마제석기가 보고 되었으나 연해주에서는 보고된 바 없다.

생활도구가 아닌 의례품의 성격인 유물이 우스티노프카-3 유적에서는 출토되었는데, 물고기 모양의 석제품(그림 31-16)으로, 유적이 위치한 제르칼나야 강의 어로활동이 생업에 미치는 영향을 표현한 것이라고 보았다(가르코빅 2005).

오시포프카 문화의 석기는 니암, 응회-니암이며, 규질암 옥수석, 사암, 현무암, 섬록암으로 제작되었으며, 제작 방법에 따라 대략 4가지로 분류된다. 석인류(그림 32-A), 양면가공석기류(그림 32-B), 마제석기류(그림 32-C) 및 소재박편(그림 32-D)을 가공한 유물이 있고, 의례적 성격을 띠는 유물(그림 33)도 따로 분류된다.

석인을 이용한 유물은 석인 뿐만 아니라 세석인(그림 32-9~11), 세석핵(그림 32-8)을 포함한 그룹이다. 석인은 주로 양쪽 가장자리를 나란히 떼어낸 기술이 주로 이용되었는데, 몸돌에서 떼어내어 제작되었다. 세석인류는 석인보다 작은 날인데, 몸돌의 한쪽모양을 쐐기모양으로 떼어내었다. 스폴과 석핵으로 분리한 후, 세석인핵으로 분리되었다.

석인을 이용해서 나뭇잎 모양의 석촉, 나이프형 긁개, 뚜르개, 끝이나 옆면만 가공한 긁개, 송곳류 등이 있다. 중앙에 능이 있고 양쪽면을 눌러떼기 한 유물이 특징이다.

양면 가공류 석기는 용도에 따라서 6개 정도로 구분된다. 양면을 가공한 것으로 자루에 고정하기 위한 슴베가 있는 잎모양 석촉과 석창(그림 32-22~41), 좌우면이 다르게 가공

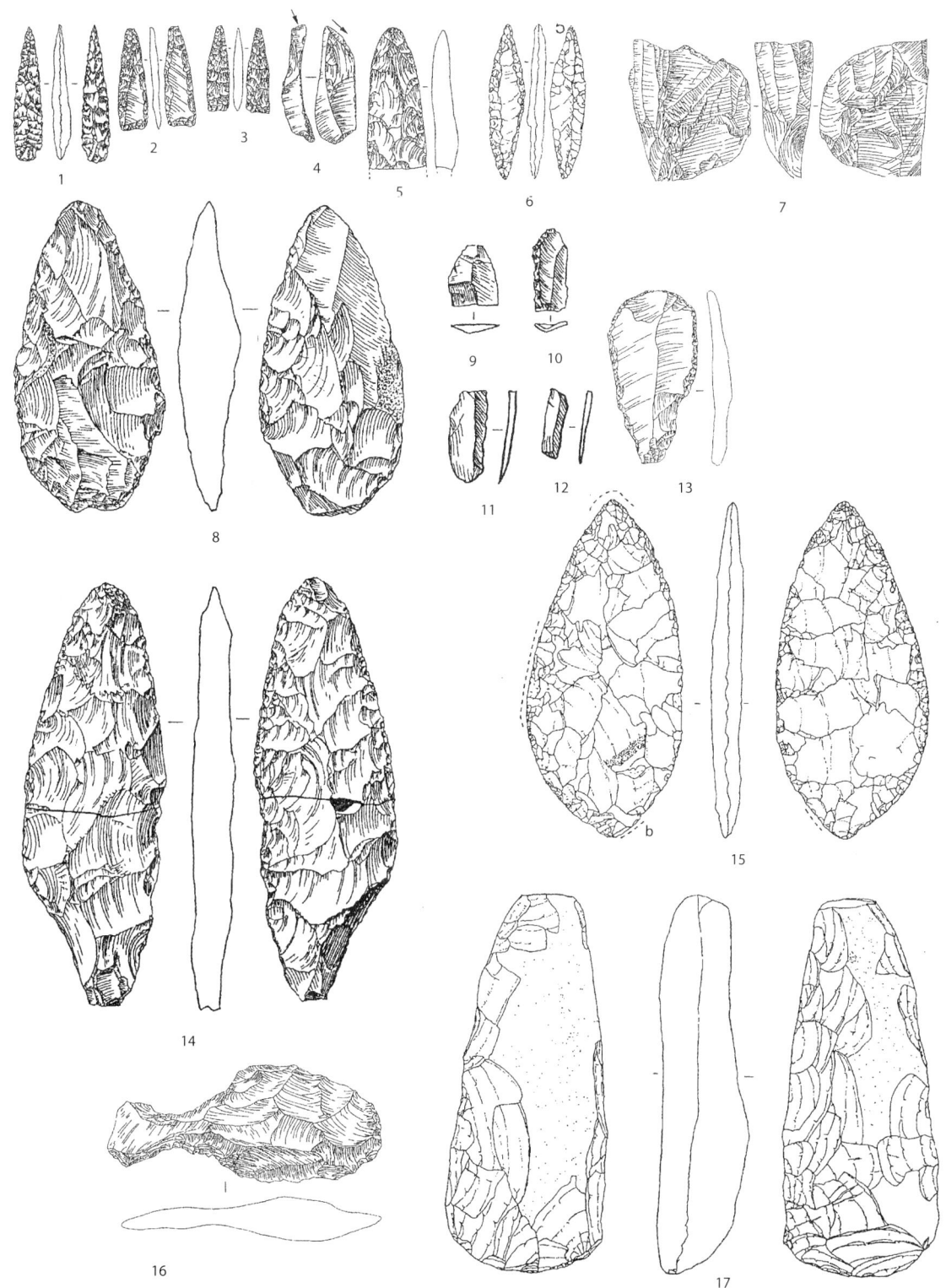

그림 31 연해주 고토기 단계의 석기(코노넨코 외 2003, 필자 재편집)　1~17: 우스티노프카 3유적

신석기시대　87

된 비대칭으로 석기로 칼-긁개 형태의 도구(그림 32-14~21)가 있다. 자루와 인부의 너비가 다른 벌채구류(그림 32~56)가 있다. 자갈돌을 이용해서 가공한 자귀형 긁개(그림 32-43, 44)는 두 가지 형태가 있는데, 자갈돌을 이용한 경우와 앞면과 뒷면을 모두 가공했는데, 작업면이 넓적한 것과 뽀족해서 전채적으로 자귀모양을 이루는 경우다. 송곳류(그림 32-45~48)와 긁개(그림 32-49~53)도 양면을 가공한 석기로 분류된다. 아미흐타 유적에서는 굴지구류가 출토되었다.

마연해서 제작된 석기는 석부, 석촉, Y자형 석기등 이 있다. 가장 많은 양을 차지하는 것은 석촉(그림 32-77, 79, 80)이며, Y자형 석기는 의례용(그림 33-7~11)이다.

소재박편 석기는 측면과 인부를 재가공한 것인데, 인부는 비스듬하게 다듬은 유물이다.

실생활도구가 아닌 의례적인 성격의 유물은 석재에 따라서 양면가공하거나, 마연해서 제작되었다. 특히 곤차르카-1 유적에서는 모룻돌처럼 보이는 편평한 석기(그림 33-5, 6)와 Y자형 석기(그림 33-7~10)가 있다. 무덤내부에서 출토된 유물로 2쌍이 발견된 Y자형 석기는 한쪽 측면을 다듬어서 어떤 형상을 표현하기도 했다(그림 33-7). 유사한 유물이 사카치 알리안(그림 33-11)에서 출토된 바 있다.

그로마투하 문화의 석기 가운데 가장 특징적인 유물은 자귀형 긁개라고 불리는 석기이다. 자갈을 이용해서 자귀형의 긁개를 만들고 한쪽면은 떼어내고 잔손질을 한 반면에 다른 면은 가공하지 않은 채 둔 것이다(그림 34-6, 9, 20). 이 지역 후기구석기문화인 셀렝가 문화에서도 관찰되는 것으로 석기제작방법이 이어진 것으로 보았다(데레비얀코·제닌 1995).

양면 가공류 석기로 석창의 기능을 한 유물로 석창(그림 34-12, 13)과 석촉(그림 34-14), 긁개류(그림 34-10, 11) 등이 있다. 쐐기형 몸돌(그림 34-2, 5, 7, 8), 프리즘형 몸돌(그림 34-15) 등이 있다. 석인(그림 34-17~19)도 존재한다.

양면석기 제작방법, 박편석기를 이용해서 석기를 제작하는 방법은 아무르강 하류와 연해주에서도 관찰되는 특징이다. 그러나 마제석기는 현재로서는 아무르강 하류의 오시포프카 문화에서만 존재한다.

아무르강 하류의 오시포프카 문화의 곤차르카-1 유적과 사카치 알리안에서는 무덤 속에서 Y자형 석기, 물고기 모양 석기 등 의례품이 출토되었고, 연해주의 우스티노프카-3 유적에서도 물고기 형상의 석기가 보고되었다. 오시포프카 문화에서는 사카치 알리안 유적에서 이 문화의 암각화가 남아 있어서 아무르강 하류, 연해주에서 신석기시대 시작단계부터 의례행위가 있었다는 점을 알 수 있다.

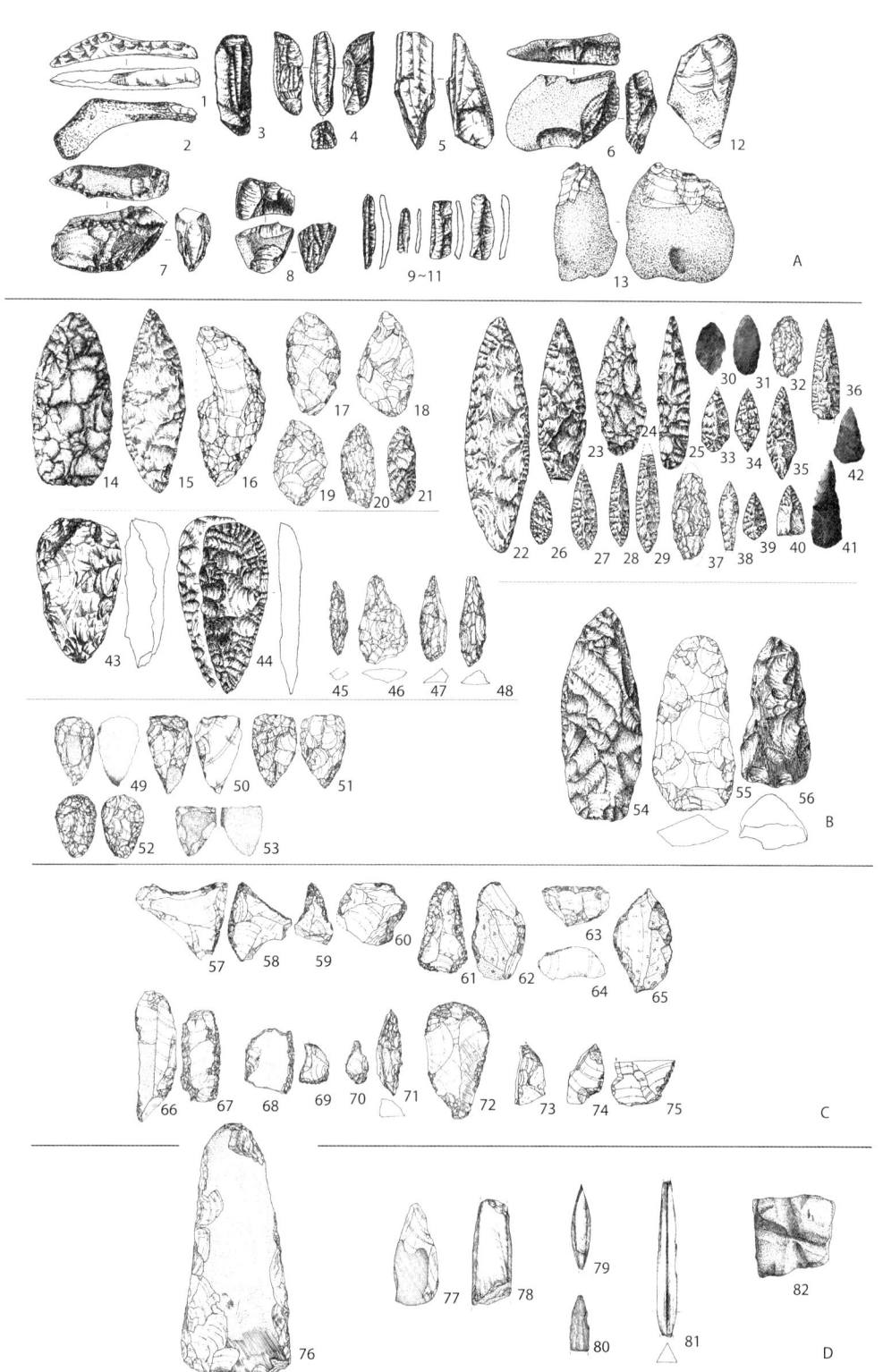

그림 32 아무르강 하류 오시포프카 문화 석기(세프코무드, 얀쉬나 2012, 필자 재편집)   A: 석인 | B: 양면가공석기 | C: 마제석기
 | D:소재박편 | 1~82: 곤차르카-1 유적

신석기시대   89

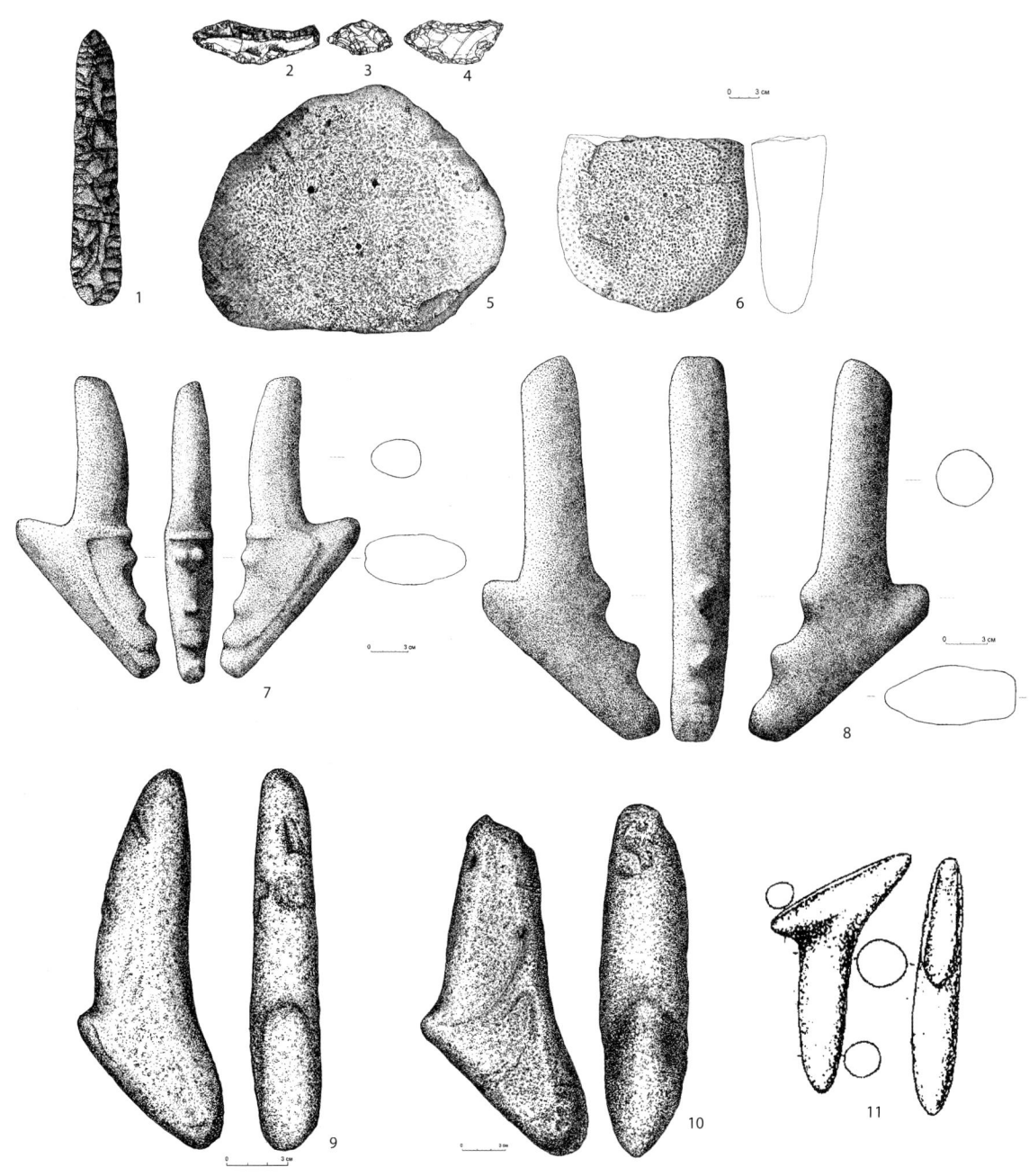

그림 33 아무르강 하류 오시포프카 문화 의례품(셰프코무드, 얀쉬나 2012, 메드베제프 2005, 필자 재편집)   1~10: 곤차르카 1유적
11: 가샤 유적

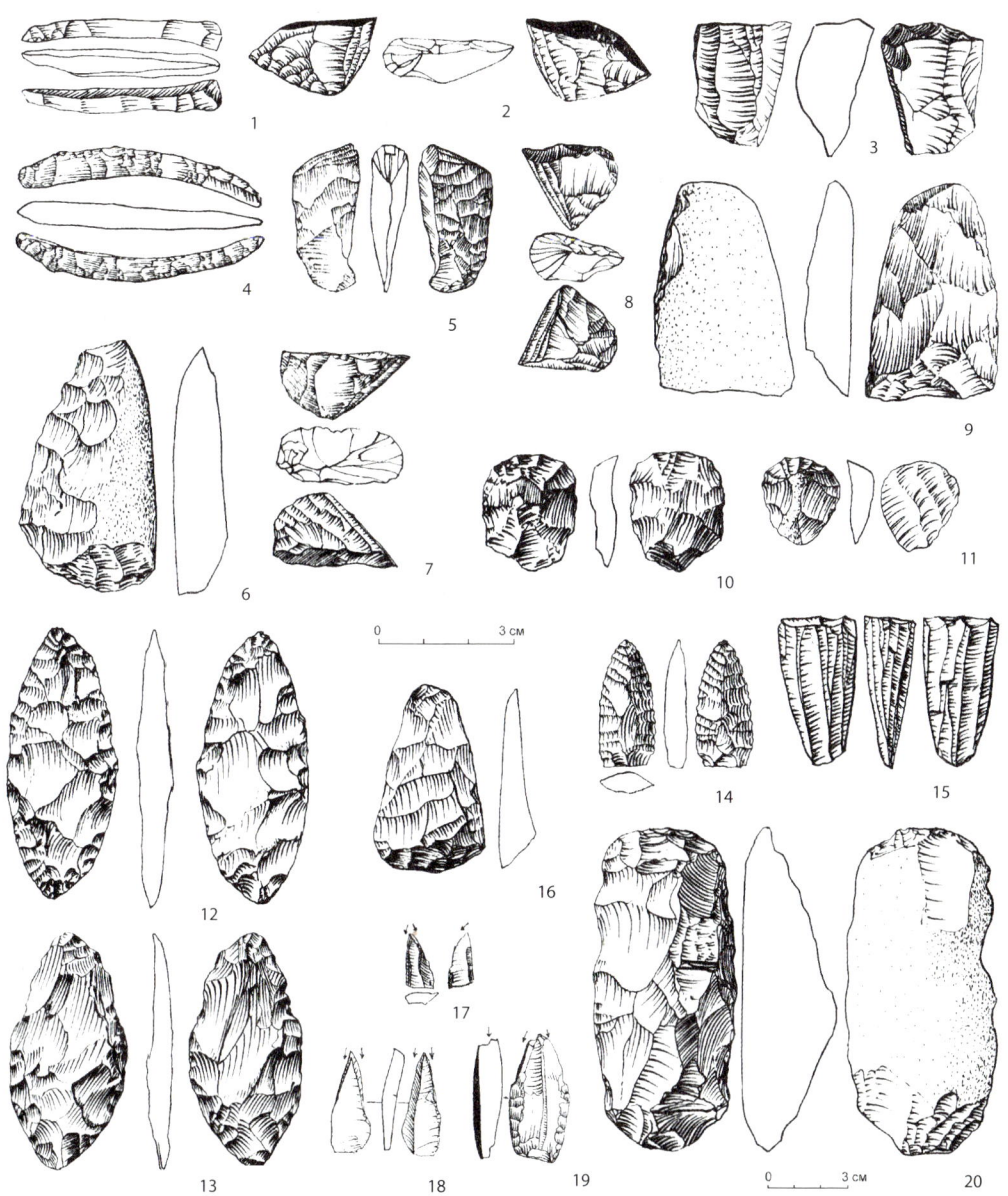

그림 34   아무르강 중류 그로마투하 문화 석기(세프코무드, 얀쉬나 2012)   1~20: 그로마투하 유적

신석기시대

2. 루드나야 문화

1) 연구현황

(1) 연구사

1959~1960년에 걸쳐 오크라드니코프는 연해주의 동해안에 위치한 마략-르발로프(Маряк-Рыболов, Maryak-Rbalov)(옛 지명: 푸후순)유적을 발굴하였다. 이 유적의 유물은 능형 押印 기법의 토기가 그 특징이다(오클라드니코프 1984). 같은 특징의 토기는 마략 르발로프 유적 외에도 쵸르토브이 보로타(Чёртовы ворота, Chortovy vorota) 유적, 루드나야 프리스탄(Рудная пристань, Rudnaya pristan) 유적 등에서 발견된 것이다.

마략 르발로프 유적 보다 이전에 1958년 루드나야 프리스탄 유적에서는 주거지 2기가 아래층에서 확인되었는데, 능형 압인 기법의 토기가 출토되었고, 이를 두고 '아무르 망상문양'이라고 명명했다. 1992년 디야코프가 새롭게 발굴해서 신석기시대 토기가 아닌 청동기시대 토기가 출토되는 층의 주거지가 발굴되었다(디야코프 1992). 필자는 이를 시니가이 문화의 동부 1유형으로 보았다(김재윤 2018a).

동굴 안에서 화재 난 주거지가 발견된 곳으로 유명한 초르토비 보로타 유적은 안드레예바가 발굴했는데, 토기 외에도 다수의 골제품과 옥제품 등이 발견되어서 많은 관심을 받았다.

2000년대 들어오면서 세르게예프카(Сергевка, Sergevka)-1 유적이 발굴되면서 기존의 루드나야 프리스턴 유적에서 출토된 토기와 구분되어 이 문화에도 서로 다른 유형이 있다는 결론을 내리게 되었다. 능형 압인문을 시문하는 도구를 사용해서 문양을 시문하는 방법은 두 유적에서 모두 확인되지만 토기의 기형과 문양의 시문범위, 문양 구성 등에 차이가 있어서 두 유적으로 대표되는 문화적 특징을 루드나야 문화 속에서 다른 유형으로 구분한 것이다(바타르세프 2009).

한편 필자는 베트카(Ветка, Vetka)-2 유적으로 밝혀진 베트카 유형도 루드나야 문화의 범주로 볼 수 있다는 입장이다. 토기의 기형이 나팔상으로 벌어지는 발형토기와 구연부가 외반하는 발형토기가 있고, 삼각형, 능형 등의 압인하는 시문도구를 사용하는 방법이 루드나야 유형과 유사하기 때문이다(김재윤 2014).

연해주의 루드나야 문화의 능형 압인문은 아무르 하류의 콘돈(Кондон, Kondon)[6] 문화

---

[6] 아무르 하류의 신석기 문화는 마린스카야 문화(Маринская, Marinskaya), 말리쉐예보 문화, 콘

표 5 루드나야 문화와 보이스만 문화의 유적

지역	지도 3의 번호	유적명	유적입지	조사연도	조사성격	시대	성격	참고문헌
루드나야 문화	①	드보럇카-1	구릉위	2004년 2006년	발굴조사	신석기시대	주거유적	클류예프·가르코빅 2008
						청동기시대	무덤	
	②	세르게예프카-1	구릉위	2004년	발굴조사	구석기시대 신석기시대 철기시대	주거유적	바타르세프 2009
	③	세클라에보	구릉위	2003~2004년	발굴조사	구석기시대 신석기시대 중세시대	주거유적	클류예프 외 2003
	④	엘제페-3-6 (ЛДП-3-6, LDP-3-6)	구릉위	2004년	발굴조사	신석기시대	문화층	클류예프·판튜히나 2006
	⑤	쵸르토브이 보로타	동굴	1973년	발굴조사	신석기시대	주거유적	알렉세프 외 1991
	⑥	루드나야 프린스턴	구릉위	1982~1983년 1990년	발굴조사	신석기시대 청동기시대	주거유적	디야코프 1992
	⑦	노보트로이츠코예-2	구릉위	2004년	발굴조사	신석기시대	주거유적	클류예프·가르코빅 2008
	⑧	마럑-르볼로프	강의 입구	1959년 1960년	발굴조사	신석기시대 청동기시대	주거유적	오클라드니코프 1964
	⑨	루자노바 소프카-2 유적	강의 상류언덕	2001년	발굴조사	신석기시대 (3시기) 중세시대	유물산포지	바타르세프 2009
보이스만 문화	⑩	보이스만-I유적 (Бойсман, Boisman)	해안가	1958년 1992~1993년	발굴조사	신석기시대	주거유적	보스트레초프 1998
	⑪	보이스만-II유적	해안가	1987~1988년 1991년	발굴조사	신석기시대 초기철기시대	패총, 무덤	포포프 외 1997
	⑫	자레치예-1 유적 (Зарече, Zarechye)-1	구릉 위	1957년	발굴조사	신석기시대	유물산포지	안드레예프 1960
	⑬	한시-1 Ханси-1, Hansi-1)	해안가 석호의 구릉 위	1957년	발굴조사	신석기시대	유물산포지	안드레예프 1960
	⑭	한시-2	해안가 석호의 구릉 위	1957년	발굴조사	신석기시대	유물산포지	안드레예프 1960
	⑮	서포항	해안가 석호의 구릉 위	1960~1964년	발굴조사	구석기~청동기, 초기철기	주거유적	김용간·서국태 1972

에서 아무르망상문 영향을 받은 것으로 보았다(오클라드니코프·데레뱐코 1973). 그러나 연해주 루드나야 문화의 절대연대는 7000~6000년 전, 콘돈문화의 절대연대는 5000~4000년 전으로 차이가 있고, 또한 토기의 문양에도 연해주의 것과 아무르 하류의 것은 차이가 있기 때문에 두 지역 문화를 같은 것으로 보기에는 힘든 점이 많다(알렉세프 외 1991).

(2) 분포와 편년

루드나야 문화는 연해주 내륙의 유적인 세클라예보 유적, 세르게예프카-1 유적 뿐만 아니라 동해안에도 유적이 발견되며, 한카호의 북쪽에 위치한 신개류 유적과 목단강 유역의 진흥 유적으로 대표되는 신개류 문화도 같은 성격으로 볼 수 있다(김재윤 2014).

신개류 유적은 하층과 상층으로 구분되며, 하층에서는 융기문토기와 능형 압인문토기가 출토되고 상층에서는 유사융기문토기와 다치구로 찍은 토기가 나오는데 각각 루드나야 문화의 세르게예프카 유형과 베트카 유형의 성격을 띠고 있다. 진흥 유적은 1기가 신석기시대인데, 출토된 토기는 크게 두 그룹으로 나눌 수 있다. 융기문토기가 주요한 그룹과 능형압인문토기와 다치구로 찍은 토기 그룹으로 구분되며 전자는 연해주의 세르게예프카 유형, 후자는 베트카 유형과 닮아 있다. 그래서 신개류 문화의 토기도 루드나야 문화와 비슷한 성격으로 볼 수 있으며 시간적으로도 같다(김재윤 2014).

루드나야 유형에 해당하는 유적은 루자노바 소프카-2유적과 루드나야 프리스턴유적이 있고, 세르게예프카 유형은 드보랸카-1, 노보트로이츠코예-2, 세르게예프카-1, 우스티노프카-8 유적 등이다. 베트카 유형은 현재 베트카-2 유적 뿐이다. 각 유형은 유적에서 탄소 연대측정치를 감안한다면 루드나야 유형은 7500~7300년 전, 세르게예프카 유형은 7000~6500년 전이다. 베트카 유형은 대략 6000년 전후로 볼 수 있다(바타르세프 2009).

베트카 유형은 토기 특징으로 보아서 보이스만 문화 보다는 루드나야 문화에 가깝다는 생각이긴 하지만 베트카-2 유적과 같은 토기가 나오는 유적이 좀 더 발견된다면 현재 보이스만 문화 1기 및 2기와 함께 독립적인 문화로도 가능하다(김재윤 2014).

돈문화, 보즈네세노프카 문화 등으로 분리되어 있다. 그 중 중기~후기에 해당하는 데 콘돈 포취타 유적의 발굴로 명명되었다. 앞서 설명한 바와 같이 아무르망상문이 새겨진 토기가 대표적이며, 그 외 예술품도 대량으로 확인되었다.

표 6   루드나야 문화의 절대연대(바타르세프 2009, 김재윤 2017 재인용)

유형	유적	연대(B.P.)	시료	참고문헌
루드나야유형	루자노바 소프카-2	7320±40	토기부착검댕이	포포프·바타르세프 2007
	루드나야 프린스탄	7390±100, 7550±60, 7690±80	숯	디야코프 1992
	드보랸카-1 유적	7615±180	숯	클류예프·가르코빅 2008
	노보트로이츠코예-2 유적	6920±50	숯	클류예프·가르고빅 2008
세르게예프카 유형	세르게예프카-1	6700±80	토기부착검댕이	포포프·바타르세프 2007
	우스티노프카-8	6770±50, 6830±50, 6890±50, 7020±90	토기부착검댕이	
	쵸르토비 보로타	5890±45	동물뼈	쿠즈민 외 1998
		6380±70, 6575±45, 6710±105, 6825±45	숯	
		7010±95, 7110±95	사람뼈	
	쉐클라예보-7	6045±50, 6120±45, 6200±50, 6280±50, 6455±50	숯, 탄화된 밤	클류예프 외 2007
베트카 유형	베트카-2 유적	6010±90 5860±55, 5860±95	숯,	Moreva O.L.외 2009

표 7   루드나야 문화와 보이스만문화의 주거지 특징

	유적명	주거지 호수	평면형태	크기 m	크기 m²	노지 위치(형태)	노지 수	노지 크기(cm)	주혈 수	주혈 배치	비고
루드나야 문화	세르게예프카 1		말각방형	17×18	306	중앙-위석식	1	175×150	71		서벽과북벽의 단 시설
	쉐클라예보-7		말각방형	10×10	100	?					
	드로랸카-1		방형	30×?	·		2	90×30, 180×20	4	4열	노지 주변에 3개의 저장혈
	노보트로에츠코예-1		방형	4.7×4.7	22	중앙-무시설식	1	120×100	20	3열	
	쵸르토브이 보로타		말각방형	6.5×7	45	중앙-무시설식	1	150×120	10	2열 혹은 4열	
	루드나야 프린스턴	1호	말각방형	3.2×2.2	7	서쪽으로 약간 치우침	1	30×10	·		
		2호	방형	4.8×4.2	20	중앙-무시설식	1	40×60	5	2열	
		9호	방형	8×9	72	중앙-무시설식	?	?			남서-문시설
보이스만 문화	보이스만-I	3호	말각방형	(4×5)	(20)	중앙-무시설식	2	60×70, 40	22, 10	2열 10~20cm, 2~5cm	
		4호	(방형)	(4×4)	(16)	중앙-무시설식	1	90	(16)	2열	
	서포항 유적	1기-9호	장방형	12×6	72	(1)원형-위석 남벽+2	1	60	?	?	칸막이
						(2)원형-부석 (1)+0.6	1	100			
						(3)원형-위석+적석 (2)+1	1	107			
						(4)원형-위석+적석 (3)+0.7		92			
						(5)원형-위석 (4)+0.5	1	77			

지도 3　연해주 신석기시대 대표유적(유적명은 표5와 표9 참고)

신석기시대　97

2) 문화적 특징

(1) 유적[7]

① 세르게예프카-1[8] 유적

유적은 네스테로프카(Нестеровка, Nesterovka) 강의 좌안에 하안단구의 언덕 위에 위치하는

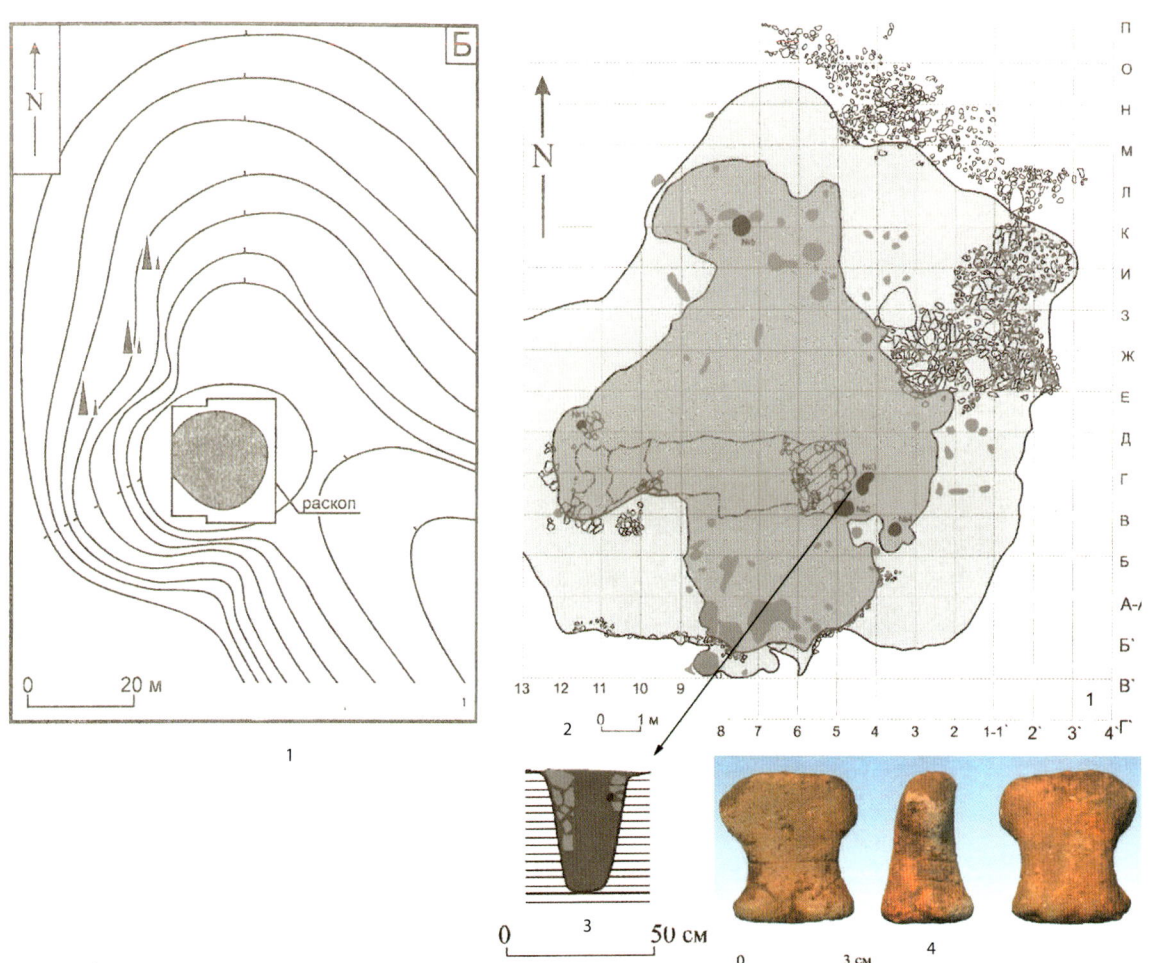

그림 35 세르게예프카-1 유적(김재윤 2017 재인용) 1: 세르게예프카-1 유적 입지; 2: 세르게예프카-1 주거지 3: 토우출토 수혈; 4: 토우

---

7   유적을 보고한 참고문헌은 표 5에 표기해 두었다.

8   러시아의 유적명은 유적과 가장 가까운 행정구역의 가장 작은 단위 명(주로 마을 명)을 일컫는다. 유적 뒤의 번호는 이러한 행정구역명을 따르는 유적의 발견 순서대로 번호를 부치며, 같은 행정구역명을 따르더라도 번호에 따라서 유적의 지점과 성격이 다르다.

데 유적의 면적은 크지 않다. 유적은 후기 구석기시대부터 철기시대까지 형성된 것으로 그 중 2004년에 신석기시대 주거지 1기가 확인되었다(표 5: 그림 35). 주거지는 말각방형으로 대형주거지이다. 중앙에 위석식 노지가 1기가 설치되었고, 주거지 바닥에 대량의 기둥구멍이 확인되었다(그림 35). 노지 옆의 수혈에서는 토우가 출토되었다. 토우가 출토된 수혈 바닥 보다 수혈의 입구가 더 크며 수혈의 중앙에서 부터는 돌을 돌려서 설치한 것으로 보아서, 의도적임을 알 수 있다(그림 35-3: 4).

② 세클라에보-7 유적

세클라에보(Шеклаево, Sheklaevo)-7 유적은 연해주의 중부에 위치하는데, 세클라에보 마을에서 북동쪽으로 1.8km으로 떨어진 높이 10m 구릉 위에 위치하며, 2003년과 2004년에

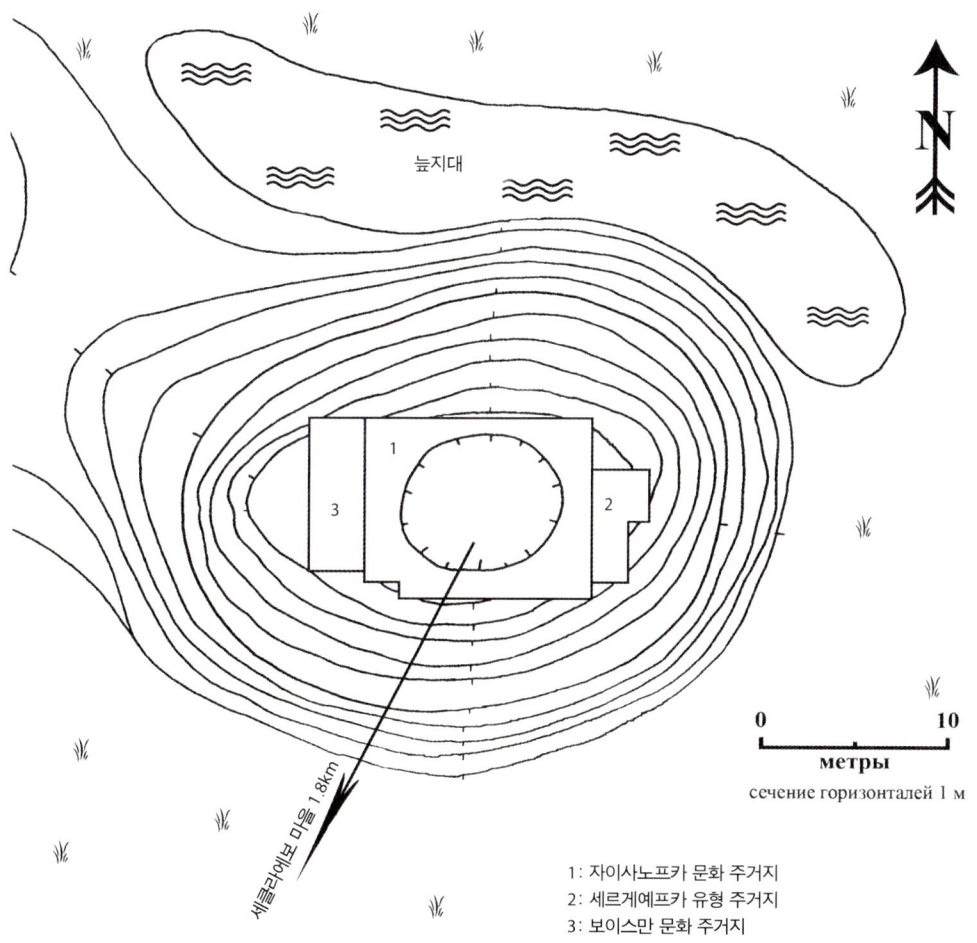

1: 자이사노프카 문화 주거지
2: 세르게예프카 유형 주거지
3: 보이스만 문화 주거지

그림 36 세클라에보-7 유적(김재윤 2017 재인용)

조사되었다(표 5). 구릉의 정상은 10×10m 가량으로 편평한데, 발굴 조사된 주거지 평면은 7×7m(그림 36)로 구릉의 면적을 거의 차지하고 있다. 조사된 주거지 수혈은 1기이지만, 이른 시기의 신석기시대부터 후기 신석기시대 까지 오랫동안 점유된 주거공간이다.

주거지는 신석기시대 전기로 알려진 루드나야 문화의 주거지가 가장 큰 면적을 차지하고 있고, 그 중앙을 신석기 후기 주거지가 파괴하고 설치되었다. 신석기 후기 주거지 설치 이전에 보이스만 문화의 주거지가 설치된 것으로 보이지만, 이 주거지는 루드나야 문화 주거지의 외곽에서 어깨선만 한 부분 보일 뿐 정확한 주거지 윤곽선을 알 수 없다.

관련된 루드나야 문화의 세클랴에보 유형 주거지(그림 36-2)는 말각방형으로 100m² 정도로 대형주거지로 노지는 확인되지 않았다. 루드나야 문화의 주거지에서는 루드나야 문화의 토기 특징을 보이는 압날문 토기와 융기문 토기가 출토되었다. 유물에 관해서는 뒤에서 자세히 살펴보도록 하겠다.

③ 초로토비 보로타

초로토비이 보로타 유적은 크리바야(Кривая, Krivaya) 강의 상류에 위치한 달레고르스크(Дальнегорск, Dalnegorsk)마을에서 서쪽으로 12km 떨어진 곳에 위치한다. 자연적으로 생긴 동굴유적으로 크라바야 강의 계곡 부에서 20m 높은 곳에 위치한다(표 5). 동굴은 두 실로 나누어져 있는데, 첫 번째 동굴의 길이는 45m, 두 번째 동굴의 길이는 10m로 입구가 다르지만, 동굴 내부는 연결되어 있다.

유적은 동굴 1실에서 주거지가 조사되었다. 주거지는 말각방형으로 중앙에는 방형의 무시설식 노지가 확인되었다. 북쪽을 제외하고는 노지의 어깨선이 확실하게 드러나는 곳으로 깊이 10cm 가량의 수혈 내에 노지를 설치했다. 기둥구멍은 주거지 벽선을 따라서는 확인되지 않았고, 주거지 내부에는 기둥구멍이 2열 배치되었다. 주거지는 화재로 인해서 남은 목재시설이 잘 남아 있었는데, 동굴내부에 집을 지어서 생활했던 것으로 보인다(그림 37-1). 인골이 남아 있는 곳에는 길이 27cm 이상의 대형석부(그림 37-2) 및 골제장신구(그림 37-3~13, 그림 42-1, 2)가 출토되었다. 불로 태운 후 전면을 나선형으로 새긴 골제 대롱(그림 37-7, 그림 42-2, 2-1), 치레걸이(그림 37-4), 조개장신구(그림 37-9~13) 등이다. 인골이 한쪽에서 몰려서 확인되며 그 주변에서 출토된 유물이 실생활 유물이라기 보다는 장신구 등이 많은데 의도적인 양상으로 볼 수 있다. 이러한 정황으로 보아서 주거지는 무덤으로 전용되었던 것으로 보인다(김재윤 2016a).

그 외에도 주거지 내부에서 직물이 확인되었다(알렉세프 외 1991). 연해주는 토양의 특

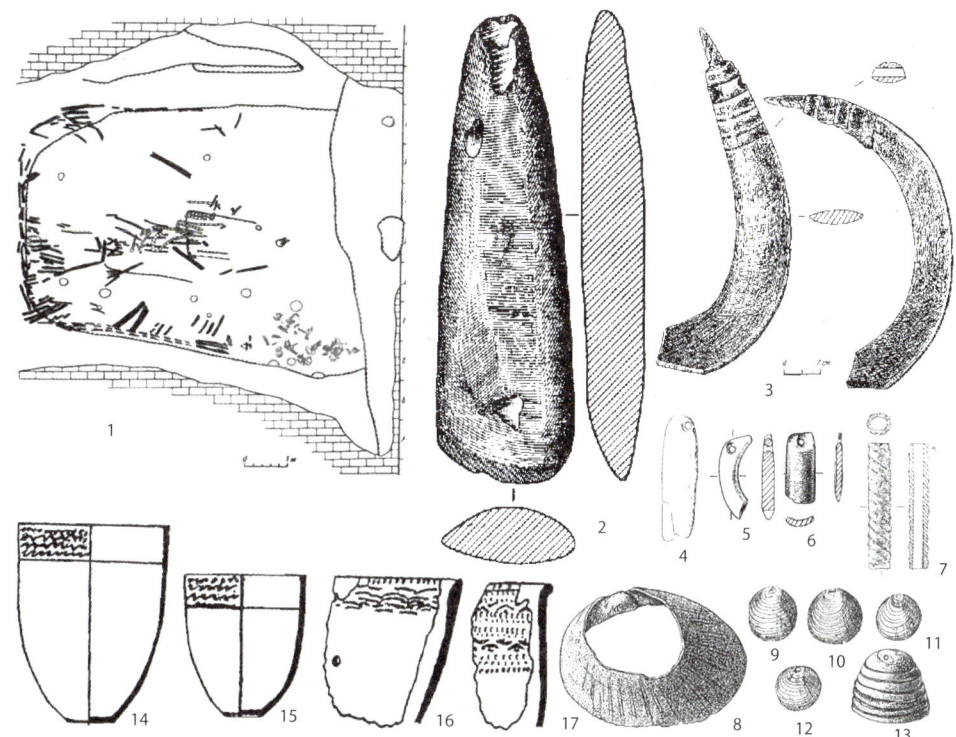

그림 37 초르토브이 보로타 유적의 주거지와 출토유물(김재윤 2017 재인용) 1: 쵸르토브이 보로타 유적의 주거지(표시된 부분 인골출토); 2~13: 인골 주변 출토; 14~17: 주거지 내에서 출토된 토기

그림 38 초르토브이 보로타 유적의 토기(필자촬영)

그림 39 초르토브이 보로타 유적의 토기(필자촬영)

신석기시대 101

그림 40   초르토브이 보로타 유적의 토기(필자촬영)

그림 41   초르토브이 보로타 유적의 장신구(필자촬영)

그림 42   초르토브이 보로타 유적의 골제품(필자촬영)

성상 유적에서 유기물질이 잘 남아 있지 않지만 본 유적은 화재난 주거지로써 골각기, 직물, 주거지 구조물 등의 유기물질이 잘 남아 있을 수 있었다.

④ 드보랸카-1 유적

드보랸카(Дворянка, Dvorayanka)-1 유적은 코미사로프카(Комиссаровка, Komissarovka) 강 우안의 하안 구릉 위에 위치하며 2004년과 2006년에 발굴되었다. 상층은 청동기시대, 하층은 신석기시대로 나눌 수 있다(표 5). 유적에는 육안으로 수혈이 아주 잘 드러난다. 유적에서는 환호가 확인되었는데, 환호 내의 수혈 4개와 환호 밖의 수혈 군으로 나누어진다. 환호 밖의 수혈은 2줄로 단구대의 능선방향과 일치한다(그림 43). 그러나 유적 전체가 조사되지 않아서, 환호 내와 환호 밖의 수혈간의 시간 차이는 알 수 없다.

신석기시대 주거지는 방형으로 중앙에는 2개의 노지가 설치되었다. 1기의 노지는 직경 90cm 방형의 위석식 노지이고, 2기의 노지는 180cm 방형 노지이다. 노지 주변에는 세 개의 저장혈이 확인되었는데, 직경은 비슷하지만, 깊이는 각기 다르다(표 5). 주혈은 주거지 벽면을 따라서 가장자리에서 확인되었는데, 4열 배치였을 것으로 추정된다(그림 43).

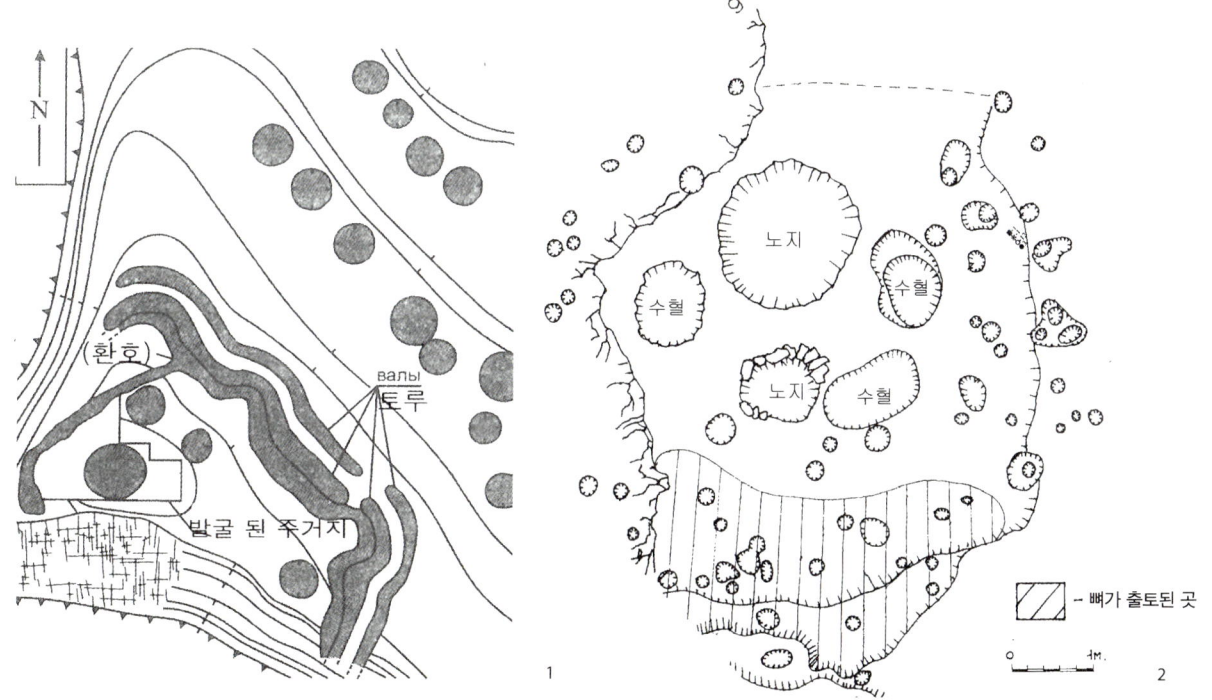

그림 43 드보랸카-1 유적 평면도와 발굴된 주거지(김재윤 2017 재인용) 1: 드보랸카 1 유적 평면도 2: 신석기시대 주거지

⑤ 루자노바 소프카-2 유적

루자노바-소프카(Лузанова Сопка, Luzanova Sopka) 유적은 연해주의 한카(Ханка, Khanka) 지구에 있는데, 한카호수에서 남쪽으로 흘러가는 일리스타야(Илистая, Ilistaya) 강과 합류되

는 곳에 언덕의 높이 5m에 위치한다. 언덕은 남서-북동방향으로 길게 늘어선 곳으로 높이는 33m 정도이다. 문화층을 발굴한 결과 고토기 문화층, 루드나야 문화층과 보이스만 문화층, 자이사노프카 문화층 뿐만 아니라 중세시대 층도 확인되었으나, 주거지는 발견되지 않았다.

루드나야 문화층에서는 루드나야 유형의 토기가 확인되었고, 보이스만 문화층에서는 보이스만 1단계 토기가 발견되었다(포포프·바타르세프 2007).

⑥ 루드나야 프리스턴 유적

유적은 동해안으로 흘러가는 루드나야 강과 모나스티르카(Монастырка, Monastyrka) 강이 합해지는 계곡부에 위치한다. 높이 12~16m 가량의 하안 단구대 위에 위치한다.

1950년에 지질학자에 의해서 발견되어 유적이 위치한 하안 단구대에서 석기와 소위 '아무르 망상문양'의 토기가 확인되었다. 이를 오클라드니코프에게 의뢰하여, 1952~1953년까지 조사하게 되었다. 1982~1983년, 1990년에 디야코프가 조사하였다(**표 1**). 유적은 주거유적으로 이른 시기의 9기, 늦은 시기의 주거지 8기가 확인되었는데, 이른 시기의 주거지는 3기가 조사되었다(**그림 44**).

주거지 1호는 말각방형에 가까운 부정형으로 서쪽벽에 치우쳐서 노지가 무시설식 노지가 확인되었

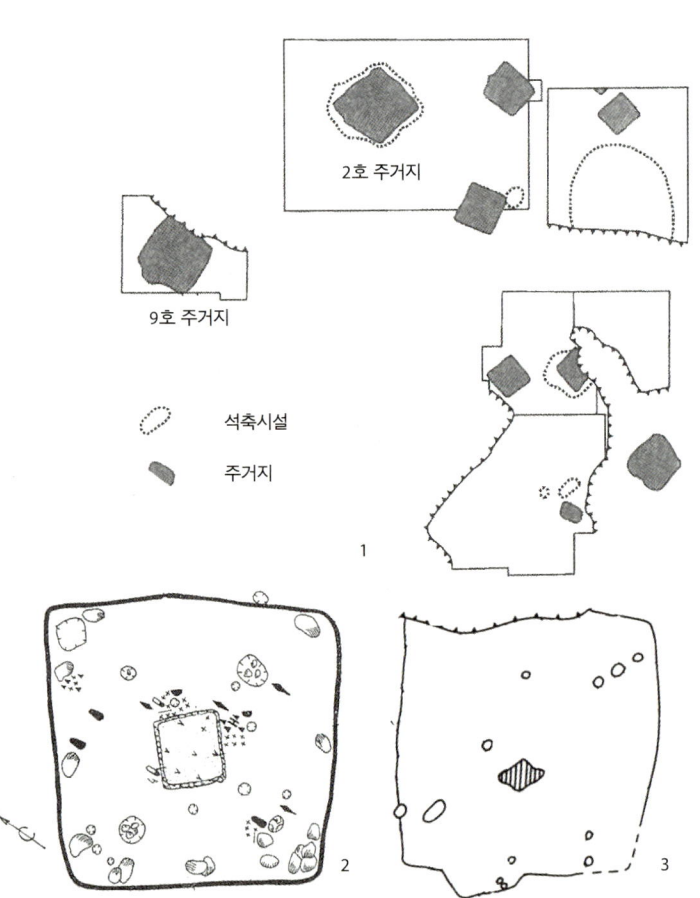

그림 44 루드나야 프리스턴 유적 평면도와 신석기시대 주거지(김재윤 2017 재인용) 1: 루드나야 프리스턴 유적 평면도, 2: 2호 주거지, 3: 9호 주거지

으나 기둥구멍은 없었다. 하지만 크기나 형태로 보아서 주거지가 아닐 가능성이 있다. 주거지 2호(그림 44-2)는 방형 주거지로 중앙에 무시설식의 노지시설이 확실하게 남아 있다. 노지 주변에는 기둥구멍 4개가 확인되었던 것으로 보아 4열배치의 주거지인 것으로 생각된다. 주거지 9호(그림 44-1·3)는 유적의 가장 서쪽에 위치하는데 방형주거지로 가장 크다. 남서벽에는 주거지의 입구로 추정되는 불룩 튀어난 곳이 있으며 중앙에는 방형의 무시설식 노지가 설치되어 있다. 기둥구멍은 9개 확인되었는데 4열 배치로 판단된다(표 7).

⑦ 마략-르발로프 유적[9]

동해안의 푸순만 입구의 구릉 위에 위치하고 1959년~1960년에 발굴되었었는데 신석기시대로 알려졌으나 청동기시대 층도 있는 것으로 알려졌다(표 5). 이 유적에서 출토된 능형압날문은 '아무르 망상문'으로 간주되었고, 아무르의 콘돈문화와 관련된 것으로 생각되었다.[10]

학사적으로 중요한 위치를 차지하는 유적이지만 유구의 정황과 유물들이 간단하게만 보고되어서 많은 어려움이 있다. 유적에서 주거지 등의 수혈유구는 없고, 유물이 포함된 문화층만이 알려져 있다.

(2) 유물

① 토기

루드나야 유형(그림 45-1~11)은 발형토기가 주된 기형으로, 구연부가 직립하는 것이 대부분인데 약간 내만 혹은 외반하기도 하며 구연단은 편평하거나 둥글다. 동체부의 문양은 구연부와 그 아래에 약간 공간을 두고 시문되는 것이 기본이다. 문양대는 능형, 타원형, 삼각형 등의 단독압날문이 횡방향으로 연속해서 구성되는데, 문양대의 상하를 침선해서 구획한다. 루드나야 유형은 구연단에 구순각목이 되는 점도 특징이다. 루드나야 유형은 발형만 확인되고, 문양은 단독압날문만 확인된다.

세르게예프카 유형(그림 45-12~34)은 발형토기와 함께 호형토기도 있다. 호형토기의

---

[9] 프후순이라는 만(灣)의 이름을 따라서 프후순 유적으로 불렸으나, 연해주의 지명이 1960년대 개명되면서 마략-르발로프로 바뀌었다.

[10] 그러나 루드나야 문화의 유적들이 발굴 조사되고 자료들이 축척되면서 여러 가지 정황들은 아무르의 콘돈문화에서 루드나야 문화가 영향을 받아 형성되었다는 의견은 재고되었다.

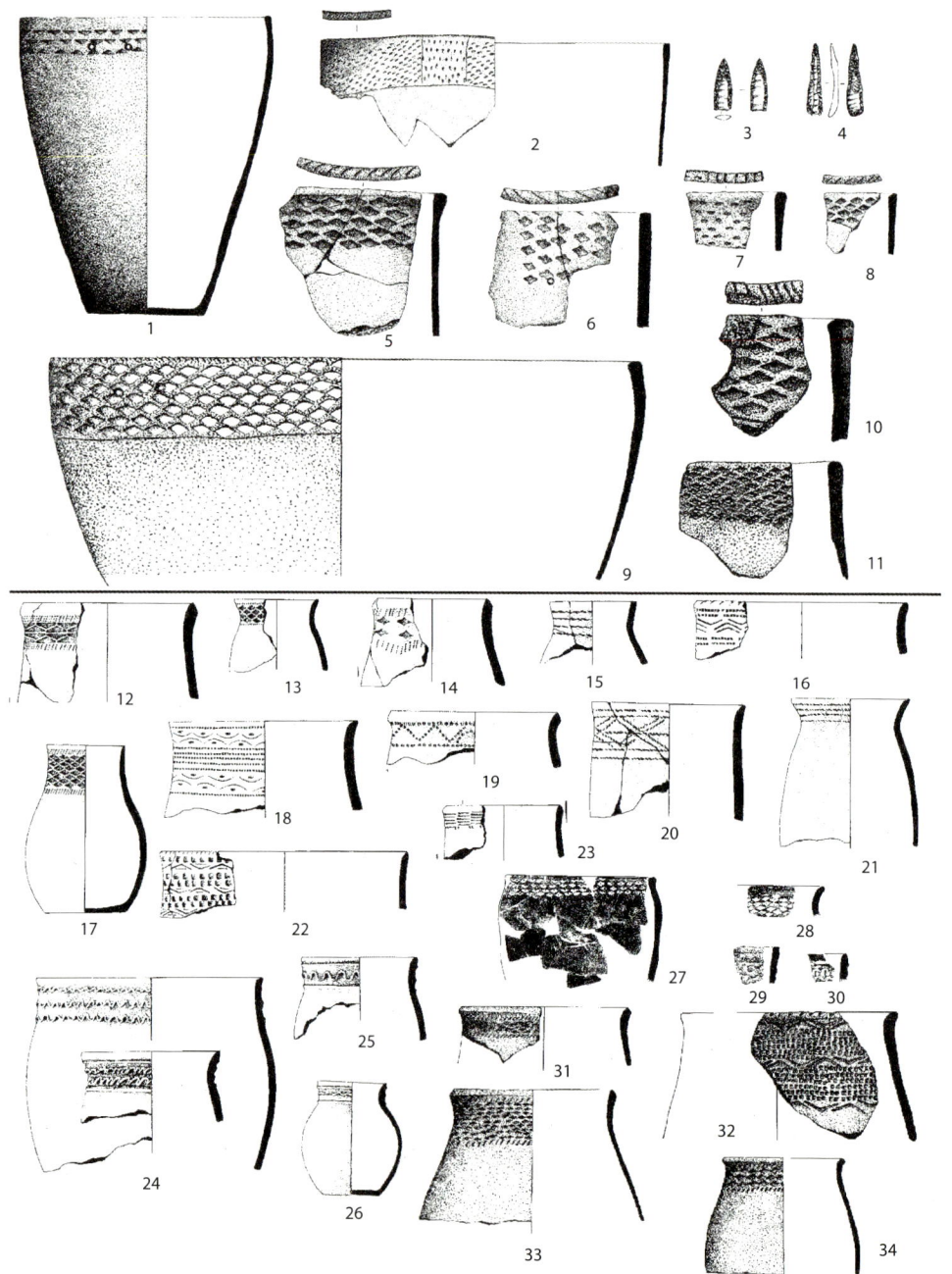

그림 45 루드나야유형(1~11) 토기와 세르게예프카 유형(12~34)(김재윤 2014 재인용)   1~11: 루드나야 프린스턴 유적 | 12~26: 쉐클라예보-7 유적 | 27~30: 우스티노프카-8유적 | 31~34: 세르게예프카-1 유적

구연부는 직립 혹은 외반하고 구연단 가장자리가 약간 불룩하게 튀어 나왔고, 동최대경 위치는 중앙 혹은 동체부의 중앙에서 아래쪽 하단에 있다. 문양은 압날문이 단독으로 시문되

그림 46   루드나야 유형의 토기(필자 촬영)

신석기시대   107

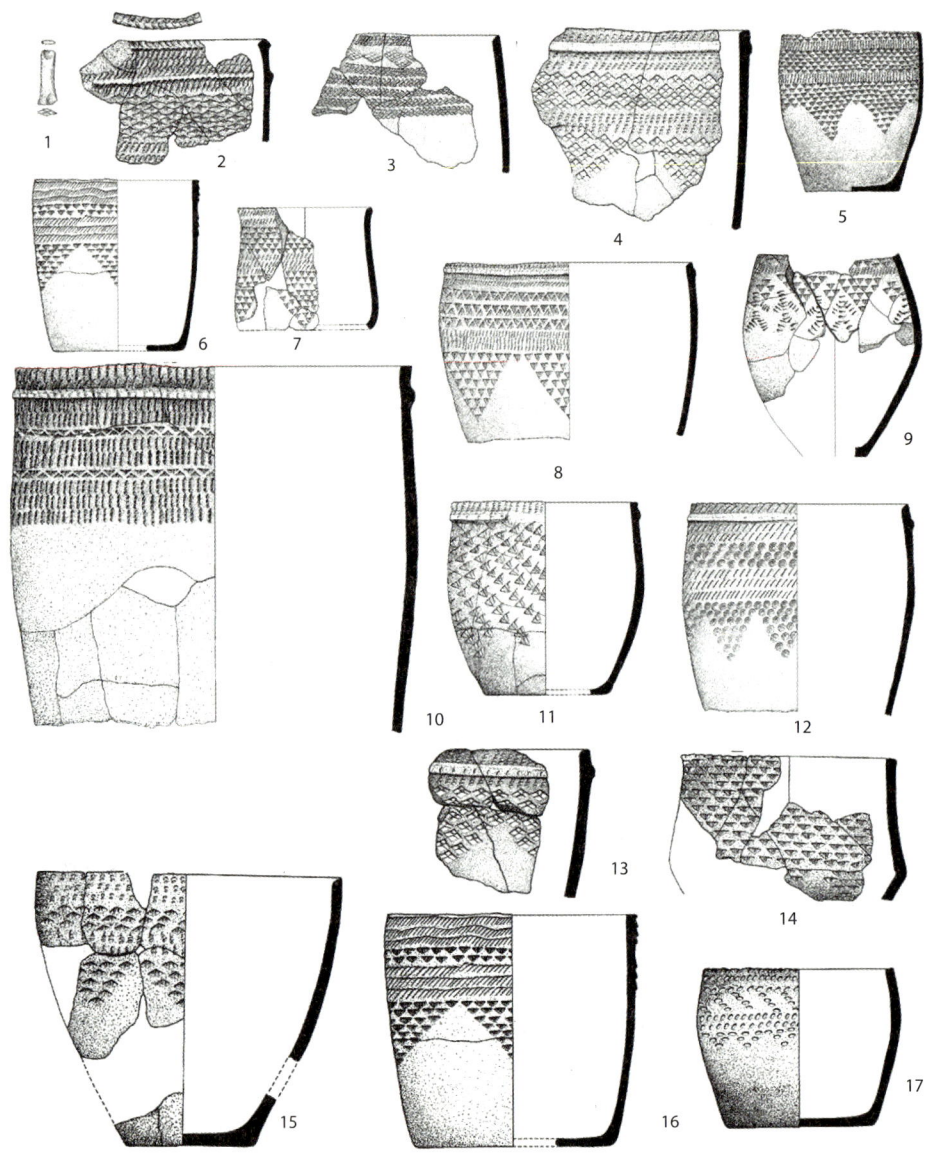

그림 47　베트카 유형의 토기(김재윤 2014 재인용)　1~17: 베트카 2유적

는 것과 단치구와 다치구의 압날문이 복합되는 것으로 나누어진다.

　　단독압날문은 단치구로 구연부 부근에만 점열문이 단독으로 시문된다(**그림 45-19, 20**). 복합압날문(**그림 45-12~14, 17, 18~22, 31~34**)은 루드나야 유형에서 확인되는 방형, 능형, 삼각형과 함께 이 유형에서는 (새) 부리 모양(**그림 45-16, 18, 32**)이 등장한다. 다치구압날문과 복합되어 구연부 근처에 표현된다. 기본적인 문양대의 모티브는 문양대의 상단과 하단은 한 줄 혹은 두 줄의 부수적인 문양, 중앙에는 특징적인 문양이 넓게 시문되는 것이다. 그 중 방형(그림 45-13, 14, 17, 31, 33, 34) 및 삼각형(그림 45-12), 부리형 압날문(그림 45-16, 18, 32)은 다치구압날문과 함께 시문되는데, 가운데는 방형 및 삼각형 압날문, 위와 아래는 다치구압날문이 시문된다. 이러한 문양대가 3단까지 반복되어 시문되는 것도 있다. 반대로, 위 아래 가장자리는 압날문이 시문되고, 가운데는 부리모양이 시문되는 것도 있다.

네가티브한 문양 외에도 포시티브 한 융기문양도 있다(그림 45-24, 25, 26, 그림 38-1, 그림 39-1). 이러한 문양은 구연부 근처에만, 파상문 혹은 횡선문으로 시문된다.

베트카 유형(그림 47)은 능형, 삼각형 혹은 타원형의 압인구와 다치구로 된 도구(그림 47-1)가 동시에 사용되어 시문되는 것이 특징이다. 루드나야 문화의 세르게예프카 유형(그림 45-12~34)과 시문방법은 같다. 세르게예프카 유형은 능형이 아닌 부리형 압인도구(그림 45-16, 18, 32)가 대다수를 차지하고 있어서 문양형태에 차이가 있지만 기본적으로 문양시문방법은 같다. 그러나 이 유형에는 융기문토기(그림 45-24~26)가 공반된다는 점이 베트카 유형과 차이가 있다. 베트카 유형은 기본적으로 세르세예프카 유형, 루드나야 유형에서 주요한 문양시문방법과 같은 능형이나 삼각문이 주가 된다는 점에서 루드나야 문화의 하위 유형이 될 수 있다(김재윤 2014).

② 석기

● 박편 석기: 장신구 제작도구

루드나야 문화에서 박편석기와 석인의 존재는 거의 모든 유적에서 확인된다. 루드나야 문화 연구 초반에는 이 박편석기가 미완성된 하나의 석재로서 큰 비중을 차지하는 것으로 보았다. 하지만 쵸르토브이 보로타 유적의 박편석기는 전체 석기에서 2% 정도이고, 그 중 석인과 석인편은 1% 정도이다. 보고된 다른 많은 석기에 대해서는 언급이 없고 박편석기가 루드나야 문화의 대표적인 석기처럼 치부 되어 문제가 된다. 루드나야 프리스턴 유적에서도 박편석기들 가운데서 석인과 석인박편들이 존재한다(바타르세프 2009).

루드나야 유적은 시호테 알린 산맥의 동쪽에 위치하며 동해로 흘러가는 제르칼나야 강의 하구에 위치한다. 이 강의 중류에 편암 원산지가 있기 때문에 여기서 소재를 가져와서 제작했을 것으로 생각된다. 유적에서는 다량의 소재박편이 확인되는데, 아마도 들고 다니기 편한 크기의 박편소재를 얻기 위해서 소재를 많이 소비하면서 생긴 것으로 보인다(알렉세프 외 1991).

루드나야 프린스턴의 유물 가운데는 전체적으로 길쭉하면서 단면이 사다리꼴, 삼각형, 장타원형의 석인이 있으며, 가장자리가 눌러 떼기로 잔손질 되어 있다(그림 48-36~38). 이

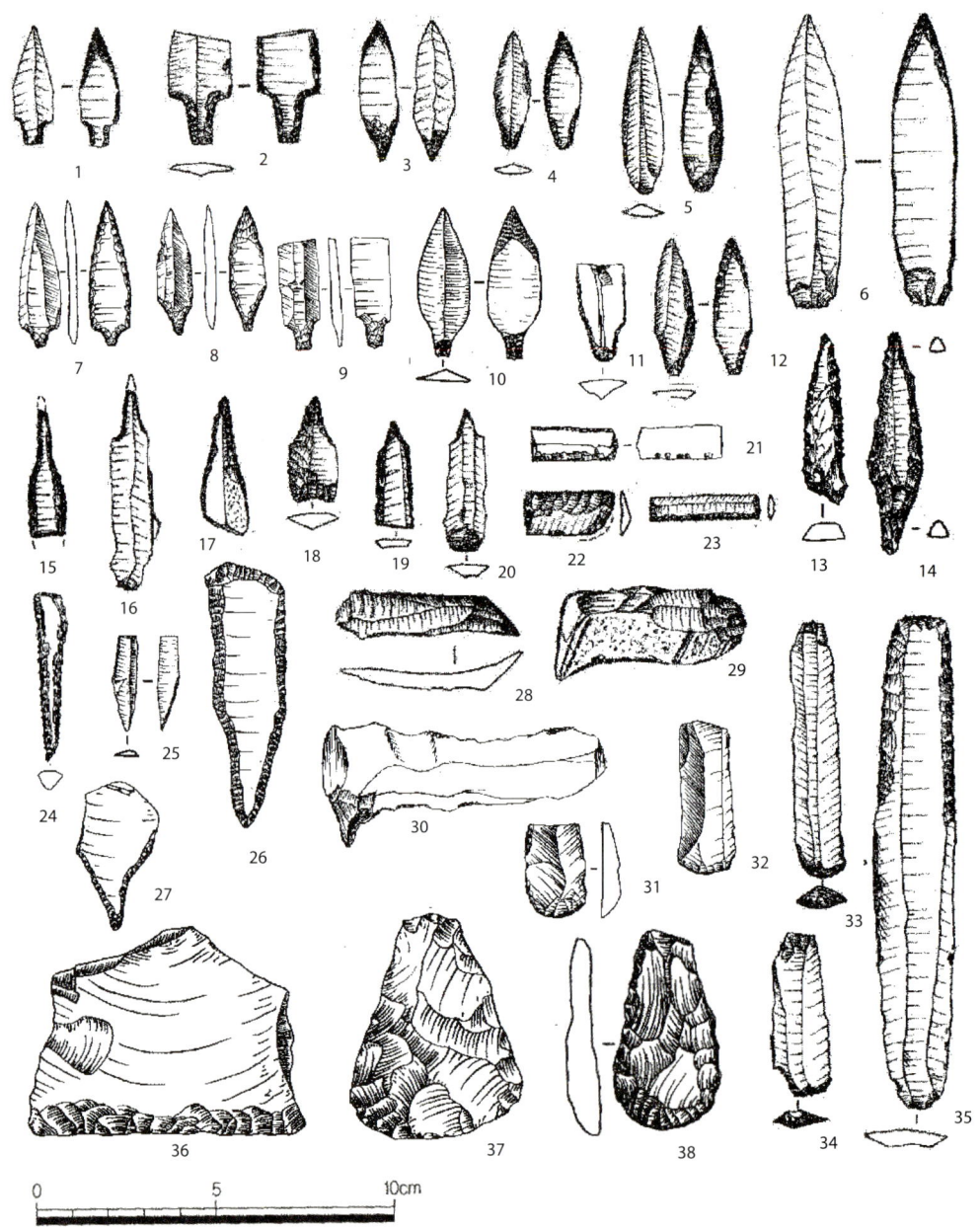

그림 48 루드나야 문화의 박편석기(김재윤 2016)　1~6·12·14~19·22·23·28·29·33~35: 베트카 2 유적 ｜
7~9·11·15·21·24·31·32: 마락 르발로프 유적　｜　10·25~27·36·37: 루드나야 프리스턴 유적 ｜
38: 쵸르토브이 보로타 유적

등변삼각형의 석촉은 양쪽의 인부에서 양면을 눌러떼기 하였다(그림 48-7~9). 석촉형 석기로서 촉부와 슴베 부분을 잔손질 한 것도 존재한다(김재윤 2016b).

　루드나야 프리스턴 유적에서 석인기법의 석기는 후기구석기의 전통인 석인 기법이 남아 있는 것이 아니라 일차박편에 대한 수요관심도가 높았다고 볼 수 있다. 수렵채집을 위해서 편암제로 여러 가지 크기의 박편을 이용할 수 밖에 없었고, 이를 위한 소재로서 길쭉한 석인박편이 자주 이용된 것으로 보인다. 하지만 후기구석기시대에서 흔히 볼 수 있는 칼 모양의 석인이나 석핵은 수 백개의 박편석기 가운데서 확인되지 않는다. 석핵에서 떼어내어 특정한 유물로 제작 하기 위한 석인박편석기 기술은 어떤 규격화된 크기의 소재박편을 얻기 위해서이다(오클라드니코프 1964).

박편석기는 루드나야 문화의 세르게예프카 유형, 루드나야 유형, 베트카 유형 등에서 모두 확인된다. 종류에는 몸돌, 긁개, 부리형 장방형 석인, 여러 형식의 뚜르개, 삽입형 석인 등이 있다. 이 석기들은 박편으로 떼어진 석기의 가장자리를 한면 혹은 두면을 잔 손질 하여서 제작하였다.

긁개는 세장방형(그림 48-32~35)과 부채꼴형(그림 48-31·37·38) 두 가지가 있다. 전자는 단면이 사다리꼴인 것으로서, 한쪽 부분을 둥글게 잔손질한 것이며, 후자는 손이나 도구에 착장하기 위한 면 보다 작업면의 길이 차이가 큰데 작업면의 인부를 둥글게 눌러떼기 처리해서 전체적으로 부채꼴 모양이다. 시묘노프(1967)는 한쪽 끝을 둥글게 처리한 것은 가죽을 가공하기 위한 도구로 생각하고 있다.

장방형 석인(그림 48-28~30)은 장방형 박편석기의 끝부분을 새부리모양으로 잔손질리터치 하여서 제작한 것이다. 또한 골제나 목제의 병부에 끼워서 사용되는 삽입형 석인(그림 48-21~23)도 확인된다.

뚜르개는 장방형 박편석기의 끝 부분을 둥글게 다듬은 후 다른 반대편을 뚜르개로 만든 것(그림 48-15~20)과 석촉형 뚜르개(그림 48-1~5·10·12), 뚜르개(그림 48-6·24~27)가 있다. 한쪽 끝을 둥글게 다듬은 것은 세장방형 긁개(그림 48-32~35)의 평면형태와 단면이 같다. 단순한 뚜르개는 박편석기의 봉부를 뾰족하게 다듬거나(그림 48-6·25·27) 박편석기의 가장자리 전체를 다듬는 것(그림 48-24·26)이 있다. 석촉형 뚜르개는 슴베가 있는 석촉 형태와 평면형태가 유협형으로 구분되는데 중간에 능이 있어 단면은 삼각형이다. 전자는 촉부의 끝과 슴베의 마지막 부분을 잔손질하였다. 슴베가 없는 형태는 촉부의 끝 부분만 뾰족하게 잔손질하였다. 이 뚜르개가 박편석기를 이용한 석촉과 구분되는 점은 잔손질한 부분 및 단면이다. 두르개의 단면은 모두 삼각형이라는 특징이 있다.

뚜르개는 장신구나 골각기에 구멍을 뚫을 때 사용된 것으로 생각된다(시묘노프 1967). 석촉형뚜르개는 슴베부분을 목재나 골제 병부에 착장해서 사용했던 것으로 판단다. 박편석기 가운데서 특히 루드나야 문화에서 뚜르개가 많이 확인되는데, 다른 문화에 비해서

신석기시대 111

많이 확인되는 장신구와 관련이 있는 것으로 보인다. 대표적인 예가 쵸르토브이 보로타 유적이다. 이 유적에서 귀걸이, 비상형 옥기 등 다양한 장신구와 골각기 등이 출토되었다.

또한 골병이나 목병에 끼우기 위한 석인(그림 48-21~23)도 확인된다. 장방형으로서 주로 한쪽면에만 잔손질되어 있다(김재윤 2016b).

● 수렵구

루드나야 문화에서 확인되는 수렵구는 석촉과 석창이 있는데 타제로 제작된 것과 마제로 제작된 것이 있다. 석촉은 세르게예프카 유형, 베트카 유형, 루드나야 유형 모두에서 확인되며, 석창은 루드나야 문화와 세르게예프카 유형에서 확인된다(김재윤 2016).

석촉은 박편석기(그림 48-7~9)를 이용한 것과 그렇지 않고 타제로 제작한 것이 있다(그림 49-12~18). 박편석기를 이용한 것은 모두 유경식석촉으로 경부가 있는 것이다. 이들 석촉은 중앙을 기준으로 양 가장자리를 잔손질 하였는데, 앞면과 뒷면이 전부 가공되었다. 단면은 사다리형태로 한 면은 편평한데 비해서 다른 한 면은 각이 있다. 한편 타제로 제작된 제품으로서 10cm전후의 대형석촉 혹은 석창이 있다. 박편석기로 제작된 석촉과는 달리 대형(그림 49-12~18)인데, 석촉으로 보기에는 상당히 크지만 석창으로 보기에는 작고, 석촉과 형태가 석창으로 제작된 제품(그림 49-19~21)과는 구분된다.

석창은 전면을 타제로 제작한 것으로 경부가 있는 것(그림 49-20·21)과 경부가 없는 것(그림 49-19)으로 구분된다. 타제석촉과 제작방법이 유사하지만, 석촉이 중앙에서 가장자리 방향으로 간접떼기 한 반면에, 석창은 석촉보다 커서 양 가장자리를 잔손질한 후 중앙도 잔손질 한 것 등이 대부분이다. 루드나야 문화의 다른 유적에서는 출토되지 않으며, 쵸르토브이 보로타 유적에서만 출토된다.

마제석촉(그림 49-1~9)은 대부분 무경식으로 경부가 편평한 형태(그림 49-3·7)와 약간 삼각만입(그림 49-2·8)된 것이 있다. 편평한 석재의 가장자리를 마연하여 단면이 육각형 인 것이 대부분이다. 하지만 봉부부터 신부의 1/3지점까지만 중앙에 삼각형 능을 세우고 그 아래는 편평하게 처리된 것도 존재한다(그림 49-4·5). 루드나야 문화와 세르게예프카 유형에서 마제석촉이 확인되는데 형식상의 차이는 없다.

그런데 마제석촉과 크기와 평면형태가 거의 유사한 것으로서 경부의 끝이 호선으로 처리된 제품(그림 49-9~11)이 있는데, 용도는 불명확하다. 이 제품은 세르게예프카 유형에서만 확인된다(김재윤 2016b).

● 가공구

석부(그림 49–31~34)와 석착(그림 49–23~28), 석도(그림 49–22)가 있다. 석부와 석착은 인부와 기부 전면 마연되었다. 석부는 대체적으로 인부의 너비가 넓고 기부로 갈수록 좁아지는 형태와 장방형이 있다. 그 중 길이가 20cm넘는 석부는 쵸르토브이 보로타 유적(그림 49–32·34)과 루드나야 프리스턴 유적 (그림 49–33)출토의 것이다. 전자의 유적은 동굴 유적으로 주거지 폐기 후 무덤으로 사용되었다. 길이 22cm이상의 전면 마연석부는 실제로 사용되었다기 보다는 무덤에 부장용으로 제작되었다는 의견(박성근 2013)이 있다.

　이러한 점으로 보아서 루드나야 문화의 전면 마연석부 중에 길이가 20cm이상인 것은 부장품으로 제작되었을 수 있다(김재윤 2016b).

석착(그림 49–23~28)도 인부와 기부가 전면마연 되었으며 석부와 형태가 유사하지만

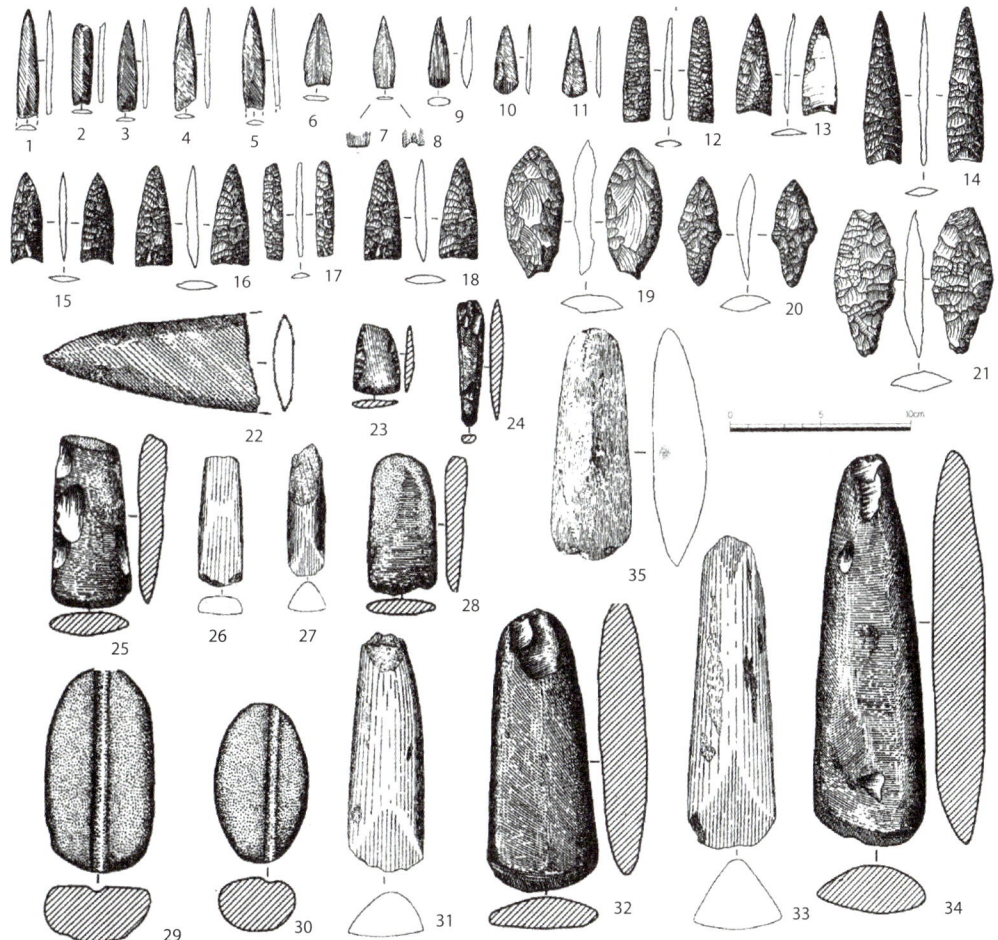

그림 49　루드나야 문화의 각종석기(김재윤 2016 재인용)　1~5·12~21·23~25·28~30·32·34: 쵸르토브이 보로타 유적　│　6~11·22: 세르게예프카 1 유적　│　26·27·31·33·35: 루드나야 프리스턴 유적

크기가 적어서 좀 더 세밀한 가공에 필요한 곳에 사용되었을 것이다. 석도(그림 49-22)는 세르게예프카 유형에서만 확인된다. 파손품이어서 전체적인 크기가 확실하지 않지만 마제석도로는 연해주에서 최초로 확인되는 유물이다. 이 석도는 수확용이 아닌 가죽이나 기타 도구를 가공하는데 사용했던 것으로 보인다(김재윤 2016b).

● 장신구

루드나야 문화의 장신구는 옥류로 제작된 것(그림 50)과 골제(그림 42)를 사용한 것이 있다. 옥류로 제작된 것에는 치레걸이, 귀걸이 등이다.

비(匕)형 3점(그림 50-1~3, 그림 41-5), 옥황(玉璜) 1점(그림 50-4, 그림 41-4), 치레걸이 1점(그림 50-5)이 있다. 비형은 평면형태가 말각장방형으로 한쪽 끝부분은 둥글게 처리되었으며 다른 쪽 끝에는 구멍이 있어 걸 수 있도록 제작된 된 것이다. 이 유물의 특징 중에 하나가 단면이 오목하게 파져 있고 반대면은 둥글게 처리되어 단면이 오목하게 굽어 있다.

또한 양 가장자리를 찰절 기법으로 잘라낸 후 마연한 흔적이 남아 있는 비형 치레걸이(그림 50-5)도 있다. 비와는 달리 단면이 오목하지 않고 타원형이다. 구멍은 비형과 같이 한쪽 끝에 뚫려있어 치레걸이 종류로 판단된다.

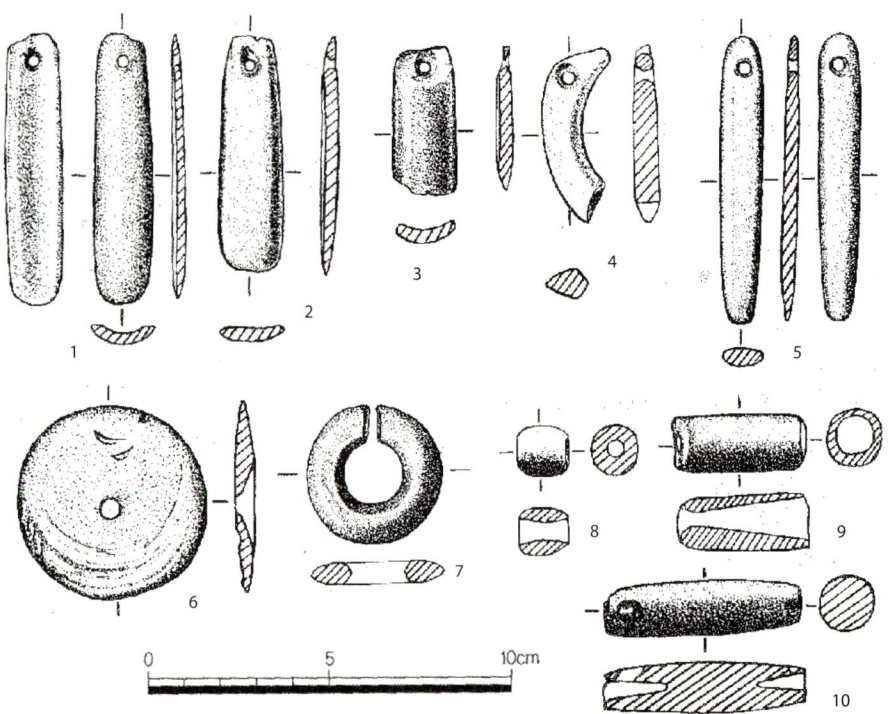

그림 50 루드나야 문화의 장신구(김재윤 2016 재인용) 1~10: 쵸르토브이 보로타 유적

옥황(그림 50-4, 그림 41-4)은 원래 반원형 고리모양이며 양 가장자리에 구멍이 있는 기형이다. 고리의 내륜은 잘라낸 흔적이 남아 있다. 하지만 옥이나 돌을 자를 때 주로 찰절기법이 이용되는데, 이것은 주로 직선면을 잘라내는 기법인데, 필자가 관찰한 결과 이 유물은 고리모양으로 둥글게 돌려서 잘라내었는데 비형에서 잘라낸 방법과는 차이가 있다.

옥벽(그림 50-6, 그림 41-2)의 상부에 둥글게 잘라낸 흔적이 그대로 남아 있는데, 옥환의 내륜 잘라낼 때 쓴 방법과 같다. 이때 사용한 도구가 박편석기 중 석촉형 뚜르개(그림 48-3~5·6·10)이다. 이 석기를 자루에 끼워서 컴파스(그림 51-3)처럼 사용했을 가능성이 있다. 이러한 컴파스로 옥에 구멍을 내거나 옥벽의 내환을 잘라내는 기법은 바이칼 유역에서 보고(시묘노프 1967)된다.

결상이식(그림 50-7, 그림 41-3)도 1점 보고되었다. 결상한 부분이 찰 절한 것과는 달리 약간 굽어 있는데, 실로 잘라내었을 것으로 추정된다.

관옥형 옥제품은 3점인데, 구멍이 완벽하게 뚫린 것 2점(그림 50-8·9)과 구멍이 완성되지 못한 채 양쪽에서 시도만 된 것이 1점(그림 50-10) 있다. 완성된 2점은 길이가 각각 3.9cm와 1.4cm로 미완성품에 비해서 짧은 편이다. 완성된 것 중 길이가 긴 것(그림 50-9)은 한쪽의 너비가 다른 쪽의 너비보다 약간 넓은데(0.2cm), 넓은 쪽에서 구멍을 더 깊이 파낸 것이 단면에서 확인된다. 미완성품(그림 50-10)은 길이에 비해서 원의 지름이 작아서 뚜르개로 깊이 파지 못한 채 그대로 부장되었을 가능성이 있다(김재윤 2016b).

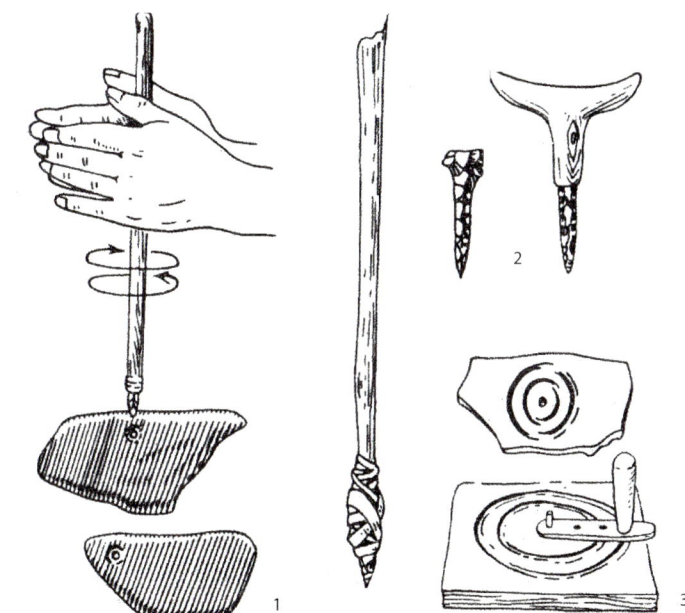

그림 51　투공방법(시묘노프 1967)

3. 보이스만 문화

1) 연구현황

(1) 연구사

1958년 예르마코프(Ермаков В.Е., Ermakov V.E.)는 보이스만 해안에 시굴피트를 넣어서 패각층을 발굴했고, 1987년에는 그곳에서 400m가량 떨어진 곳에도 패각층이 발견되었고 나중에 이곳을 보이스만 I유적으로 명명했다. 1988년에 크류판코(Крупянко А.А., Krupyanko A.A.)와 라코프(Раков В.А., Rakov V.A.)가 패각층의 노출된 부위를 조사했고 그 결과 다치구로 찍은 문양의 토기 및 골제 작살등이 많이 출토되었다. 이 곳을 보이스만 II유적으로 명명되었고 2005년까지 조사했다.

보이스만 II유적은 패총으로, 유적에서는 8개의 문화층이 발견되었는데, 그 중에서 2~6층에서 발견되는 토기가 그 기형과 문양시문방법이 공통점이 있다고 생각해서 이를 보이스만 문화로 명명한 것이다. 가장 아래층(1층)의 토기는 2층 토기와 기형과 문양이 달라서 원(原)보이스만 문화로 구분되었다. 가장 상층의 7층은 문양시문방법에 차이가 있는데, 자이사노프카 문화층이다.

보이스만 II유적 보다 먼저 발굴된 보이스만 I유적 뿐만 아니라 1970년대 안드레예프와 오클라드니코프가 발굴한 자레치예 I 유적도 보이스만 문화의 성격을 띤다.

보이스만 문화의 연구는 보이스만 II유적의 연구결과와도 직결된다. 이 유적의 층위에 따른 단계의 구분은 문화의 편년(모레바 2003, 모레바 2005)으로 이어지고, 그 외 문화의 특징도 이 유적으로 알 수 있다.

또한 보이스만 II유적에서 확인된 무덤은 연해주 신석기문화 가운데서 유일하게 무덤유적으로 발견된 것이다. 물론 루드나야 문화의 쵸르토브이 보로타 유적에서는 인골 5구가 주거지 내에서 발견된 예가 있지만 단독 무덤으로 보기는 힘들다. 보이스만 문화에 뒤따라서 확인되는 자이사노프카 문화에서도 무덤 유적은 따로 발견되지 않았고, 주거지를 무덤으로 전용한 유적만 확인된다(김재윤 2016a).

특히 성별에 따라서 유물이 다르게 부장되는 점은 인접한 신개류 유적의 무덤에서도 관찰된다.

(2) 편년

보이스만 문화의 연구 초창기에는 보이스만 문화가 연해주의 남해안가에서 유적이 발견될 때 해안가에만 분포했다고 생각했지만 루자노바 소프카-2 유적 등 연해주 내륙에서도 유적이 발견된다.

보이스만 문화는 원보이스만 단계부터 5단계까지 7000~5000년 전 동안 존재했다. 이는 보이스만 II유적의 각 층위를 한 단계로 이해한 것이다. 각 층에서는 여러 형식의 토기가 존재하기 때문에 유형으로 생각해 볼 수 있고, 보이스만 문화의 시간적 유형으로 생각할 수 있다(표 8). '원보이스만'이라고 불리는 단계는 뒷 시기와는 달리 뾰족하고 구연부 단면의 형태가 'C'자로 1단계와는 확연하게 차이가 있어서 보이스만 문화의 기저문화일 가능성을 염두해 두고 명명한 것이다(모레바 2003).

보이스만 문화의 1단계 부터는 평저 토기가 나오지만, 구연부형태를 유심하게 살펴보면 1단계와 2단계는 구연부가 '계단'식으로 3단계~5단계 구연부 모양과는 구분된다. 뿐만 아니라 문양시문범위와 문양시문방법에도 차이가 있다. 그래서 필자는 만약 보이스만 문화가 구분된다면 현재 보이스만 문화 1~2단계를 별도의 문화로 구분할 수 있을 것이라고 추정하지만(김재윤 2014), 관련된 독립적인 유적이 아직 발굴되지 않았기 때문에 앞으로 발굴성과를 기대하고자 한다.

2) 문화적 특징

(1) 유적[11]

① 보이스만-I 유적

유적은 라자노프카(Рязановка, Ryazanovka) 강의 하류에서 서북쪽으로 300m 떨어진 언덕 위에 위치하는데, 면적은 600m² 정도이다. 1985년 예르마코프가 처음 발견했고, 1992~1993년에 보스트레초프(Вострецов Ю.Е., Vostretsov Yu.E.)가 정식으로 조사했다. 신석기시대 유적인데, 하층은 보이스만 문화, 상층은 자이사노프카 문화로 각 층에서는 주거지 2기씩 발견되었다.

보이스만 문화의 주거지(1호, 2호)(그림 52-2, 3)는 상층에 자이사노프카 문화의 주거지(3호, 4호)가 들어서면서 파손된 상태로 발견되었다. 두 주거지는 대체로 평면형태가 방형계통으로 추정되는데, 4호는 주거지의 잔존상태가 불량하다(표 8, 그림 52-3). 중앙에는 노지

---

[11] 각 유적을 보고한 참고문헌은 표 5에 표기해 두었다.

표 8 보이스만 문화 토기의 편년(김재윤 2009 재인용)

단계	구연	기형·문양형태 (모레바 2003)	시문방법 (모레바 2005) 방법	시문방법 (모레바 2005) 범위	절대연대 (모레바2005)
원보이스만	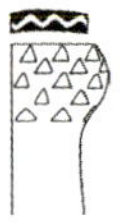	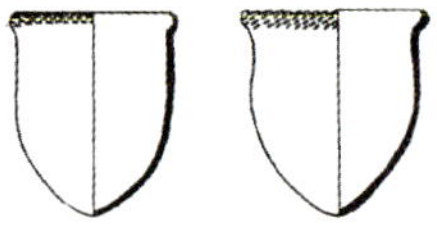	압인(押印)	구연단	7010±70B.P. 7110±60B.P.
1			압인+침선+압날 (押捺)	동체부 4/5~3/2	6710±55B.P. 6635±60B.P. 6450±135B.P.
2		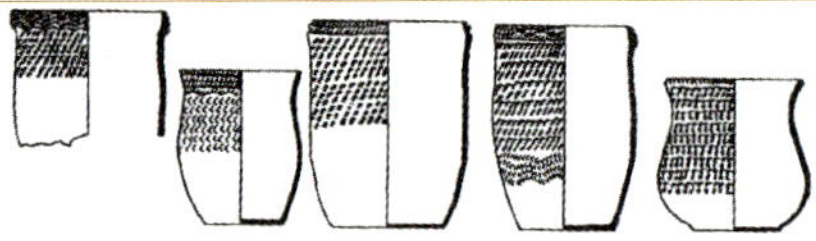	압날+점선	동체부 1/2~4/5	6150±40B.P. 5985±115B.P.
3		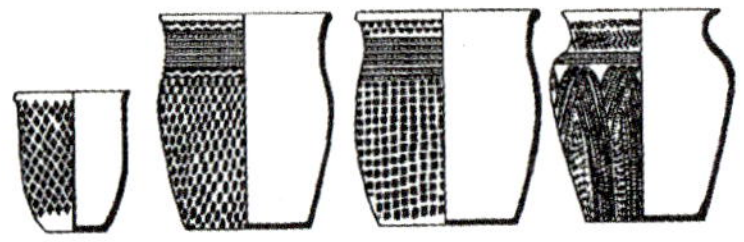	융기+압날문	동체부 1/1	5725±40B.P. 5480±40B.P.
4		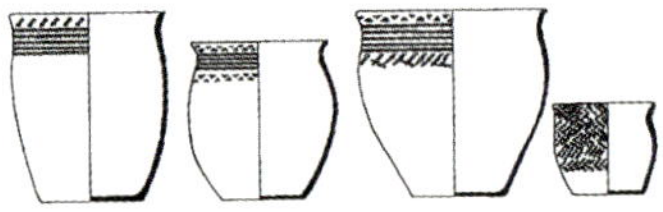	압인+점선압날문	동체부 1/5	5315±115B.P. 5125±95B.P.
5			압날문	구연부, 동체부1/1 4/5, 1/2,	4815±90B.P. 4930±95B.P.

가 있고 기둥구멍 흔적이 2열 씩 남아 있다.

② 보이스만-Ⅱ유적

유적은 보이스만 해안가에 있으며, 라자노프카 마을에서 동남쪽으로 약 2.5km 떨어진 곳에 위치한다. 해안에서 약 500m 떨어져 있으며 라자노프카 강이 하류 계곡과 언덕 사이에 있다. 면적은 약 600m²이다.

다층위 유적으로, 신석기시대 및 초기철기시대 얀콥스키 문화층이 발견되었다. 신석기시대는 보이스만 문화 및 자이사노프카 문화층으로 크게 구분된다. 패총 유적으로 무덤이 2 그룹(그림 53)으로 발견되었다. 주거지가 확인되었다.

패총에서는 무덤이 크게 2그룹으로 나눠져서 확인되었는데, 1그룹에는 5개의 무덤, 2그룹에서는 6개의 무덤이 발견되었다(그림 53-2). 1그룹에는 단인장 3기, 다인장 2기, 2그

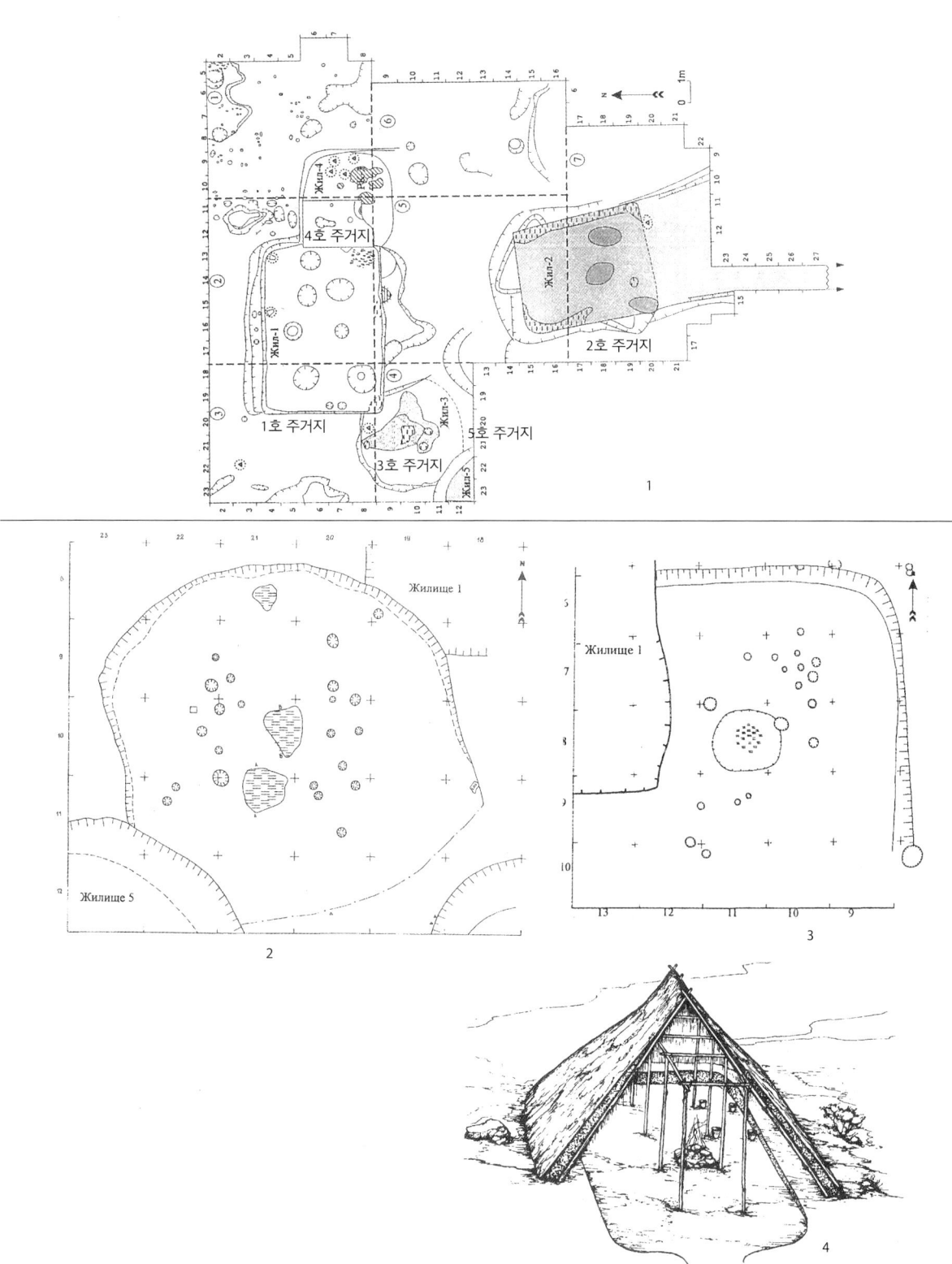

그림 52 보이스만-Ⅰ 유적(보스트레초프 1998) 1: 유적 평면도 | 2: 3호주거지 | 3: 4호 주거지 | 4: 4호 주거지복원도

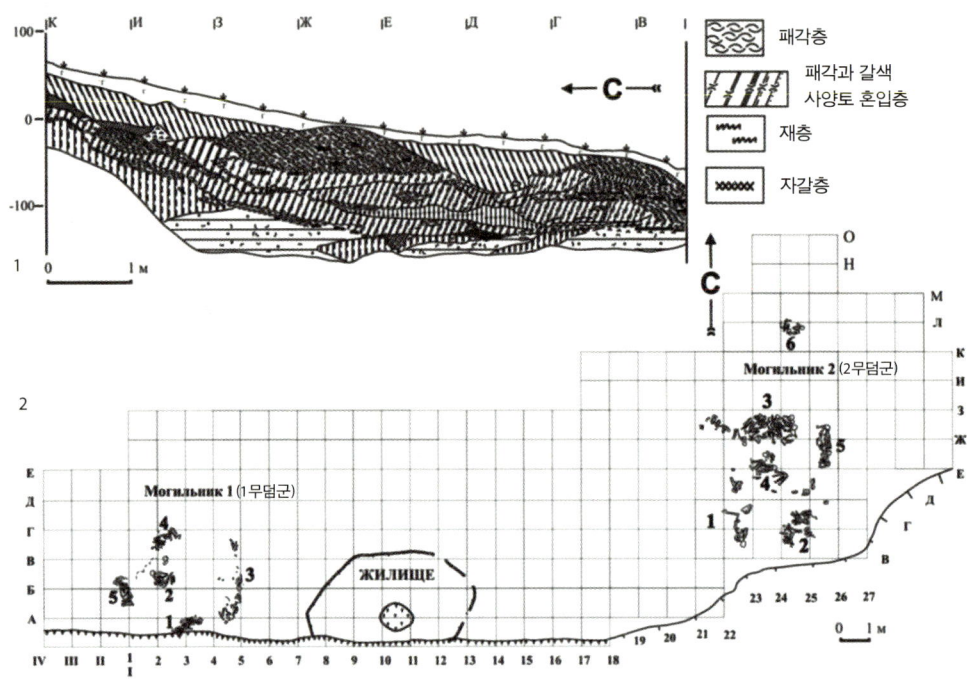

그림 53　보이스만-Ⅱ유적(포포프 외 1997)　1: 유적의 토층도　|　2: 유적 평면도

룹은 6개의 무덤으로 단인장 5기, 다인장 1기로 구성된 것이다. 각 그룹에는 무덤 1기를 중앙에 두고 약 4m와 4.2m 안에서 둥글게 배치되었다. 무덤은 구덩이의 흔적이 정확하게 드러나지 않은 것인데, 2그룹의 5호분(**그림 54-아**)은 남성무덤으로 측와 굴신장인데, 머리주위에서는 작살이 발견되었고 4호분에서는 흑요석제 창이 발견되었다(포포프 외 1997).

1그룹 무덤 중에서 3호분(**그림 54-라**)은 4인의 여성(14~30세, 24~29세, 18~20세, 40~45세)과 어린이 1인, 유아의 인골 1구가 함께 다인장으로 매장된 것이다. 그 중에서는 조개의 패각으로 만든 가면과 크림색의 석제 펜던트, 골제 작살과 석기 등이 출토되었다.

③ 자레치예-1 유적, 한시-1 유적, 한시-2 유적

자레치예(Зарече, Zarechy-1) 유적은 핫산(Хасан, Hasan)지구의 볼로트나야(Болотная, Bolotnaya) 강의 입구하류에서 7.5~8km 떨어진 곳의 언덕 위에 위치하며, 유구의 흔적은 발견되지 않았고 유물산포지로 추정된다. 유적에서는 보이스만 Ⅱ 유적에서 출토되는 토기와 석기가 출토되었다.

한시-1 유적은 핫산지구의 엑스페드치야(Экспедиция, Expedition) 만의 높은 언덕위에

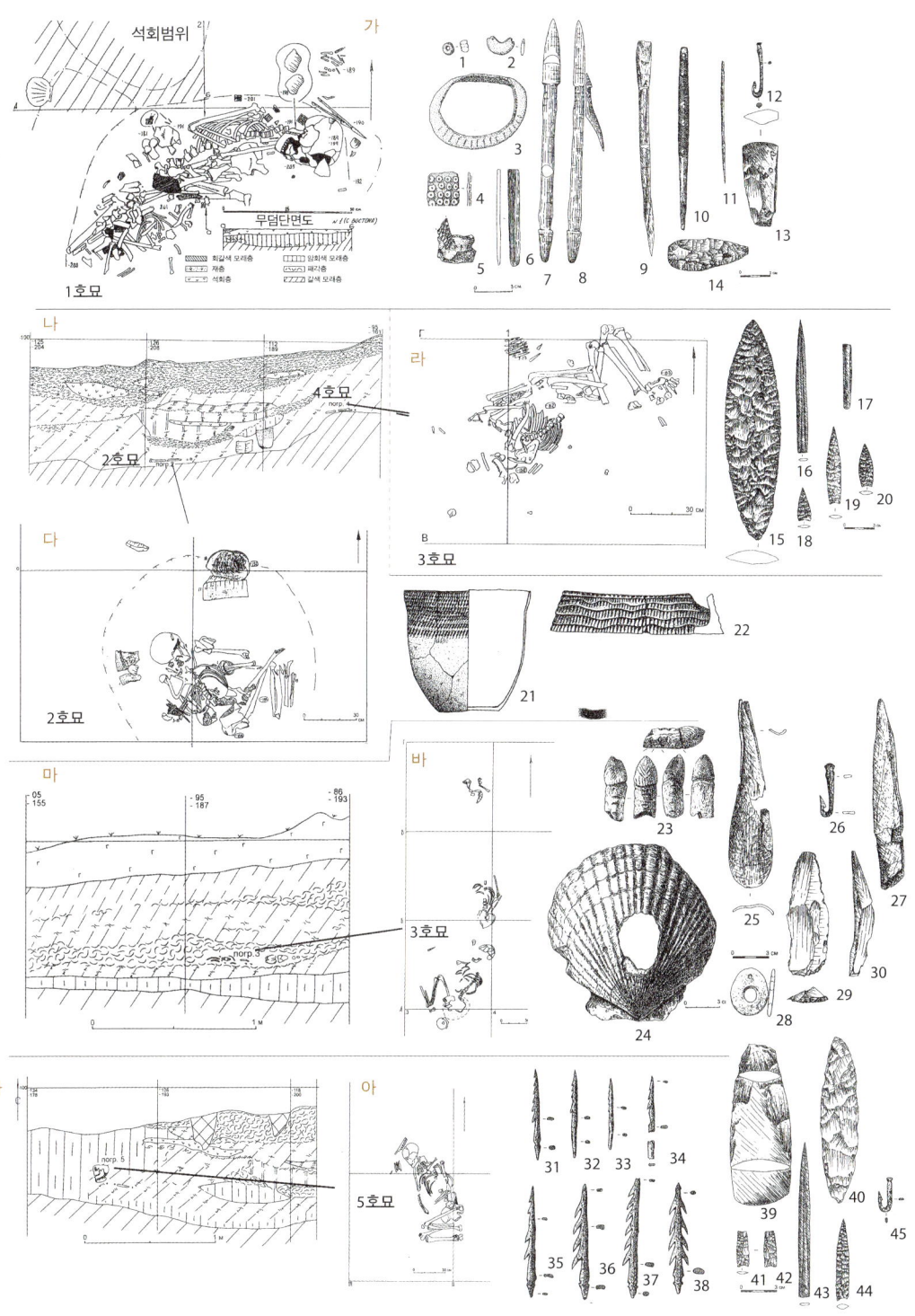

그림 54 보이스만-Ⅱ유적의 무덤(포포프 외 1997) 가. 1~14: 1호묘 | 나, 다. 21, 22: 2호묘 | 라. 15~20: 3호묘 | 마, 바. 23~30: 3호묘 | 사, 아. 31~45: 5호묘

신석기시대

위치하며, 자레치예-1 유적과 마찬가지로 유물산포지이다. 한시-2 유적은 한시-1 유적에서 400m정도 떨어진 곳에서 발견되었다. 역시 보이스만 II유적에서 출토된 토기와 같은 문양이 보고되었다.

④ 루자노바 소프카-2 유적

연해주의 한카지구에 위치한 유적으로 보이스만 문화가 해안가 뿐만 아니라 내륙에도 있었다는 점을 알 수 있다. 신석기시대 층에서는 루드나야 문화의 루드나야 유형 토기와 함께 보이스만 문화의 토기(1단계)도 함께 확인되었다. 주거지 및 기타 유구는 확인되지 않았다.

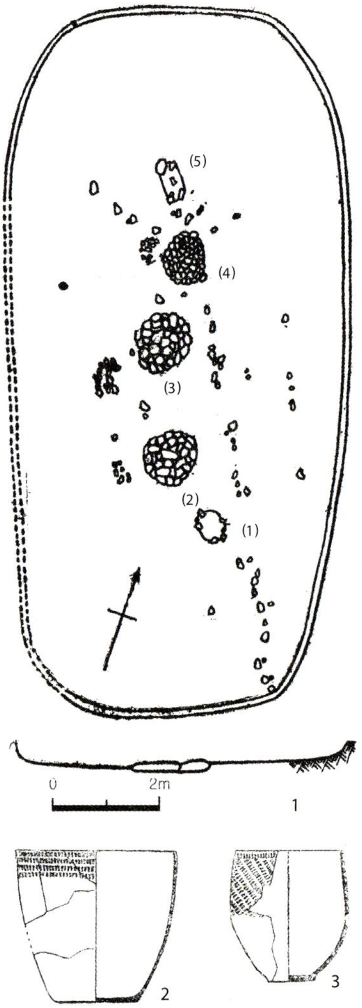

⑤ 서포항 유적의 1기

서포항 유적에서 신석기시대로 보고된 문화층은 모두 5기(1~5기[12])인데, 그 중에서 1기의 토기는 문양이 4개 혹은 5개의 '점살빗'으로 돋친 것으로 동체부의 1/5, 1/2이상 채운 것, 저부 근처까지 채운 것 등 다양한 것으로 보고되었다(김용간·서국태 1972: **그림 55-2·3**). 이러한 토기는 다치구 '押捺文' 양을 일컬으며, 나진 패총(宮本一夫 1986)뿐만 아니라 보이스만 문화의 토기와 같은 성격이다(大貫靜夫 1998, 김재윤 2009a).

1기에는 9호 주거지만 존재하는데, 세장방형으로써, 돌을 이용해서 만든 노지 5기가 주거지의 가운데 위치한다. 노지마다 제작방법의 차이가 있다. 노지(2)·(3)은 돌을 가장자리에 두르지 않고 펴놓은 것이고, 그 외 노지는 가장자리에 돌을 두른 것인데, 4번 노지에는 돌을 두른 후 가운데 돌을 채워 넣었다(**그림 55-1**). 주거지의 동남-서북으로

그림 55 서포항 유적 9호 주거지와 토기(김재윤 2009 재편집)

---

12   신석기시대로 보고된 5기는 토기의 특징으로 보아서 청동기시대로 볼 수 있다.

그림 56 원보이스만 단계의 토기(필자촬영)

한 줄의 돌 칸막이가 설치되었고, 그것을 기준으로 동쪽에는 유물이 출토되지 않았기 때문에 주거지 내에서 공간이 분리 되었다고 보았다(김용간·서국태 1972).

(2) 유물

① 토기

보이스만 문화의 토기는 다치구로 찍은 문양이 특징이다. 원보이스만 단계부터 5단계까지 여러 가지 시문도구와 함께 다치구가 이용되며, 토기 기형에 변화가 있다.

원보이스만 단계의 토기(그림 56, 57-1~8)는 첨저토기로 구연부의 단면이 'C'자모양으로 구연 안쪽을 눌러서 바깥은 튀어나오도록 고안된 것이다. 구연부에는 다치구로 찍은 문양이 남아 있다.

1단계 토기(그림 57-9~16)는 원보이스만 문화와 토기 기형과 구연부 형태에서 많이 변화된다. 바닥이 편평해지며, 구연부는 계단식으로 변화되는데 문양을 빽빽하게 찍어서 표현하면서 점토가 밀려서 올라가서 생긴 변화이다. 구연부가 밖으로 벌어지면서 동체부가 'S'자형으로 굴곡되었다. 문양은 구연부터 동체부 하단까지(기고의 5/4~2/3) 시문되었고, 문양은 다치구 외에도 스탬프형으로 찍은(押印)문양도 존재도 존재한다.

2단계 토기는(그림 58-1~6) 1단계 토기 생김새는 이어지지만 문양은 변화된다. 스탬프로 찍은 문양은 없어지고 구연부에는 다치구를 가로방향으로 파도문양으로 찍는 문양, 동체부에는 비스듬하게 세워서 문양을 찍으면서 구연부와 동체부의 문양을 다르게 표현했다. 문양의 시문범위는 1단계와 비슷하지만 동체부의 1/2까지 시문된 것도 존재한다.

3단계 토기(그림 58-7~10)는 1, 2단계와 구연부 모습이 변화된다. 1·2 단계에서는 구

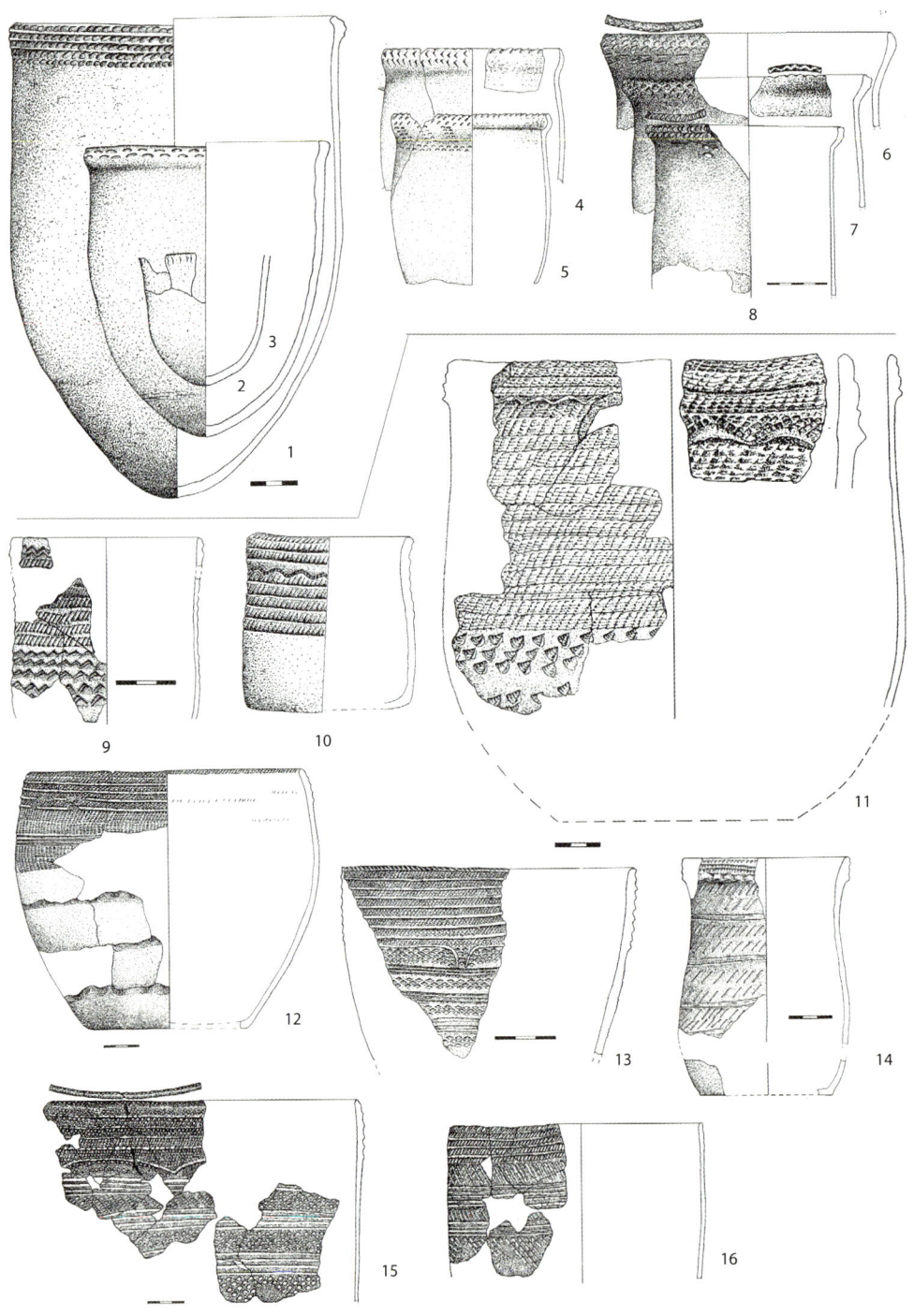

그림 57 원보이스만과 보이스만 문화의 토기(모레바 2005, 필자 재편집) 1~16: 보이스만-Ⅱ 유적 │ 1~8: 원보이스만 단계 │ 9~16: 1단계

124   Ⅲ. 환동해문화권 북부지역의 선사문화

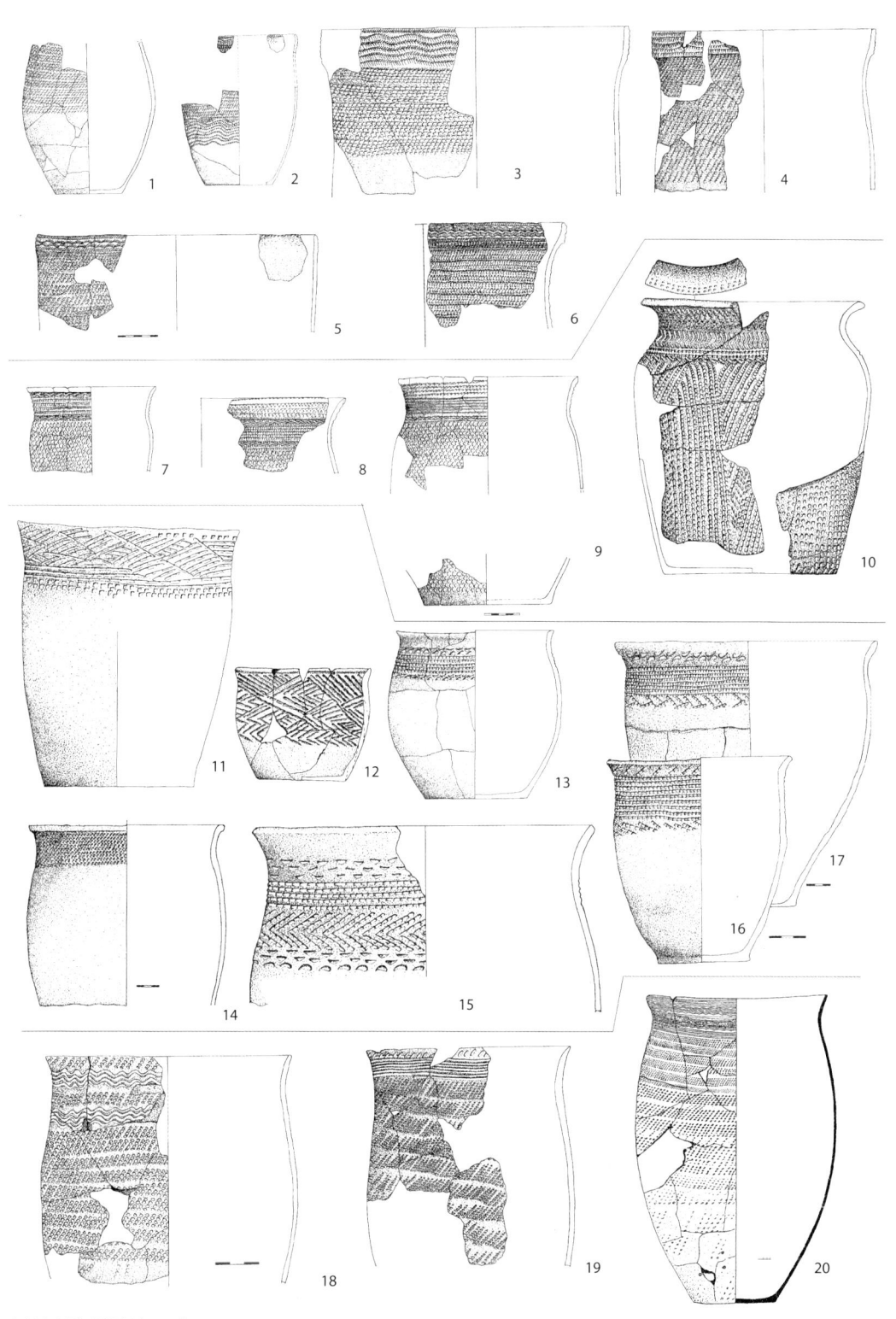

그림 58 보이스만 문화의 토기(모레바 2005, 필자 재편집) 1~20: 보이스만-Ⅱ 유적 | 1~6: 2단계 | 7~10: 3단계 | 11~17: 4단계 | 18~20: 5단계

신석기시대 125

그림 59   보이스만 5단계(필자촬영) 보이스만-Ⅱ 유적

연부 끝까지 문양이 시문되면서 점토가 밀려서 계단식 구연부가 형성되었으나, 3단계에서는 구연부 끝단까지 시문하지 않고, 구연부에 시문하는 도구가 바뀌고 문양의 형태도 바뀐다. 상하단에는 파상의 융기문이 있고 그 중간에는 단치구로 찍은 문양이 시문되었다(그림 58-7~10). 동체부에는 단치구 (그림 58-8, 9) 및 다치구로 찍은 문양(그림 58-7~10)은 전면에 시문되었다.

4단계 토기(그림 58-11~17)는 3단계 토기의 기형과 달라지는데, 저경이 작아지고 구경이 커지면서 생긴 변화이다. 문양은 3단계에 비해서 간단해지는데, 3단계의 구연부 문양이 계승되고, 동체부에는 없어지는 패턴도 있지만(그림 58-13, 16, 17), 다치구로 눌러서 찍은 문양이 방형으로 새겨지는 패턴(그림 58-11, 12)과 다치구로 어골문으로 찍는 방법은 새롭게 생성된 문양이다(그림 58-15). 다치구로 비스듬하게 구연부에만 찍은 문양도 있다(그림 58-14).

5단계 토기는 4단계 보다 동체부가 길쭉하게 변화되면서 구경과 저경의 비율은 4단계에 비해서 줄어들었다.(그림 58-18~20, 그림 59) 5단계에는 복잡하게 여러 도구를 이용하지 않고 다치구로만 시문되는 경우가 많다.

② 석기

보이스만 문화의 석기는 수렵어로구, 굴지구, 가공구, 장신구 등이 있다. 그 전 단계인 루드나야 문화에서 확인되던 박편석기는 소량만 확인된다. 도구 중에서도 어로와 관련된 도구가 발달하는데, 골제와 석제로 제작된다. 이는 보이스만 문화의 유적이 해안가에 위치하면서 어로구가 발달하는 것으로 판단된다.

◇ 수렵구 및 어로구

어로구 및 수렵구에는 어망추와 석창, 석촉 등이 있다. 타제석촉은 무경식으로 경부가 편평하게 처리된 삼각평기형(그림 60-3)과 경부가 삼각으로 만입된 형태(그림 60-1·2·4~9)로 나눌 수 있다. 주로 눌러떼기 해서 제작된 것이다. 또한 경부가 만입된 것 가운데서 양쪽 인면 중 경부와 가까운 쪽을 다듬어서 단이 진 것처럼 생긴 석촉도 있다(그림 60-7). 이 제품은 보이스만-1 유적에서 출토되었는데 인접한 서포항 유적의 V층)에서 출토된 것으로 보아서 처음부터 의도적으로 제작된 것으로 보인다(김재윤 2016b).

마제석촉은 무경식으로 경부가 편평한 깃(그림 60-11~16)과 만입된 것(그림 60-17·18)이다. 경부가 편평한 것은 길이가 8cm이상의 장신형으로 단면이 육각형인 것(그림 60-

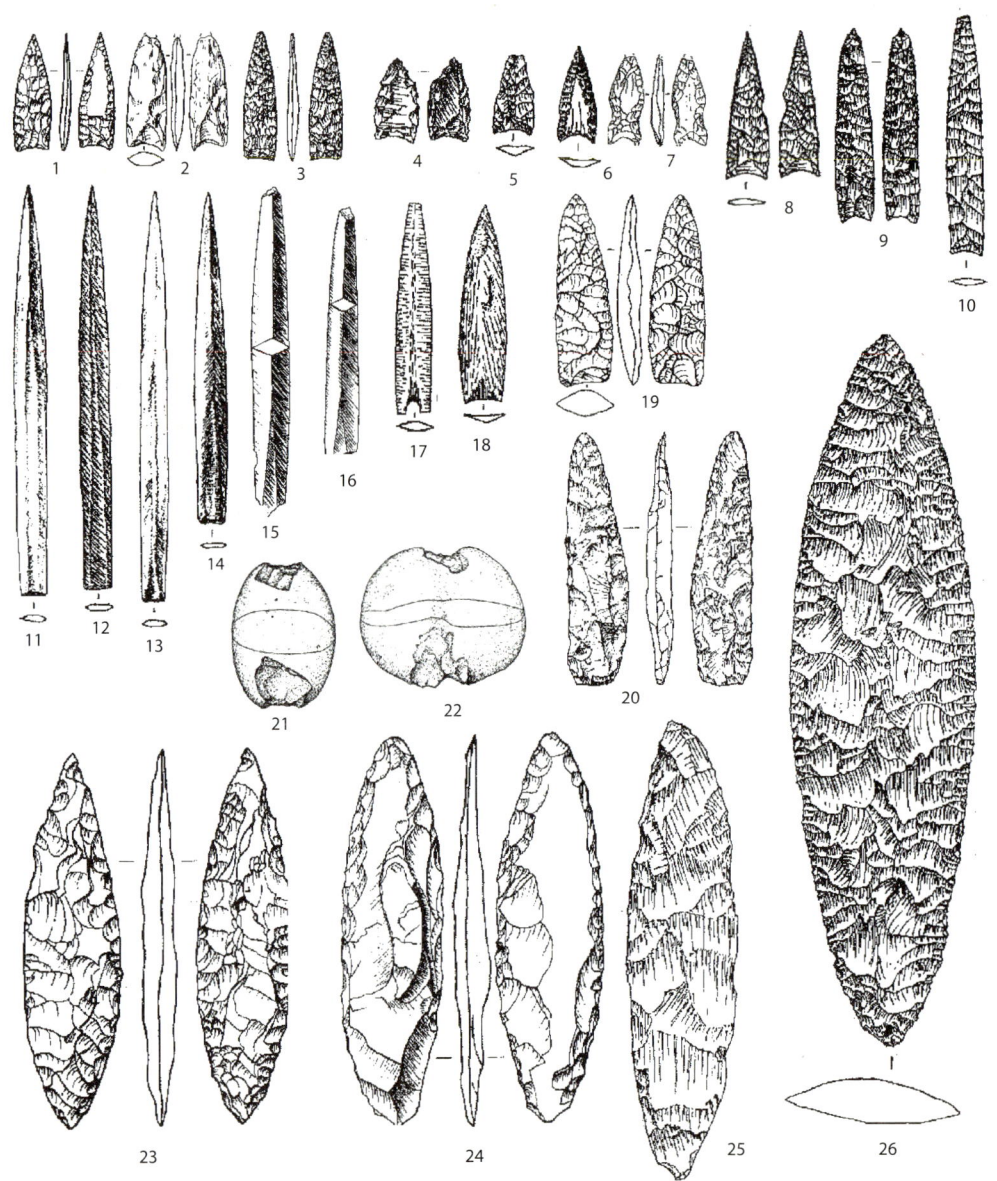

그림 60 보이스만 문화의 수렵구 및 어로구(코노넨코 1998, 김재윤 2016 재인용) 1~3·7·15·16·19~24: 보이스만-Ⅰ 유적 | 4~6·11~13·17·18·25·26: 보이스만-Ⅱ 출토 유적

11~13)과 단면이 마름모인 것(그림 60-15·16)으로 구분된다. 경부가 만입된 것은 단신인데 'U'자형으로 완전히 만입된 것(그림 60-17)과 약간 만입된 것(그림 60-18)으로 나눌 수 있다.

　　석창 혹은 작살은 무경식인데 경부가 편평하게 처리된 것과 경부의 유무를 구분할 수 없는 첨두형으로 구분된다. 전자는 평면형태가 대칭이 되지 않고 한쪽 인면이 거의 진선이며 반대편 인면은 비스듬하게 처리되었다(그림 60-19·20). 그중 보이스만-Ⅱ유적에서 출토된 흑요석제의 길이가 19cm가량의 대형석창(그림 60-26, 그림 63)은 전면이 잔손질한 흔적이 잘 남아 있다. 보이스만-I과 보이스만-II 유적에서 확인된 작살의 형태는 석창과 유사하지만, 해양동물을 포획할 때 사용하던 것으로 보아서 작살로 구분하고 있다. 어망추(그림 60-21·22)는 납작한 자갈돌을 다듬은 것이다(김재윤 2016b).

◇ 굴지구

굴지구류는 괭이인데, 1점은 길이가 대략 48cm의 대형 굴지구류(그림 58-9)로 평면형태는 장타원형이며, 단면은 마름모형이다. 그 외 2점(그림 61-10·11)은 길이가 10cm보다 약간 큰데 초대형 굴지구류와는 차이가 있다. 평면형태가 장방형으로 인부는 편평하게 처리되었고, 기부는 약간 좁다(김재윤 2016b).

◇ 가공구

가공구는 석부, 석착, 석도가 있다. 석부와 석착은 전면마연된 것과 미완성품 등이 있다. 완

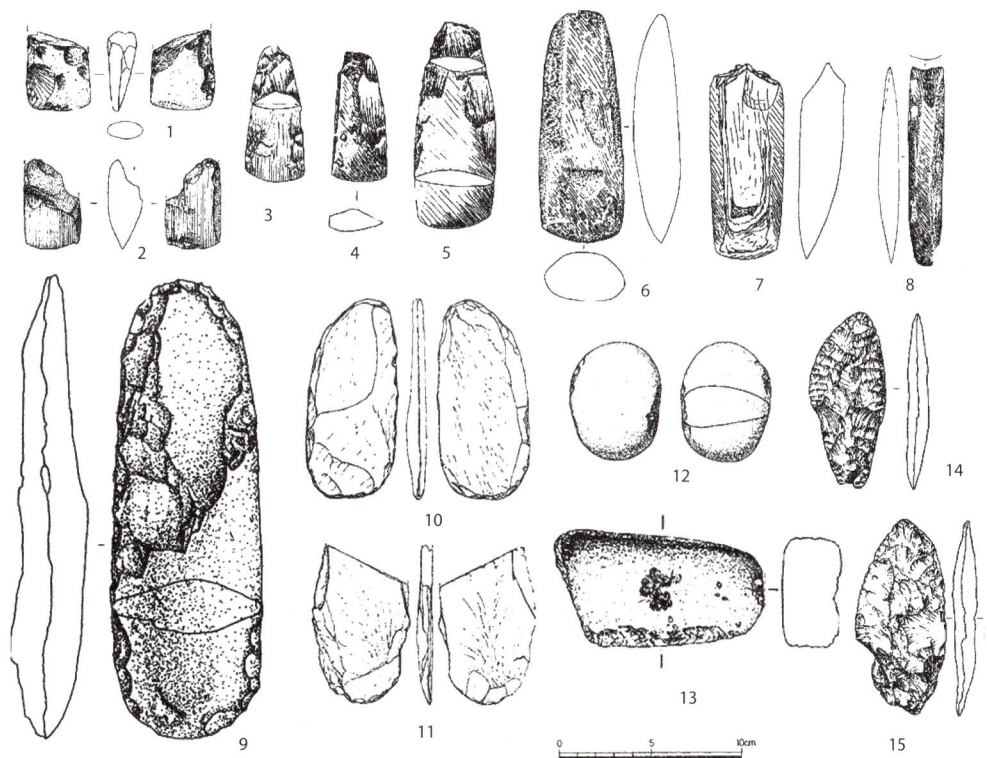

그림 61 보이스만 문화의 각종석기(코노넨코 1998, 김재윤 2016 재인용) 1·2·9~15: 보이스만-I 유적
3~8: 보이스만-II 유적

성품을 기준으로 석부의 단면은 장타원형(그림 61-5·6) 등이고 평면형태는 장방형이다. 인부는 양면을 마연해서 사용할 수 있도록 한 양인이다. 석착(그림 61-1~4)은 평면형태가 장방형이면서 인부와 기부의 너비차가 심하지 않은 것인데, 인부가 앞뒤면 전면 마연되었고, 기부도 부분적으로 마연되었다. 그에 비해서 석착의 너비와 길이의 비가 1:5.3이상으로 평면형태가 세장방형인 석착(그림 61-8)이 있다. 인면은 양인으로 전면이 마연되었다.

가공구류인 석도(그림 61-4·5)는 석기의 한 면을 인부로 잔손질한 것이다. 박편석기를 이용한 것이 소량있다. 이 유물의 평면형태는 주로 박편석기의 모양에 따라 결정되는데, 부채꼴 모양이나 장방형 평면형태의 박편의 가장 길고 얇은 면을 잔손질 하였다. 그 외는 장타원형이다. 부엌 칼형은 석창과는 달리 병부가 인부와는 다른 방향으로 잔솔질 해서 제작되었으며, 석창의 슴베보다는 넓고, 촉부가 석창과 같이 뾰족하지 못하다. 또한 인부에서 병부가 단을 지고 제작되어 '부엌칼'처럼 생겼다.

소형 모룻돌(그림 61-13)과 공이(그림 61-12)도 확인된다. 소형갈판은 모룻돌이나 갈판의 기능을 하였을 것으로 보고 있다. 상면이 특히 정밀하게 마연되었으며 중앙에 고타된 흔적이 남아 있는 것으로 보아서 공이돌로 대상물을 내려찍었을 가능성이 있다. 공이돌(그림 61-12)은 둥글납작한데, 양면에 고타된 흔적이 남아 있다(김재윤 2016b).

◇ 장신구

보이스만-II유적의 패총 바로 아래의 갈색 사양토층에서 출토되었다(파포프 외 2002). 옥수석제(chalcedony) 장신구 2점이 확인되었는데, 1점은 결상이식(그림 62-1)이지만 다른 1점은 파손되었는데 구멍이 있던 흔적이 약간 남아

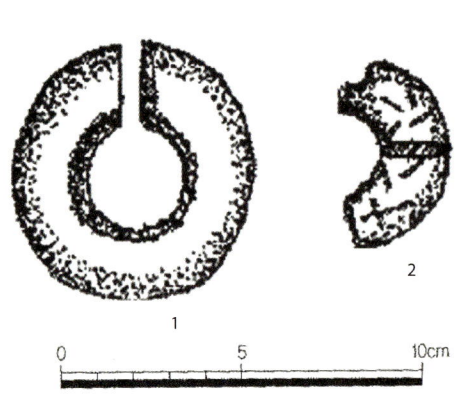

그림 62 보이스만 문화의 장신구(포포프 외 2002, 김재윤 2016 재인용) 1, 2: 보이스만-II 유적

그림 63 보이스만 문화의 석기(필자촬영)

그림 64   보이스만 문화의 석기(필자촬영)

있어 옥황(그림 62-2)과 같은 형태로 추정된다. 단면은 장타원형이다. 결상이식과 옥황 모두 정면하게 마연되었으며, 옥황의 상면에는 눈금 혹은 표식이 남아 있다.

이 외에도 보이스만-II유적의 무덤에서는 조개껍질로 만든 패천 및 가면(그림 54-24) 등이 출토되었다(김재윤 2016b).

4. 자이사노프카 문화

1) 연구현황

(1) 연구사

안드레예프가 글라드카야(Гладкая, Gladkaya) 강변에서 자이사노프카-1 유적을 조사하면서 침선문토기(횡주어골문)과 뇌문토기를 발견했다(안드레예프 1953). 그 뒤에 크로우노프카 1유적의 아래층에서도 비슷한 토기들이 발견되면서(오크라드니코프 1958) 이들 토기를 연해주의 신석기시대 늦은 문화로 보고 '자이사노프카 문화'라고 명명했다(안드레예프 1957).

1960년대와 1970년대 연해주에서 자이사노프카 문화 단계의 유적이 발견되면서 연구자 마다 자신이 발굴한 유적을 중심으로 이 문화의 편년연구에 집중했다. 1960년대 발굴된 유적을 바탕으로 안드리예프는 2시기로 구분했는데, 키롭스키(Кировский, Kirovsky) 유적 이후에 자이사노프카-1유적이 생긴 것으로 보았다. 하지만 오크라드니코프는 자신이 발굴한 유적을 중심으로 올레니 A → 자이사노프카-1 → 크로우노프카 유적의 아래층 순서로 발전한다고 보았다(오클라드니코프 1970). 브로댠스키도 역시 자신이 발굴한 올레니 B유적과 시니가이 유적을 중심으로 5단계로 구분했는데, 대체로 올레니 B유적이 빠르다고 보았다(브로댠스키 1973, 브로댠스키 1987).

2000년대 들어오면서 연해주 내륙에 노보셀리세(Новоселище, Novocelishe)-4, 아누치노-14, 무스탕(Мустанг, Mustang)-1, 보골류보프카(Боголюбовка, Bogolubovka)-1 유적 등이 새롭게 발견되면서 기존에 알려진 자이사노프카 문화의 특징적인 토기인 침선문토기와 함께 다양한 토기들이 공존한다는 사실을 알게 되었다. 자이사노프카 문화의 개념을 수정하게 되고, 자이사노프카 문화공동체 라는 용어를 고려하게 되었다. 자이사노프카 문화가 기존에 알려진 연해주 남부 뿐만 아니라 내륙까지 존재한다는 사실을 알게 되었고, 크게 3

지역으로 구분해서 지역적 유형을 구분할 수 있게 되었다. 자이사노프카-1 유적과 인접한 유적은 연해주 가장 남쪽에 위치하는데, 자이사노프카 유형, 동해안가 유적을 해안가 유형, 한카호 부근의 연해주 내륙의 유적을 내륙 유형으로 구분했다(얀쉬나·클류예프 2005).

필자는 자이사노프카 문화의 범위를 연해주 뿐만 아니라 목단강 유역, 북한의 두만강 유역까지 였다는 사실을 밝혔다. 클류예프(Клюев Н.А.,Klyuev N. A.)와 얀쉬나(Яншина О.В, Yanshina O. V.)의 연구와는 달리 자이사노프카 문화를 두만강 유형, 한카호 유형, 목단강 유형으로 지역적으로 구분하고, 그 내부에도 시간에 따라서 사용된 유적이 다르다는 사실을 발견해서 각 지역에 시간상 변화를 밝혀내었다(김재윤 2009b).

클류예프와 얀쉬나가 밝힌 내륙유형은 필자의 한카호 유형과 비슷하지만, 목단강 유형은 필자가 새롭게 밝혀낸 사실이고, 두만강 유형은 '자이사노프카 유형에 북한의 유적도 포함한 것이다.

(2) 분포와 편년

자이사노프카 문화는 안드레예프가 정의할 당시에는 침선으로 시문된 어골문과 뇌문토기를 대표적인 문화적 코드로 여기면서 정의되었다. 2000년대에 연해주 내륙의 유적들이 발견되면서 토기 시문방법이 침선 방법 뿐만 아니라 여러 시문방법이 있다는 사실이 밝혀지게 되었다. 앞서 설명한 대로 연해주 뿐만 아니라 두만강 유역 및 목단강 유역까지 넓게 분포하는데 지역별로 시간에 따라서 토기 문양의 특징이 구분된다.

다치구로 찍은 문양이 보이스만 문화의 영향으로 남아 있고, 압날 승선문, 자돌점선 압날문과 복합 침선문양이 두만강 유역 뿐만 아니라 한카호 주변 및 목단강 유역의 유적에서도 발견되어서 각 지역의 1유형으로 볼 수 있다(표 10, 그림 66, 그림 69, 그림 72). 다양한 시문방법으로 표현한 문양형태는 어골문양이다. 두만강 1유형은 5000~4800년 전 까지 지속했고, 한카호 부근과 목단강 유역에서는 5000~4400년 전까지 지속되어서 두만강 보다 더 오랫동안 지속되었다(김재윤 2017).

두만강 유역에서는 자돌점선 압날문양과 복합침선문양만 남아 있는 기간이 있는데 4800~4400 년 전이고, 두만강 2유형으로 볼 수 있다(표 10, 그림 70). 그런데 자돌점선압날 하는 방법으로 그려지는 문양은 타래문과 같은 곡선적인 문양인데, 한카호 지역이나 목단강 유역에서는 확인되지 않는다(김재윤 2017).

가장 마지막 기간에는 모든 지역에서 침선문 기법으로 그려진 토기들이 발견된다. 그러나 두만강 3유형(그림 71)과 한카호 2유형(그림 73)에는 문양형태에 차이가 있는데, 전자

표 9   자이사노프카 문화의 대표유적

국경	지도 3 번호	유적명	조사연도	조사성격	시대	성격	참고문헌
두만강 유역							
러시아	⑯	자이사노프카-1	1953년	발굴	신석기	문화층	안드레예프 1957 Gelman et al. 2003
러시아	⑰	그보즈제보-4	2003년 2007년		단층위	주거유적	쿠르티흐 외 2007 모레바 외 2009
중국	⑱	금곡	1972년	발굴	신석기	주거유적	沿邊博物館 1991
중국	⑲	홍성	1986·1987년	발굴	신석기·청동기	주거유적	延邊博物館· 吉林省文物考古研究所 2002
한카호 유역							
러시아	⑳	크로우노프카-1	1957~1958년 2001~2003년	발굴	신석기·철기	주거유적	오클라드니코프· 브로댠스키 1984 Gelman et al. 2003
러시아	㉑	무스탕-1	1988년	발굴	신석기	주거유적	가르코빅 1993
러시아	㉒	보골류보프까-1	1996년 2006년 2007년	발굴	신석기	주거유적	가르코빅 1989 가르코빅 2008
러시아	㉓	노보셀리쉐-4	1998년	발굴	신석기	주거유적	클류에프 2001
러시아	㉔	아누치노-14	1999년~2001년	발굴	신석기·청동기	주거유적	클류에프 외 2002
목단강 유역							
중국	㉕	앵가령	1931~1939 1958·1959	발굴·시굴	신석기·청동기	주거유적	黑龍江省文物考古工作隊 1981
중국	㉖	석회장	1987	발굴	신석기	주거유적	牡丹江市文物管理站 1990

에는 뇌문토기와 어골문양이 있으나, 후자에서는 어골문양 뿐만 아니라 두만강 유역에는 발견되지 않는 궁형문(부채꼴)이 그려져서 양 지역에 차이가 있다. 목단강 2유형도 한카호 2유형에서 볼 수 있는 문양형태가 확인된다(표 10; 김재윤 2017).

보이스만 문화와는 달리 자이사노프카 문화에서는 취락 유적이 많이 확인되어 각 지역의 주거지 특징을 알 수 있다. 한카호 1유형에서는 크로우노프카-1 유적 4호와 5호 주거지, 셰클라예보-7 유적의 주거지, 알렉세이 니콜스코예-1 유적의 주거지와 목단강 유역의 앵가령 3호와 4호이다. 한카호 유역에는 방형 주거지이고, 목단강 유역에서는 돌담 시설이 있는 장방형 주거지로 노지가 1기 설치되어 있다(표 12).

두만강 2유형은 한카호 지역과 목단강 지역에는 없는 지역적 유형이다. 두만강 내륙(장방형)과 두만강 하류 (방형)간의 주거지 평면형태의 차이를 보이고, 특히 그보즈제보-4 유적에서는 지상가옥구조가 확인되는 것이 특이하다(표 12; 김재윤 2017).

표 10　5000~3800년 전 환동해문화 북부지역의 신석기문화 변천(김재윤 2017 재편집)

		두만강 유역	한카호 유역	목단강 유역
후기	5000	1유형	1유형	1유형
	4800	2유형		
	4400	3유형	2유형	2유형
	3800			

1~3: 자이사노프카-1; 4~7: 서포항 19호; 8~13: 그보즈제보-4 ; 14~17: 자이사노프카-1 ;18·20: 금곡 1호 ;19: 르박-1
21~23: 루자노바 소프카 ;24~28: 크로우노프카-1유적 4호 住 ;29'31: 세클라예보-1 ; 31~33: 알렉세이 니콜스코예-1
34~39: 보골류보프카-1 유적; 40~43: 앵가령 하층유적; 44·45·47: 진흥 을조 ;46: 서안촌동 4호 住

　　침선문양이 출토되는 두만강 3유형과 한카호 2유형 및 목단강 3유형에서는 각 지역에 주거지 특징이 차이가 있다. 두만강 3유형에 해당하는 서포항 유적의 22호 주거지에서는 그 이전까지 발견되지 않던 장방형 주거지가 발견되었다. 한카호 2유형에 해당하는 노보셀리세-4 유적에서도 역시 장방형 주거지가 등장한다. 목단강 유역은 그 전 유형과 마찬가지로 장방형 주거지이다(**표 12**).

　　필자는 연해주 지역에서 두만강 4유형과 한카호 3유형 등 토기에 무문양이 발견되는 기간을 전환기로 설정한 바 있다(김재윤 2009b, 김재윤 2017).

표 11 5000~3800년 전 환동해문화 북부지역의 신석기 유적의 절대연대(김재윤 2017 재인용)

	유적	위치	연대(B.P.)	인용문헌
신석기 후기	크로우노프카-1 자이사노프카 문화층	문화층	5260±33	Gelman et al. 2003
		4호노지	4671±31	
		문화층	4640±40	
	보이스만-2 자이사노프카문화층	문화층	4930±95	모레바 2005
			4805±80	
	클레르크-5	문화층	4750±40	Gelman et al. 2004a
	흥성	1호 주거지	4800±140	延邊博物館、吉林省文物考古研究所 2002
		3호 주거지	4615±150	
	금곡	1호 주거지	4980±145	延邊博物館 1991
		3호 주거지	4540±140	
		5호 주거지	4430±150	
		4호 주거지	4410±140	
	자이사노프카-7	문화층	4470±40	Gelman et al. 2003·2004a
		문화층	4440±31	
		문화층	4480±33	
	자이사노프카-1	문화층	4010±44	Gelman et al. 2003
			3972±31	
	보골류보프카-1	06년 주거지	3890±60	가르코빅 2008
	쉐클라예보-7	자이사노프카 문화 주거지	4390±45	김재윤 외 2007
			4430±45	
			4435±45	
	노보셀리쉐-4	주거지	3840±70	끌류에프 외 2002
			3840±40	
	레티호프카	99년 주거지	3840±70	콜로미에츠 외 2002
		04년 수혈	3240±50	김재윤 외 2006
			3400±100	
청동기시대	글라조프카-2	주거지	3605±35(AA 37114)	J.Cassidy 외 2003
			3580±40(UCR-3773)	
	에프스타피-올렉 1	주거지	3615±80(ГИН 6948)	
	프레오브라줴니예1	주거지	3510±70(Вета-172568)	
	자랴-3	주거지	3570±80(Вета-133846)	
		주거지	3520±40(Вета-172570)	
		주거지	3540±70(Вета-172573)	
	모나스트르카-3	주거지	3420±40(ГИН-10218)	댜코프 1999
		주거지	3340±40(ГИН-10219)	
		주거지	3400±40(ГИН-10220)	
	흥성	87AF7 주거지	3785±140	延邊博物館、吉林省文物考古研究所 2002
		87BF3 주거지	3885±115	
		86F1 주거지	3260±150	

그러나 한카호 3유형의 유적에서는 봉상파수부 토기가 출토되는 등 그 이전에는 보이지 않는 토기 기형이 발견되어서 전환기의 개념보다는 청동기시대로 보는 것이 더 적합하다고 여겨서 레티호프카 유적, 아누치노-29 유적 등을 시니가이 문화의 서부 1유형 유적으로 고찰한 바 있다(김재윤 2018a).

전고에서 대각이 있고 동체부가 꺾이는 기형의 토기(그림 86-2)가 범의구석 유적 1호(그림 86-3) 및 보이스만 II유적의 최상층인 자이사노프카 문화층에서 발견되고 이를 두만강 4유형으로 분리해서 전환기의 토기로 보았다(김재윤 2009b, 김재윤 2017).

하지만 동시에 한카호 3유형으로 묶을 수 있는 유적에서는 봉상파수(그림 92-1~6)가 있는데 이들 기형은 신석기시대에는 찾아볼 수 없는 기형으로 전환기라는 개념으로는 설명하기 힘들다. 그래서 기존에 한카호 3유형은 청동기시대 시니가이 문화의 서부1 단계로 보았다(김재윤 2018a). 두만강 4유형으로 분리된 대각이 있는 적색마연토기도 청동기시대로 볼 수 있다. 뒤에서 설명할 청동기시대 마르가리토프카 문화의 토기 특징으로 볼 수 있다.

2) 문화적 특징

(1) 유적

자이사노프카 문화의 유적은 이미 필자의 저서(김재윤 2017)에서 유적의 특징과 주거지 특징을 자세하게 소개하였다. 이 책에서는 대표적인 취락 유적을 설명하도록 하겠다.

① 자이사노프카-1 유적

1953년 조사된 자이사노프카-1 유적[13]은 엑스페디치야 만의 해안을 끼고 있는 낮은 언덕에 위치하는데, 주거지로 추정되는 수혈

그림 65 자이사노프카-1 유적의 뇌문토기(필자촬영)

이 반파된 상태로 발견되었다(표 9). 현재 유물은 노보시베르스크 고고민속학 연구소, 모스크바 고고학 연구소 등에 소장되어 있다(그림 65). 본 유적은 키롭스키 유적과 더불어 연해

---

[13] 가장 가까운 강은 글리드카야 강으로 오클라드니코프는 이 유적을 글라드카야로 명명하였고(오클라드니코프·데레뱐코 1973), 두 명칭은 오랫동안 함께 사용되었다. 북한 보고서 등에서 종종 확인할 수 있는데, 같은 유적임을 알려둔다.

주 신석기시대의 마지막 단계인 자이사노프카 문화(안드레예프 1957)로 규정되었다.

② 그보즈제보-4 유적

그보즈제보(Гвоздево, Gvozgevo)-4 유적은 2007년 극동대학교에서 발굴한 것으로, 글라드카야 강의 좌안 단구대 위에 위치한다. 유적은 취락성격으로 발굴된 주거지는 지상식주거지인 것으로 보고 되었다(표 9). 주거지의 형태는 장방형으로 주거지 내부에 단이 졌고 그 내부에는 장방혈 저장혈이 있다(김재윤 2017).

그림 66   그보즈제보-4 유적 출토 토기(필자촬영)

③ 크로우노프카-1유적의 하층

라즈돌라야 강의 지류인 크로우노프카 강의 하안 대지 위에 위치한다. 유적은 강의 침식작용에 의해서 계속해서 파괴되고 있는 상황이다. 초기철기시대 문화인 크로우노프카 문화의 표지유적으로 잘 알려진 곳이나, 이 유적의 하층에서는 신석기시대 주거지가 확인되었고 뇌문토기, 횡주어골문 토기 등이 출토되었다. 그 유적에는 그 외에 초기 철기시대인 얀코프스키문화도 존재한다(표 9).

신석기시대 후기 주거지는 2001~2003년에 발굴된 4호와 5호가 알려져 있다. 4호와 5호 모두 말각방형에 가까운 주거지로, 강의 침식으로 반파된 상태로 채로 발굴되었다. 모두 무시설식 노지가 주거지의 중앙에서 확인되었고, 기둥구멍이 불규칙하게 확인되었다.

④ 무스탕-1 유적

무스탕-1 유적은 일리스타야(Илистая, Ilictaya) 강 주변의 높은 구릉의 경사면 남쪽에 위치하며, 원형수혈이 12기가 열상배치를 이루고 확인되었다. 그 중 주거지 4기가 완전하게 발굴되었다. 5호 주거지(1968년 발굴)는 말각방형에 가까운데, 북동쪽 벽이 경사면으로 인해서 파괴되었다. 주거지의 남쪽에는 장방 위석식 노지가 설치되었다. 10호 주거지(1971년 발굴)는 말각방형으로, 노지 등 주거지의 기본적인 특징은 5호와 유사하다(표 12). 주거지 내에서는 토기 이외에 어망추, 갈판, 갈돌, 갈판 등이 출토되었다.

⑤ 보골류보프카-1 유적

보골류보프카-1 유적은 라즈돌라야 강의 지류에 낮은 둔덕의 북동쪽 경사면에 위치한다. 유적에서는 11개의 수혈이 확인되었다. 평면형태가 유사한 주거지가 2기 발굴되었다. 말각방형으로 평면크기는 각각 30m², 24m²이다. 주거지에는 기둥구멍이 확인되었지만, 노지는 정확하게 확인되지 않았다. 주거지의 남쪽 부분에서 불 맞은 흔적 60cm 가량을 확인할 수 있었다(표 12; 그림 67, 그림 73).

그림 67   보골류보프카-1 유적 이중구연횡주어골문토기

⑥ 노보셀리쉐-4 유적

유적은 한카호에서 19km 떨어진 곳으로, 계곡의 길게 뻗은 구릉의 정상부에 위치한다. 모두 4기 주거지가 발굴되었는데, 초기철기시대 1기, 청동기시대 1기, 신석기시대 후기 2기이다(표 9). 그 중 1기는 파괴가 심하며, 다른 1기는 신석기 주거지는 장방형으로, 중앙에 무시설식 노지가 설치되어 있으며 주거지 벽 가장자리로 기둥구멍이 설치되이 있다(표 12). 주거지의 기둥자리에서 거의 바닥과 가까운 곳에서 사람의 얼굴모양 토제품이 확인되었다.

또한 자이사노프카 문화의 한카호 유형 토기 이외에도 여러 가지 식물자료와 등과 석도가 확인되었다. 기장(Panicum miliaceum), 헤즐넛(Corylus sp.), 도토리(Qurcus sp.), 황백(Phellodendron amurensis) 등이 확인되었다. 특히 기장과 일부 식물은 재배된 것으로 알려졌다(세르구세바 2008). 주거지 1기는 파괴가 심해서 거의 잔존하지 않는다.

⑦ 아누치노-14 유적

아르세니예프카 강의 오른쪽 지류에 위치한 계곡에서 북에서 동쪽 방향으로 돌아가는 편평한 언덕의 정상부에 자리 잡고 있다. 언덕의 높이는 강에서 약 30m 정도이다. 유적에는 6기의 원형수혈이 육안으로 관찰되는데, 1999년~2001년까지 청동기시대 주거지 3기와 신석기시대 후기 주거지 1기를 발굴하였다(표 12). 신석기시대 주거지는 말각 장방형으로 60m², 노지는 북쪽에서 확인되었다. 주거지 내부에는 기둥구멍이 대량으로 확인되었다.

⑧ 서포항 유적-2기, 3기, 4기

서포항 유적의 신석기시대 2~4기는 출토되는 유물 및 주거지의 특징으로 보아서 자이사노프카 문화에 해당하며, 두만강 유형에 속하는 토기가 출토되었다(김재윤 2009a, 김재윤 2009b, 김재윤 2017).

서포항 2기는 두만강 1유형의 특징인 승선압날문 토기가 출토되는 17호·19호 주거지 및 2기의 퇴적층과 두만강 2유형의 특징적인 점선압날문 토기가 확인되는 승선압날문 3호와 23호 주거지가 확인되어 서포항 2기는 비교적 긴 기간동안 형성되었다. 3호 주거지와 23호 주거지는 방형이고, 17호와 19호 주거지는 상층의 주거지로 인해서 파괴되어 평면형태를 정확하게 알 수 없다. 3호와 23호 주거지는 평면크기와 주거지 중앙 원형의 위석식 노지가 설치된 점이 서로 비슷하다.

서포항 3기에서는 8호, 26호, 27호, 29호 주거지에서 토기가 확인되는데, 26호를 제외하고는 같은 성격의 토기로 두만강 3유형의 침선문 계통이다. 26호에서는 점선압날문 토기가 출토되는데 2기의 3호, 23호 주거지 유물과 같은 성격이다. 그래서 서포항 3기는 두만강 2유형 뿐만 아니라 두만강 3유형까지 확인된다고 볼 수 있다. 27호는 주거지의 형태를 알 수 없고, 8호, 26호, 29호로 모두 말각방형 주거지이다. 노지는 주거지 중앙에 설치되었는데 모두 원형의 무시설식이다(김재윤 2017; 표 13).

서포항 4기에서는 11호 주거지를 제외하고 대부분의 주거지에서는 침선문 토기가 출토되어 두만강 3유형에 해당된다는 사실을 알 수 있다. 5동의 주거지가 알려졌는데, 2~4기

표 12 5000~3800년 전 환동해문화 북부지역의 신석기 유적의 주거지 특징(김재윤 2017 재편집)

유적		형태	평면크기		노지				기둥구멍		비고
			m	m²	형태	위치	크기(cm)	수	수	위치	
한카호유역	크로우노프카1,4호	말각방형	(5.5)	30.25	무시설식-원형	중앙	70×65	1	10	노지 주변	반파 주거지.
	크로우노프카15호	말각방형	(6)	(36)	무시설식-원형	중앙	70×60	1	14	주거지 바닥 전면	반파주거지. 북동쪽 모서리에 구덩이-갈판과 토기
	무스탕-1 5호	말각방형	4×4.5	18	위석식-방형	남쪽벽	80×80	1	3	주거지 바닥	노지 내에서 기둥구멍? 확인
	무스탕-1 10호	말각방형	4.2×4.2	18	위석식-방형	중앙	80×85	1	2	주거지 모서리	
	무스탕-1 8호	말각방형	4.6×5	22.5	없음	`	`	`	4	북서쪽 모서리1 동쪽 모서리1, 주거지 벽선 1, 주거지 중앙 1	주거지의 남동쪽 모서리에 작은 돌이 쌓여 있음.
	무스탕-1 6호	?									
	무스탕-1 7호	?									
	보골류보프카-1 1호	말각방형	5×6	30	무시설식-원형	남쪽에	60×60	1	?	벽 가장자리	
	보골류보프카-1 2호	말각방형	?	24	?	?	?	1	?	벽 가장자리	
	노보셀리쉐-4	말각장방형	9.3×5.8	54	무시설식-원형	중앙	120×100	1	50	벽 가장자리	
	아누치노-14	장방형		60	무시설식-타원형	북서쪽	140×90	1	45	주거지 남쪽에서 확인	
	알렉세이 니콜스코예	말각방형	5×5	25	없음						지름 1m가량의 구덩이 확인.
	아누치노-29	장방형	3.6×2.5	9	없음	`	`	`	7	동쪽벽선을 따라서만 확인	
	쉐끌라예보-7	말각방형	4×4	16	무시설식-방형	중앙	100×100	1	19	벽 가장자리	노지옆,1m가량의 구덩이
목단강	앵가령3호	장방형	5.9×(3.2)	25	무시설식	중앙	0.9~1.1		17	벽 가장자리	돌담
	앵가령4호	장방형	·	·	·	·	·		23	벽 가장자리	잔존상태 불량
	석회장3호	장방형	3.2×2.5	8	없음	·	·				돌담
	서안촌동4호	장방형?	3.2×(1.6)	(5.1)	무시설식	남쪽벽가	?	?	2	벽 가장자리	주거지 2/3가량 파손
두만강유역	1호(청동기시대)	장방형?	(4.5×?)	?	?		cm				
	범의구석2호	방형	4.0×3.8	15.2	?-위석식	서쪽	·	1	21	노지 주변 2줄	
	범의구석3호	방형	3.5×3.3	11.55	원형-무시설	서쪽	50	1	23	주거지 가장자리와 중앙-4열	
	범의구석9호	방형	3.8×3.8	14.44	원형-위석식	서쪽	60	1	?	주거지 가장자리와 중앙-4열	
	범의구석12호(ㄱ)	?	4.4×?	?	?	?	?	?	?	?	
	범의구석12호(ㄴ)				파괴심함						
	범의구석23호	장방형?	(4.1×2.5)	(10.25)	원형-위석식	동벽	?	1	10+	주거지 가장자리와 중앙-2열	서벽 부근 주거지내 수혈

신석기시대 **141**

유적		형태	평면크기		노지				기둥구멍		비고
			m	m²	형태	위치	크기(cm)	수	수	위치	
두만강유역	범의구석24호	?	?		원형-위석식	동벽	?		9	주거지 가장자리와 중앙-4열	동벽 부근 주거지내 수혈
	범의구석25호[14]				파괴심함						
	범의구석41호	?									
	금곡1호	장방형	6.5×4.5	29.25	?	?	?	?	?	?	
	금곡2호	장방형?			파괴심함						
	금곡3호	장방형	6.1×4.1	25	원형-무시설	북벽	50	1	9	주거지 가장자리와 중앙-4열	북벽 부근 주거지내 수혈-2
	금곡4호	장방형	6.0×4.5	27	?				?		
	금곡5호	장방형	6.0×4.2	25.2	원형-무시설	중앙	40	1	4	주거지 가장자리와 중앙-1열	동벽 부근 주거지내 수혈
	금곡6호	방형	3.9×3.9	15.21	.	.	.	.			
	흥성AF1	장방형	4.0×3.4	13.6	원형-무시설	남벽	35~40	5			문시설
	흥성AF3	장방형?	(6.2×4.7)	(29.2)	?						
	흥성AF5				파괴심함						
	흥성AF11				파괴심함						
	흥성AF14				파괴심함						
	흥성AF16	장방형	9.8×10.7	104.9	불규칙	동벽	160	1	18	주거지 가장자리와 중앙	
					원형	모서리	70	1			
	흥성AF17	장방형	10×6.6	66							
	흥성BF6	장방형	8.3×5.2	43.2	?				?		
	흥성BF7				파괴심함						

의 주거지가 대부분 방형이었지만, 4기의 22호 주거지가 장방형이어서, 이 시점부터 주거지 평면형태가 바뀌는 것으로 판단되었다(김용간·서국태 1972). 또한 주거지의 노지가 대부분 원형 위석식이며, 서벽에 치우쳐서 확인되었는데, 크기가 커진 점 등은 앞 시기의 주거지가 무시설석이었던 점과 비교된다(표 13).

⑨ 금곡 유적

금곡(金谷) 유적은 1979년과 1980년 2년에 걸쳐 연변박물관에서 조사하였다. 해란강 중류의 강안대지의 구릉에 위치하고 있는 주거 유적이다. 가까운 곳에 청동기시대 무덤 유적이 금곡 무덤으로 보고되었다(표 9). 유적은 높이 400~500m 언덕 위에 위치한다. 대체적인 주거지의 평면형태는 장방형이고, 평면적은 25~29m²이다. 노지를 알 수 있는 것은 모두 무시설식이고, 주혈은 주거지 벽면과 중앙을 지나는 배치이다. 6호는 평면형태, 크기 등으로

---

[14] 도면상의 25호 주거지는 장방형으로 뚜렷하게 표시되어 있지만, 주거지 기술상에서는 동벽과 북벽만 약간 남아 있다고 되었고 중복이 심해서 정확파악이 어려운 것으로 기술되었다. 따라서 도면상의 주거지는 추정일 가능성이 많다.

표 13   서포항 유적의 신석기시대 주거지(김재윤 2017 재편집)

기	호수	형태	(잔존)평면크기 m	(잔존)평면크기 m²	노지 형태	노지 위치(m)	노지 크기(cm)	노지 수	기둥구멍 수	기둥구멍 위치	기타시설
2기	3호	방형	4.2×4.4	18.5	원형-위석	중앙	80	1	?	주거지 벽쪽	문
	17호	?	(4×4)	(16)	원형-?	북벽	60	1	?	주거지 벽쪽	·
	19호	?	(4.2×4.4)	(18.5)	원형-무시설	?	?	?	?		·
	23호	방형	3.8×4.0	15.2	원형-위석	중앙	70~80	1	?	주거지 동벽 질서	·
3기	8호	방형	4.5×4.8	21.6	원형-위석	동벽	50	1	9	주거지남북벽질서	·
	12호	방형	(4.3×3.3)	(14.2)	?	?	?	?		?	·
	13호	방형	·	·	원형-무시설	중앙	?	1		?	·
	29호	방형	(3.6×4.0)	(14.4)	원형-무시설	중앙	50	1		?	·
	30호	?	(1.6×3.4)	(5.4)	?	?	?	?		?	·
	27호	?	?	?	?	?	?	?		?	·
	28호	?	?	?	?	?	?	?		?	·
	26호	방형	3.1×2.8	8.7	원형-무시설	중앙	?	1		?	·
4기	11호		파괴가 심함		?	?	?	?·		?	·
	15호	?	(3.7×3.3)	(12.2)	원형-위석	서벽	70~80	1		?	·
	18호	방형	4.3×4.2	18.1	원형-위석	서벽	50	1	12~16	주거지 벽	·
	21호	방형	5×4	20	원형-위석	중앙	80	1	6+	주거지 벽	·
	22호	장방형	7.1×4.0	28.4	원형-무시설	서벽	50~60	1	9+	주거지 벽,중앙	·
5기	7호	방형	6.2×6.0	37.2	원형-위석	남벽	·	1	30+	주거지 벽	작업대
	16호	방형	(3.2×3.0)	(9.6)	원형-무시설	중앙	60	1	4	주거지벽, 중앙	·

보아서 주거지가 아닐 가능성이 있다.

5호 주거지 북쪽에는 남성의 인골이 4구 확인되었고 주변에 토기가 많이 흩어졌는데, 주거지내의 인골은 우연한 사고로 주거지내에서 사망한 것으로 보았다(延吉博物館 1991). 하지만 이 시기에는 주거지를 무덤으로 전용해서 사용한 경우가 범의구석 유적의 2호 주거지에서도 확인된다(김재윤 2016a). 5호 주거지에는 석기, 골각기, 토기 등이 확인되었고 특히 조개로 만든 구슬과 패각 등은 마연 흔적이 있고 바다조개 인 점 등이 흥미롭다.

⑩ 흥성 유적

유적은 두만강의 지류인 해란강(海蘭江)에서 1.5km 떨어진 해발 320~300m의 구릉 위에 위치한다. 1986년과 1987년에 걸쳐서 발굴되었는데, 86년도는 유적이 위치한 구릉의 가장자리에 붕괴되는 지역을 발굴하여 주거지 5기와 무덤 1기를 확인하였다. 1987년에는 A구역, B 구역으로 나누어서 조사하였다. A 구역에서는 신석기시대 주거지 7기, 청동기시대

그림 68 흥성유적 출토 두만강 2유형 토기(필자촬영)

주거지 13기, 무덤 2기, B 구역에서는 신석기시대 주거지 2기, 청동기시대 주거지 6기, 무덤 1기 등이 조사되었다(표 9).

신석기시대로 보고된 주거지는 모두 8기이고, 주거지 중복관계에 의해 2期로 나누어서 보고되었다. 그러나 평면형태를 알 수 있는 것은 AF1, AF16, AF17, BF6로 나머지 주거지들은 중복으로 인해서 정확하지 않거나 파괴가 심하다. AF16호와 AF14호는 근거리에 위치하지만, 같은 시기로 나누어 보고되었다(延邊博物館·吉林省文物考古研究所, 2002).

하지만 주거지의 중복관계가 불명확하고, 주거지 평면형태가 부정확한 점 등으로 보아서 이 유적 신석기시대의 시기를 나누어서 보는 것은 무리이다.[15] 그중에서 주거지의 평면형태를 알 수 있는 것은 장방형이며, 무시설식 노지가 대체적이다. AF16호는 서포항, 범의구석, 금곡유적의 주거지 중에서도 가장 크다(표 12), 그보즈제보-1 유적의 토기와 유사한 점선압날문양으로 새겨진 토기(그림 68)가 출토되어서, 연해주 내륙에는 없는 두만강 특유의 토기 특징이 그대로 드러난다.

⑪ 앵가령 유적

앵가령(鶯歌嶺) 유적은 장백호의 호숫가에 위치한다. 유적을 시굴한 결과 5개층으로 나누어지는데 2·3층은 상층문화, 4·5층은 하층문화로 신석기 후기로 보고되었고(표 9) 주거지 2기가 확인되었는데(표 12), 이를 앵가령 하층문화로 명명했고 자이사노프카 문화와 같은 성격이다. 하층의 주거지(3호, 4호)는 반수혈식으로, 연해주의 주거지와는 달리 주거지 벽을 따라서 돌 담을 설치하는 특징이 있다(김재윤 2017)

토기는 침선기법의 횡주 어골문과 평행사선문, 다치구 압날문 기법의 그려진 어골문양이다(표 10-40~43). 기형은 이중구연 혹은 각목돌대가 부착된 토기 등이다. 그 외 방추차와 멧돼지, 개의 토우 등이 확인되었다.

---

[15] 신석기시대 유물은 청동기시대로 보고된 주거지의 내부에서 출토된 것은 정확한 공반관계를 알지 못함으로 자료 이용하는데 어려움이 따랐다.

⑫ 석회장 유적

석회장(石灰場) 유적은 목단강과 오련하(烏蓮河)가 합하는 삼각대지위의 해발 283m 언덕에 위치한다. 1987년 유적 범위 내에서 5×5m 5개를 조사한 결과 주거지 4기, 회갱 12기, 무덤 1기가 확인되었다(표 9). 출토된 유물로 판단해서 1호·2호와 회갱 7기는 초기 철기시대, 3호와 4호는 신석기시대 주거지의 것으로 확인되었다.

3호와 4호 주거지 모두 반수혈식으로, 장방형 주거지이다. 3호 주거지의 남쪽에는 돌로 벽을 쌓은 흔적이 남아 있다(표 12). 앵가령 유적의 3호와 4호 주거지와 마찬가지로 돌담을 쌓은 것으로 볼 수 있다. 토기는 침선문 기법으로 구연단에 돌대 혹은 이중구연화된 토기가 대부분이고, 소형의 무문토기도 출토되었다(그림 74-17~24).

그 외 목단강의 장백호 주변에는 남호두 유적, 학원·금명수 유적(學園·金明水), 석두하자 유적(石頭河子), 요겸자(腰帒子), 오봉루(五峰楼) 유적 등이 알려져 있다. 대체적으로 유적은 장백호로 흘러 들어가는 지류의 산 아래 혹은 경사면에 위치한 것으로 유물은 대체적으로 신석기시대 후기의 것으로 앵가령 유적, 석회장 유적의 하층과 같은 시기로 보고 있다.

(2) 유물

① 토기

자이사노프카 문화의 토기는 다양한 시문방법이 있는데, 압날문 기법, 자돌압날문 기법, 침선문 기법, 무문양 등이 있다(표 14). 이들 토기 기법으로 문양이 그려진 토기는 각 유형의 특징을 삼는 기준이 되었다.

압날문 기법은 다치구로 찍는 다치구압날문양과 도구에 새끼줄을 꼬아서 찍은 승선압날문이 있다. 이 방법으로 그려진 문양형태는 횡주어골문과 삼각집선문, 평행선문 등이다. 자돌압날문 기법은 자돌구(단치구)로 찍는 기법으로 그리는 것인데, 단사선으로 짧게 눌러 찍는 형태와 타래문이 관찰된다. 침선문 기법은 다른 문양요소와 함께 복합되는 문양과 순수한 침선문양이 있다. 복합침선문으로 그려지는 문양은 뇌문토기 및 복합적인 횡주어골문이 있고, 순수한 침선문양으로 그려지는 토기 형태는 횡주어골문이다.

두만강 유형, 한카호 유형, 목단강 유형의 1유형에서는 앞서 언급한 모든 시문방법으로 그려진 토기들이 발견된다. 두만강 2유형은 점선압날문양 토기가 출토되는데 두만강 유역에서만 관찰된다(그림 66, 그림 68). 각 지역의 마지막 유형(두만강 3유형, 한카호 2유형, 목단강 2유형)(그림 67, 그림 73, 그림 74)에서는 복잡한 문양요소는 없어지고 침선문양으로 그려진 횡주어골문양만 남아 있다. 한카호 유형과 목단강 유형에는 횡주어골문양 외에 궁형문양으

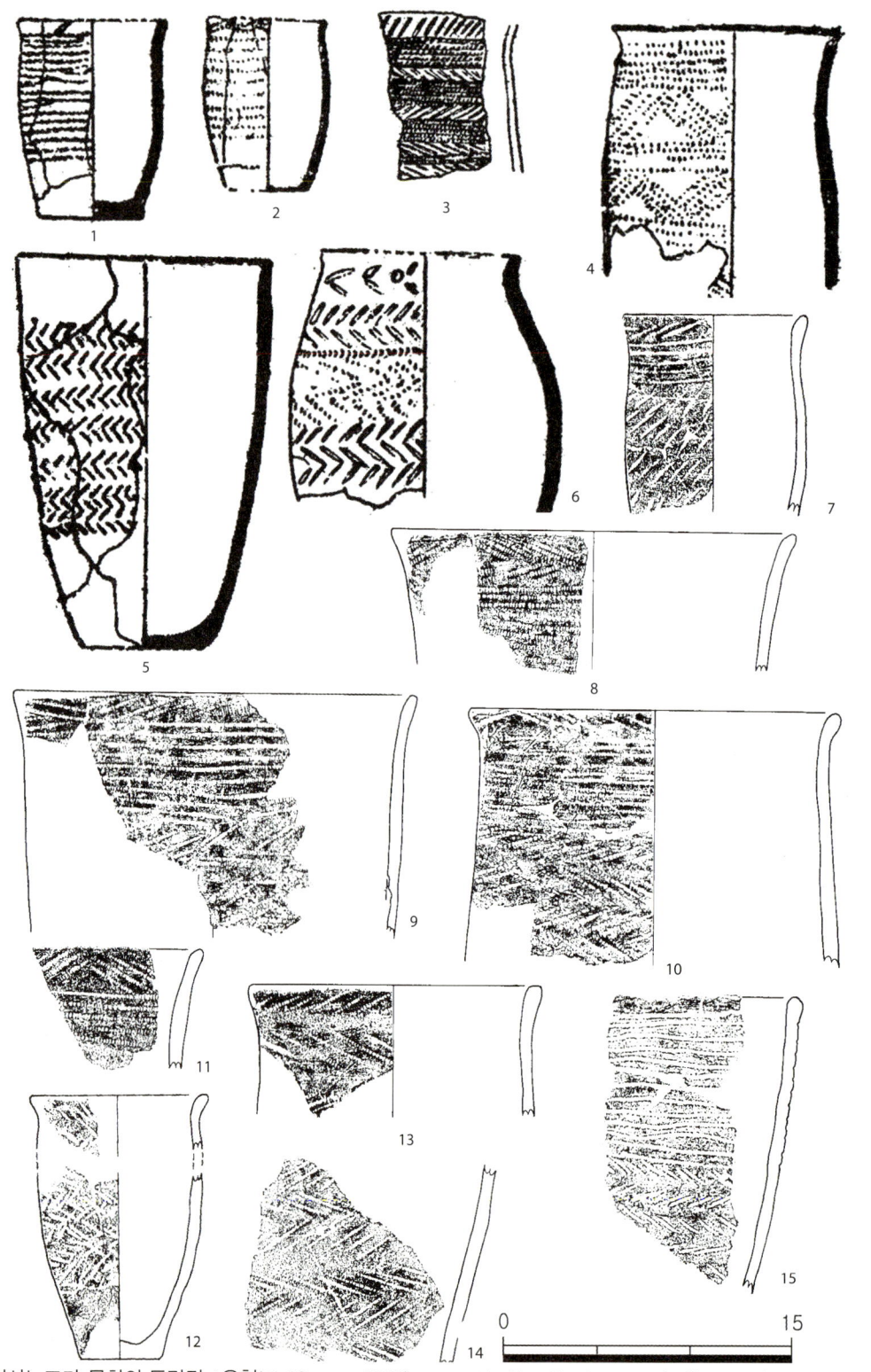

그림 69 자이사노프카 문화의 두만강 1유형(김재윤 2017 재인용)　1~3: 서포항 17호　｜　4~7: 서포항 19호　｜　8~15: 자이사노프카-7 유적

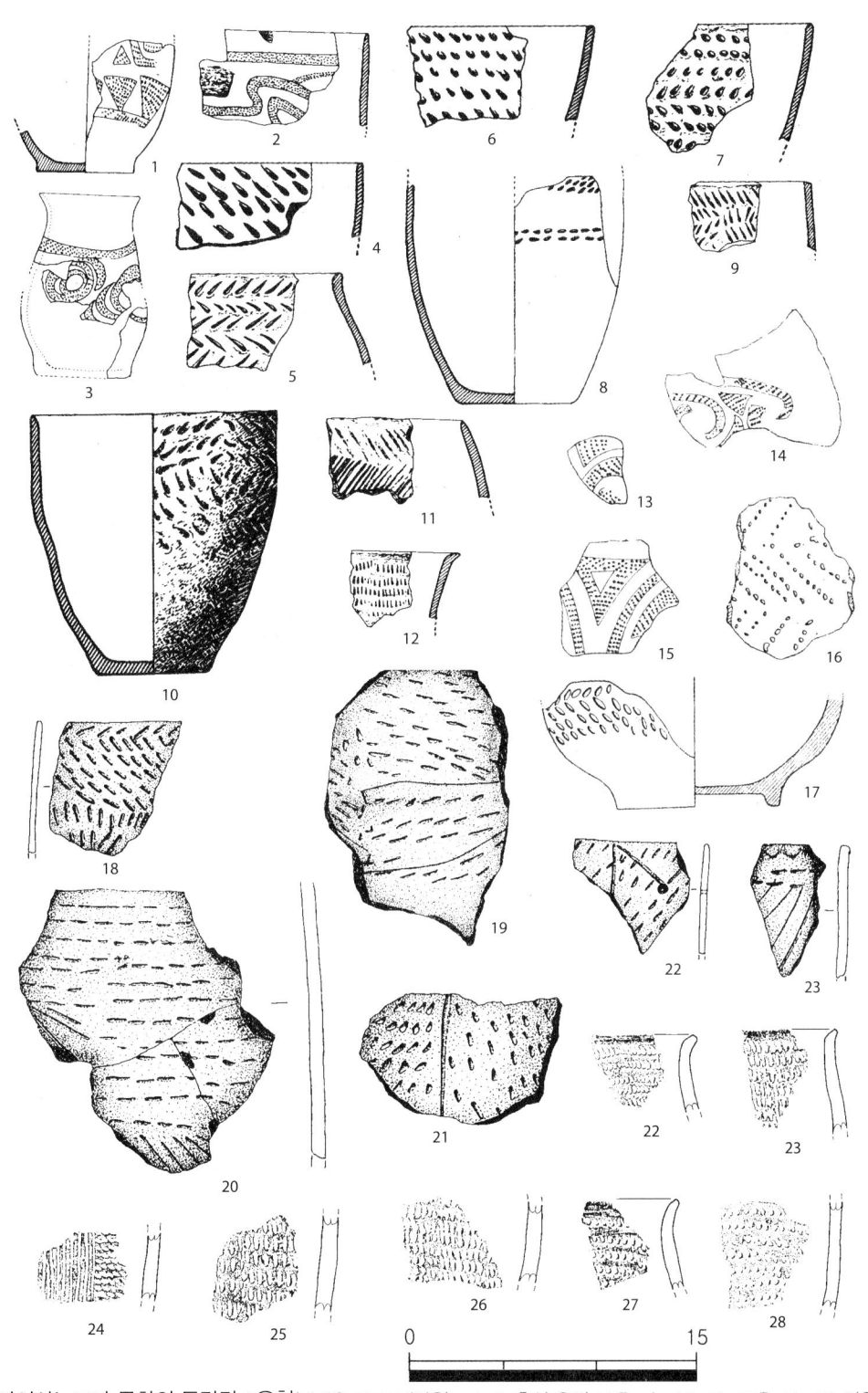

그림 70 자이사노프카 문화의 두만강 2유형(김재윤 2017 재인용)   1~9: 흥성 유적 11호 | 10~12; 14호; 13~17: 검은개봉 유적 |
18~23: 그보즈제보-4 유적 | 24~28: 클레르크-5 유적

신석기시대 147

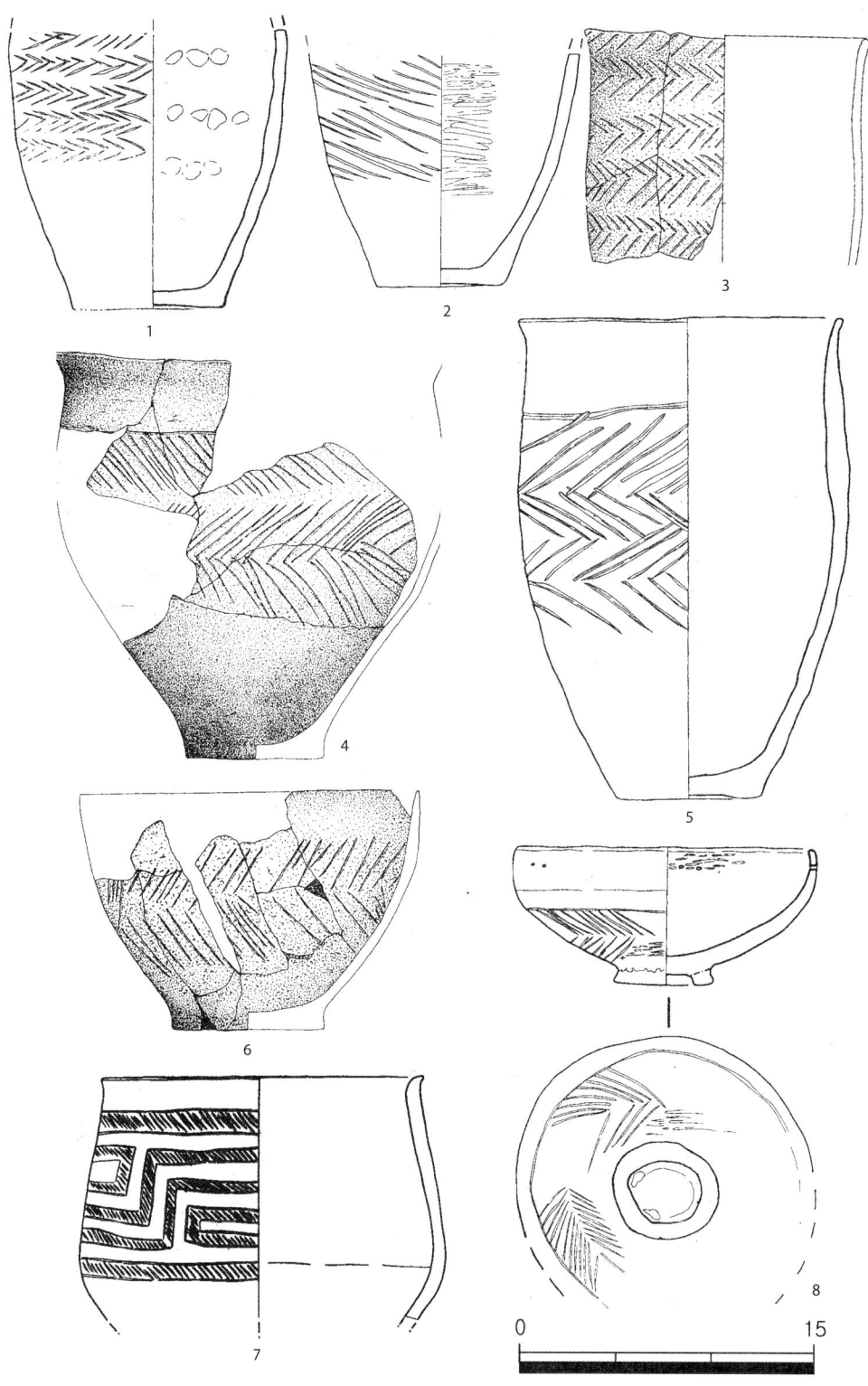

그림 71 자이사노프카 문화의 두만강 3유형(김재윤 2017 재인용)   1~6, 8: 보이스만-2유적의 자이사노프카문화층 | 7: 자이사노프카-1 유적

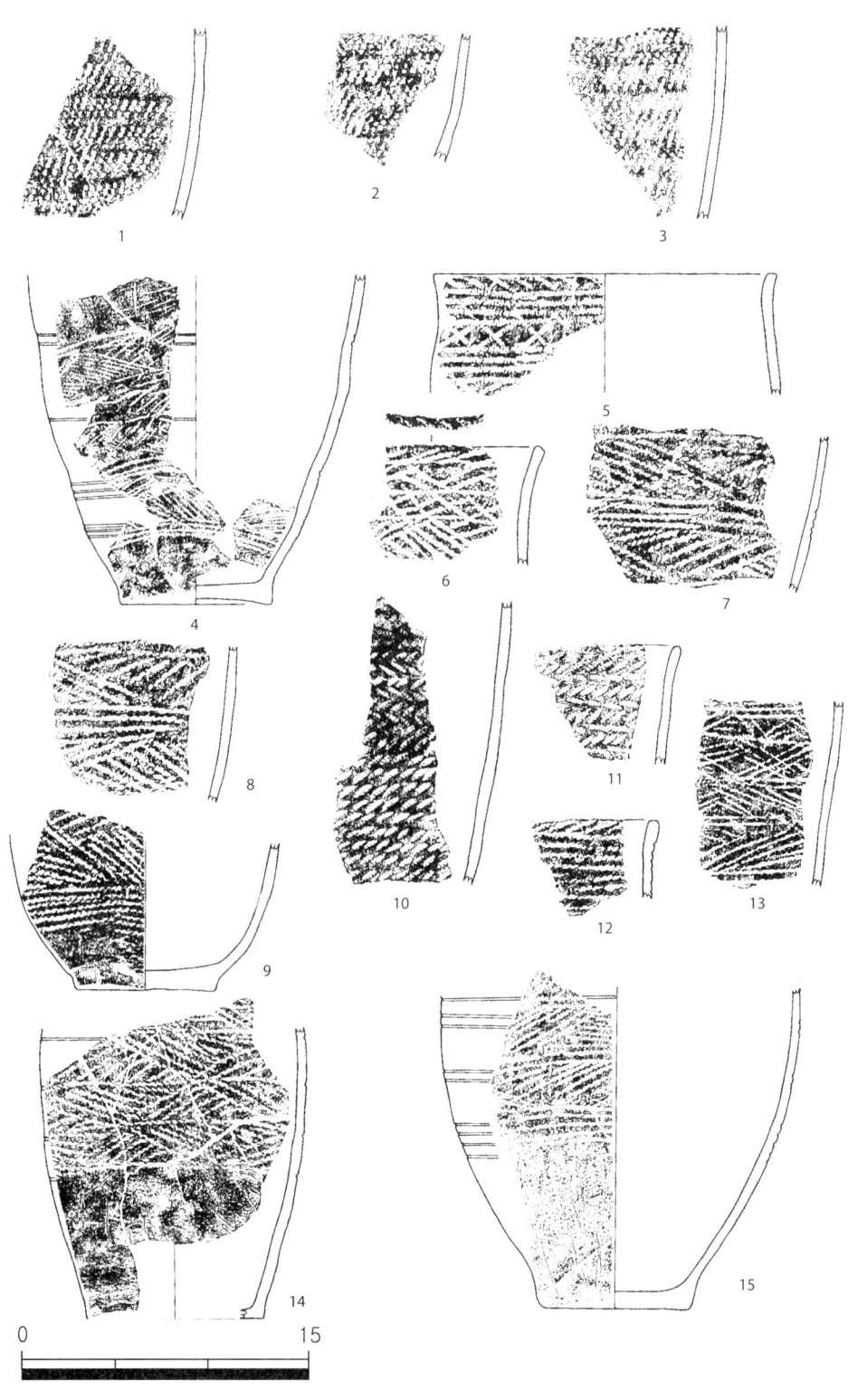

그림 72　자이사노프카 문화의 한카호1유형(김재윤 2017 재인용)　1~15: 크로우노프카 유적 4호

신석기시대　149

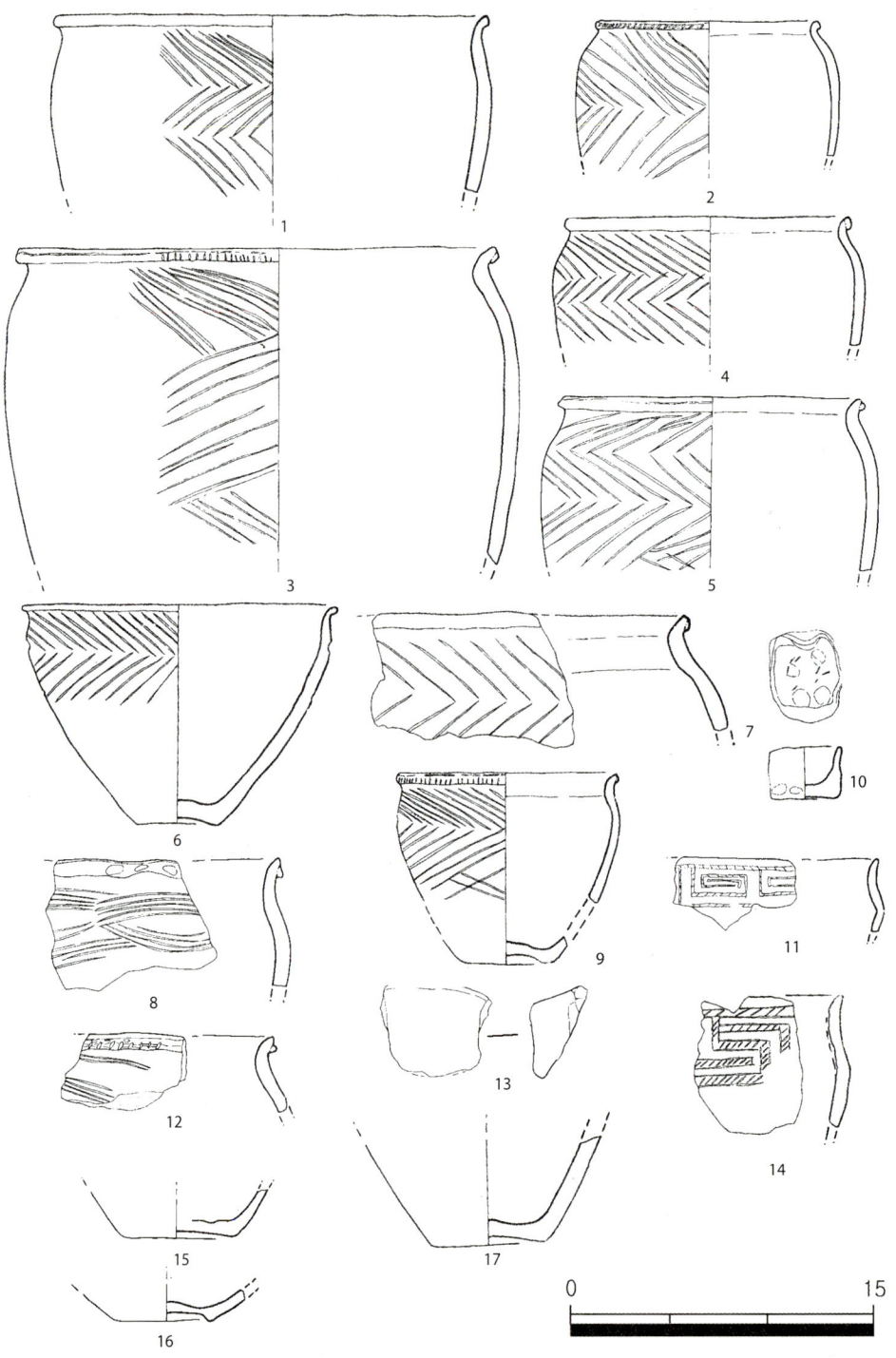

그림 73 자이사노프카 문화의 한카호2유형(김재윤 2017 재인용) 1~17: 보골류보프카-1 유적

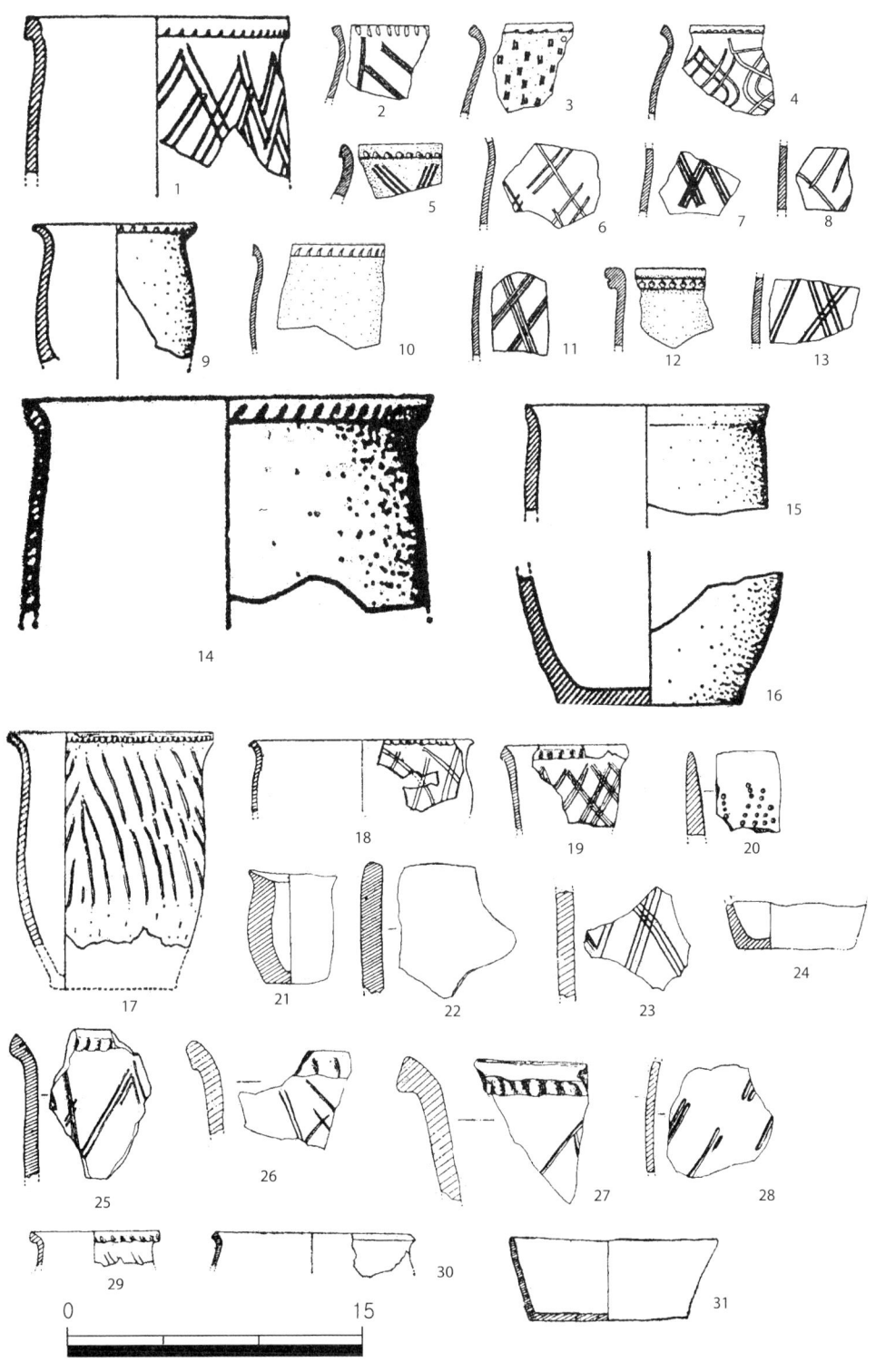

그림 74 자이사노프카 문화의 목단강 2유형(김재윤 2017 재인용) 1~16: 서안촌동 유적 4호 | 17~24: 석회장 유적 3호 | 25~31: 석회장 4호

신석기시대 151

표 14 5000년 전 환동해문화권 북부의 토기문양시문방법(김재윤 2017 재인용)

압날문 기법		자돌압날문 기법	침선문기법				무문
A. 다차구압날문	B. 승선압날문	C. 자돌점선문	D'. 복합 침선문			D. 침선문 순수	E. 무문
			+A	+B	+C		

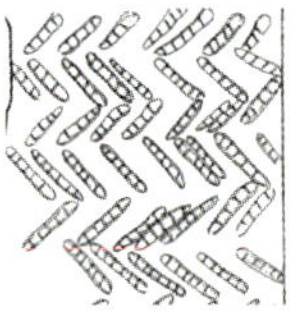

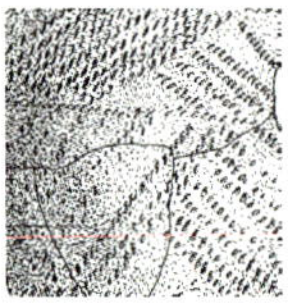

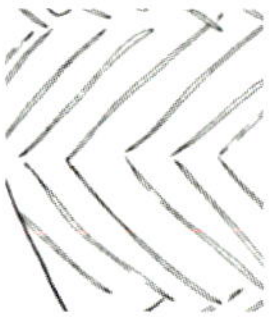

로 부른 곡선적인 문양이 있어 두만강 유형과는 차이점이 있다(**표 10**).

② 석기

자이사노프카 문화가 되면서 보이스만 문화에서 박편석기를 석도로 이용하던 전통은 완전히 사라진다. 하지만 이 문화가 시작되면서 흑요석제의 석기가 대량으로 확인되면서 타제석기의 비율이 늘어났지만 대부분의 기종은 마제석기가 많다. 주로 소형의 석기류는 마연해서 마무리된 마제석기가 많고 대형 석기류에 속하는 굴지구류는 타제석기가 많다.

■ 수렵구

석촉과 석창이 있는데, 타제와 마제로 구분된다. 타제는 대부분 흑요석제로 제작되었다. 흑요석제 석촉은 무경식 석촉(**그림 75-1~16·18**)과 경부의 유무가 애매한 유엽형 석촉(**그림 75-17·19~25**)으로 나눌 수 있다. 무경식 석촉은 기저가 편평한 것(**그림 75-15·16·18**)과 'U'자형으로 만입된 것(**그림 75-1~12**)으로 나누어진다.

마제석촉은 무경식 석촉이 대부분이며, 슴베가 편평하게 처리된 것(**그림 75-27·28·30·34·36·37·41**)과 약간 오목하게 들어간 것(**그림 75-35**)이 있다. 후자의 신부는 유엽형이며 단면은 육각형이다.

석촉과 형태는 유사하지만 6cm 전후의 것은 석창으로 볼 수 있는데, 흑요석제로 무경식(**그림 75-44·45**)과 유경식(**그림 75-42·43**)이 있다. 무경식은 경부가 약간 만입된 것과 편평한 것으로 구분된다.

자이사노프카-1유적에서는 특수한 형태의 어망추(**그림 75-46·47**)가 확인되는데, 단면이 납작하며 한쪽 끝에 홈이 나서 끈을 묶게 제작되었다(김재윤 2016b).

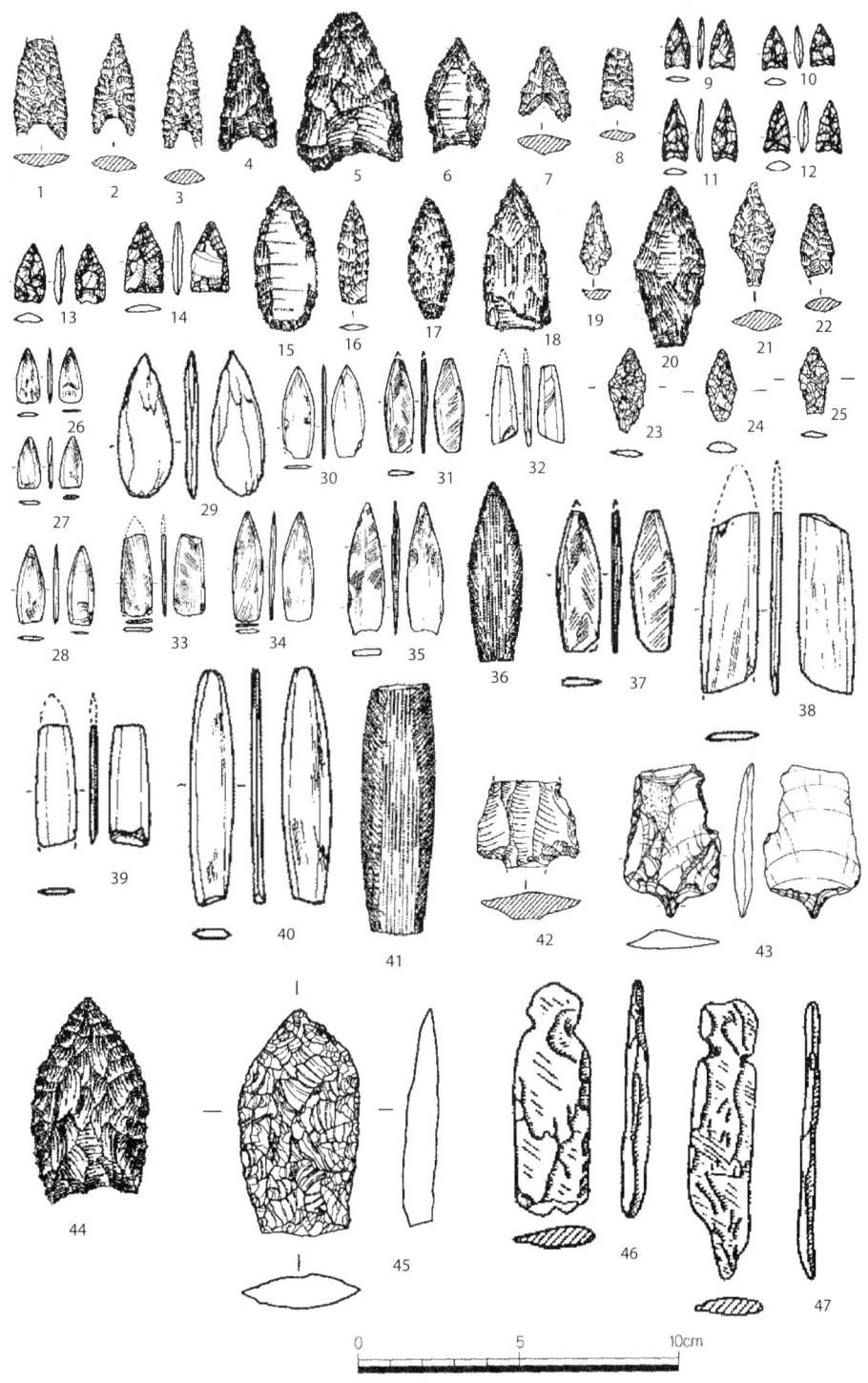

그림 75 자이사노프카 문화의 수렵구(김재윤 2016 재인용)   1~3·7·8·19·42·46·47: 자이사노프카-1 유적 | 4~6·15~18·20~25·36·41·44·45: 레티호프카 유적 | 9~14·26~28·30·33~35·37·43: 크로우노프카 1 유적 | 29·31·32·38~40: 자이사노프카 7 유적

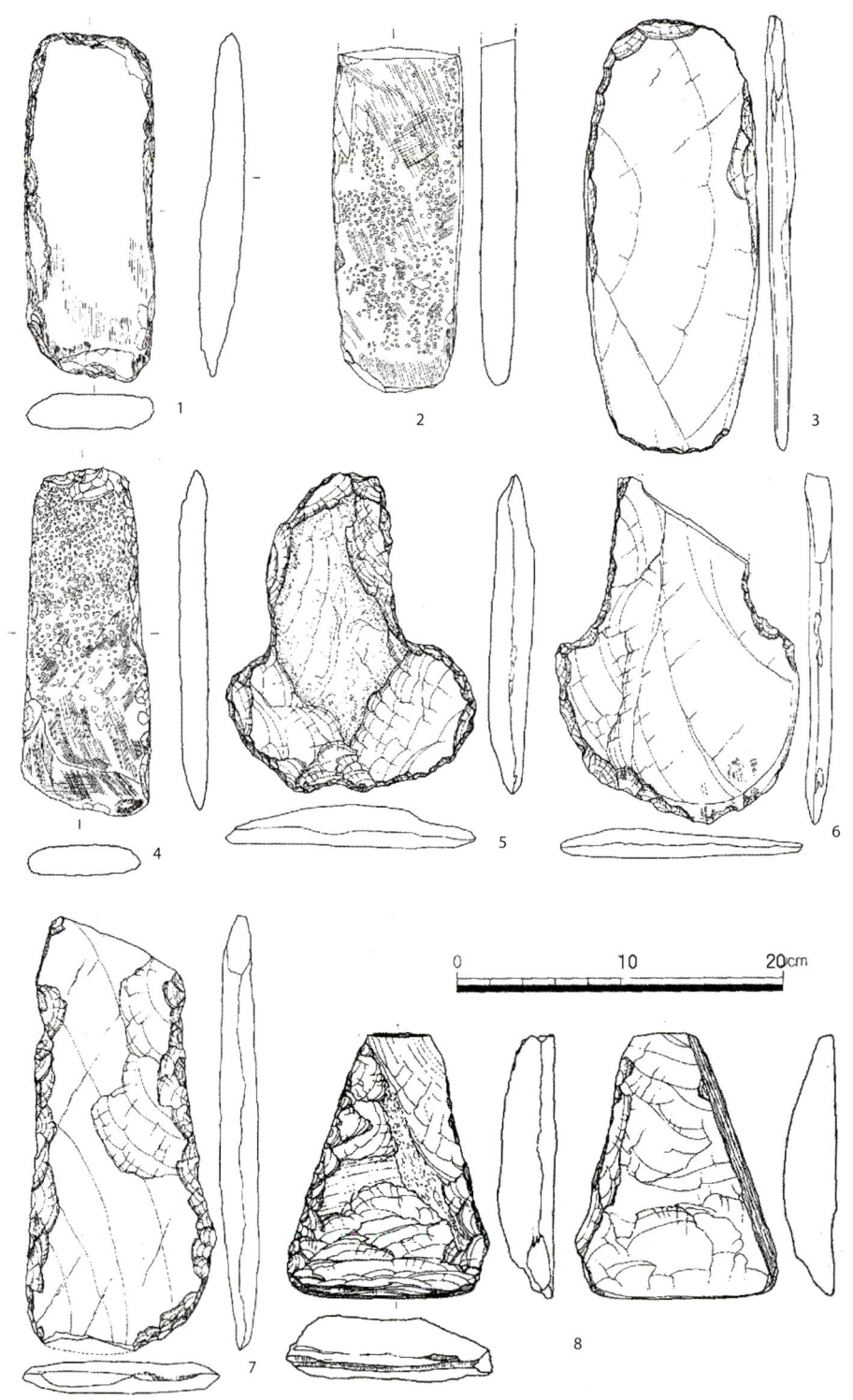

그림 76 자이사노프카 문화의 굴지구(김재윤 2016 재인용) 1·2·4: 레티호프카 유적 | 3·5·6: 자이사노프카-1 유적 | 7·8: 크로우노프카 1 유적

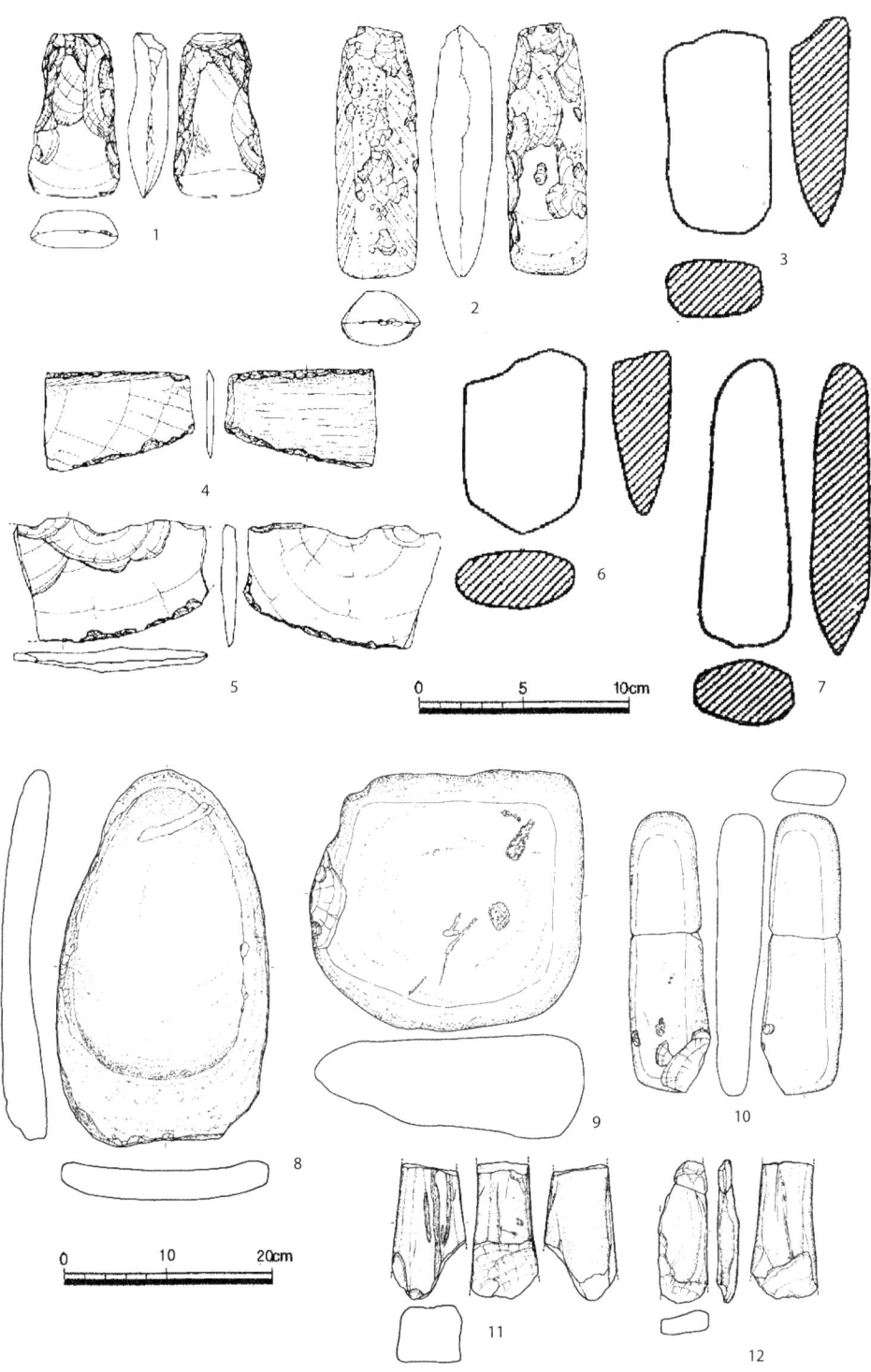

그림 77　자이사노프카 문화의 가공구류(김재윤 2016 재편집)　1·2·4·5·8~12: 자이사노프카 7 유적 ｜ 3·6·7: 자이사노프카-1유적

신석기시대 155

■ 굴지구

괭이류는 장방형 괭이(그림 76-1~4)와 어깨가 형성된 곰배괭이(그림 76-5~7)가 있다. 장방형 괭이에는 고타된 흔적이 남아 있거나, 인면만 마연되었다(그림 76-2·4). 또한 타제로 제작되어서 가장 자리를 다듬은 것도 있다. 곰배괭이는 완전히 어깨가 튀어나온 'T'자형과 인면만 약간 넓게 나온 것이 있다(그림 76-7). 소형 굴지구류(그림 76-8)는 말각 삼각형인데 석기의 크기가 괭이류 보다 작은 것으로 보아 착장된 자루가 짧아서 마치 호미처럼 사용되었을 가능성이 있다(김재윤 2016b).

■ 가공구류

마제석부는 평면형태가 장방형으로 추정되며 합인석부이다(그림 77-3, 6, 7). 석착은 평면형태가 장방형(그림 77-1)으로 부분 마연된 것이다.

미완성 석도(그림 77-4·5)는 타격면이 남아 있고 상면이 부분 마연되었다. 인면을 둥글게 처리해서 석도로 제작된 것으로 추정된다. 이 제품은 자이사노프카-7 유적에서 출토되었는데 가까운 서포항 유적의 V층에서 패제의 석도가 출토된 것으로 보아 이 시기부터 사용되었을 것이다. 이 지역의 농경이 자이사노프카 문화부터 시작되었기 때문에, 수확용으로 사용되었을 수 있다.

석도와 함께 갈돌과 갈판도 이 시기부터 확인된다. 보이스만 문화에서는 모룻돌과 같은 작은 지석 혹은 갈판이 있었으나 본격적으로 갈판으로 볼 수 있는 것(그림 77-8, 9)은 자이사노프카 문화부터 출토된다. 갈판은 장방형이나 방형이다. 자이사노프카 7 유적의 갈판은 사용 흔적이 많이 남아 있다.

공이(그림 77-10)는 단면 장방형으로 전면이 마연되었고 특히 작업면으로 추정되는 곳에 사용흔적이 남아 있다(김재윤 2016b).

그림출처

그림 23	연해주 고토기(가르코빅 2000 재편집, 1a: 필자촬영)
그림 24	연해주 고토기(모레바, 클류예프 2016)
그림 25	아무르강 하류 곤차르카-1 유적 평면도(셰프코무드, 얀쉬나 2012. 필자 재편집)
그림 26	아무르강 하류 곤차르카-1 유적 3b층(셰프코무드, 얀쉬나 2012. 필자 재편집)
그림 27	아무르강 하류 곤차르카-1 유적 4, 5층(셰프코무드, 얀쉬나 2012. 필자 재편집)
그림 28	아무르강 하류 곤차르카-1 유적 무덤평면도(셰프코무드, 얀쉬나 2012. 필자 재편집)
그림 29	아무르강 하류 오시포프카 문화 토기(셰프코무드, 얀쉬나 2012. 필자 재편집)

그림 30	아무르강 중류 그로마투하 문화 토기(셰프코무드, 얀쉬나 2012, 필자 재편집)
그림 31	연해주 고토기 단계의 석기(코노넨코 외 2003, 필자 재편집)
그림 32	아무르강 하류 오시포프카 문화 석기(셰프코무드, 얀쉬나 2012, 필자 재편집)
그림 33	아무르강 하류 오시포프카 문화 의례품(셰프코무드, 얀쉬나 2012, 메드베제프 2005, 필자 재편집)
그림 34	아무르강 중류 그로마투하 문화 석기(셰프코무드, 얀쉬나 2012, 필자 재편집)
그림 35	세르게예프카-1 유적(김재윤 2017 재인용)
그림 36	세글라예노-7 유직(김재윤 2017 재인용)
그림 37	초르토브이 보로타 유적의 주거지와 출토유물(김재윤 2017 재인용)
그림 38	초르토브이 보로타 유적의 토기(필자촬영)
그림 39	초르토브이 보로타 유적의 토기(필자촬영)
그림 40	초르토브이 보로타 유적의 토기(필자촬영)
그림 41	초르토브이 보로타 유적의 장신구(필자촬영)
그림 42	초르토브이 보로타 유적의 골제품(필자촬영)
그림 43	드보랸카-1 유적 평면도와 발굴된 주거지(김재윤 2017 재인용)
그림 44	루드나야 프리스텐 유적 평면도와 신석기시대 주거지(김재윤 2017 재인용)
그림 45	루드나야유형 토기와 세르게예프카 유형(김재윤 2017 재인용)
그림 46	루드나야 유형의 토기(필자 촬영)
그림 47	베트카 유형의 토기(김재윤 2014 재인용)
그림 48	루드나야 문화의 박편석기(김재윤 2016)
그림 49	루드나야 문화의 각종석기(김재윤 2016 재인용)
그림 50	루드나야 문화의 장신구(김재윤 2016 재인용)
그림 51	투공방법(시묘노프 1967)
그림 52	보이스만-Ⅰ 유적(보스트레초프 1998)　1: 유적 평면도 ｜ 2: 3호주거지 ｜ 3: 4호 주거지 ｜ 4: 4호 주거지복원도
그림 53	보이스만-Ⅱ유적(포포프 외 1997)　1: 유적의 토층도 ｜ 2: 유적 평면도
그림 54	보이스만-Ⅱ유적의 무덤(포포프 외 1997)　가. 1~14: 1호묘 ｜ 나, 다. 21, 22: 2호묘 ｜ 라. 15~20: 3호묘 ｜ 마, 바. 23~30: 3호묘 ｜ 사, 아. 31~45: 5호묘
그림 55	서포항 유적 9호 주거지와 토기(김재윤 2009 재편집)
그림 56	원보이스만 단계의 토기(필자촬영)
그림 57	원보이스만과 보이스만 문화의 토기(모레바 2005, 필자 재편집)　1~8: 원보이스만 단계 ｜ 9~16: 1단계
그림 58	보이스만 문화의 토기(모레바 2005, 필자 재편집)　1~6: 2단계 ｜ 7~10: 3단계 ｜ 11~17: 4단계 ｜ 18~20: 5단계
그림 59	보이스만 5단계(필자촬영)
그림 60	보이스만 문화의 수렵구 및 어로구(코노넨코 1998, 김재윤 2016 재인용)　1~3·7·15·16·19~24: 보이스만Ⅰ ｜ 4~6·11~13·17·18·25·26: 보이스만Ⅱ 출토
그림 61	보이스만 문화의 각종석기(코노넨코 1998, 김재윤 2016 재인용)　1·2·9~15: 보이스만Ⅰ ｜ 3~8: 보이스만Ⅱ
그림 62	보이스만 문화의 장신구(포포프 외 2002, 김재윤 2016 재인용)　1, 2: 보이스만Ⅱ
그림 63	보이스만 문화의 석기(필자촬영)
그림 64	보이스만 문화의 석기(필자촬영)

그림 65	자이사노프카-1 유적의 뇌문토기(필자촬영)
그림 66	그보즈제보 유적 출토 토기
그림 67	보골류보프카 유적 이중구연횡주어골문토기
그림 68	흥성유적 출토 두만강 2유형 토기(필자촬영)
그림 69	두만강 1유형(김재윤 2017 재인용)　　1~3: 서포항 17호　｜　4~7: 서포항 19호　｜　8~15: 자이사노프카-7 유적
그림 70	두만강 2유형(김재윤 2017 재인용)　　1~9: 흥성 유적 11호　｜　10~12: 14호; 13~17: 검은개봉 유적　｜　18~23: 그보즈제보-4 유적　｜　24~28: 클레르크-5 유적
그림 71	두만강 3유형(김재윤 2017 재인용)　　1~6, 8: 보이스만-2유적의 자이사노프카문화층　｜　7: 자이사노프카-1 유적
그림 72	한카호1유형(김재윤 2017 재인용)　　1~7: 크로우노프카 유적 5호
그림 73	한카호2유형(김재윤 2017 재인용)　　1~17: 보골류보프카-1 유적
그림 74	목단강 2유형(김재윤 2017 재인용)　　1~16: 서안촌동 유적 4호　｜　17~24: 석회장 유적 3호　｜　25~28: 석회장 4호
그림 75	자이사노프카 문화의 수렵구(김재윤 2016 재인용)　　1~3·7·8·19·42·46·47: 자이사노프카-1　｜　4~6·15~18·20~25·36·41·44·45: 레티호프카 유적　｜　9~14·26~28·30·33~35·37·43: 크로우노프카 1 유적　｜　29·31·32·38~40: 자이사노프카 7
그림 76	자이사노프카 문화의 굴지구(김재윤 2016 재인용)　　1·2·4: 레티호프카 유적　｜　3·5·6: 자이사노프카　｜　7·8: 크로우노프카 1
그림 77	자이사노프카 문화의 가공구류(김재윤 2016 재편집)　　1·2·4·5·8~12: 자이사노프카 7 유적　｜　3·6·7: 자이사노프카-1유적

참고문헌

김용간·서국태, 1972, 「서포항원시유적발굴보고」, 『고고민속론문집』4

김재윤, 2009a, 「서포항 유적의 신석기시대 편년 재고」, 『한국고고학보』, 제 62호

김재윤, 2014, 「한-중-러 접경지역 신석기시대 고고문화의 변천」, 『考古廣場』14號

김재윤, 2016a, 「5000B.P.이후 평저토기문화권 동부지역의 무덤으로 전용된 주거지에 대한 이해, 『韓國新石器硏究』, 第32

김재윤, 2016b, 「압록강·연해주의 신석기시대 석기」, 『신석기시대 석기론』, 진인진

김재윤, 2017, 『접경의 아이덴테티: 동해와 신석기문화』, 서경출판사

김재윤, 2018a, 「청동기시대 조기 경남 평거동 유적과 연해주 시니가이문화의 관련성 검토」, 『嶺南考古學』, 81호

김재윤, 2018, 「제2장 신석기시대」, 『북방고고학개론』, (재)중앙문화재연구원, pp.62~88

김재윤·클류예프 엔.아·얀쉬나 오.베., 2007, 「연해주 신석기시대의 최신자료」, 『考古廣場』

박성근, 2013 「남부지역 신석기시대 석부 연구」, 『한국고고학보』 제86집

모레바·클류예프, 2016, 「연해주 리소보에-4 유적 고토기에 관해서」, 『한국신석기연구』 31호

셰프코무드 외, 2017(김재윤 譯), 「아무르강 하류 이른 신석기시대에 관한 문제점: 아미흐타 유적의 연구조사 결과」, 『러시아 연해주 및 극동의 선사시대』, 서경문화사

牡丹江市文物管理站, 1990, 「黑龍江省寧安縣石灰場遺趾」, 『北方文物』2期

延邊博物馆, 1991, 「吉林省龙井县金谷新石器时代遗址清理简报」, 『北方文物』1期

延邊博物館·吉林省文物考古硏究所, 2002, 『和龍興城—新石器及青銅时代遺址發掘報告』

黑龍江省文物考古工作隊, 1981, 「黑龍江寧安縣鶯歌嶺遺址」, 『考古』第6期

Андреев Г.И., 1957, "Поселение Зайсановка 1 в Приморье", СА, 2, 121-145 (안드레예프, 1957, 「연해주의 자이사노프카-1 유적」, 『소련 고고학 1957-2호』)

Андреев Г.И., 1960, "Некоторые вопросы культур Южного Приморья III – I тыс. до н.э.", МИА 86, 136-161. (안드레예프, 1960, 「기원전 3천년기~1천년의 연해주 남부 제문제」, 『소련물질문화연구 86호』)

Алексеева, Э.В., Андреева, Ж.В., Вострецов, Ю.Е., Горшкова, И.С., Жущиховская, И.С., Клюев, Н.А., Кононенко, Н.А., Кузьмин, Я.В., Худик, В.Д., 1991, Неолит юга Дальнего Востока: Древнее поселение в пещере Чертовы Ворота (알렉세프 외, 1991, 『남극동의 신석기시대: 쵸르토븨 바로타 유적』).

Батаршев С.В., 2009, Руднинская археологическая культура в Приморье. -198с.(바타르쉐프, 2009, 『연해주의 루드나야 고고문화연구』)

Бродянский Д.Л., 1973, Неолит в бронзовый век Приморья в свете ретроспективного метода. //Проблемы этногенеза народов Сибири и Дальнего Востока. Тезисы докладов всесоюзной конференции, Новосибирск, 1973.(브로댠스키, 1973, 연해주의 신석기시대와 청동기시대)

Бродянский Д.Л., 1987, Введение в дальневосточную археологию. (브로댠스키(정석배 역), 1996, 연해주의 고고학)

Вострецов Ю.Е., 1998, Археологические материалы поселений Заречное-1, Зайсановка-3,4, Ханси-1, Бойсмана-1// Первые рыболовы в заливе Петра Великого-Владивасток.(보스테레초프, 1998, 자레치노 예-1, 자이사노프카-3·4, 한시-1, 보이스만-1 유적 연구, 『표트르 대제만의 원시어업』)

Гарковик А.В., 1989, Новый неолитический памятник Боголюбовка 1(в Приморе),Древние культуры Дальнеого Востока СССР(археологический поиск)/ ИИАЭ ДВО РАН СССР.-Преритнт-Владивосток, -С.8-10.(가르코빅, 1989, 「보골류보프카-1 신석기 유적」, 『소련극동의 고대문화』)

Гарковик А.В., 1993, Реальтаты раскопки на поселении Мустанг 1 в 1987г. //Археологические исследования на Дальнем Востоке России /ИИАЭ ДВО РАН -Препринт.-Владивосток, С.3-6.(가르코빅, 1993, 1987년 무스탕 1유적 발굴보고)

Гарковик А.В., 2000, Архаичные керамические комплексы Приморья // Вперед… в прошлое: К 70-летию Ж.В. Андреевой. Владивосток, С. 252-271.(가르코빅, 2000, 연해주의 고토기 유형)

Гарковик А.В., 2005, Некоторые особенности перехлдного периода от палеолита к неолиту, Российский Дальний восток в древности и средневековье(가르코빅, 2005, 「구석기시대에서 신석기시대로의 이행기에 대한 몇 가지 문제」)

Гарковик А.В., 2008, Боголюбовка-1 памятник позного неолита Приморя, Окно в неведомый мир-Новосибриск, Изд-во ИИАЭ СО РАН, 2008-С.131-139.(가르코빅, 2008 「연해주 신석기 후기 보골류보프카-1 유적」, 『미지의 세계로 들어가는 창』)

Гарковик А.В., 2011, Сооружения этохи неолита на памятнике Мусан-1 в Примоье, Дальний Восток России в древностии и средневековье (가르코빅, 2011, 「연해주 무스탕-1 유적의 신석기시대 주거지」, 『러시아 극동의 선사와 중세시대』)

Глушков И.Г., 1996, Керамика как археологический источник (그루쉬코프, 1996, 『고고학 자료에 있어서 토기』)

Деревянко А.П., Зенин В.Н., 1995, Палеолит Селемджи (по материалам стоянок Усть-Ульма-1-3) // Новосибирск, 160 с(데레비얀코, 제닌, 1995, 후기구석기시대 셀렘자 문화)

Деревянко А.П., Деревянко Е.И., Нестеров С.П., Табарев А.В., Кадзунори Учида, Даи Куникита, Кацуки Морисаки, Хироюки Мацудзаки. Новые радиоуглеродные даты громатухинской культуры начального этапа неолита в Западном Приамурье// Археология, этнография и антропология Евразии, т. 45, №. 4, 2017, с. 3–12(데레비얀코 외, 2017, 아무르강 중류의 신석기 초기 그로마투하 문화의 절대연대 최신자료)

Джалл Э.Дж.Т., Бурр Дж., Деревянко А.П., Кузьмин Я.В., Шевкомуд И.Я., 2001а. Радиоуглеродная хронология перехода от палеолита к неолиту в Приамурье (Дальний Восток России) // Современные проблемы евразийского палеолитоведения. Новосибирск, С. 140-142 (드 잘 외, 2001, 아무르강의 후기구석기시대~신석기시대 이행기의 탄소연대)

Жущиховская И.С., 2004, Очерки истории древнего гончарства Дальнего Востока России. Владивосток, 312(주시호프스카야, 2004, 러시아 극동의 고대 토기 제작)

Морева О.Л., 2003, Относительная периодизация керамических комплексов Бойсманской археологической культуры памятника Бойсмана-2(모레바, 2003, 보이스만-2 유적의 보이스만 문화의 토기상대편년)

Дьяков В.И., 1992, Многослойное поселение Рудная Пристань и периодизация неолитических культур Приморья. – 140 с. (디코프, 1992, 『연해주의 루드나야 프린스턴 유적과 신석기 문화의 편년』)

Морева О.Л., 2005, Керамика Бойсманской културы (по материалам памятника Бойсмана-2):Автореф.дис...канд.ист.нук.(모레바, 2005, 보이스만 문화의 토기, 박사학위논문요약본)

Морева О.Л.,Батаршев С.В.,Попов А.Н., 2008, Керамический комплекс эпохи неолита с многослойного памятника Ветка-2(Приморье)//Неолит и неолитизация бассейна японского моря: человек и исторический ландшафт-Владивосток, 2008. -С131-160.(모레바 외, 2008, 「다층위 베뜨까-2 유적의 신석기시대 토기고찰」, 『동해안의 신석기시대: 역사경관에서 인간』)

Морева О.Л.,Батаршев С.В.Дорофеева Н.А.,Куртых Е.Б., Малков С.С., 2009, "Предварительные результаты изучения памятника Гвоздево-4 в южном Примрье" С.52-104.(모레바 외, 2009, 그보즈제보-4 유적의 발굴조사)

Нестров С.П., 2005, Стратиграфия неолитических памятников Новопетровка-III и Громатуха из западного Приамурья, Северная пацика-культурные адаптпции в конце плейстоцена и голоцена(네스테로프, 2005, 「아무르강 서쪽 그로마투하 문화의 노보페트로프카-3 유적」)

Нестров С.П., 2008, Черниговка-на-Зее – поселение громатухинской культуры в западном Приамурье // Неолит и неолитизация бассейна японского моря:

человек и исторический ландшафт: Материалы междунар. археологич. конф., посв. 100-летию со дня рожд. А.П. Окладникова. Владивосток, С. 170-181(네스테로프, 2008, 아무르강 중류의 그로마투하 문화의 체르니고프카-나-지 유적)

Нестеров С.П., Алкин С.В., Петров В.Г., Канг Чан Хва, Орлова Л.А., Кузьмин Я.В., Имамура М., Сакамото М., 2005, Результаты радиоуглеродного датирования эпонимных памятников громатухинской и новопетровской культур западного Приамурья // Проблемы археологии, этнографии, антропологии Сибири и сопредельных территорий:

Материалы год.й сес. Ин-та археологии и этнографии СО РАН, 2005г, Новосибирск, Т.XI. Ч. I. С. 168-172 (네스테로프 외, 2005, 아무르강 중류의 그로마투하 문화와 노보페트로프카 문화의 탄소연대측정결과)

Нестеров С.П., Зайцев Н.Н., Волков Д.П. Ранненеолитический памятник громатухинской культуры Черниговка на реке Зее // Проблемы археологии, этнографии, антропологии Сибири и сопредельных территорий. - Новосибирск: Изд-во ИАЭТ СО РАН, 2006, - Т. XII, ч. 1. - С. 201-205(네스테로프 외, 2006, 그로마투하 문화의 유적 체르니고프카-나-지 유적)

Клюев Н.А Гарковик А.В., 2008, Новые данные о неолите Приморья(по материалам исследований 2000-х годов),Неолит и неолитизация бассейна японского моря: человек и исторический ландшафт - Владивосток, 2008. - С85-97.1(클류에프·가르코빅, 2008 「연해주 신석기시대의 새로운 자료」, 『동해안의 신석기시대: 역사경관에서 인간』)

Клюев Н.А., Яншина О.В., 2002, Финальный неолит Приморья: новый взгляд на старую проблему, Россия и АТР. - № 3. - С. 67-78(클류에프·얀쉬나, 2002, 「연해주의 신석기시대 가장 마지막 순간: 오래된 문제에 대한 새로운 접근」)

Клюев Н.А., Яншина О.В., Кононенко Н.А., 2003, Поселение Шекляево-7 - новый неолитический памятник в Приморье, Россия и АТР. - № 4. - С. 5-15 (클류예프 외, 2003, 「셰클리예보-7 유적」, 『러시아와 대평양』제4기)

Клюев, Н.А., Пантюхина, И.Е., 2006, Новые памятники раннего неолита Примрья (стоянка-ЛЗП-3-6), Гродековские чтения (클류에프, 판튜히나, 2006, 「연해주 이른 신석기시대 새로운 유적(엘제페-3-6)」, 『그로제코바 기념논총』.

Кононенко Н.А., 1998, Каменный и костяной инвентарь поселения Бойсмана-1// Первые рыболовы в заливе Петра Великого-Владивасток.(코노넨코, 1998, 보이스만-1 유적의 석기와 골각기연구, 『표트르 대제만의 원시어업』)

Ким Чже Ён, 2009, Керамика позднего неолита приморья и соредельных территорий Восточной Азии ; Автореф. дис...канд.ист.нук.(김재윤, 2009b, 『러시아 연해주 및 인접한 동아시아의 신석기 후기 연구』, 박사학위논문 요약본)

Куртых Е. Б., Батаршев С.В., Дорофеева Н.А. Малов С.С.,Морева О.Л., Попов А.Н., 2007, Археологическая исследования на памятнике гвоздево-4 в южном приморе, Археология каменного века палеоэкология (쿠르티흐 외, 2007, 그보즈제보-4 유적의 고고학조사, 『고고학과 석기시대 고환경』)

Кузьмин, Я.В., Алкин, С.В., Оно, А., Сато, Х., Сакаки, Т., Матсумото Ш., Оримо, К., Ито Ш., 1998, Радиоуглеродная хронология древних культур каменного века Северо-Восточной Азии / - Владивосток: Тихоокеанский ин-т географии ДВО РАН, 1998. – 127 с. (쿠즈민 외, 1998, 『선사시대 절대연대』).

Окладников А.П., 1958, Далекое прошлое Приморья, Владивосток (오클라드니코프, 1958, 연해주의 머나먼 과거)

Окладников А.П., 1964, "Советский Дальний Восток в свете новейших достижений археологии", ВИ 1, С. 44-57(오클라드니코프, 1964, 「극동 고고학의 새로운 성과」, 『역사의 제문제 1』)

Окладников А.П., 1970, "Неолит Сибири и Дальнего Востока", МИА 166. – С. 172-193. (오클라드니코프, 1970, 「시베리아와 극동의 신석기시대」, 『소련물질문화연구 166호』)

Окладников А.П., Деревянко А.П., 1977. Громатухинская культура. Новосибирск, 211 с(오클라드니코프, 데레비얀코, 1977, 그로마투하 문화)

Окладников А.П., Бродянский Д.Л., 1984, Кроуновская культура, Археология юга Сибири и Дальнего Востока. - Новосибирск: Наука. Сиб. отд-ние. (오클라드니코프·브로단스키, 1984, 「크로우노프카 문화」, 『시베리아 남부와 극동의 고고학』)

Окладников А.П.,Деревянко А.П., 1973, Далекое прошилое Приморья и Приамурья (오클라드니코프·데레뱐코, 1973, 『연해주와 아무르의 고대』)

Попов А.Н., Чикишева Т.А., Шпакова Е.Г., 1997, Бойсманская археологическая культура Южного Приморья (по материалам многослойного памятника Бойсмана-2).

(포포프 외, 1997 남부 연해주의 보이스만 고고문화)

Попов А.Н., Кононенко Н.А., Дорофеева Н. А., 2002, Харатеристика каменного инвентаря Бойсманской культуры(по результатам раскопок памятника Бойсмана-2 1998г.), //Археология и культурная антропология Дальнего Востока и Централльной Азий (파포프 외, 2002, 「보이스만 문화의 석제도구 특징」, 『극동과 중앙아시아의 고고학과 문화인류학』)

Попов, А.Н., Батаршев, С.В., 2007, Матариалы руднинской культуры на памятнике Лузанова Сопка-2 в Западном Приморье, Северная Евразия в антропогене : человек, палетехнологии, геоэкология, этнология и антропология: материалы всерос. конф. с междунар.участием, посвящ. 100-летию со дня рождения(파포프·바타르쉐프, 2007, 「루자노바 소프카-2 유적의 루드나야 문화의 토기 연구」).

Шевкомуд И.Я., 2002, Памятники Хехцирского геоархеологического района и проблемы переходного периода от палеолита к неолиту в Приамурье // История и культура Востока Азии. Новосибирск, Т.2. С. 178-182.(세프코무드 외 2002, 아무르강 하류의 후기구석기시대에서 신석기시대 이행기의 헤흐치르 지구 유적)

Шевкомуд И.Я., 2003, Осиновая Речка-10 – новый памятник переходного периода от палеолита к неолиту на Нижнем Амуре // Археология и социокультурная антропология Дальнего Востока и сопредельных территорий.Третья международная конференция ≪Россия и Китай на дальневосточных рубежах≫. Благовещенск, С. 63-70.(세프코무드, 2003, 아무르강 하류의 후기구석기시대에서 신석기시대 이행기의 새로운 유적, 오시노바야 레치카-10 유적)

Шевкомуд И.Я., Яншина О.В. Начало неолита в Приамурье: поселение Гончарка-1. СПб: МАЭ РАН, 2012, 270 с(세프코무드, 얀쉬나, 2012, 곤차르카-1 주거 유적: 아무르강의 신석기시대 시작)

Яншина О.В., Клюев Н.А., 2005, "Поздний неолит и ранний палеометалл Приморья: критерии выделения и характеристика археологических комплексов", Российский Дальний Восток в древности и средневековье: открытия, проблемы, гипотезы: Открытия, проблемы, гипотезы-Владивосток – С. 187-233 (얀쉬나·클류에프, 2005, 「연해주 신석기 후기와 고금속기시대 전기의 고고유형 분리와 특징」, 『러시아 극동

의 선사와 중세』)

Derevianko A.P., Kuzmin Y.V., Burr G.S., Jull A.J.T., Kim J.C. AMS 14C age of the earliest pottery from the Russian Far East: 1996 – 2002 results // Nuclear Instruments and Methods in Physics Research. Section B: Beam Interactions with Materials and Atoms. – 2004. – Vol. 223/224. – P. 735 – 739.

E.I. Gelman, M. Komoto, K. Miyamoto, T. Nakamura, H. Obata, E.A. Sergusheva, Y.E. Vostretsov. Kumamoto, 2003, Krounovka 1 Site in Primorye, Russia: Preliminaly Result of Excavations in 2002 and 2003

청동기시대

1. 마르가리토프카 문화

1) 연구현황

(1) 연구사와 편년

마르가리토프카 문화는 연해주 올가 지구의 마르가리토프카 강 부근의 시니예 스칼리이 유적을 발굴하고 난 후 이를 근거로 문화가 설정되었다. 신석기시대 후기와는 토기 특징이 다르고 마제석검, 장방형 석도 뿐만 아니라 청동주조를 위한 거푸집[16]이 발견되어서 신석기시대를 벗어났다고 생각했기 때문이다(안드레예바 1970). 당시 시니예 스칼르이 유적에서 발견된 토기는 구연부가 돌대문 혹은 이중구연이며 마연된 것이다.

하지만 2000년대 들어와서 자이사노프카 문화의 유적들이 많이 발굴되면서 시니예 스칼르이 유적의 토기와 서로 비슷해서, 크게 다르지 않다는 인식이 형성되었고, 토기는 마르가리토프카 문화를 정의하는데 크게 도움이 되지 않는다고 생각하게 되었다(얀쉬나 2004, 얀쉬나 클류예프 2005). 뿐만 아니라 청동 유물이 확인되지 않고(얀쉬나 2001), 석기 가운데 타제 기법이 여전히 사용되는 점, 마르가리토프카 문화의 절대연대가 자이사노프카 문화의 연대와 일부 병행되는 점(Cassidy et al 2005)이 확인되면서 마르가리토프카 문화를 신석기시대 후기로 보려고 했다.

그렇지만 최근 발굴된 올가 10 유적에서는 휴대가 가능한 지석이 발견되었는데, 금속기 제작에 사용된 유물로 볼 수 있다(데레뱐코 2013, 바타르세프 외 2018). 뿐만 아니라 토기 특징이 자이사노프카 문화와 거의 유사하다고 보았지만, 마르가리토프카 문화의 토기 가운데는 이중구연토기이면서 적색마연토기(그림 79)가 있는데, 자이사노프카 문화에는 관찰되

---

[16] 시니예 스칼르이 거푸집은 안드레예바는 청동기시대 가장 이른 유물로 생각했지만, 나중에 청동기시대 층이 아니라고 여겨지게 되었다(시니예 스칼르이. 그래서 이 문화에서는 청동기 제작기술이 없다고 평가되었다.

지도 4　환동해북부지역 청동기시대 유적(유적명은 표 16의 번호 참고)

지 않는 것이다(김재윤 2011, 바타르세프 외 2017). 적색마연된 이중구연토기 혹은 돌대문토기는 이웃한 흥성유적의 청동기시대 토기 특징이다(김재윤 2011).

　그래서 마르가리토프카 문화는 신석기시대와 다른 청동기시대로 구분되어야 한다는 시각도 여전히 존재한다(김재윤 2011, 바타르세프 외 2017).

　마르가리토프카 문화는 측정연대에 따라서 3500~3100년 전에 존재했다고 볼 수 있다. 토기의 특징에 따라서 1유형과 2유형으로 구분되는데, 3500~3300년 전의 토기(마르가리토프카 1유형)는 적색마연토기에 이중구연된 것이거나 혹은 이중구연만 된 것이다. 3300~3100년 전 (마르가리토프카 2유형)토기는 마연토기는 없어지고 이중구연된 토기만 남아 있다.

청동기시대　167

2) 문화적 특징

(1) 유적

① 글라조프카-2 유적

글라조프카(Глазовка, Glazovka)-2 유적은 연해주의 내륙에 위치하는데 레소보보드스크(Лесозаводск, Lesozavodsk) 지구의 글라조프카 마을에서 북동쪽으로 3.2km 떨어진 곳에 위치하며 언덕의 북서쪽 정상부와 남동쪽 끝자락 낮은 고개의 평탄 구간에 위치한다. 다층위 유적으로 하층은 신석기시대 층이고 상층은 마르가리토프카 문화의 주거지가 1기 발굴되었다. 주거지의 평면형태는 장방형이고 무시설식 노지, 기둥구멍은 4열로 배치되어 있다.

② 루드나야 프리스턴 유적

루드나야 프리스턴 유적은 하층은 신석기시대 후기, 상층은 마르가리토프카 문화의 유적이다. 상층에서는 1호, 7호, 8호가 확인되었다. 그 중 1호는 평면형태가 부정확하고 기둥구멍과 화덕자리가 없고, 평면크기가 아주 작아서 주거지는 아니다. 7호와 8호는 장방형 주거지이지만 평면적은 크게 차이가 있다(표 16).

③ 프레오브라제니예-1

프레오브라제니예(Преображение, Preobrazheniye)-1 유적은 라조(Лазо, Lazo) 지구의 프레오브라제니예 만으로 유입하는 하천 계곡의 41m 높이의 곳의 북쪽에 위치한다. 곶이 위치한 곳은 석호의 가장자리이다. 유적에서 총 14기의 수혈이 발견되었는데 2그룹으로 나눠져서 확인되었다. 언덕의 정상 위에는 마르가리토프카 문화의 주거지 7기(8~14호), 언덕 사면에서 발견된 주거지 7기(1~7호)는 초기철기시대이다(그림 78).

8호와 11호 주거지는 어깨선의 윤곽이 명확하지 않고 구덩이도 0.2m가량으로 깊지 않아서 유적을 발굴한 슬렙초프(Слепцов И.Ю., Sleptsov I.YU.)는 계절성 주거지로 생각했다.

유적에서는 이중구연 적색마연토기(그림 79, 그림 80), 장방형 석도(그림 80-18), 석제 원판형(그림 80-7~17), 타제석기(그림 81) 등이 출토되었다.

④ 페레발 유적

페레발(Перевал, Pereval) 유적은 연해주의 파르티잔(Партизан, Partisan) 지구 파르티잔 강의

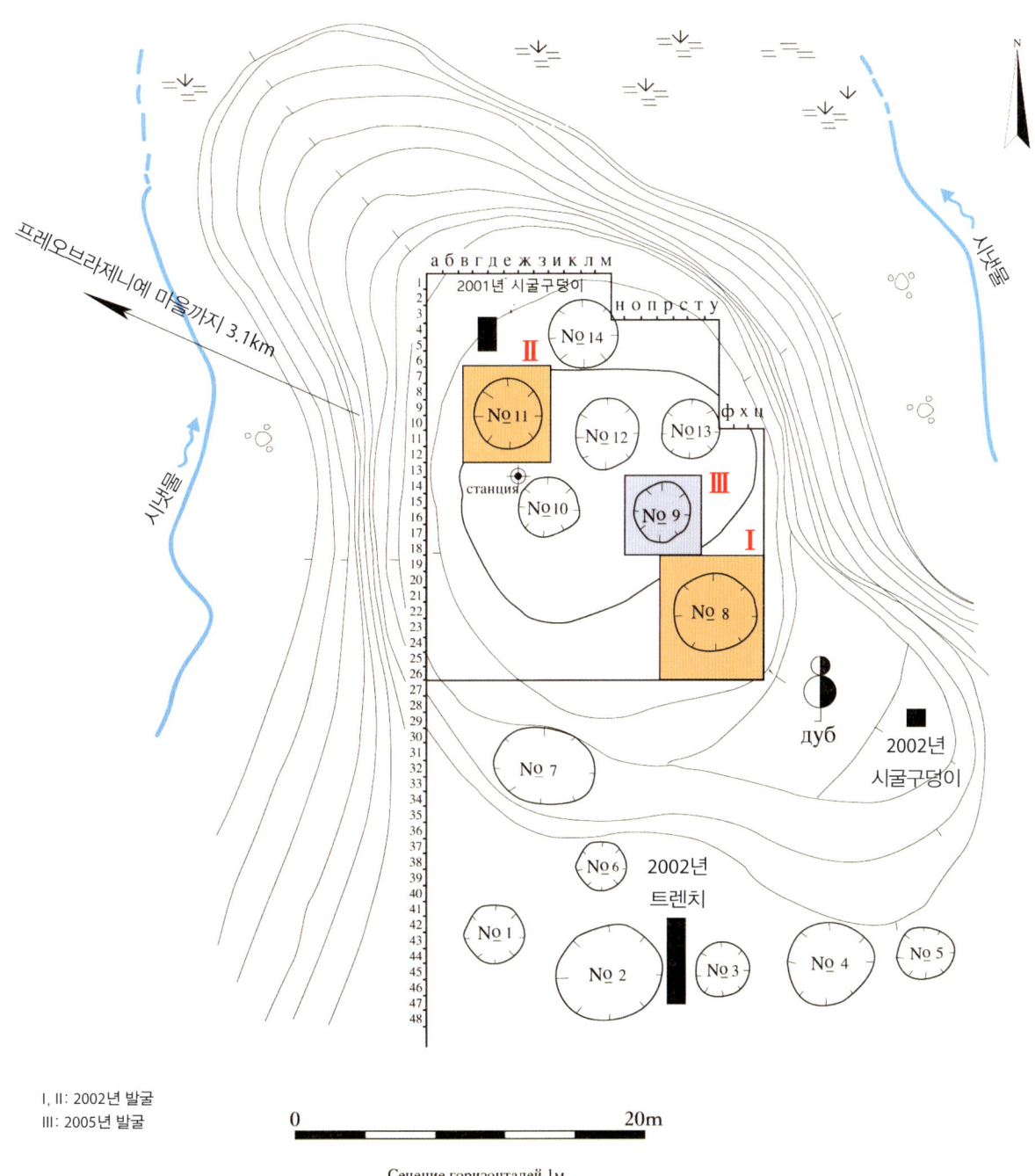

그림 78 프레오브라제니예-1 유적 평면도(국립문화재연구소 2008)

청동기시대 169

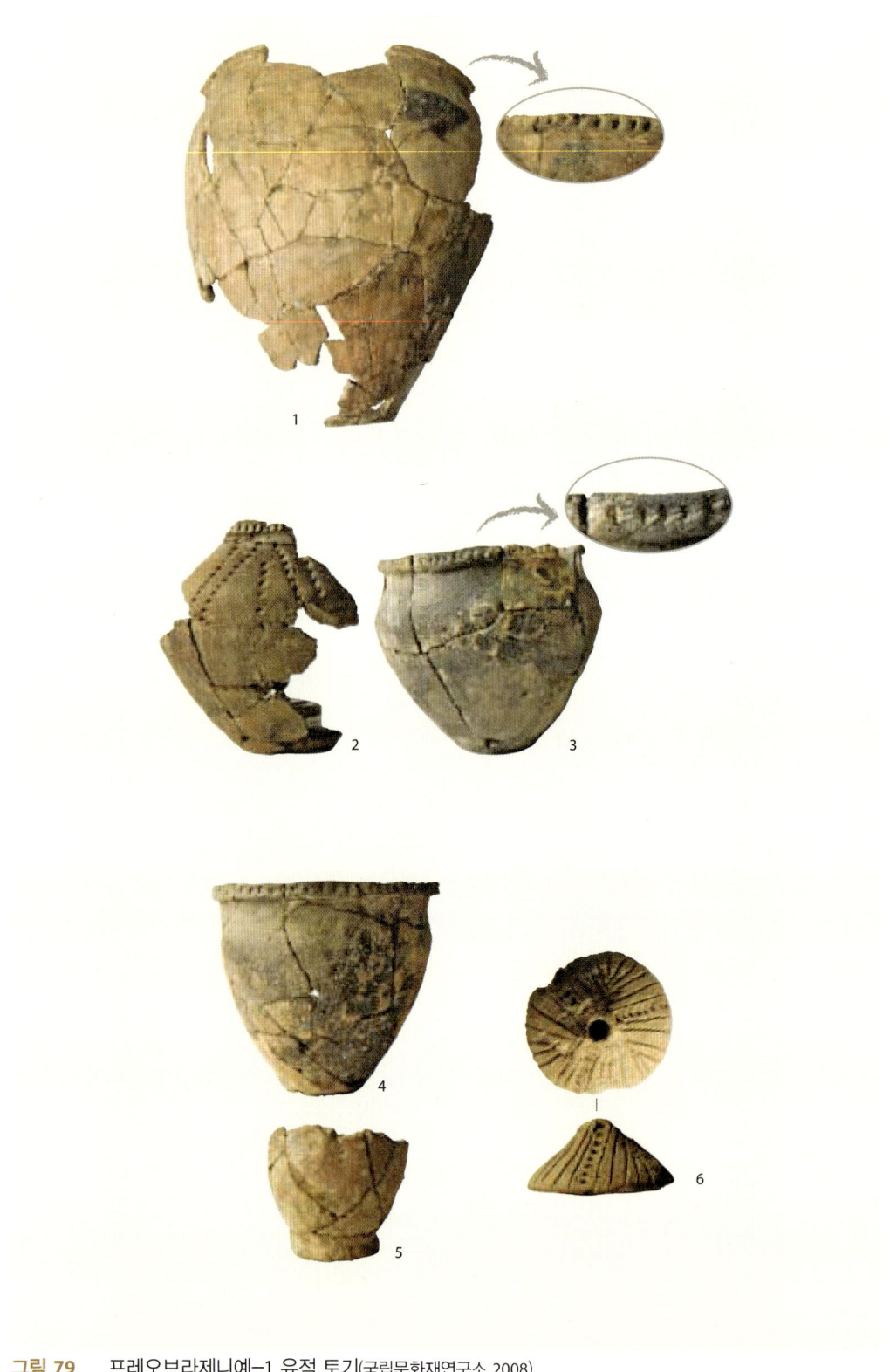

그림 79 프레오브라제니예-1 유적 토기(국립문화재연구소 2008)

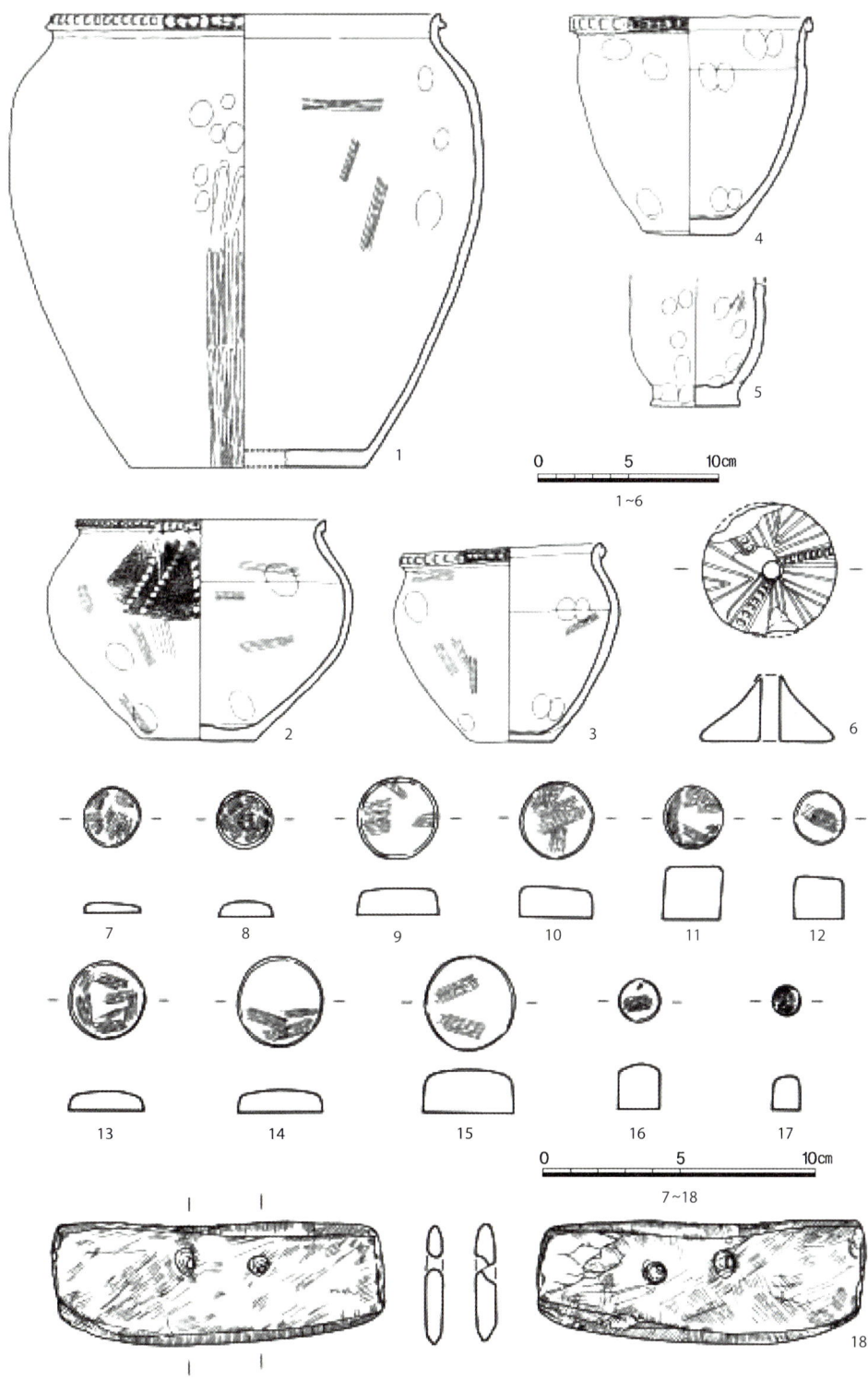

그림 80 프레오브라제니예-1 유적 토기와 마제석기 (국립문화재연구소 2008)

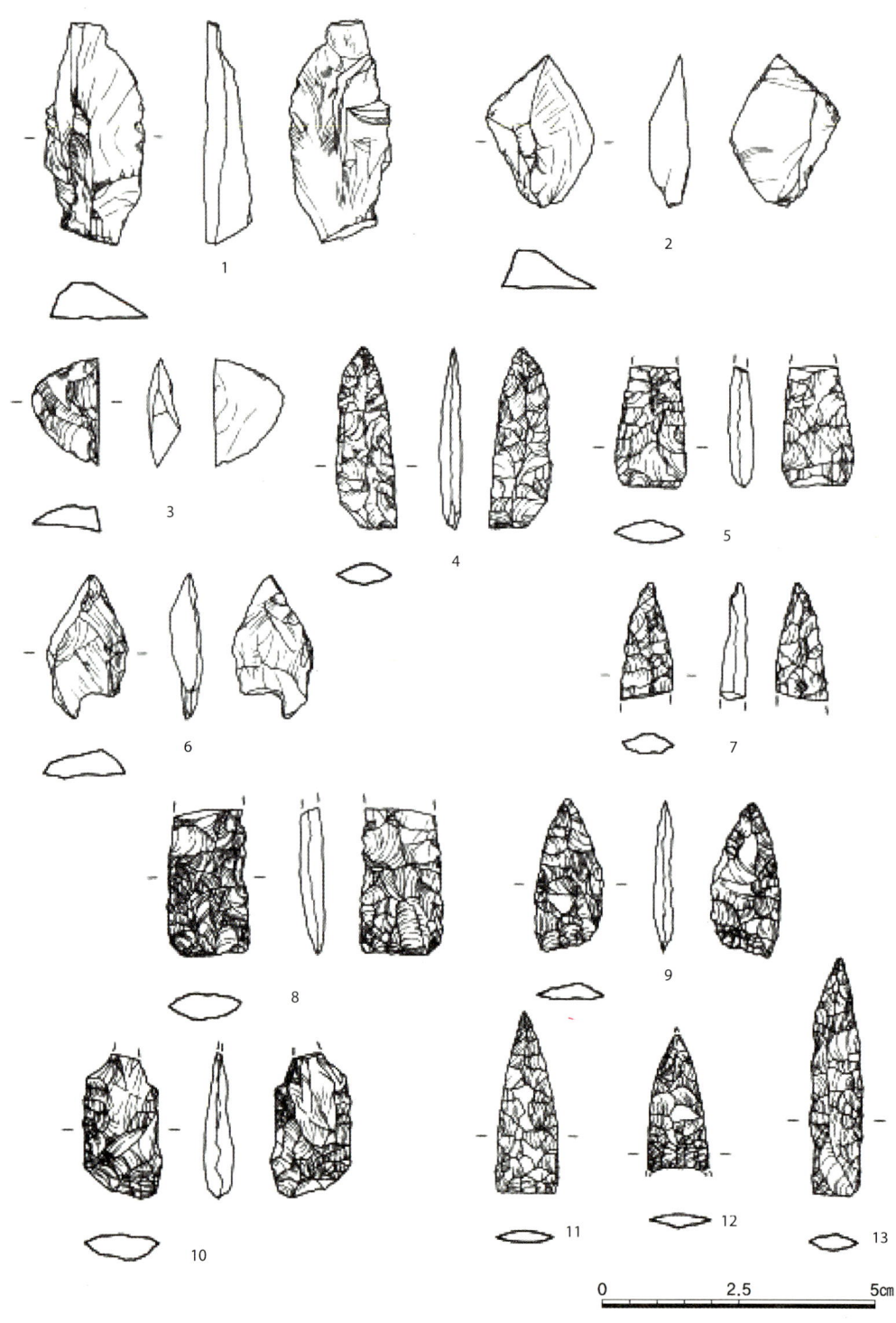

그림 81　프레오브라제니예-1 유적 토기와 타제석기(국립문화재연구소 2008)

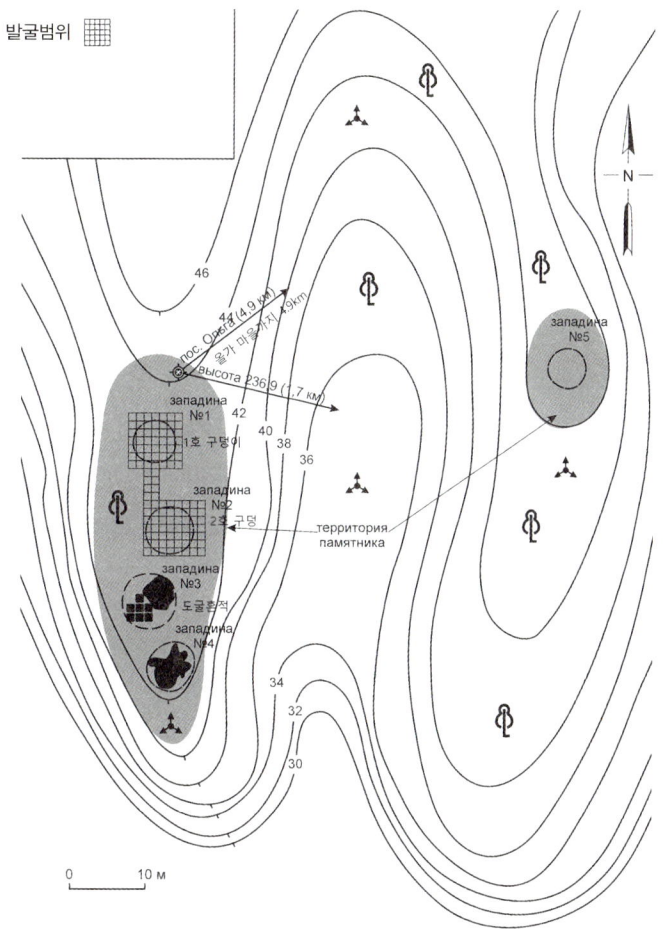

그림 82　올가-10 유적 평면도(바타르세프 외 2017, 김재윤 재편집)

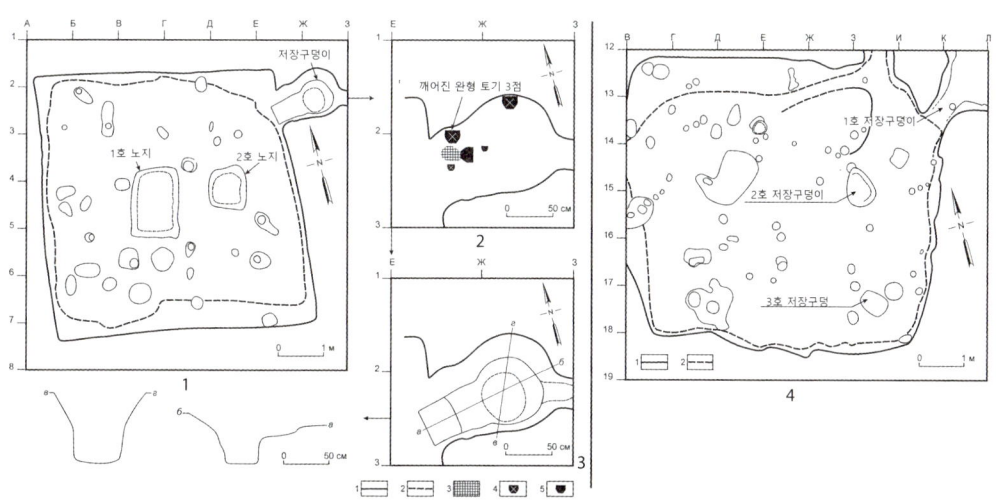

그림 83　올가-10 유적의 주거지(바타르세프 외 2017, 김재윤 재편집)　1~3: 1호 주거지 ｜ 4: 2호 주거지

청동기시대　173

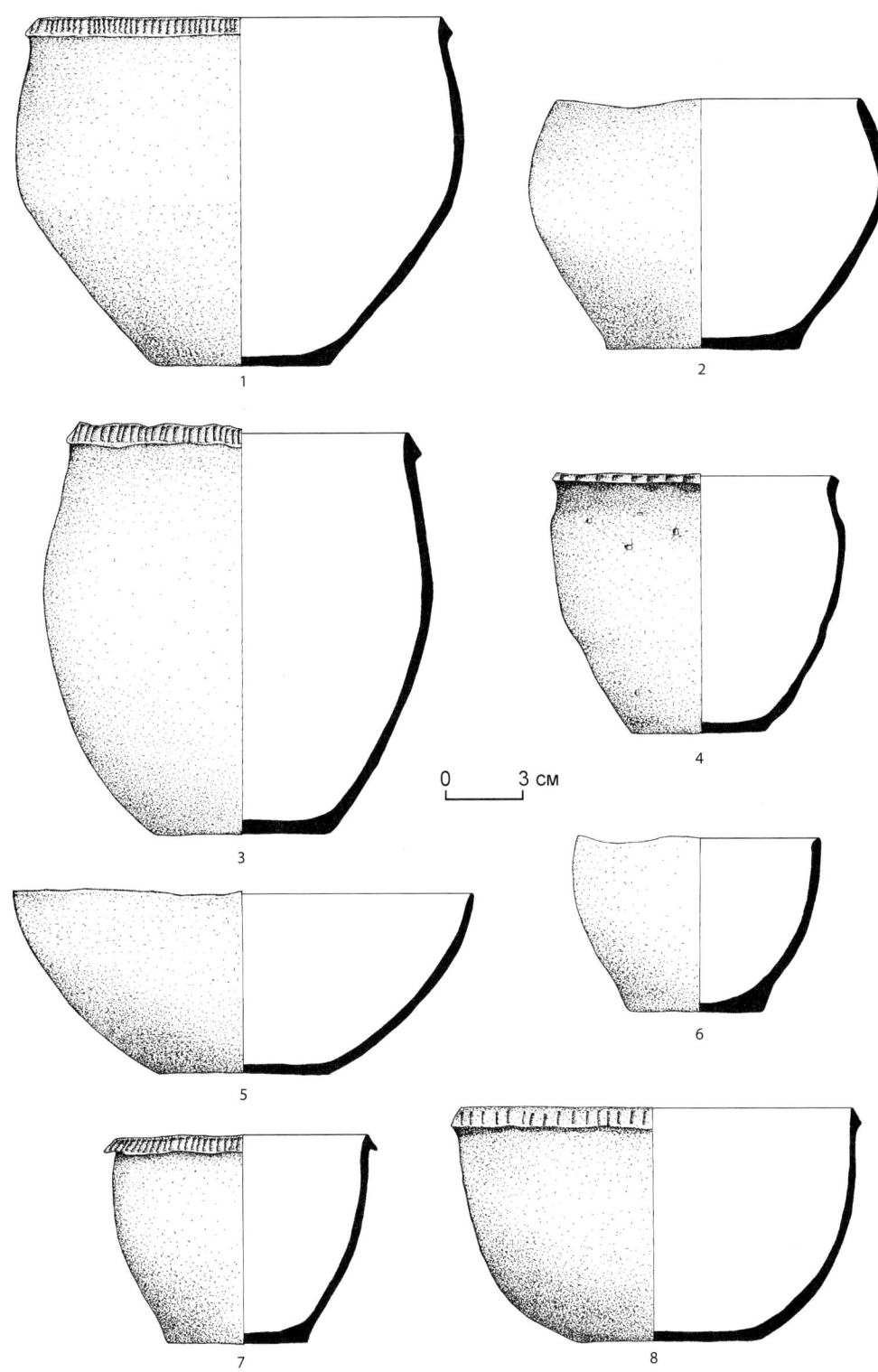

그림 84   올가-10 유적의 토기 (바타르세프 외 2017)

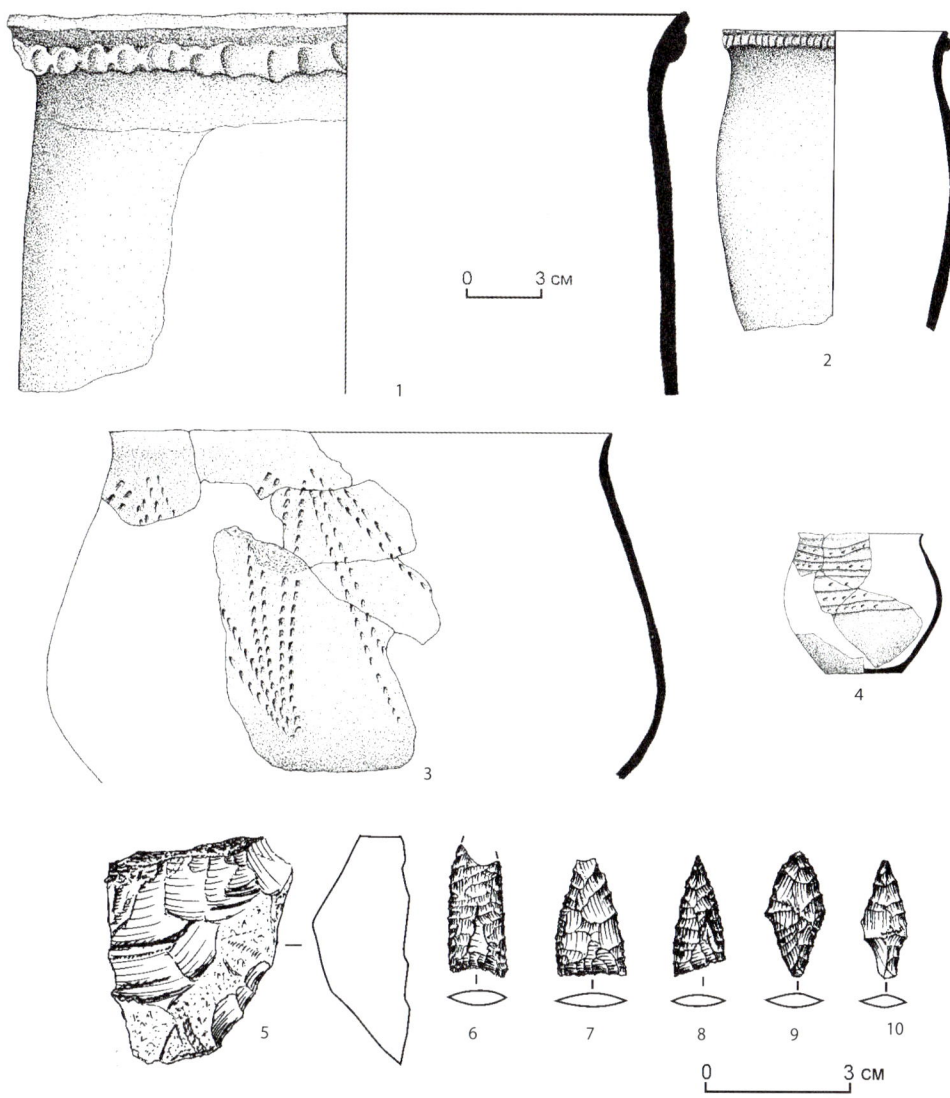

그림 85 올가-10 유적의 토기와 석기 (바타르세프 외 2017, 김재윤 재편집)

표 15 연해주 청동기시대 절대연대(김재윤 2018a, 김재윤 2018b 재편집)

		유적		절대연대(B.P.)(괄호보정연대)	참고문헌
청동기 시대	마르가리토프카 문화	글라조프카-2		3605±35(AA 37114)	J.Cassidy 외 2003
				3580±40(UCR-3773)	
		에프스타피-올렉 1		3615±80(ГИН 6948)	
		프레오브라줴니예1		3510±70(Bета-172568)	
		자랴-3		3570±80(Bета-133846)	
				3520±40(Bета-172570)	
				3540±70(Bета-172573)	
청동기 시대	마르가리토프카 문화	모나스트르카-3		3420±40(ГИН-10218)	댜코프 1989
				3340±40(ГИН-10219)	
				3400±40(ГИН-10220)	
		올가-10	1호	3300±45B.P.(COAH-8365)	바타르세프 외 2017
			2호	3515±65B.P.(COAH-8366)	
				3370±55B.P.(COAH-8367)	
	시니가이문화	레티호프카 04년 수혈		3610±80(COAH-6108)	쿠르티호 외 2008
				3240±80(COAH-6109)	金材胤 외 2006
				3200±100(COAH-6110)	
		노보셀리쉐-4 중간층(청동기시대층)		2980±50(ГИН-6951)	얀쉬나·클류예프 2005
		수보로보-6 하층		2960±90(ГИН-7234) (BC11-10)	쿠즈민 외 2003
				2935±50(COAH-3023) (BC11-10)	
		아누치노-14 청동기시대		2640±55(COAH-4491)	클류예프 외 2001
		시니가이 A 중층(청동기시대층)		2875±45(COAH-1540)	브로댠스키 1996
				2820±55(COAH-1541)	
	리도프카 문화	리도프카-1의 상층		2610±45(COAH-1390)	댜코프 1989
				2535±40(COAH-1424)	
				2570±60(COAH-1388)	
				2450±50(COAH-1389)	
		수보로소-6 상층		2320±55(COAH-3022) (BC5-4)	쿠즈민 외 2003
				2540±40(AA-36623) (BC7-6)	
		미스 스트라시느이		2575±45(COAH-4414)	
		수보로보-8		2560±90(COAH-4305)	
				2465±60(COAH-4309)	
				2400±55(COAH-4310)	
				2350±35(COAH-4308)	

표 16 환동해북부지역 청동기시대 문화 대표 유적

문화	지도4	유적명	유적입지	조사 연도	조사 성격	시대	성격	참고문헌
북한	①	오동	하안대지	1954년 1955년	발굴	신석기~철기	주거유적	과학원출판사 1960
	②	서포항	해안가	1960년 1964년	발굴	구석기~청동기	주거유적	김용간·서국태 1962
	③	범의구석	하안대지	1959년 1961년	발굴	신석기~철기	주거유적	황기덕 1975
중국	④	송평동	해안가	1927년 1928년	발굴	신석기~철기	주거유적	藤田亮策 1930 國立金海博物館 2005
	⑤	흥성	언덕위	1986년 1987년	발굴	신석기~청동기	주거지	延邊博物館·吉林省文物考古研究所, 2002
마르가리토프카 문화	⑥	페레발	언덕위	1966년 1972년 1978년	발굴	신석기시대? 청동기시대	주거	메드베제프 2000
	⑦	글라조프카-2	하안대지	1990년	발굴	청동기시대	주거지	클류예프·안쉬나 1994
	⑧	마략 르발로프	하안대지	1959년 1960년	발굴	신석기시대 청동기시대	주거유적 문화층발굴	오클라드니코프 1964 안드레예프 1960
	⑨	루드나야 프린스턴	해안단구	1953년 1955년	발굴	신석기시대 청동기시대 철기시대	주거지 문화층	디코프 1992
	⑩	프레오브라줴니예	언덕위	2002년 2005년	발굴	청동기시대	주거지	슬렙초프 2005
	⑪	올가 10	언덕 위	2010년	발굴	청동기시대	주거지	바타르세프 외 2018
시니가이 문화	⑫	시니가이 A유적	언덕 위	1968년	발굴	청동기시대	주거유적	브로단스키 1987
	⑬	하린 유적	언덕 위	1957년 1958년	발굴	청동기시대	주거유적	댜코프 1989
	⑭	아누치노-14 유적	언덕 위	1999~ 2001년	발굴	신석기시대 청동기시대	주거유적	쿨류예프·안쉬나 2002
	⑮	레티호프카 유적	언덕 위	1999년 2004년	발굴	청동기시대 철기시대(폴체문화)	주거유적	콜로미예츠 외 20002 김재윤 외 2006
	⑯	아누치노-29 유적	언덕 위	2006년	발굴	청동기시대	주거유적	슬레쵸프·김재윤 2009
	⑰	리도프카-1 유적	해안 대지	1974년 1975년 1979년	발굴	청동기시대 / 시니가이, 리도프카	주거유적	댜코프 1989
리도프카 문화	⑱	블라고다트노예-3	해안대지	1975년	발굴	청동기시대	주거유적	댜코프 1989
	⑲	모나스트로카-2	하안대지	1980년대	발굴	청동기시대	주거유적	댜코프 1989
	⑳	두브로빈스코예	해안절벽	2001년	발굴	청동기시대	주거유적	댜코바 2019

청동기시대 177

하류에 위치한 언덕 위에 위치한다. 마르가리토프카 문화의 주거지는 언덕의 최정상에서 확인되었다. 평면형태는 방형으로 노지는 북쪽에 약간 치우쳐서 확인되었다(표 16).

⑤ 올가 10 유적

동해로 흘러가는 압바쿠모프카 강 입구로 올가 만에서 북서서쪽으로 1.7km 떨어진 곳에 해발고도 위에 위치한다. 강의 좌안에 남쪽 방향으로 형성된 단구대 위의 가장 끝부분에 위치한다(그림 82). 단구대의 높이는 대략 40m인데, U자형으로 곡부가 만입되어 있는데, 왼쪽 부분이 60m가 튀어나오고, 너비가 10~18m 정도 된다. 그 쪽에 1~4호 주거지가 확인되었는데, 동쪽부분에는 1호 주거지에서 50m 정도 떨어진 곳에 5호 주거지가 확인되었다.

특히 2호 주거지에서는 불에 탄 나무조각이 많이 확인되었는데, 그 중에서는 봉우리 모양의 조각품도 출토되었다. 10개의 턱이 나 있는데, 지붕의 꼭대기를 장식했던 부속품일 수 있다(바타르세프 외 2017).

⑥ 마락-르발로프 유적

유적에서 신석기시대 주거지는 남아 있지 않지만 마르가리토프카 문화의 주거지가 1기 남아 있다. 장방형 주거지로 무시설식 화덕자리가 남아 있다(표 17).

⑦ 범의구석 유적 1기의 1호 주거지

두만강가의 서쪽 단구대 위에 위치하고 있다. 1959년부터 시작해서 61년까지 거의 전면 발굴하였다. 발굴 결과 주거지가 모두 38기가 확인 되었으며, 주거지와 유물과의 공통성을 중심으로 6기로 나누어지고 I기는 신석기시대, II~IV기 청동기시대, V·VI 기는 철기시대로 보고되었다.

그러나 I기에서 발견되는 토기는 대각이 달린 적색마연토기(그림 86-3)가 출토되며, 이 토기가 포함된 유형을 전고(김재윤 2017)에서는 전환기의 유적으로 파악했다. 하지만 내륙에서 봉상파수와 같은 새로운 기형의 토기가 레티호프카, 아누치노-29 유적에서 출토되면서 청동기시대가 시작되는 것과 마찬가지로 두만강 유역의 새로운 시대가 왔음을 알 수 있는 근거가 된다.

표 17 마르가리토프카 문화의 주거지특징(김재윤 2011 재인용)

유적		형태	평면크기		노지				기둥구멍		비고
			m	m²	형태	위치	크기(cm)	수	수	위치	
오동	1호	?	?	?	위석식노지	동남	?	1		주거지 가장자리	
	2호	장방형	9.15×6.1	56	원형-위석식노지	동남			?	주거지 가장자리와 중심-4열	
	3호	?	?	?	?	?	?	?	?		
	4호	장방형	4.1×3.2	22	위석식노지	중앙	?	?	?	주거지 가장자리와 중심	
	5호	방형	5.2×4.5	24	무시설식	북벽	70	1		주거지 가장자리와 중심-4열	
	6호	장방형	9.6×5.4	52	부뚜막		남벽		없음		
	7호				?						
	8호	장방형	8.4×6.5	55	장방형-위석식노지	동남	?				동벽감실
범의구석	1호	장방형?	(4.5×?)	?	?	?	?	?	?	?	
	6호	장방형	5×4	20	원형-부석식	북벽	80×80	1	?	?	
서포항	1호	장방형	3.7×3.4	12.6	방형-부석식	중앙	20×130	1	?	주거지 바닥 기둥구멍 多	
	4호	장방형	5.8×5.4	31.3	원형-무시설식	서남	50×50	1	?	주거지 가장자리와 중앙-4열	
	10호	장방형	5.2×3.6	19	원형-부석식	북벽	60×60	1	?	주거지 가장자리와 중앙-4열	
	24호	장방형	3.8×3.6	13.7	원형-부석식	중앙	15×15	1	?	주거지 가장자리와 중앙-4열	
흥성	87BF5	장방형	6.2×4.2	26.04	타원형-무시설식	북	40×60	1	6	주거지 모서리와 중앙	
	87BF3	장방형	6.15×4.8	29.5	타원형-무시설식	동			69		
	87AF13	장방형	7×5.8	40.6	타원형-무시설식	서	90×70	1	57	주거지 가장자리와 중앙-4열	화재난 주거지
	87AF15	장방형	4.8×4.5	26.88	타원형-위석식	동	80×60	1	39	주거지 가장자리와 중앙-4열	주거지 북동 모서리에 토기를 파 묻음.

유적		형태	평면크기		노지				기둥구멍		비고
			m	m²	형태	위치	크기(cm)	수	수	위치	
홍성	87AF6	장방형	7.1×5.55	39.4	타원형-무시설식	중앙	70×70	1	7	주거지 가장자리와 중앙-4열	
					타원형-무시설식		70×60	1			
	86F1	장방형	5.2×4.5	23.4	타원형-무시설식	서	90×65	1	12	주거지 가장자리와 중앙-4열	
페레발	1	방형	8×8	64	무시설식	북벽	100×110	1	?	?	주거지 남서 모서리 저장혈
글라조프카2	1	장방형	8.5×5	43	장방형-무시설식	남벽	130×90	1	?	주거지 가장자리와 중심-4열	바닥에 저장혈
마랴르발로프	1	장방형	?	?	무시설식	?	?	2	?		
루드나야 프린스턴	1	부정형	주거지아님				?				
	7	장방형	4×3	12	무시설식	중앙		1	?		
	8	장방형	6.2×5.7	35.4	무시설식	남벽	69×100	?			
프레오브라쉐니예	8	방형	4×4	16	없음	?					주거지 외부에 저장혈
	11	방형	4×4	16	없음	?					
올가 10	1	방형	5.3×5.4	29	무시설식 2	중앙	1호:100×150 2호: 80×90	2	27	주거지 북서면 모서리에 저장구덩이	
	2	방형	6×7	42	없음	없음	없음	0	61	주거지 바닥과 모서리에 저장구덩이 확인	

(2) 유물

① 토기

마리가리토프카 문화의 토기는 적색마연토기가 특징이다. 전면을 마연하였고 구연부에 이중으로 점토띠를 부착했다. 기형은 발형인데 구연부 가까운 곳에서 꺾이면서 안으로 들어가는 특징이 있다. 이 기형은 연해주 신석기후기인 자이사노프카 문화의 뇌문토기와 아주 유사하다. 아누치노 14유적에서 출토된 뇌문토기(그림 86-4, 5)는 이 지역 뇌문토기 가운데

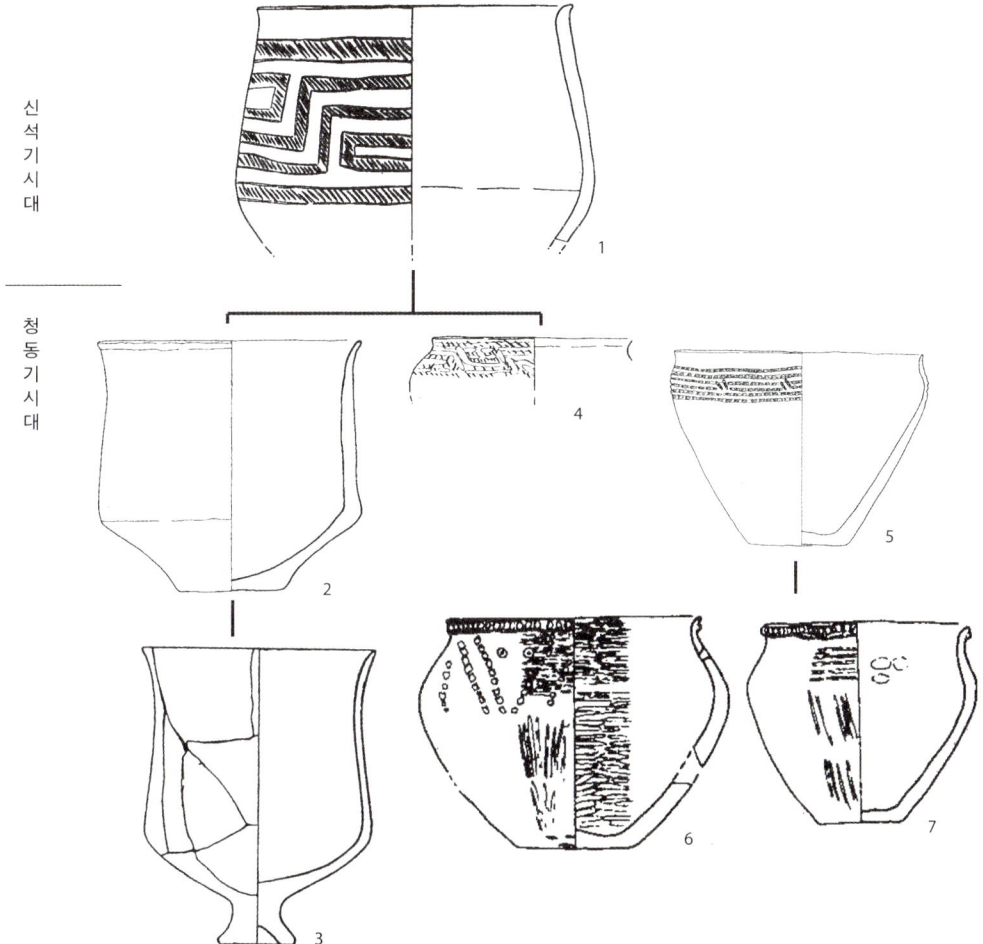

그림 86　적색마연토기의 변천(김재윤 2011 재인용)　1: 자이사노프카-1 유적　｜　2: 보이스만 2 자이사노프카 늦은 유형　｜　4·5: 아누치노 14 유적　｜　6·7: 프레오브라줴니예 1 유적(3번 외 필자실측)

가장 늦은 형식인데, 자이사노프카-1유적의 뇌문토기(그림 86-1)에서 가장 먼저 나타났다.

자이사노프카 문화의 적색마연토기는 뇌문토기로서, 점차 무문화화 되면서 대각이 각이 붙는데 범의구석 1호(그림 86-3)에서 확인되었다.

자이사노프카 문화의 뇌문토기로부터 기형이 변화된 이중구연적색마연토기는 글라조프카 2, 프레오브라제니예 1, 페레발, 마략-르발로프, 그로티, 키예프카, 올가 10 유적에서 출토된다. 필자는 이를 마르가리토프카 1유형(그림 87)이라고 명명했다(김재윤 2011).

마르가리토프카 문화의 토기에는 적색마연은 보이지 않고 이중구연 혹은 돌대문양만 붙은 토기도 확인되는데, 이웃한 흥성문화의 2기(그림 90) 토기와 비슷하다. 마르가리토프카 문화의 2유형이다(그림 88).

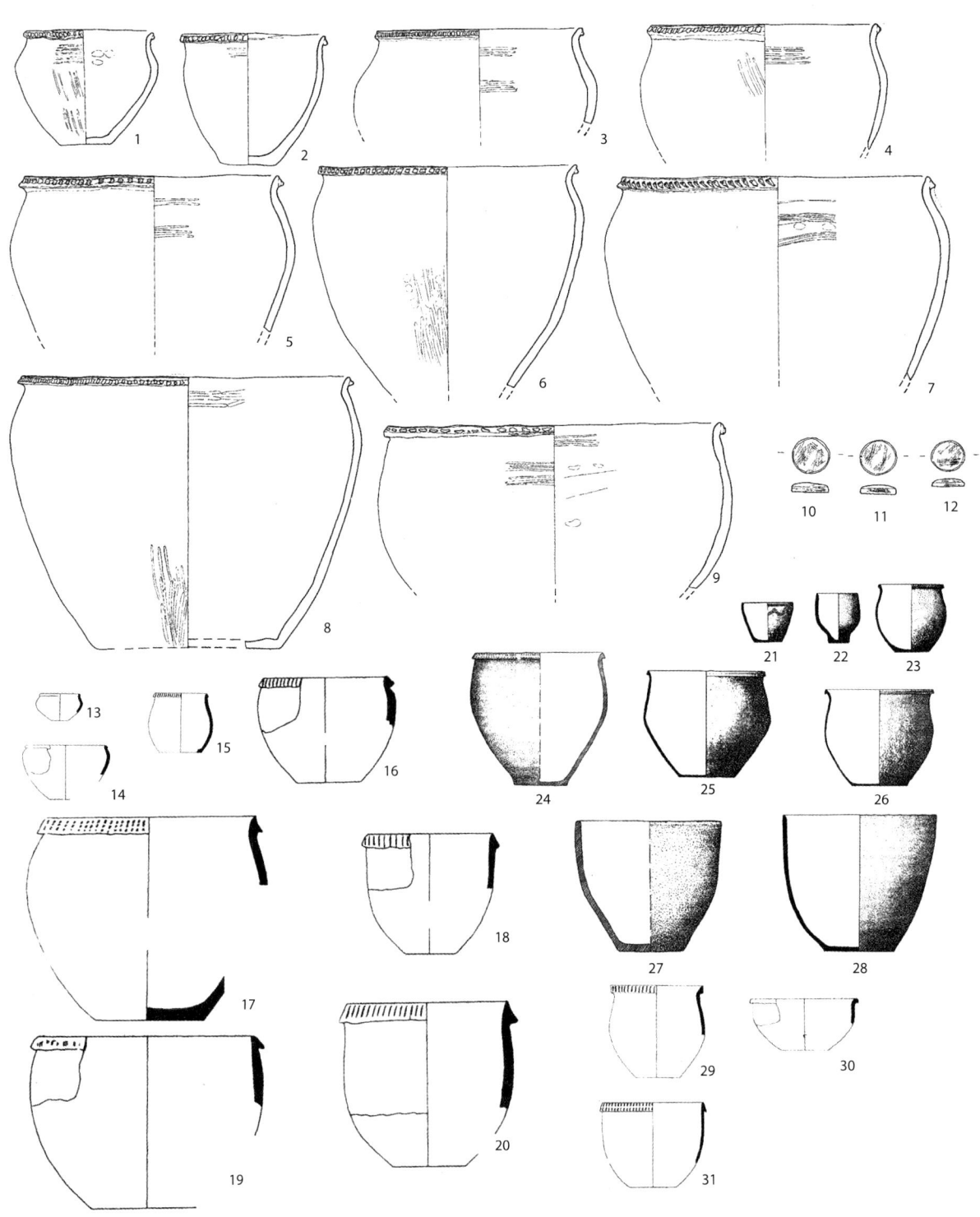

그림 87　마르가리토프카 문화의 1유형(김재윤 2011 재인용)　1~12: 프레오브라줴니예 1 유적　|　13~20: 마략 르발로프 유적　|
　　　　 21~28: 피레발 유적　|　29~31: 키예프카 유적

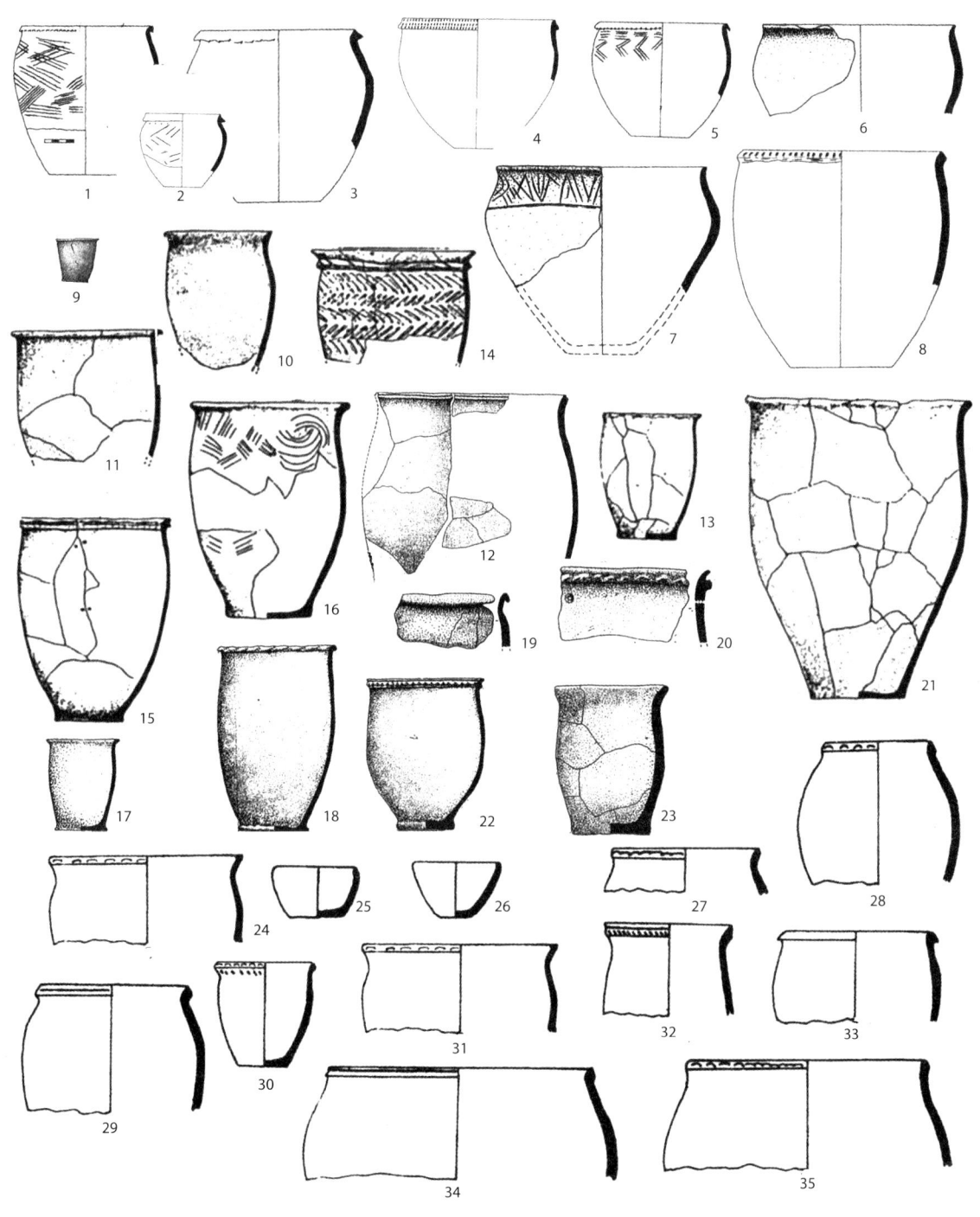

그림 88 마르가리토프카 문화의 1유형과 2유형(김재윤 2011 재인용) 1유형. 1~5: 그로티 유적 | 7~9: 글라조프카 2 유적 | 2유형. 10~23: 루드나야 프리스턴 유적 | 24~35: 에프스타피 1 유적

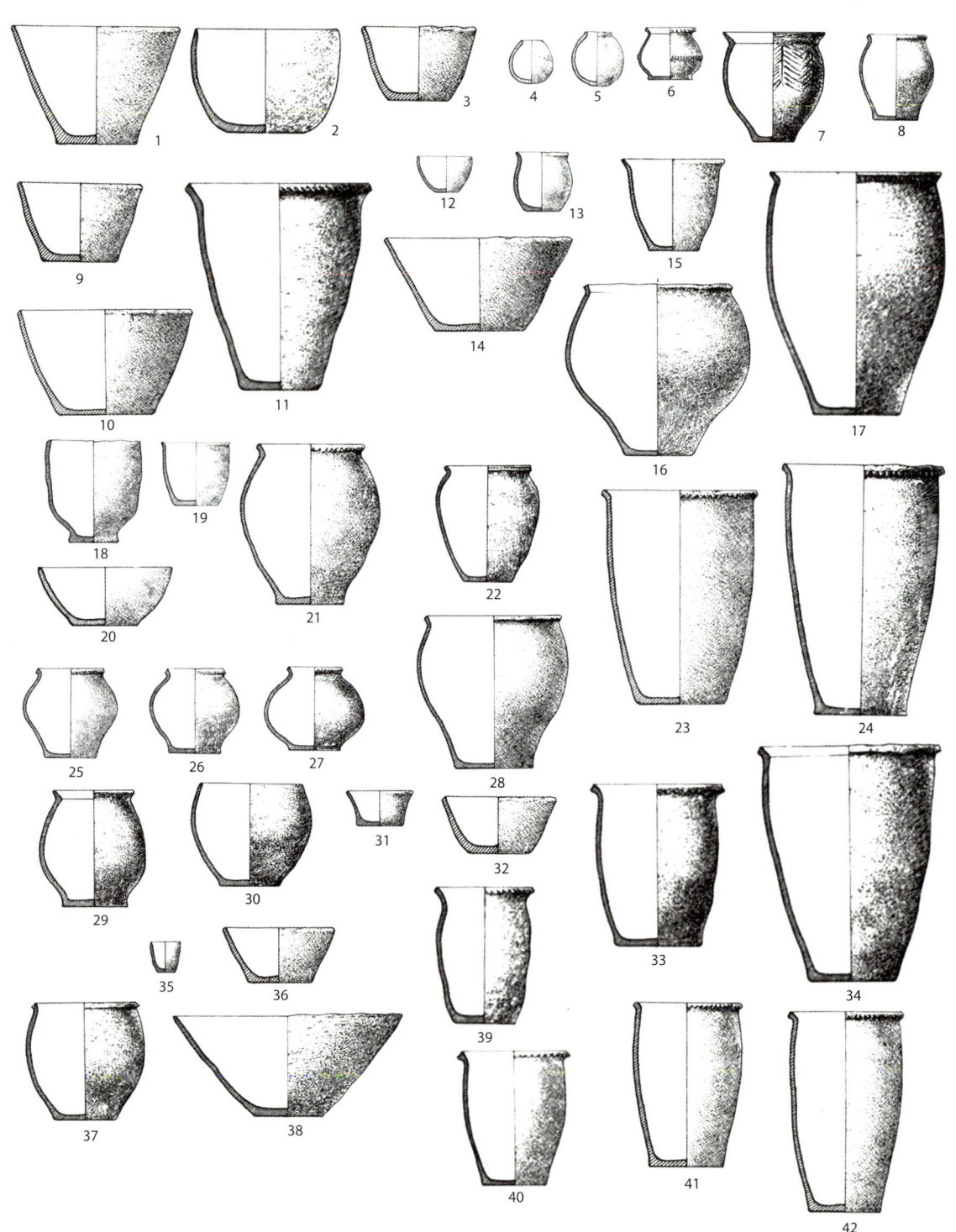

그림 89 흥성문화 1유형(김재윤 2011 재인용) AF2: 2~7 | AF4: 8 | AF12: 9~12 | BF4: 13~17 | AF7: 18~21 | AF15: 22~34 | AF9: 35~42

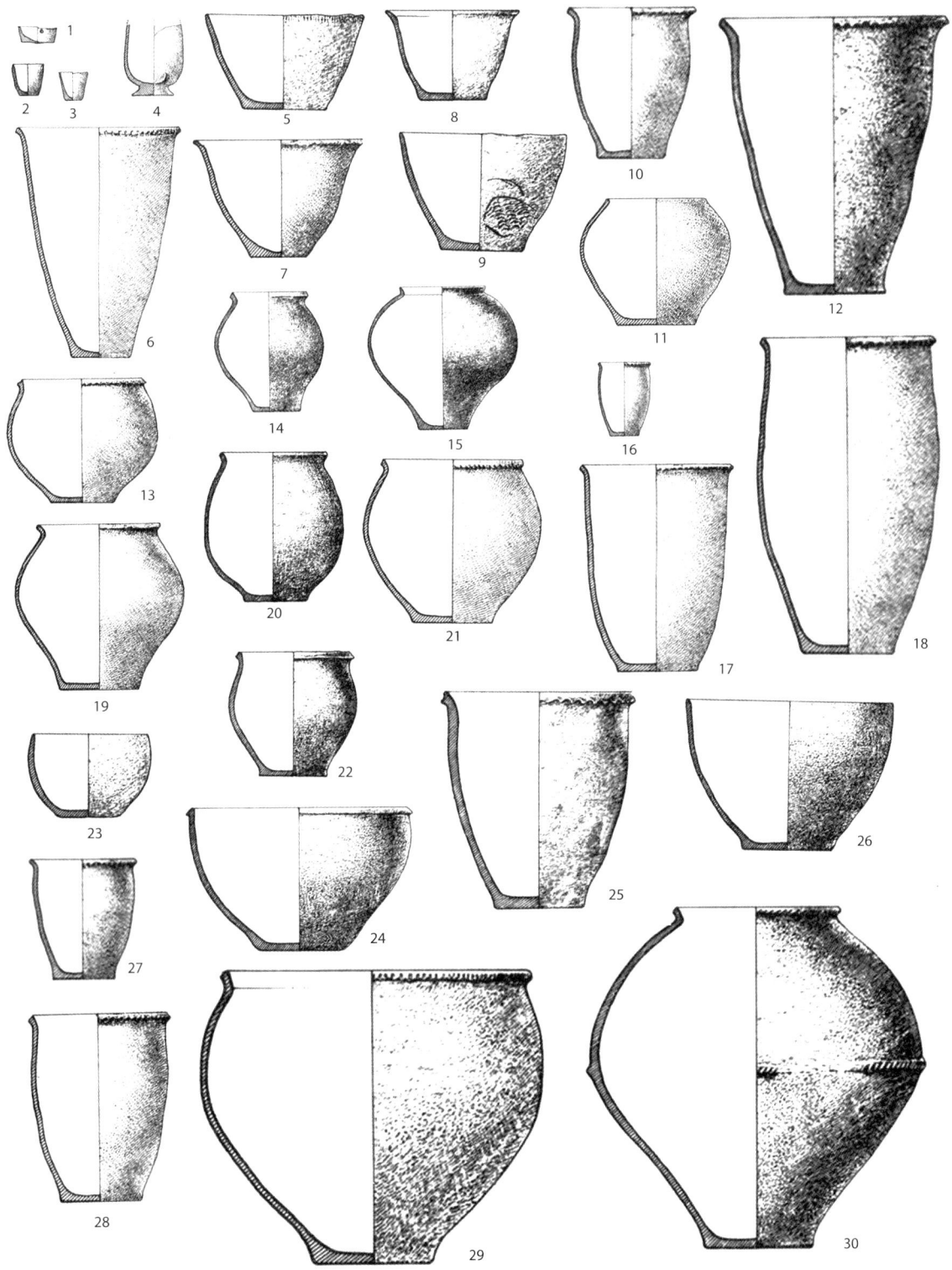

그림 90 흥성문화 2유형(김재윤 2011재인용)   1~6: F2 | 7~21: AF13 | 22~30: BF3

청동기시대   185

② 석기

마르가리토프카 문화에는 타제석기가 위주이며, 마연된 석기로는 '장기알 모양의 석기'(그림 80-7~17)라고 불리는 원판형 석기와 석도(그림 80-18)가 대표적인데, 프레오브라제니예-1 유적에서 대량으로 출토되었다. 이를 제외하고는 신석기시대 후기 자이사노프카 문화의 석기 구성과 비슷하다(안드레예바·스투지츠카야 1987; 브로댠스키 1987).

③ 곡물자료

마르가리토프카 문화에서 올가-10 유적의 2호 유적과 자랴-3 유적의 1호 주거지에서 재배된 곡물자료가 출토되었다. 전자의 유적에서는 조(Setaria italica)와 기장(Panicum milliaceum)이 확인되었고, 길이는 1.5mm 이상, 너비는 1.2m 이상, 두께는 1.06mm 이상이다. 조의 크기와 형태는 나중에 설명할 레티호프카 유적과 거의 같다. 2호 주거지에서 채취된 조와 기장속은 재배된 식물류의 18%를 차지하고, 야생의 식용식물은 50%가량이다. 자랴-3 유적에서도 강아지풀 속(Setaria sp.)으로 발표되었으나, 좀 더 정확하게는 조(Setaria italica)라고 여겨진다(바타르세프 외 2017).

자랴-3유적을 발굴한 후 Cassidy(2004)는 마르가리토프카 문화가 청동기시대가 아닌 신석기시대라고 주장했는데 그 이유 중에 하나가 이 문화에는 농경이 없다고 보았기 때문이다. 자랴-3 유의 1호 출토 곡물자료를 강아지풀 속으로 분석한 점과 농경과 관련된 석기가 없기 때문이다.

그러나 이미 자이사노프카 문화에서는 석기 자료가 갈판과 갈돌, 굴지구류(곰배괭이와 호미) 등 농경과 관련된 도구가 발견되기 때문에 마르가리토프카 문화에서 곡물이 재배되지 않았다고 단정할 수 없다. 이를 증명하는 것이 올가-10 유적이다(바타르세프 외 2017).

2. 시니가이 문화

1) 연구현황

(1) 연구사

시니가이 문화는 하린(Харин, Kharin) 유적과 시니가이 유적을 발굴하고 연해주의 청동기

문화로 정의되었다(오클라드니코프·댜코프 1974). 얀쉬나(2004)는 시니가이문화의 범위를 확대하고 내륙(서부) 뿐만 아니라 해안가(동부)의 유적도 이 문화의 범주로 포함했다. 동부에 위치한 수보로보(Суборово, Suvorovo-6) 유적을 정리하고, 보도라즈젤나야(Водораздельная, Vodorazdel'naya) 유적, 루드나야 프리스턴 유적의 청동기시대층을 수보로보 유형으로 정의하였다(쿠루피얀코·얀쉬나 2002). 그리고 연해주 해안가에 주로 분포하며 시니가이문화와 다른 리도프카 문화(댜코프 1989)를 부정하고, 시니가이문화 동부지역의 또 다른 유형인 리도프카-티페바이스키 유형으로 보았다(얀쉬나 2004).

또한 클류예프는 연해주 서부의 아누치노-14, 아누치노-4 유적 등에서 직접 발굴하고 분석해서 기존의 알려진 시니가이 A유적, 하린 유적을 시니가이 문화가 아닌 아누치노-시

표 18 연해주 청동기시대와 철기시대 편년(김재윤 2021 재인용)

시대	연대 B.P.	연해주		북한
		청동기시대(김재윤 2018a, 2018b), 크로우노프카 문화(김재윤 2016)		
		내륙(한카호~수분하)	해안가	두만강(해안가남부)
신석기시대	3800	자이사노프카(한카호2유형)	자이사노프카 문화(두만강 3유형)	
청동기시대	3500	시니가이서부1	마르가리토프카	보이스만-2 적색마연토기 범의구석1호
	3300		시니가이동부1	서포항청동1 / 5기-7호, 16호
	3200			서포항청동2 / 6기-1(6기퇴적층-a)
	3000	시니가이서부2	시니가이동부2 ?	서포항청동3 / 6기-2(2호), 7기-1(7기퇴-a)
	2900			
	2700			
철기시대	2500	I	리도프카 / 얀콥스키	서포항청동4: 7기-2 (4호, 10호, 6기퇴-b, 7기퇴-b) / 범의구석4기 / 26호, 27호, 36호, 38호
	2300	크로우노프카 II	II 크로우노프카	범의구석5기 / 범의구석6기 / 오동 6호 주거지, 초도 4기
	2100	III	III	

니가이 유형으로 명명하였다.

　　동부의 수보로보 유형, 리도프카-티페바이스키(Лидовка Типевайский, Lidovka Tipevayskiy)유형, 서부의 아누치노-시니가이 유형을 통칭해서 아누치노-시니가이-리도프카로 명명했다(얀쉬나·클류예프 2005). 그들의 연구는 시니가이문화의 범위와 지역성을 정리함으로써 최초에 시니가이문화(오클라드니코프·댜코프 1974)의 내용과는 차이가 있다.

　　필자는 독자의 편의를 위해서 '시니가이 문화'로 부르며, 내륙은 서부 유형, 해안가는 동부 유형 구분코자 한다(김재윤 2018a).

　　시니가이 문화가 해안가까지 존재한다고 생각하지만 리도프카-1 유적과 에프스타피-1 유적에서 출토된 유물은 시니가이 문화의 동부유형이라기 보다는 리도프카 문화로 보아야 한다는 입장이기 때문에 얀쉬나가 설정한 리도프카-티페바이스키 유형을 그대로 따르지는 않는다(김재윤 2018a).

　　뒤에서 설명하겠지만 모나스트르카(Монастырка, Monastyrka) II 유적, 리도프카-1 유적 상층 등에서 출토되는 리도프카 문화의 유물(그림 105)은 시니가이 문화의 토기와 석기는 전혀 다르다.

(2) 분포범위와 편년

시니가이 문화는 연해주 내륙부터 동해안까지 분포하며, 내륙지역과 동해안가의 유적에서 나타나는 토기와 석기의 특징은 차이가 있다. 이를 근거로 각각 서부유형과 동부유형으로 구분할 수 있으며 시간에 따라서 문화적 특징도 차이가 있다.

　　시니가이 문화는 동해안가에 마르가리토프카 문화가 있을 때 내륙지역에서 먼저 생겨난다. 레티호프카 04년 수혈과 아누치노-29 유적이 대표적이다. 신석기후기 문화인 자이사노프카 문화와는 다른 새로운 기형의 토기(봉상파수가 달린 토기)(그림 91-2, 그림 92-1~6)가 나타나면서 새로운 문화임을 알리고 있다. 레티호프카 유적의 절대연대를 참고해서 3400년 전부터 시작되었다고 볼 수 있다(표 18). 시나가이 문화의 서부 2유형은 기존의 시니가이 문화를 규정했던 시니가이 A유적의 중층 외에도 노보셀리세-4 유적(중층), 아누치노-14 유적, 아누치노-4 유적 등이 해당된다. 절대연대상으로는 3000~2500년 전에 집중된다. 하지만 시니가이 A중층에서 출토된 곡옥형 청동유물은 카라숙문화의 합금 방법과 같고, 이 문화가 연해주로 전해진 시기도 기원전 13~9세기 정도 임을 감안한다면, 서부 2유형은 측정연대 보다 더 올라갈 수 있다. 3300~3200년 전에 서부 2유형이 시작되었을 수 있다.

　　동부 1유형에 해당하는 유적은 루드나야 프리스턴 유적의 청동기시대 층, 리도프카-1

그림 91 레티호프카 유적 2004년 발굴된 대형토기와 봉상파수 토기(필자촬영)

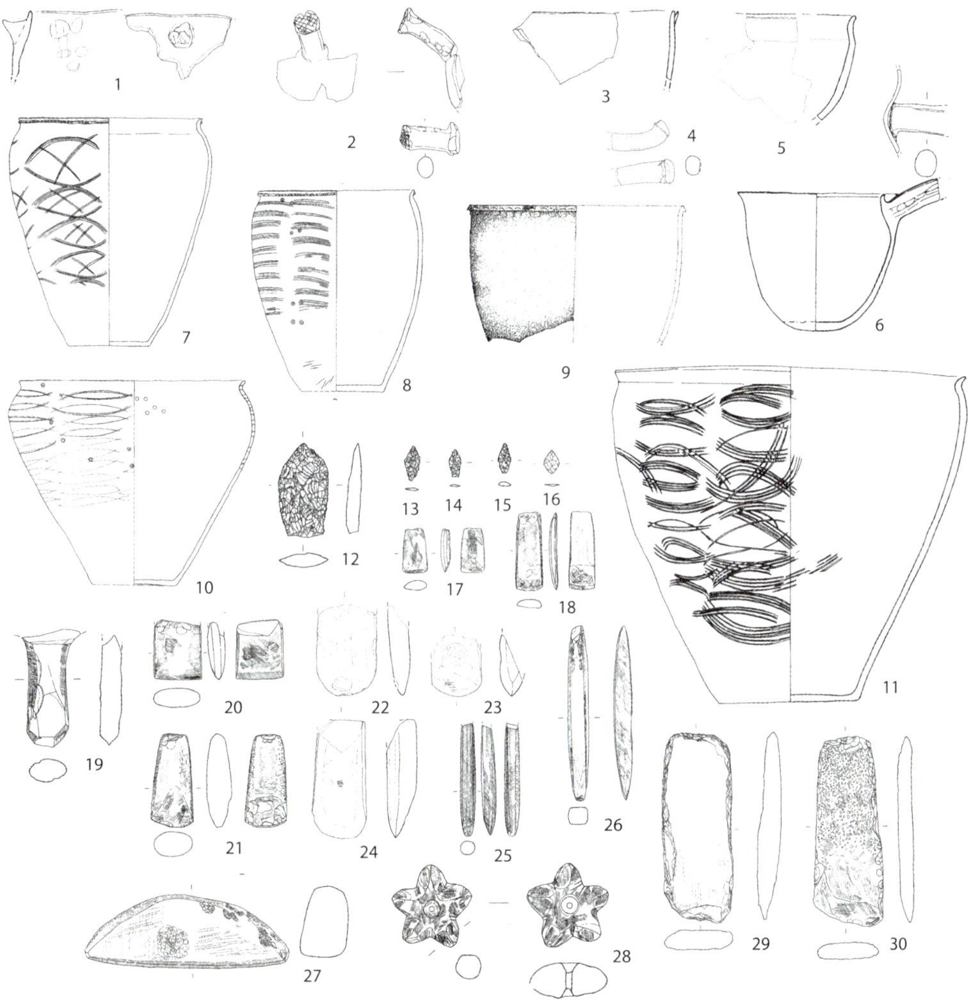

그림 92 시니가이 문화의 서부 1유형(김재윤 2018a 재인용) 1·2·6~15·17~21·25~30: 레티호프카 04년 수혈
3~5·16·22~24: 아누치노-29 1호 주거지(9번 이외 필자 測)

청동기시대   **189**

유적 상층, 쿠르글냐야 돌리나 유적 등인데 상한연대를 알 수 있는 절대연대는 측정된 바 없다. 하지만 마르가리토프카 문화가 끝나는 시점 3300년 전에 시니가이 문화의 동부 1유형이 시작된다고 볼 수 있다. 동부 2유형이 시작되는 시점은 수보로-6 유적의 연대를 근거로 대략 3000년 전부터이다.

서부유형과 동부유형의 하한은 정확하게 알 수 없다. 다만 리도프카 문화가 2500년 전에 동해안가에서 확인되고, 남부 해안가에서는 2700년 전에 철기시대 문화인 얀콥스키 문화가 생성되기 때문에 이를 참고로 할 수 있다(표 2).

2) 문화적특징

(1) 유적

① 시니가이 A유적 중층

한카호 주변의 연해주 내륙에 위치한 유적이다. 구릉 위의 경사면에 위치한다. 유적은 신석기시대 층, 청동기시대 층, 말갈 층 세 층위로 나눌 수 있다. 주거지는 모두 17기로 알려졌지만, 자세한 상황은 알 수 없다. 다만 단편적으로 남겨진 사진을 통해서 주거지 주변에 돌을 돌렸다는 사실만 알 수 있다.

② 하린 유적

하린 유적은 러시아 연해주의 체르니고프카(Черниговка, Chernigovka)지구에 위치한 구릉 위의 경사면에 위치하며, 시니가이 A유적과 마찬가지로 연해주 내륙에 위치한 유적이다. 주거지 40기가 발견되었으나 발굴된 주거지는 5기이다.

그 중 1호는 평면형태가 말각방형(5.8×5.9m)에 가깝다. 주거지 중앙에서는 납작한 돌을 연달아 놓아 만든 가로 70cm, 너비 63cm, 높이 23cm의 상자가 확인되었다고 보고되었다. 평면도에는 제대로 표현되지 않았지만 단면도에는 분명 주거지 바닥에 돌을 세워서 만든 석상 노지가 표현되었다(그림 93-3). 뿐만 아니라 주거지 바닥에서는 납작한 돌이 규칙적으로 확인되었다고 보고되었다(댜코프 1989). 이 주거지는 특이하게 주거지 가장자리를 돌로 두른 형태이다. 나머지 4기의 주거지에서는 석상의 노지나 주거지 어깨선에 돌을 두른 특징은 확인되지 않았다. 모두 말각방형 혹은 말각장방형이다.

③ 아누치노-14 유적의 상층

유적은 아누치노 지구의 아누치노 마을에서 동쪽으로 3.5km 떨어진 곳으로 아르세니예프카 강의 오른쪽 지류에 위치한 루다노프카 계곡의 높이 30m 언덕 정상부에 위치한다. 언덕의 북쪽 기슭에는 작은 길이 지나고 있고, 정상부는 편평하고 관목림이 형성되어 있다.

언덕의 정상부에 위치한 취락유적이다. 모두 6기의 수혈이 확인되었는데, 그 중에서 청동기시대 시니가이 문화 주거지 3기와 신석기시대 후기 주거지 1기가 발굴되었다. 그 중 청동기시대(2000년 발굴) 주거지는 평면형태 장방형(8.5×7.5m)으로 무시설식 노지가 1기 발견되었다. 주거지 내에는 기둥구멍 이외에 별다른 시설은 확인된 바 없다(그림 93-5).

④ 레티호프카 유적

말라야 바시아노프카(Малая Вассиановка,, Malaya Vassianovka)강에서 200m가량 떨어진 낮은 구릉의 경사면에 위치한다. 1999년 주거지와 2004년에 저장수혈 성격을 띠는 시설물을 조사 하였다(표 19).

1999년 주거지는 도로에 의해서 이미 반 이상 파괴된 것으로 상층에서는 철기시대 폴체(Польце) 문화의 토기가 확인되었고, 주거지 바닥에서 신석기 토기가 출토되었다.

2004년 발굴 유구(그림 93-1)는 평면형태 장방형이고, 수혈 내부에서 노지는 확인되지 않았다. 출토유물은 침선문 토기로 횡주어골문 토기로 돌대가 부착된 즐문돌대토기와 뇌문토기, 궁형문 토기, 무문토기와 이외에 양인석부, 석착, 곰배괭이, 방추차, 성형석부, 석검의 병부 등이다(김재윤 외 2006). 신석기시대 가장 마지막 유적(김재윤 2009, 김재윤 2017)으로 생각했다.

그러나 봉상파수가 부착된 토기(그림 92-1~6), 대형토기(그림 91-1; 그림 92-11; 마제석검(그림 92-19), 성형석부(그림 92-28) 등 이 지역의 신석기시대에는 볼 수 없는 면모가 발견되기 때문에 청동기시대 유적으로 볼 수 있다(김재윤 2018).

⑤ 아누치노-29 유적

아르세니예프카 강과 무라비예이카(Муравиенка, Muraveika) 강 사이의 계곡에 길게 형성된 낮은 구릉의 정상 위에 위치한다. 정상에는 7개의 수혈이 확인되었는데, 그 중 7호가 발굴되었다.

평면형태가 말각 장방형에 가까운데 노지는 확인되지 않았고, 기둥구멍은 동쪽벽을 따라서 7개 확인되었다(표 19). 이 기둥구멍은 주거지 바닥면에서 확인되는 것이 아니라, 주

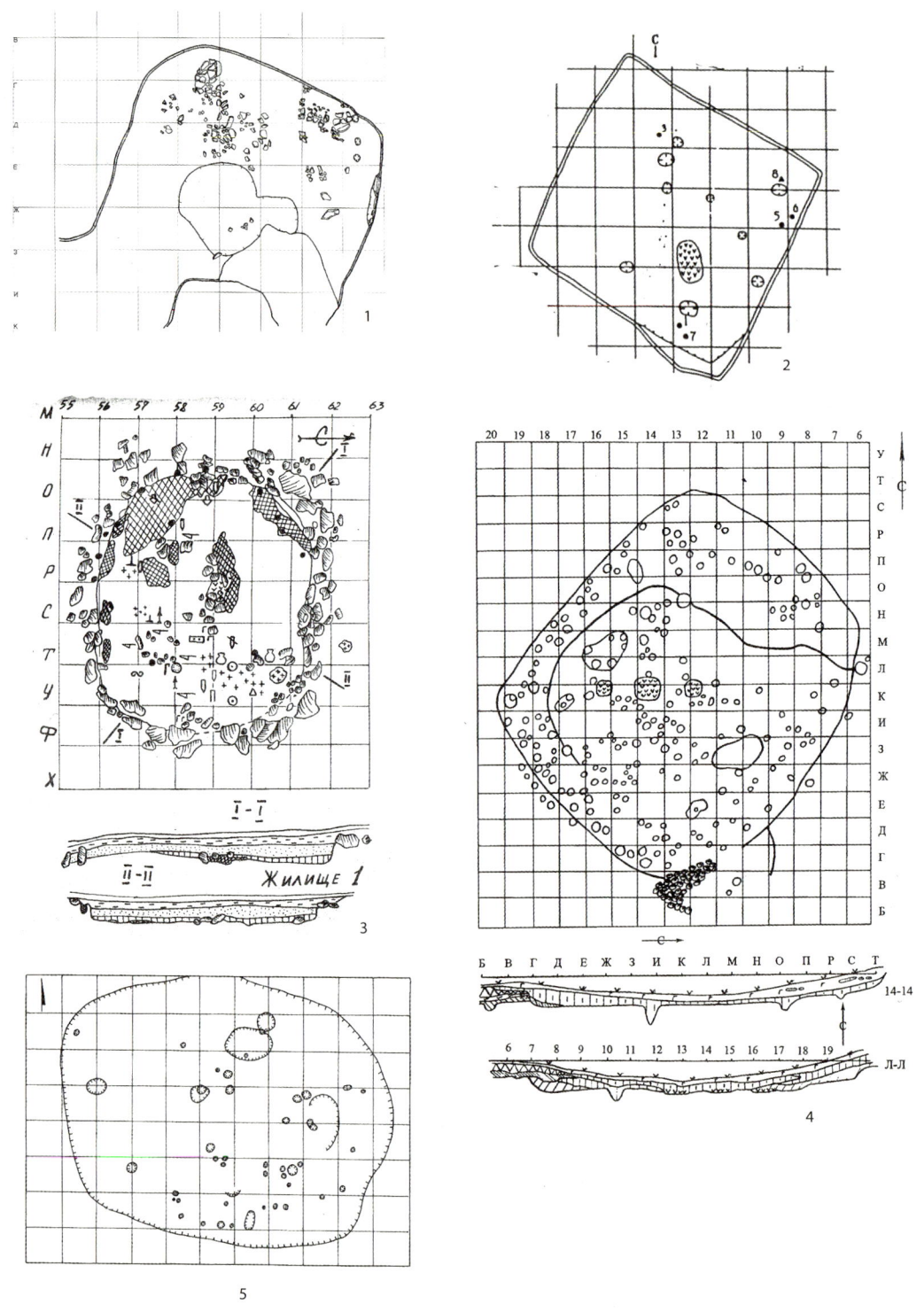

그림 93 시니가이문화의 주거지(김재윤 2018a 재인용) 1: 레티호프카 04년 수혈 | 2: 루드나야 프리스턴 12호 | 3: 하린 1호 주거지 | 4: 루드나야 프리스턴 3층 청동기시대주거지 | 5: 아누치노-14유적 청동기시대주거지

거지 밖에서 확인된다. 또한 주거지 서쪽의 어깨선이 뚜렷하지 않고, 노지가 확인되지 않은 점 등을 들어서 맞배지붕의 4주식 수혈 집이 아니라 지붕 한쪽은 땅과 맞닿아 있고 한쪽에만 기둥을 세웠을 것으로 보고 있다(슬렙초프·김재윤 2009).

레티호프카 유적과 마찬가지로 무문의 봉상파수토기(그림 92-3~5)가 출토되어서 이미 청동기시대 유적일 가능성이 있다.

⑥ 루드나야 프리스턴 유적의 상층

루드나야 프리스턴 유적은 신석기시대 후기(자이사노프카 문화)부터 청동기시대, 말갈층까지 보고되었다. 그런데 필자는 전고에서 신석기시대 후기 층에서 12호 주거지와 13호 주거지호 출토품을 청동기시대로 분리한 바 있다(김재윤 2011). 이 책에서는 이를 2층, 원래 청동기시대로 보고된 층을 3층이라고 하겠다.

13호 주거지는 방형(그림 96-12)으로 무시설식 노지3기와 초석과 단 시설이 설치되었다. 기둥구멍은 4주열이다(그림 93-4). 이 주거지에서는 긁개와 함께 마제석부편이 출토되었는데, 사용 흔적이 심하게 남아 있다. 12호 주거지에서는 박편석기만 출토되었는데, 긁개, 뚜르개 등이다. 그 외 방추차도 출토되었다.

표 19 시니가이 문화의 주거지 특징

유적		형태	평면크기		노지				기둥구멍		비고
			m	m²	형태	위치	크기(cm)	수	수	위치	
서포항	7호	장방형	6.2×6.0	37.2	원형-위석식노지	남벽	140×140	1	?	주거지 가장자리와 중심-4열	
	16호	?	?	?	?	?	?	?	?	?	?
	5호	장방형	4.8×3.6	17.3	원형-부석식	서벽	100×100	1	2	서벽 모서리	
	2호	?	?	?	?	?	?	?	?	?	?
하린		방형	5.8×5.9m	34.3	방형-석상식	중앙	70×63	1	?	?	어깨선에 돌을 둘렀음.
아누치노-14		장방형	8.5×7.5m	63.75	무시설식	중앙	?	1	?	중앙	
루드나야 프리스턴	13호	방형								주거지 가장자리와 중심-4열	초석, 단 시설

⑦ 리도프카-1 유적 하층

유적은 연해주의 동해안 달네고르스크(Дальнегорск, Dal'negorsk)지구에 입지하는데 해발 12~15m가량의 석호입구에 위치한다. 유적의 서쪽에는 리도프카 강이 흐르고, 남쪽은 동해를 마주하고 동쪽은 계곡부이다. 리도프카 1유적은 하층과 상층의 성격에 차이가 있는데, 하층은 시니가이 문화이고, 상층은 리도프카 문화이다.

마을 유적으로 1동 이상의 주거지가 발굴되었으나 현재 알려진 주거지는 1동이다. 주거지의 평면형태는 네모꼴로 추정되는데 주거지의 남쪽과 서쪽은 잘려진 상태이다. 중앙에는 구덩이식화덕자리가 확인되었고 그 외에는 다른 시설물은 보고되지 않았다. 유적의 발굴상태가 좋지 않아서 전반적인 파악에 어려움이 있어, 주거지의 정확한 문화성격은 파악하기 힘들다.

⑧ 서포항 유적 5기, 6기, 7기

서포항 유적에서 5기의 16호, 7호, 6기의 5호, 2호 주거지 및 6기 퇴적층과 7기 퇴적층 유물 일부는 시니가이 문화와 관련있다(김재윤 2018b).

(2) 유물

① 토기

서부 1유형 토기는 신석기 후기 토기와 새로운 기형의 무문토기가 공반된다. 돌대각목문토기는 신석기 문양이 그대로 남아 있거나, 문양이 없어졌다(그림 94). 대형토기(그림 91-1, 그림 92-11)와 무문의 봉상파수 토기(그림 91-2, 그림 92-2~6)는 레티호프카 유적과 아누치노-29 유적 외에는 다른 신석기 후기 유적에서 찾아 볼 수 없는 토기이다.

서부 2유형은 토기(그림 94; 그림 95)는 신석기시대 문양이 남아 있는 돌대각목문토기도 존재하지만 기형의 변화가 있다. 또한 갈색 마연된 옹형토기와 호형토기가 새로운 요소이다. 호형토기는 경부의 길이에 따라서 다양한 형식이 있다. 옹형토기 중 일부는 구연단이 접혀서 약하게 이중구연이 남아 있다.

동부 1유형 토기 일부에는 신석기시대 문양이 남아 있지만 대부분 무문양이다. 돌대각목문 옹형토기(그림 96-2·3·5)와 이중구연 옹형토기(그림 97-8·10·17·20~27·29·31) 그리고 발형토기(그림 97-9·18)가 특징이다. 이중구연은 구연단을 접은 것(그림 97-8·10·24~27·29)과 구연단 부근에 점토띠를 부착한 것(그림 97-9·17)이 있다. 돌대나 이중구연단에 문양을 새긴 것은 신석기시대 시문도구로 각목한 것(그림 97-3·8), 단치구에 의

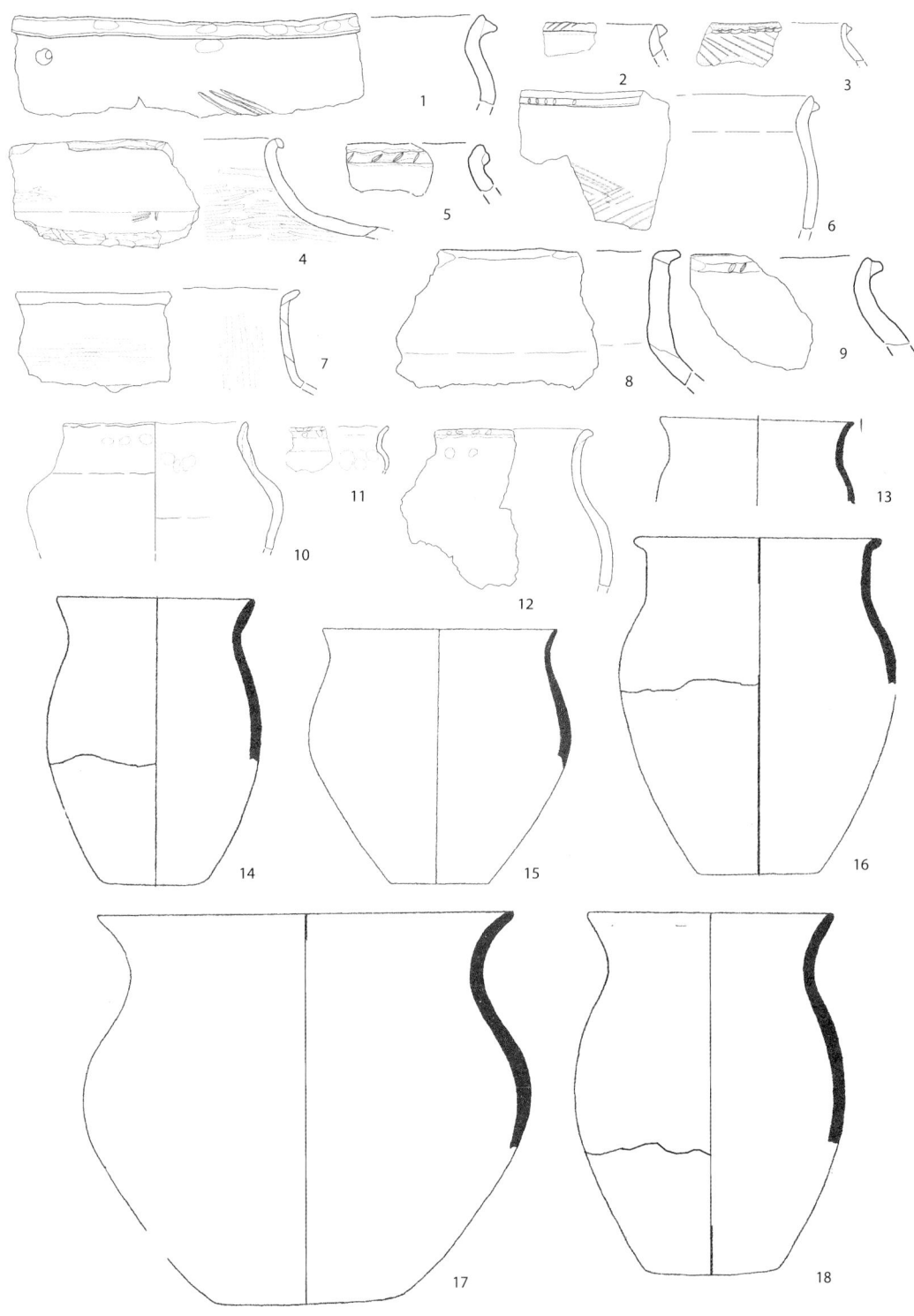

그림 94   시니가이 문화의 서부 2유형(김재윤 2018a 재인용)   1~18: 아누치노-14유적(1~12: 필자 測)

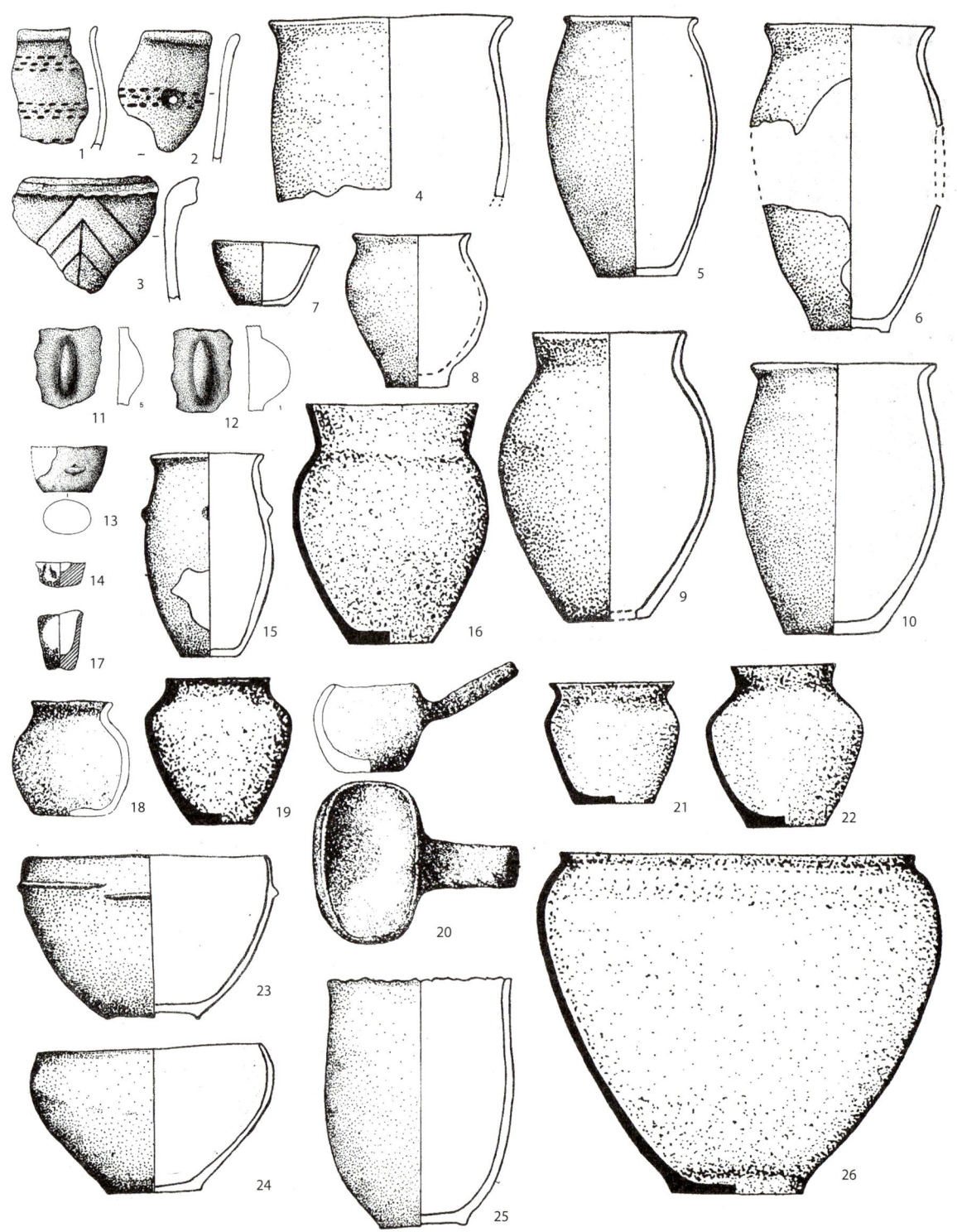

그림 95 시니가이 문화의 서부 2유형(김재윤 2019a 재인용) 1~3·13·14·16~22: 시니가이A 유적 중층 | 4~10·15·23~25: 하린 유적 | 11·12: 노보셀리쉐-4 유적 중층

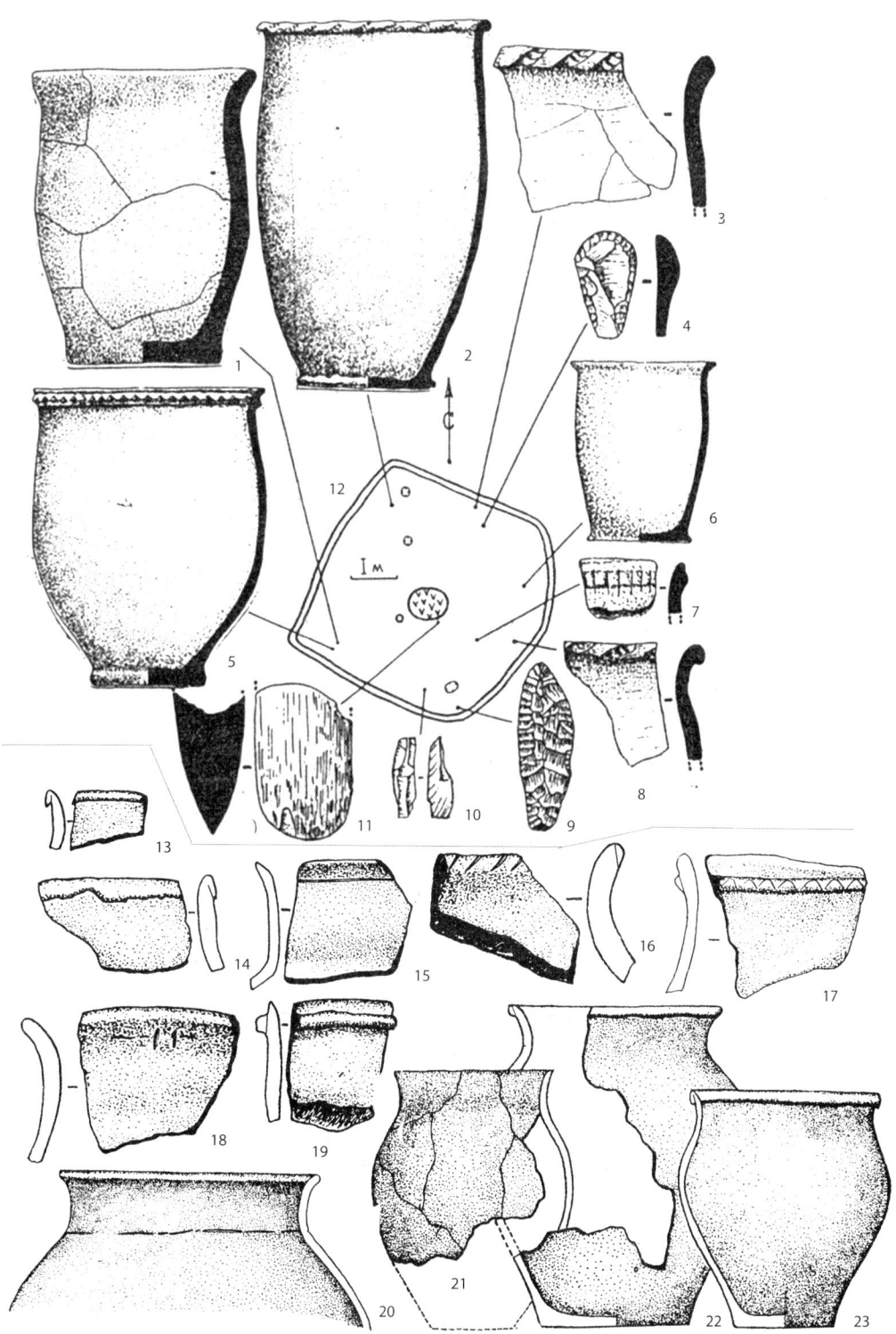

그림 96 시니가이문화의 동부1유형(1~12)과 동부2유형(13~23)(김재윤 2018a 재인용)   1~12: 루드나야 프리스턴 유적의 2층 13호 주거지와 출토유물 | 13~23: 루드나야 프리스턴 유적의 3층

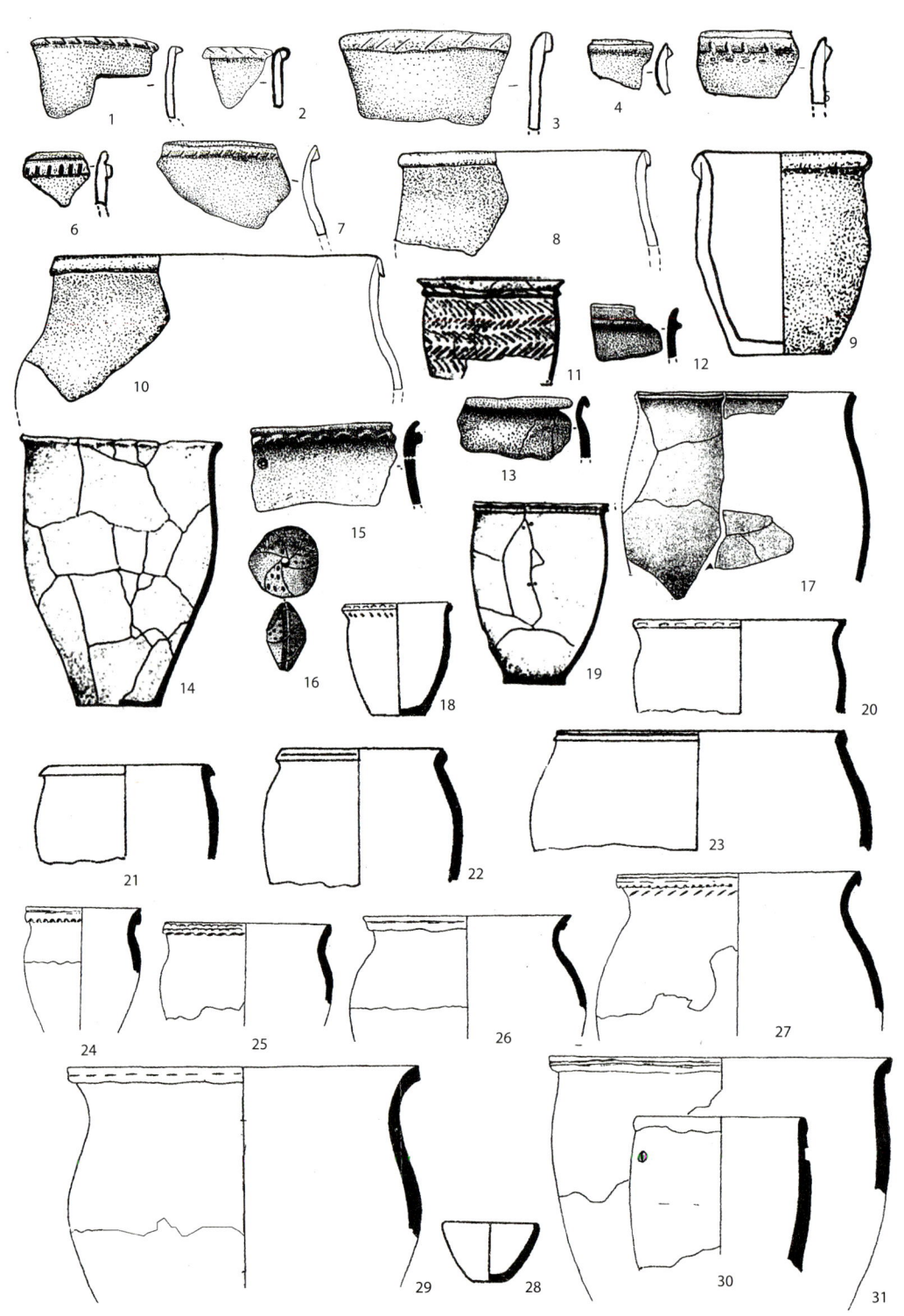

그림 97 시니가이 문화의 동부1유형(김재윤 2018a 재인용)   1~8·10·24~30: 리도프카-1 유적 하층 | 9: 쿠르글나야 돌리나 유적 | 11~17·19: 루드나야 프리스턴 유적 12호 | 18·20~23·31: 에프스타피-1 유적

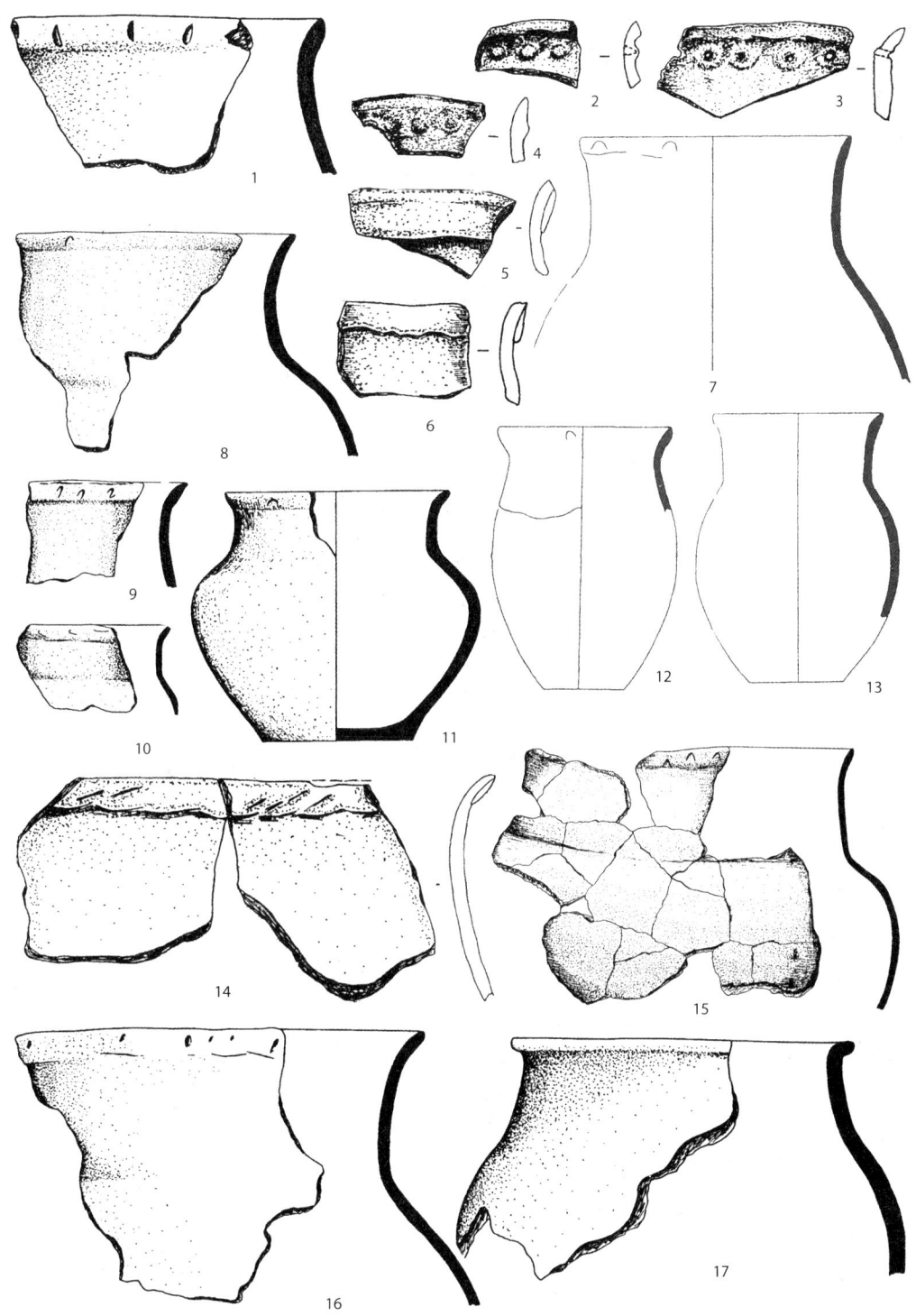

그림 98   시니가이 문화의 동부2유형(김재윤 2018a 재인용)   1·8~11·15~17: 보도라즈젤나야 유적 | 2~6·14: 베트로두이 유적 |
7·12·13: 수보로보-6유적

한 단순한 각목(그림 96-5; 그림 97-1~6)이 있으며 시문구로 파상으로 표현한 것(그림 97-15·25)도 있다.

　　동부 2유형 토기는 옹형과 경부가 길어진 호형토기가 새롭게 확인되며, 서부지역과 마찬가지로 마연된 토기이다. 구연부 제작방법은 홑구연도 있고, 구연단을 접은 이중구연토기(그림 96-13·14·22·23)도 출토된다. 그 상단에 1유형에서 확인된 단치구로 찍어서 새긴 각목, ∩, 역삼각형, 공열문, 반관통된 공열문 등은 1유형에서는 보이지 않던 것으로 시니가이문화 동부지역의 2유형에서만 보이는 것이다.

② 석기

서부 1유형에서는 흑요석제 석촉(그림 92-13~16)과 석창(그림 92-12), 곰배괭이(그림 92-29·30) 등은 신석기시대의 특징이 아직 남아 있지만 성형석부(그림 92-28), 편인의 석착(그림 92-26), 마제석부(그림 92-20~24), 석검(그림 92-19) 등은 이 전에는 찾아 볼 수 없는 유물이다.

　　2유형에서는 대부분 마제석기가 출토된다(그림 99). 환상석기(그림 99-18)·편평석부(그림 99-1~6)·무공직인석도(그림 99-10~13)·무공ㄱ자형 석도(그림 99-14~17)·석촉형 석기(그림 99-19~36)·석검(그림 99-40·41)·석창(그림 99-37~39)이 확인되었다. 방추차(그림 101-48~54)·부리형 토제품(그림 101-32~37)·석제품(그림 101-31)등이 출토된다.

　　동부지역에서는 1유형과 2유형 모두 타제석기가 확인되며, 서부지역에 비해서 많은 비중을 차지한다(그림 100). 그 이전 시기인 마르가리토프카 문화의 영향으로 생각된다. 하지만 동부 1유형에서도 마제석부(그림 96-11)도 확인되는데, 이는 인부가 부채꼴 모양으로 휜 것으로, 서부 1유형에서 확인된 것(그림 99-22~24)과 유사하다.

　　동부 2유형 석기(그림 100-7~31)는 타제로 제작된 석촉·뚜르개·긁개 등이 1유형에서부터 계속 확인되며 석부·석촉형 석기·석촉·석창·석도 등 마제석기의 종류가 늘어난다. 석부(그림 100-29)는 단면이 거의 직사각형에 가깝게 각이 져 있다. 석촉형 석기(그림 100-22·23)는 끝부분이 둥글게 처리된 것이고 단면은 편평하다. 석촉(그림 100-24)은 슴베가 삼각형으로 만입되었으며, 중앙에 석촉의 길이 방향으로 홈이 있다. 석도(그림 100-28)는 반파된 것으로, 호선모양에 날이 마연되어 있다. 곡옥형 청동기도 1점 보고되었다(그림 100-33).

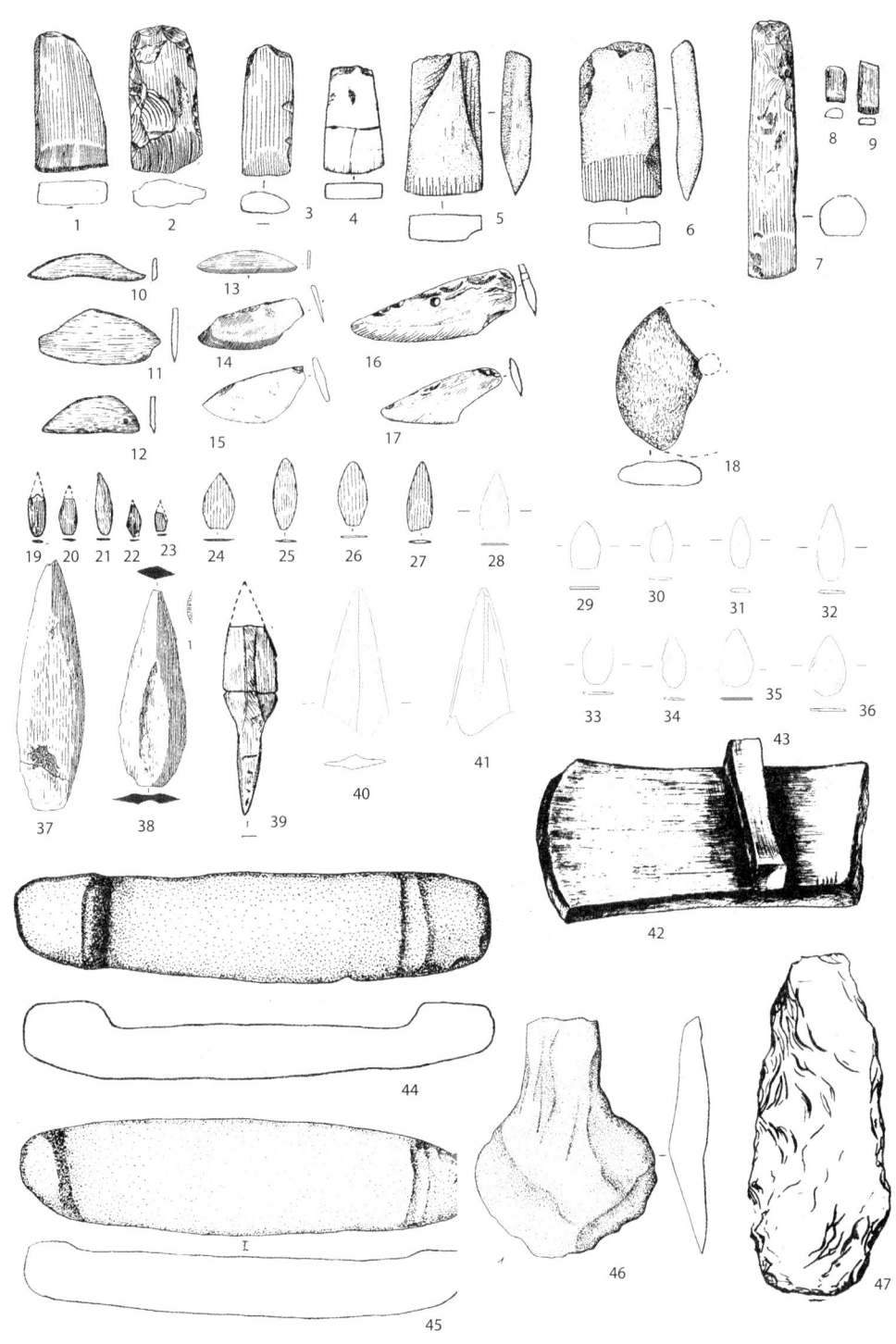

그림 99 시니가이문화 서부 지역의 2유형 석기(김재윤 2018b) 1~13·16~23·38·44~45: 하린 유적 | 15·24~27·37·38·42·43·46·47: 시니가이A 유적 중층 | 28~36·40·41: 아누치노-14 유적(필자 測)

청동기시대

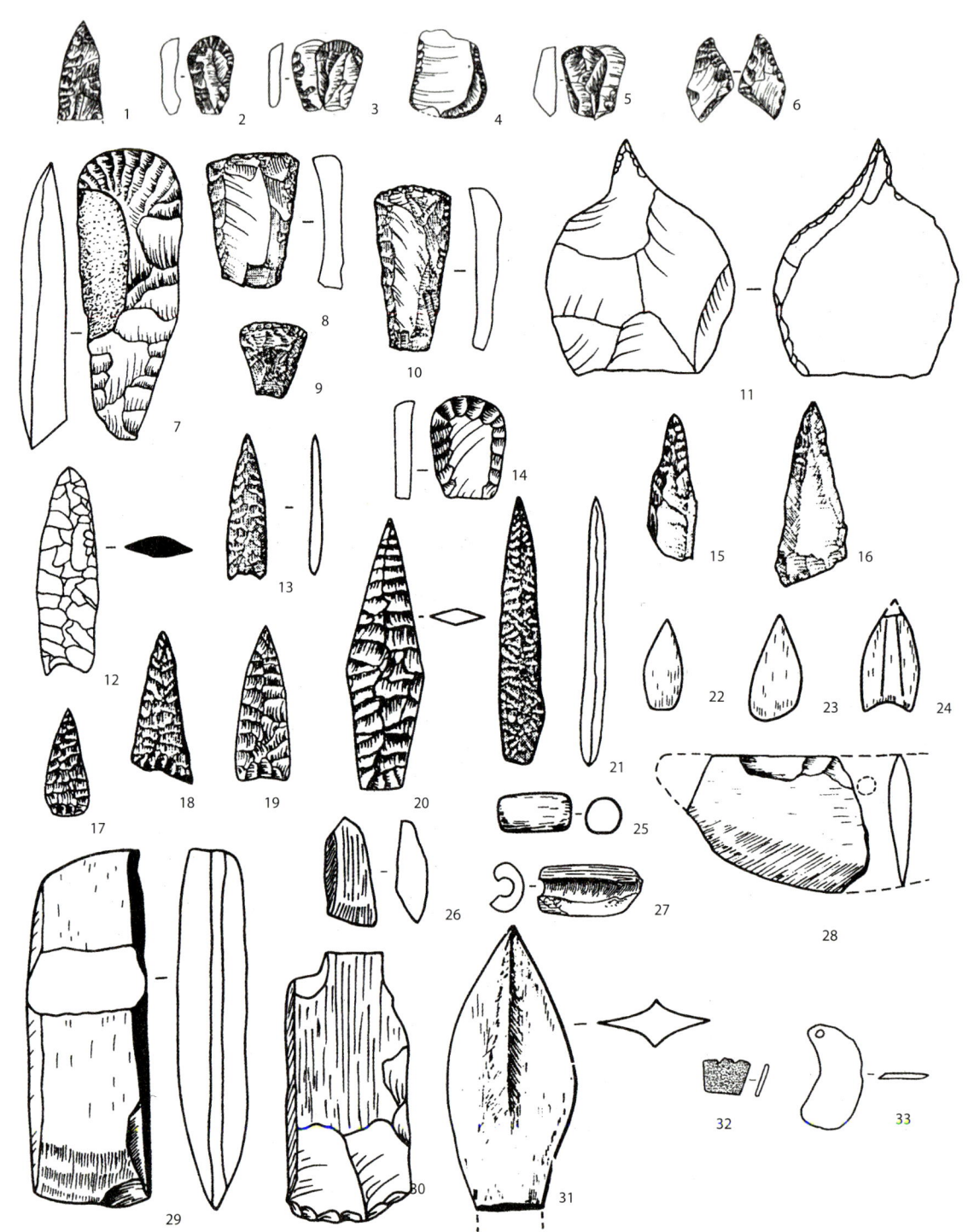

그림 100 시니가이문화의 동부지역 1유형(1~6)과 2유형 석기(7~31)와 청동기(32·33)(김재윤 2018a) 1~6: 루드나야 프리스턴 13호 주거지 | 7·12·14·19·20·22~24·29·31: 루드나야 프리스턴 유적 청동기시대 주거지 | 8~10·13·16·18·21·32: 수보로보-6 유적 | 11·13·17·26·30·33: 베트로두이 유적

③ 청동유물

시니가이 문화에서는 청동유물이 출토되어서 관심을 많이 받았다. 시니가이 서부 2유형에서는 곡옥형청동기(그림 101-12~17·28)·단추형청동기(그림 101-9~11·18~20·22)·연주형 청동기(그림 101-1~6)가 출토되었고, 동부 2유형에서도 곡옥형 청동기가 1점 보고되었다. 이를 모방한 토제품인 곡옥형토제품(그림 101-24·25·29·30·42)도 출토되었다.

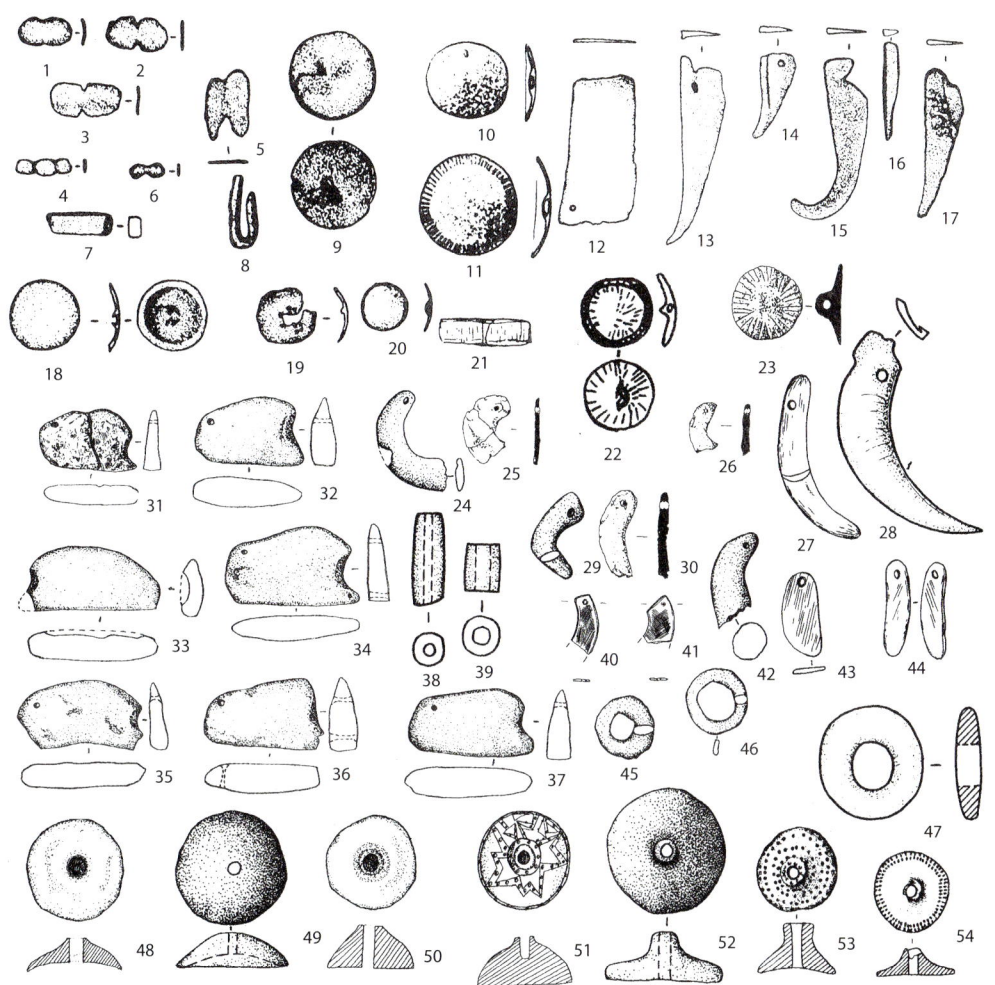

그림 101 시니가이문화의 서부지역 청동 유물 외(김재윤 2018a) 토제품: 23·25·26: 아누치노-14 중층 유적; 24·29·30·42·45·46: 시니가이-A 유적 중층; 32~37: 하린 유적; 48~54: 시니가이-A 유적 중층 ㅣ 청동품: 1~21·28: 시니가이-A 유적 중층. 22: 하린 유적 ㅣ 석제품: 31: 하린, 38·39·43·44·47: 시니가이-A 유적, 40·41: 세클라에보-2 유적 ㅣ 골제품: 27: 시니가이-A 유적 중층

청동기시대 203

3. 리도프카 문화

1) 연구현황

(1) 연구사 및 편년

러시아 연해주의 리도프카 문화는 50년대 오클라드니코프가 처음 확인할 당시에는 철기시대로 생각했으나, 댜코프(1989)가 리도프카-1 유적을 발굴하고 연해주 동해안가에 위치한 유적을 중심으로 정의한 청동기시대문화이다.

그런데 2000년대 들어와서 수보로보-6이 발굴되고, 이를 관찰한 얀쉬나는 처음에는 리도프카 문화로 보았으나(쿠루퍄얀코·얀쉬나 1993), 나중에는 시니가이문화 동부지역의 또 다른 유형인 리도프카-티페바이스키 유형으로 보았다(얀쉬나 2004).

하지만 리도프카-1 유적은 단일 문화층이 아니라 두 시간대로 나눌 수 있고, 하층은 시니가이 문화 동부 1유형에 속하고, 상층은 원래 댜코프가 정의한 리도프카 문화의 특징으로 볼 수 있다(김재윤 2018b). 리도프카-1 유적 상층에서 출토된 홑구연화 된 장경호(그림 105-4, 5, 7, 12, 22)는 견부에 돌대 혹은 침선이 돌아가는데 시니가이 문화에는 없는 기형이다. 뿐만 아니라 마제석검(그림 106-28~32), 부엌칼형 석도(그림 102, 그림 106-5~14), 극동전

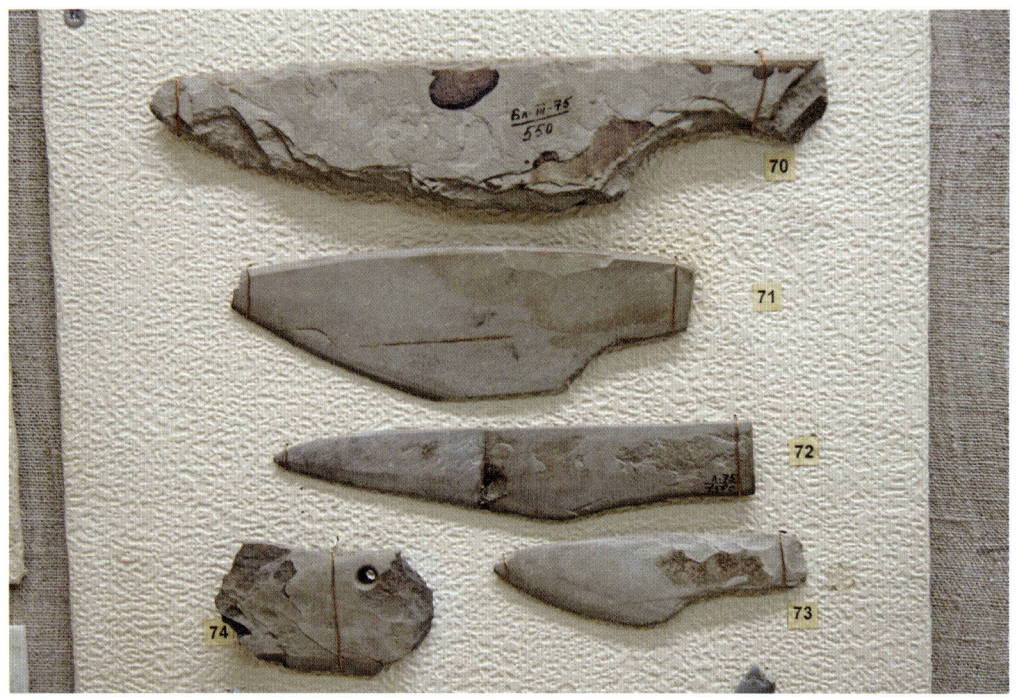

그림 102 리도프카 문화의 부엌칼형 석도(필자촬영)

신상토우**(그림 107-9~17)** 등도 이 문화의 특징적인 유물이어서 리도프카 문화를 완전히 부정(얀쉬나 2004)할 수는 없다(김재윤 2018a).

그런데 댜코프 선생(댜코프 1989)의 리도프카 문화를 시도렌코가 다시 복원하면서 이 문화를 4가지 유형으로 나누었고, 연대를 대폭 늘여서 기원전 10세기부터 기원후 1세기까지 늘였다. 종전의 댜코프 박사가 생각한 리도프카 문화는 새로운 리도프카 문화에서 테튜헤 그룹으로 분류되었다(시도렌코 2007). 하지만 시도렌코가 재정의한 리도프카 문화는 청동기시대 뿐만 아니라 연해주의 철기시대 늦은 문화인 폴체 문화까지 포함하는 연대로, 시간과 지역이 제한된 고고문화로 보기는 힘들다(김재윤 2018a).

리도프카 문화는 연해주의 청동기시대 다른 문화에 비해서 연구가 많지 않다. 주로 동해안가에 위치하면서 2500~2300년 전에 존재했던 문화라고 이해할 수 있다.

2) 문화적 특징

(1) 유적

① 리도프카-1유적 상층

리도프카-1 유적의 하층은 시니가이 문화와 관련된 유적이고 상층은 리도프카 문화와 관련되었다. 마을 유적으로 주거지 1기 이상이 발굴되었으나 발굴상태가 좋지 않아서, 주거지의 층위가 불분명하다.

② 모나스트르카-Ⅱ 유적

유적은 연해주의 달네고르스크 지구 루드나야 강의 지류인 모나스트르카 강의 높이 8~12m 위에 위치한다. 유적의 남동쪽과 남쪽은 심하게 무너져 내렸고 서쪽과 남서쪽은 계곡이 형성된 곳이다.

그림 103 리도프카-1 유적 출토(필자촬영)

유적에는 주거지로 추정되는 장소가 5곳 확인되었다. 각 장소에는 노지가 확인되었으나 주거지의 평면형태나 상태에 대한 언급이 없어서 정확하게 특정할 수는 없다.

③ 블라고다트노예-3 유적

블라고다트노예(Благодатное, Blagodatnoye)-3 유적은 테르네이 지구에 위치하는데 블라고

다트니 석호에서 동쪽으로 300m정도 떨어진 곳에 위치한다. 유적은 단일한 시기의 취락으로 추정되지만 발굴상태가 좋지 않다. 주거지 3기 정도가 있었던 것으로 추정된다.

④ 두브로빈스코예 토성

두브로빈스코예(Дубровинское, Dubrovinskoye) 유적은 연해주 달네고르스크 지구에 위치하며 곶의 가장자리 끝에 위치한다. 곶의 길이는 80m이고 너비는 35~65m이고, 해발을 기준으로 20~25m정도 높은 곳에 위치한다. 곶의 평면형태는 삼각형인데, 입구에 2중 성벽을 세웠다. 성벽은 큰 돌이 섞인 흙으로 축조되었는데, 높이가 대략 1m 가량이고 길이는 65~70m이다. 이 토성벽 사이에 너비 2m의 나지막한 해자가 있다. 내부에는 2.5×3.5m 타원형의 수혈이 7개 잔존한다.

⑤ 서포항 유적의 6기와 7기

서포항 6기는 대부분 시니가이 문화이지만 6기의 퇴적층 유물 일부와 7기의 4호와 10호 주거지 및 퇴적층 일부 유물이 리도프카 문화와 관련 있다(그림 104).

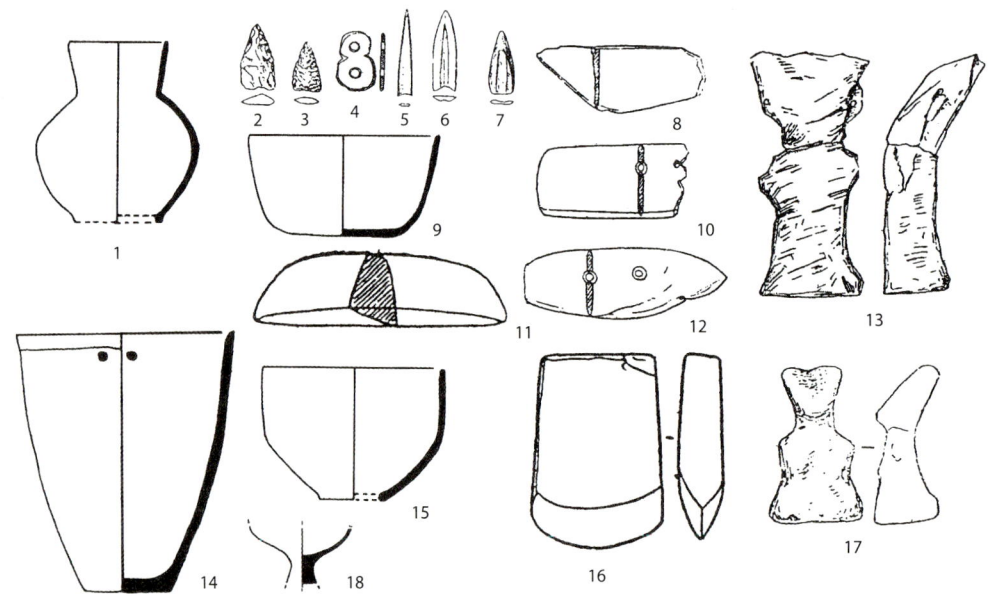

그림 104 　 서포항 7기 및 6기 일부(김재윤 2018b 재인용)　 1, 9, 11, 16: 서포항10호　 ｜　 4~7 · 13: 서포항 6기堆b
｜ 8 · 10 · 12 · 14 · 15: 서포항 4호 ｜ 17: 7기堆b ｜ 18: 7기堆c

(2) 유물

① 토기

장경호는 마연된 것으로, 시니가이 문화의 호형토기 보다 경부가 더 길어지고, 이중구연이 었던 구연부는 홑구연화(그림 105-5)[17] 된다. 견부에 돌대(그림 105-7, 9, 12, 15, 17) 혹은 침선(그림 105-2, 4, 5)이 여러 줄 돌아간다. 이 문화에서는 시니가이 문화의 동부 2유형에서 관찰되었던 구연단에 각목, 공열문, ∩ 등은 새겨지지 않지만, 전면이 마연된 특징은 유지된다. 뿐만 아니라 경부가 긴 적색마연토기(그림 105-1, 3, 6)도 있다. 시니가이 문화에서 확인되는 동부 2유형의 이중구연과는 약간 달리 구연단 끝을 접어서 그 상단에 가로방향으

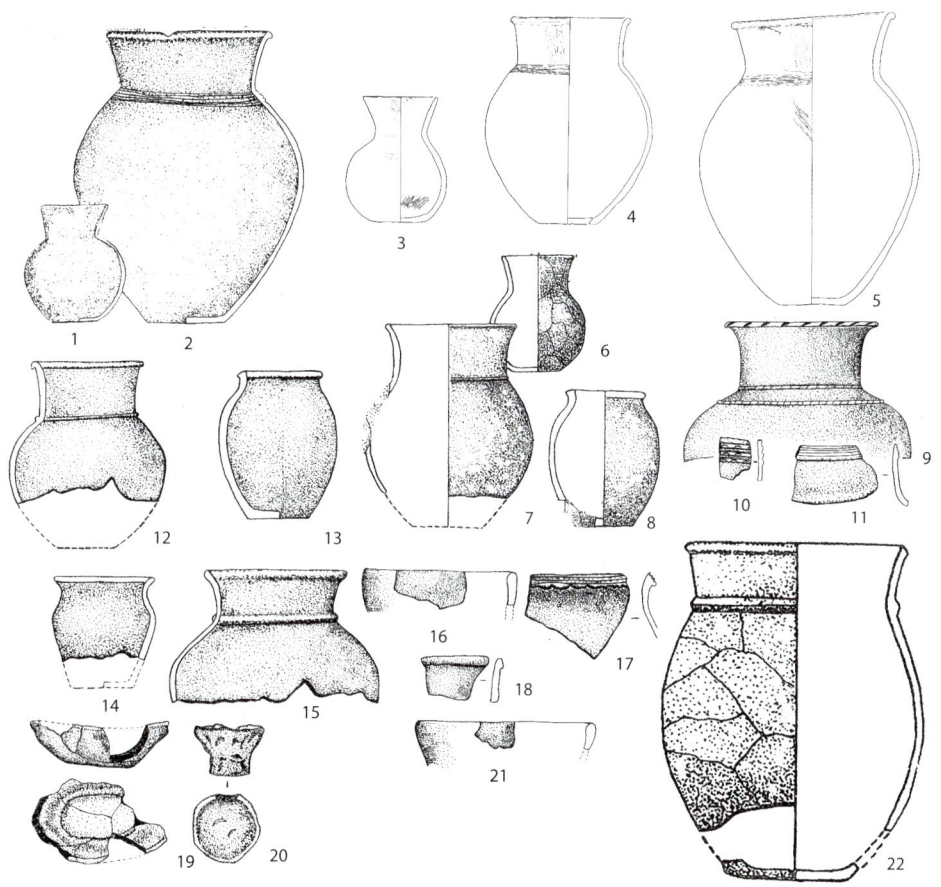

그림 105 리도프카 문화의 토기(김재윤 2018b 재인용) 1~2: 모나스티르카-2 유적 │ 3~11: 리도프카-1 유적 상층 │ 12~21: 블라고다트노예-3 유적 │ 22: 사이온-2 유적(2, 3, 5 필자 測)(축척부동)

---

[17] 리도프카문화의 마연된 장경호에서 많이 관찰되지만 그림 2-5는 필자가 직접관찰한 것으로 이를 좀 더 정확하게 표현하고자했다.

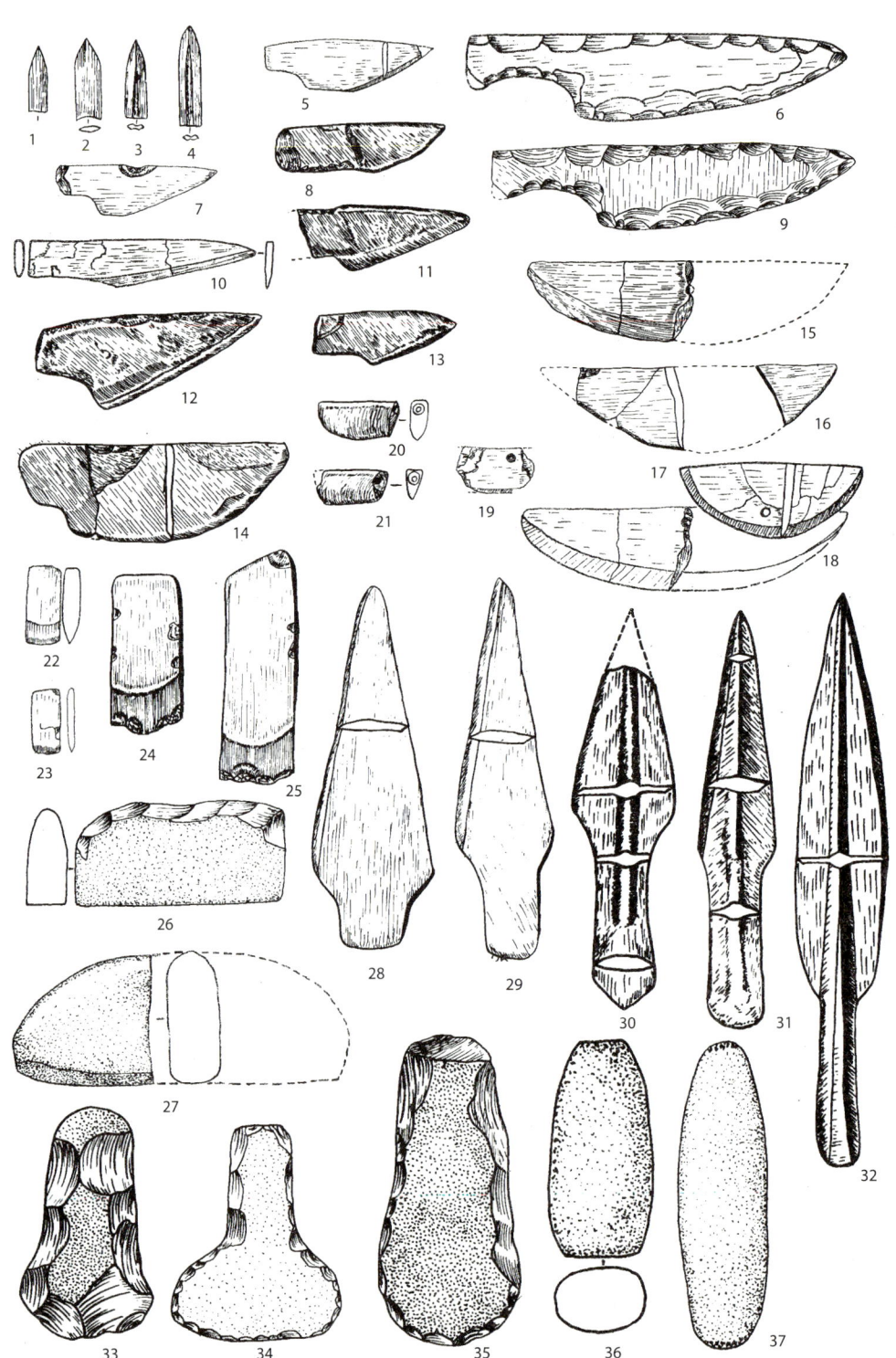

그림 106 리도프카 문화의 석기(김재윤 2018b 재인용) 1~4, 8, 11~14, 20, 21, 24, 25, 28, 29: 모나스트르카-2 유적 ｜ 5~7, 9, 10, 17~19, 22, 26, 36: 리도프카-1 유적 상층 ｜ 16, 27, 33~35, 37: 블라고다트노예-3 유적

로 2줄 침선해서 홈을 판 것(그림 105-9, 10, 11)도 출토되는데 리도프카 문화의 이중구연토기이다. 또한 발형토기로 구연부를 이중으로 처리한 것도 확인된다(그림 105-18). 구연단에 문양은 시문되지 않았다.

② 석기

석검은 비대칭 날이며, 중앙에 능이 없는 석검(그림 106-28, 29)과 중앙이 능이 있는 것(그림 106-30, 31, 32)이 있다. 전자는 병부 없이 경부가 짧게 형성된 것이고, 후자는 경부가 전체 길이의 1/3가량을 차지하며 끝부분이 둥글게 처리되어서 병부로 볼 수 있다. 등날이 없는 석검은 리도프카 문화에서 최초로 출토되었고, 등날이 있는 석검도 시니가이 문화의 석검에 비해서 크기가 크며, 병부가 확연하게 처리된 점, 비대칭날 등이 차이가 있다.

부엌칼형 석도(그림 106-5~14)는 신부와 경부의 길이 비 차이에 따라서 형식 설정을 할 수 있다. 신부와 경부의 길이차이 및 병부의 끝 장식을 확실하게 처리한 것(그림 106-6, 9)과 병부가 간단한 것(그림 106-5~14)으로 구분된다. 시니가이 문화 서부 2유형의 'ㄱ'자형 석도(김재윤 2018, 그림 99-14~17)는 인부가 직선이고, 인부의 반대면이 사선으로 올라가는 형태였다. 리도프카 문화의 부엌칼형 석도는 인부는 비스듬하고, 그 반대편이 편평하며, 신부가 길어지고, 병부가 확실하게 된다는 점에서 시니가이 문화의 것과는 다르다.

리도프카 문화 마제석부는 단면이 장방형이며, 양인(그림 106-24, 25)이다. 유사한 석부가 시니가이 문화에도 존재했으나, 리도프카 문화에서는 장단비가 작아진 특징이 있다. 반월형 석도(그림 106-15~18)와 장방형 석도(그림 106-19)도 확인되는데, 중앙에 구멍이 하나이다. 블라디트노예-3 유적은 곰배괭이(그림 106-33~35)가 대량으로 확인되었으며, 갈돌(그림 106-26, 27)도 확인된다.

리도프카 문화의 석촉은 경부가 없는 무경식 석촉이 있는데(그림 106-1~4), 경부가 들어간 것(그림 106-2), 들어가지 않은 것(그림 106-1, 3, 4)으로 구분된다. 중앙에 홈이 있는 것(그림 106-3, 4)은 시니가이 문화의 동부2유형에서 무경식석촉으로 홈이 있는 것(그림 99-24) 보다 신부가 길어진 것이다. 흑요석제 석촉(그림 107-1), 단면이 장방형인 원판형석제품(그림 107-6), 단면이 장타원형인 토제 고리(그림 107-4, 5), 단면 삼각형의 방추차(그림 107-7, 8), 이 외에도 대롱옥(그림 106-20, 21)도 출토된다.

③ 극동전신상토우 및 토제 고리

아무르강 하류에서는 신석기시대 말리세보 문화부터 확인되지만 연해주에서는 청동기시

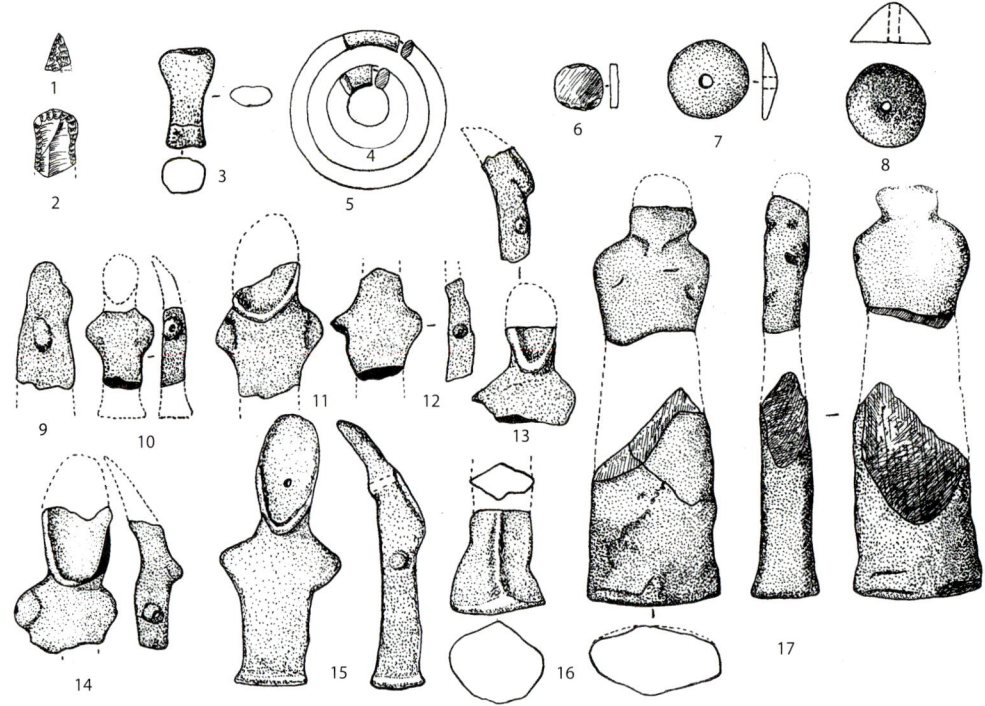

그림 107 리도프카 문화의 석제품과 토제품(김재윤 2018b 재인용) 1~3: 카멘카 유적 | 4~15: 리도프카 1 유적 상층 | 17: 블라고다트노예-3 유적

대 리도프카 문화에서 볼 수 있다. 아무르강 신석기시대의 토우가 신체 상단까지만 확인되고 몸통을 가로지르는 구멍이 있다. 연해주 및 두만강 유역에서 확인되는 토우(**그림 107-9~17**)는 눈코입이 생략되고, 신체부가 하단까지 전면에 표현되는 특징을 보인다. 특히 무성이며, 머리가 뒤로 젖혀지게 표현하는 토우는 동북아시아 다른 지역에서 확인되지 않고 아무르강 하류부터 연해주 및 두만강 유역에서만 확인된다(김재윤 2008).

서포항 6기 퇴적층과 7기 퇴적층에서는 극동전신상토우, 25호 주거지에서는 토제 목걸이가 출토되어서, 서포항 6기의 퇴적층 일부 유물과 7기 주거지(4호, 10호) 및 퇴적층 유물은 리도프카 문화일 수 있다.

그림출처

그림 78	프레오브라제니예-1 유적 평면도(국립문화재연구소 2008)	
그림 79	프레오브라제니예-1 유적 토기(국립문화재연구소 2008)	
그림 80	프레오브라제니예-1 유적 토기와 마제석기(국립문화재연구소 2008)	
그림 81	프레오브라제니예-1 유적 토기와 타제석기(국립문화재연구소 2008)	

그림 82	올가-10 유적 평면도(바타르세프 외 2017, 김재윤 재편집)
그림 83	올가-10 유적의 주거지(바타르세프 외 2017, 김재윤 재편집)　1~3: 1호 주거지　｜　4: 2호 주거지
그림 84	올가-10 유적의 토기(바타르세프 외 2017)
그림 85	올가-10 유적의 토기와 석기(바타르세프 외 2017, 김재윤 재편집)
그림 86	적색마연토기의 변천(김재윤 2011 재인용)　1: 자이사노프카-1　｜　2: 보이스만 2 자이사노프카 늦은 유형　｜　4·5: 아누치노 14　｜　6·7: 프레오브라줴니예 1(3번 외 필자실측)
그림 87	마르가리토프카 문화의 1유형(김재윤 2011 재인용)　1~12: 프레오브라줴니예 1　｜　13~20: 마략 르발로프　｜　21~28: 피레발　｜　29~31: 키예프카
그림 88	마르가리토프카 문화의 1유형과 2유형(김재윤 2011 재인용)　1유형. 1~5: 그로티　｜　7~9: 글라조프카 2　｜　2유형. 10~23: 루드나야 프리스턴　｜　24~35: 에프스타피 1
그림 89	흥성문화 1유형(김재윤 2011 재인용)　AF2: 2~7　｜　AF4: 8　｜　AF12: 9~12　｜　BF4: 13~17　｜　AF7: 18~21　｜　AF15: 22~34　｜　AF9: 35~42　｜　AF6
그림 90	흥성문화 2유형(김재윤 2011재인용)　1~6: F2　｜　7~21: AF13　｜　22~30: BF3
그림 91	레티호프카 유적 2004년 발굴된 대형토기와 봉상파수 토기(필자촬영)
그림 92	시니가이 문화의 서부 1유형(김재윤 2018a 재인용)　1·2·6~15·17~21·25~30: 레티호프카 04년 수혈　｜　3~5·16·22~24: 아누치노-29 1호 주거지(9번 이외 필자 測)
그림 93	시니가이문화의 주거지(김재윤 2018a 재인용)　1: 레티호프카 04년 수혈　｜　2: 루드나야 프리스턴 12호　｜　3: 하린 1호 주거지　｜　4: 루드나야 프리스턴 3층 청동기시대주거지　｜　5: 아누치노-14유적 청동기시대주거지
그림 94	시니가이 문화의 서부 2유형(김재윤 2018a 재인용)　1~18: 아누치노-14유적(1~12: 필자 測)
그림 95	시니가이 문화의 서부 2유형(김재윤 2019a 재인용)　1~3·13·14·16~22: 시니가이A중층　｜　4~10·15·23~25: 하린　｜　11·12: 노보셀리쉐-4 중층
그림 96	시니가이문화의 동부1유형(1~12)과 동부2유형(13~23)(김재윤 2018a 재인용)　1~12: 루드나야 프리스턴 유적의 2층 13호 주거지와 출토유물　｜　13~23: 루드나야 프리스턴 유적의 3층
그림 97	시니가이 문화의 동부1유형(김재윤 2018a 재인용)　1~8·10·24~30: 리도프카-1 하층　｜　9: 쿠르글나야 돌리나　｜　11~17·19: 루드나야 프리스턴 12호　｜　18·20~23·31: 에프스타피-1
그림 98	시니가이 문화의 동부2유형(김재윤 2018a 재인용)　1·8~11·15~17: 보도라즈젤나야 유적　｜　2~6·14: 베트로두이 유적　｜　7·12·13: 수보로보-6유적
그림 99	시니가이문화 서부 지역의 2유형 석기(김재윤 2018b)　1~13·16~23·38·44~45: 하린 유적　｜　15·24·27·37·38·42·43·46·47: 시니가이A중층　｜　28~36·40·41: 아누치노-14(필자 測)
그림 100	시니가이문화의 동부지역 1유형(1~6)과 2유형(7~33) 석기와 청동기(32·33)(김재윤 2018a)　1~6: 루드나야 프리스턴 13호 주거지　｜　7·12·14·19·20·22~24·29·31: 루드나야 프리스턴 청동기시대 주거지　｜　8~10·13·16·18·21·32: 수보로보-6　｜　11·13·17·26·30·33-베트로두이 유적
그림 101	시니가이문화의 서부지역 청동 유물 외(김재윤 2018a)
그림 102	리도프카 문화의 부엌칼형 석도(필자촬영)
그림 103	리도프카-1 유적 출토(필자촬영)
그림 104	서포항 7기 및 6기 일부(김재윤 2018b 재인용)　1, 9, 11, 16: 서포항10호　｜　4~7·13: 서포항 6기堆b　｜　8·10·12·14·15: 서포항 4호　｜　17: 7기堆b　｜　18: 7기堆c
그림 105	리도프카 문화의 토기(김재윤 2018b 재인용)　1~2: 모나스티르카-2　｜　3~11: 리도프카-1 유적 상층　｜　12~21: 블라고다트노예-3　｜　22: 사이온-2(2, 3, 5 필자 測)(축척부동)

그림 106 리도프카 문화의 석기(김재윤 2018b 재인용) 1~4, 8, 11~14, 20, 21, 24, 25, 28, 29: 모나스트르카-2 | 5~7, 9, 10, 17~19, 22, 26, 36: 리도프카-1 유적 상층 | 16, 27, 33~35, 37: 블라고다트노예-3

그림 107 리도프카 문화의 석제품과 토제품(김재윤 2018b 재인용) 1~3: 카멘카 | 4~15: 리도프카 1 유적 상층 | 17: 블라고다트노예-3

참고문헌

國立金海博物館, 2005, 『전환기의 선사토기』

김용간·서국태, 1972, 「서포항원시유적발굴보고」, 『고고민속론문집』 4

김재윤, 2004, 「韓半島刻目突帶文土器의 編年과 系譜」, 『韓國上古史學報』, 第46號

김재윤, 2011, 「동북한 청동기시대형성과정-연해주와 연변 고고자료의 비교를 통해서」, 『동북아역사논총』, 제32호

김재윤, 2018a, 「청동기시대 조기 경남 평거동 유적과 연해주 시니가이문화의 관련성 검토」, 『영남고고학』, 제81호

김재윤, 2018b, 「북한 서포항 유적과 연해주 청동기문화의 비교고찰 –편년을 중심으로-」, 『한국청동기학보』, 제23호

金材胤·Kolomiets·Kyptih, 2006, 「동북한 신석기 만기에서 청동기시대로의 전환기 양상」, 『석헌정징원정년퇴임기념논총』

과학원출판사, 1960, 『회령오동 원시유적 발굴보고』, 유적발굴보고 7집

바타르셰프 외 2017, 「연해주의 마르가리토프카 고고문화: 논쟁의 연속」, 『러시아 연해주와 극동의 선사시대』, 한강문화재연구원

황기덕, 1975, 「무산범의구석 유적발굴보고」, 『고고민속론문집』 6

延邊博物館·吉林省文物考古研究所, 2002, 『和龍興城-新石器及靑銅時代遺址發掘報告』

藤田亮策, 1930, 「櫛文文樣土器의 分布就きて」, 『靑丘學叢』 2

Андреева Ж.В., 1960, Некоторы вопросы культур южного Примортя III-I тысячелений-до н.э. (안드레예바, 1960, 「기원전 3000~1000년 기의 연해주 남부 문화에 대한 여러 가지 문제점」)

Андреева Ж.В., 1963, Археологические исследования на южном и восточном пребережье Приморья в 1960г.(안드레예바, 1963, 「1960년에 조사된 연해주 남부와 동부 해안가의 고고학 유적」)

Андреева Ж.В., 1970, Древнее Приморье (железный век). – 145 с (안드레바, 1970, 『연해주의 철기시대』)

БродянскийД.Л., 1996, Культурная многолнейность и хронологические парллели(по материалам археологии Приморья), записки общества изучения Амурского края (브로댠스키, 1996, 「연해주 고고학에서 문화의 다양성과 편년문제」)

Вострецов Ю.Е., Жушщховская И.С., 1985, Раскопки жилищ кроуновской культуры на поселении Киевка в Приморье С. 60-63.(보스트레쵸프, 1985, 연해주 끼예프카 유적 발굴)

Гарковик А.В., 1973, Посление с гротами у подножтя Синих Скал С. 43-45(가르코빅, 1973, 「시니예 스칼르이 계곡 아래의 동굴유적」)

Дьяков В.И., 1989, Примье в Эпоху Бронзы, 260с. (댜코프 1989, 『연해주의 청동기시대』)

Дьяков В.И., 1992, Многослойное поселение Рудная Пристань и периодизация неолитических культур Приморья. – 140 с. (디코프, 1992, 『연해주의 루드나야 프린스턴 유적과 신석기 문화의 편년』)

Жушщховская И.С., 1976, Отчет об археологических работах на поселении Киевка Лазовского района Приморского края 1976г.(주쉬호프스카야, 1976, 『연해주 라조지구의 키예프카 유적조사』)

Клюев Н.А., Яншина О.В., 1994, Новые материалы по эпохе палеометалла Примортя(поселение Глазовка-2), Вопросы археологии, истории и этнографии Дальнего востока С.18-30(클류에프·얀쉬나, 1994, 「연해주 고금속기시대의 새로운 유적-글라조프카 2」)

Клюев Н.А., Слепцов И.Ю., 2001, Раскопки поселения Анучино-14 в Приморье в 1999 году, Шестая Дальневосточная конференция молодых историков С.19-38(클류에프 외, 2001, 「아누치노-14 유적의 발굴보고」)

Кузмин Я.В., Коломиец С.А., Орлова Л.А., СулержицкийЛ.Д.,Болдин В.И, Никитин Ю.Г., 2003, Хролоногия култур Паллеометалла и средневековя Приморя(Дпльний Восток России), С.156-163(쿠즈민 외, 2003, 「연해주의 고금속기시대와 중세시대 절대연대」)

Окладников А.П., 1964, Древнее поселение в Пхусун, Материалы по истории Стбтрии С.73-83(오클라드니코프, 1964, 「푸수훈 만의 고대 유적」)

Окладников А.П., Дьяков В.И., 1974, Поселение эпохи бронзы в пади Хаинской, Новое в археологии Сибири и Дальнего Востока, Новосибирск(오클라드니코프, 댜코프 1974, 하린 계곡의 청동기시대 유적)

Сидоренко Е.В., 2007, Северо-Восточное Приморье в эпоху палеометалла. Владивосток: Дальнаука. 271 с.(시도렌코, 2007, 고금속기시대 연해주 동북지역)

Слепцов И.Ю., 2005, Жилище маргартовской культуры(по материалам полевых исследований поселения Преображение 1), Социогнез в Северной Евразии: Сборник научних трудов, С.154-158(슬렙쪼프, 2005, 「마르가리토프카 문화의 주거지」)

Медведев В.Е., 2000, Поселение Перевал на юге Приморья, История и археология Дальнего Востока. К 70-летию Э.В. Шавкунова. С-40-48.(메드베제프, 2000, 「연해주 남부의 피레발 유적」)

Яншина О.В., 2001, Финальный неолит-брозовтй век Приморья. Систeмазация археологических памятников; Аатореф. дис... канд.ист.наук. (얀쉬나, 2001, 『연해주의 신석기 말기와 청동기시대』, 박사학위논문)

Яншина О.В., 2004, Проблема выделения бронзового века в приморе -211с.(얀쉬나, 2004, 『연해주의 청동기 분리』)

Яншина О.В., Клюев Н.А., 2005, Поздний неолит и ранний палеометалл Приморья: критерии выделения и характеристика археологических комплексов, Российский Дальний Восток в древности и средневековье: открытия, проблемы, гипотезы: Открытия, проблемы, гипотезы-Владивосток ‒ С. 187-233(얀쉬나·클류에프, 2005, 「연해주 신석기 후기와 고금속기시대 전기의 고고유형 분리와 특징」, 『러시아 극동의 선사와 중세』)

Cassidy J. Kononenko N., Sleptsov I. Ponkratova I. On the Margarita Archaeological Culture: Bronze age or Final Neolithic ?, Проблемы археологии и палеэкологии Сеыерной, Восточнойи Центральной Азии-Новосибриск:-С. 300-302.

철기시대

1. 얀콥스키 문화

1) 연구사

(1) 연구현황

러시아 연해주의 선사시대 연구는 얀콥스키가 해안가의 슬라뱐카반도(혹은 얀콥스키 반도)에 위치한 패총에서 골각기와 석기를 발견하면서부터 시작된 것으로 평가된다. 1880년에 조사된 이 유적은 얀콥스키 패총으로 명명되었고 1887년에 마르가리토프가 발굴조사해서 보고서를 간행했다(안드레예바 외 1986).

그런데 마르가리토프카가 조사한 연해주의 고대 문화는 시데미(Сидеми, Sidemi)패총(현재의 얀콥스키 패총)이라는 이름으로 한국의 고대문화로서 영문잡지인 'Korean Repository'에 실리게 되면서 그 존재가 널리 소개되었고, 한국에서 출판된 최초의 고고학 연구로

그림 108   얀콥스키 문화의 적색마연토기

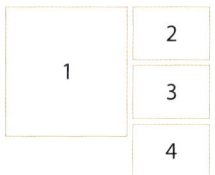

그림 109　얀콥스키 문화의 마제석검

학사적 가치가 크다(강인욱 2007). 마르가리토프가 조사한 유적에서는 패각 더미에서 골각기, 인골, 토기 등이 대량으로 보고되었다.

19세기에 얀콥스키와 마르가리토프카가 조사한 이후로 오클라드니코프(1956)가 조사하면서 본격적으로 연구되었다. 1953년 극동조사단은 이 문화가 연해주 동남부 해안가 및 내륙까지 넓게 분포한 것으로 조사했다. 안드레예바가 60~70년대에 본격적으로 조사하면서 해안가(서남부와 동남부) 유적과 내륙의 유적을 구분했다. 브로댠스키도 올레니A유적으로 내륙유적을 보충했다. 2000년대에 들어서는 소콜로프카(Соколовка, Соколовка)유적, 바라바쉬(Барабаш, Barabash)-3 유적 등이 한국과 공동으로 조사되었다. 이 중에서 얀콥스키 문화만 단독으로 존재한 유적은 바라바쉬-3 유적도 발굴되었다(김재윤 2021b).

얀콥스키 문화의 유물은 다양한 기종의 적색마연토기 외에도 마제석검이 있다. 이 석검은 시베리아의 청동기 문화인 카라숙 문화와 초기 철기시대 타가르 문화의 동검을 모방한 것으로 판단하고 이 문화의 편년에 활용된 바 있다(안드레예바 1986, 강인욱 2011, 김재윤 2021b). 토기, 마제석검 외에도 철부를 비롯한 철제 유물들이 이 문화를 대표한다.

얀콥스키 문화의 유물은 다양한 기종의 적색마연토기와 마제석검, 철부 등이 있다. 이 중에서 석검은 시베리아의 청동기 문화인 카라숙(Карасук, Karasuk)문화(**그림 111**)와 철기시대 타가르(Tarap, Tagar)문화의 동검(**그림 112**)을 모방한 것으로 판단되었고, 문화의 편년에 활용되었다(오클라드니코프 1958, 안드레예바 1986, 강인욱 2011). 오클라드니코프는 기원전 12~10세기로 추정했다(오클라드니코프 1956). 하지만 안드레예바(1986)는 얀콥스키 문화의 석검이 시베리아 동검을 모방했다는 오클라드니코프의 생각은 지지했으나, 연대는 카라숙 문화와 타가르 문화와 연동한 시기인 기원전 9 혹은 기원전 8~7세기로 조정했다. 강인욱(2011)은 석검모방설을 지지하면서 기원전 8~6세기경에 이 문화가 생겨난 것으로 보았고, 연해주에서 석검제작 전통을 강조했다.

철부도 연대추정의 근거가 되었다. 페스찬느이 유적에서 출토된 철기 유물을 기원전 9~8세기(오클라드니코프 1963)로 본 의견을 제외하면은 전국말에서 전한 초(大貫靜夫 1998), 기원전 4세기(後藤直 1982), 기원전 일천년기 중반(臼杵 勳 2004)으로 이 문화의 시작연대를 판단했다.

한편 절대연대에 의거한 얀콥스키 문화의 연대(브로댠스키 1987)는 기원전 8~5세기로 늦은 시기는 크로우노프카 문화와 겹친다고 보았는데, 실제로 석검을 근거로 한 연대설정과 가장 비슷하다.

얀콥스키 문화의 석검에 대한 연구는 오클라드니코프가 처음 제안했지만 얀콥스키 문화를 본격적으로 조사한 안드레예바(1986)가 이를 본격화 시켰다. 사실 청동기를 모방한 석검에 대한 연구는 댜코프(1989)가 리도프카 문화의 석검(그림 106-28~32)으로 그 가능성을 먼저 타진했다.

하지만 리도프카 문화의 석검은 비대칭날로서 동검의 날과는 차이가 크다. 리도프카 문화의석검 중앙에 능이 뚜렷하며 손잡이 끝장식이 없는 것(그림 106-31, 32)이 가장 큰 특징인데, 카라숙문화의 동검은 손잡이 끝장식이 분명해서 이를 모방했다고 하기에는 차이가 있다.

리도프카 문화의 석검 가운데는 손잡이가 아니라 슴베에 가까운 유물은 석모(그림 106-28, 29)로 보기도 한다.

말라야 포두세치카(Малая Подушечка, Malaya Podushechka) 유적 출토의 마제석기를 대상으로 석기에 남겨진 흔적으로 기능을 분석한 연구도 러시아 학계에서 빠질 수 없는 연구주제이기도 하다(코노넨코 1978).

얀콥스키 문화의 석검은 동북아시아에서 비파형동검 등장 이전에 석검제작 전통이 먼저 존재했다는 근거로 해석되기도 한다. 비파형동검이 없는 연해주에서도 석검제작 전통이 보인다는 점을 강조하고, 연해주도 한반도 청동기문화 속에서 같은 방향성으로 발전한다는 점을 강조한 것이다(강인욱 2011).

그림 110 바라바시-3 유적의 철제품

한편 기원전 일천년기 전반에 얀콥스키 문화가 존재했다고 판단하면서 이 문화의 토기가 아무르강 하류의 우릴문화 및 송눈평원 교남문화의 토기와 관련성이 있다는 연구가 있다(홍형우 2014). 이 부분이 구체적으로 밝혀진다면 얀콥스키 문화의 분포범위가 분명해질 것이다.

(2) 편년

얀콥스키 문화를 처음 발견한 오클라드니코프는 아무르강 하류의 우릴 문화와 비교해서 기원전 12~10세기 가량으로 생각했다(오클라드니코프·데레비얀코 1973). 안드레예바는 카라숙 문화 혹은 타가르 문화의 동검을 모방한 석검에 주안을 두어서 기원전 9,8~7세기로 보았다. 브로단스키(1987)는 탄소연대를 근거로 기원전 8~5세기로 보고 하한은 크로우노프카 문화와 겹친다고 판단했다. 강인욱(2007)은 기원전 8~6세기에 청동기시대 유적과 공존하면서 점차 생성되는 것으로 보았다.

오클라드니코프는 시간이 지난 뒤에 페스찬느이 유적의 주거지와 철기 출토 유무를 통해서 철기가 출토되는 주거지를 기원전 9~8세기로 자신의 안을 수정했다. 같은 자료를 검토한 大貫靜夫(1998)는 주조철부를 근거로 전국말에서 전한 초로 생각했다. 臼杵 勳

(2004)은 초도의 철부가 범의구석 4기와 같은 시기로 기원전 4세기로 본 後藤直의 견해에 동의하면서 얀콥스키 문화의 철부도 비슷한 시기인 기원전 1천년기 중반으로 보았다. 철부를 기원전 4세기로 본 근거 역시 중국계통으로 보았기 때문이다.

하지만 러시아 연구자들이 기원전 일천년기 전반으로 얀콥스키 문화를 편년했는데, 그 기저에는 연해주가 유라시아 초원의 문화적 흐름 속에 파악하려는 노력이 있다.

필자도 청동기시대 카라숙 문화(그림 111)와 초기철기시대 타가르 문화의 동검(그림 112)을 모방한 석검이 얀콥스키 문화 속에 존재한다고 생각한다. 실제로 얀콥스키 문화의 석검 가운데 신부의 중앙에 능이 뚜렷하며 손잡이 끝이 원두형인 석검(I 형식)과 신부의 모습은 같지만 손잡이 끝장식이 굽은 형식(I′ 형식)인 유물(그림 118–1~6)은 카라숙문화의 동검과 유사하다. 또한 석검 신부의 단면이 마름모형이고 신부와 손잡이 사이가 튀어나왔으며 손잡이 끝장식이 '一'자형인 석검(II형식)(그림 109–3, 그림 118–7~16)은 타가르 문화의 동검과 유사하며, 이를 모방했다고 볼 수 있다(김재윤 2021).

I 형식과 I′ 형식 석검의 조형이 된 카라숙 문화의 동검(그림 111–5, 17, 18)은 이 문화의 이른 시기의 유물로 기원전 13~9세기 유물이다. 하지만 연해주의 석검이 모방된 시기를 카라숙문화의 연대로 적용할 수는 없다. 왜냐하면 카라숙 문화가 동쪽으로 이동해서 연해주로 영향을 주는 시점을 기원전 9세기(강인욱 2009)로 보고 있고, 우리나라 남강의 평거동 3-1지구에서 발견되는 연해주 시니가이 문화의 흔적도 카라숙문화가 이동하면서 연동된 현상(김재윤 2018a)으로 보는데, 이 유적의 하한도 2900년 전이기 때문이다. 연해주 얀콥스키 문화의 석검 II형식은 타가르 문화의 동검을 모방했고 기원전 6세기 유물이다(김재윤 2021).

연해주 얀콥스키 문화의 석검이 카라숙 문화의 영향이 보이는 점은 확실하지만 얀콥스키 문화의 석검으로 모방되는 시점은 기원전 9세기 이후이며, 타가르 문화의 연대로 넘어간 시기인 기원전 7~6세기로 볼 수 있다(김재윤 2021b).

얀콥스키 문화의 하한은 이 문화를 뒤이어 발생하는 크로우노프카 문화와 관련있다. 크로우노프카 문화가 내륙에서 확인되는 기간은 기원전 5세기이지만, 해안가에서 확인되는 기간은 기원전 3세기 경으로 이 시점에 얀콥스키 문화가 크로우노프카 문화 II기로 변환되었다(김재윤 2016, 표 2).

시베리아에서는 기원전 9세기부터 초기철기시대인 스키토 시베리아 문화권이 시작되었는데 유라시아 초원 끝에 있는 연해주에서도 초기철기시대는 늦지만 시베리아 문화의 영향 속에서 형성되었다고 볼 수 있다.

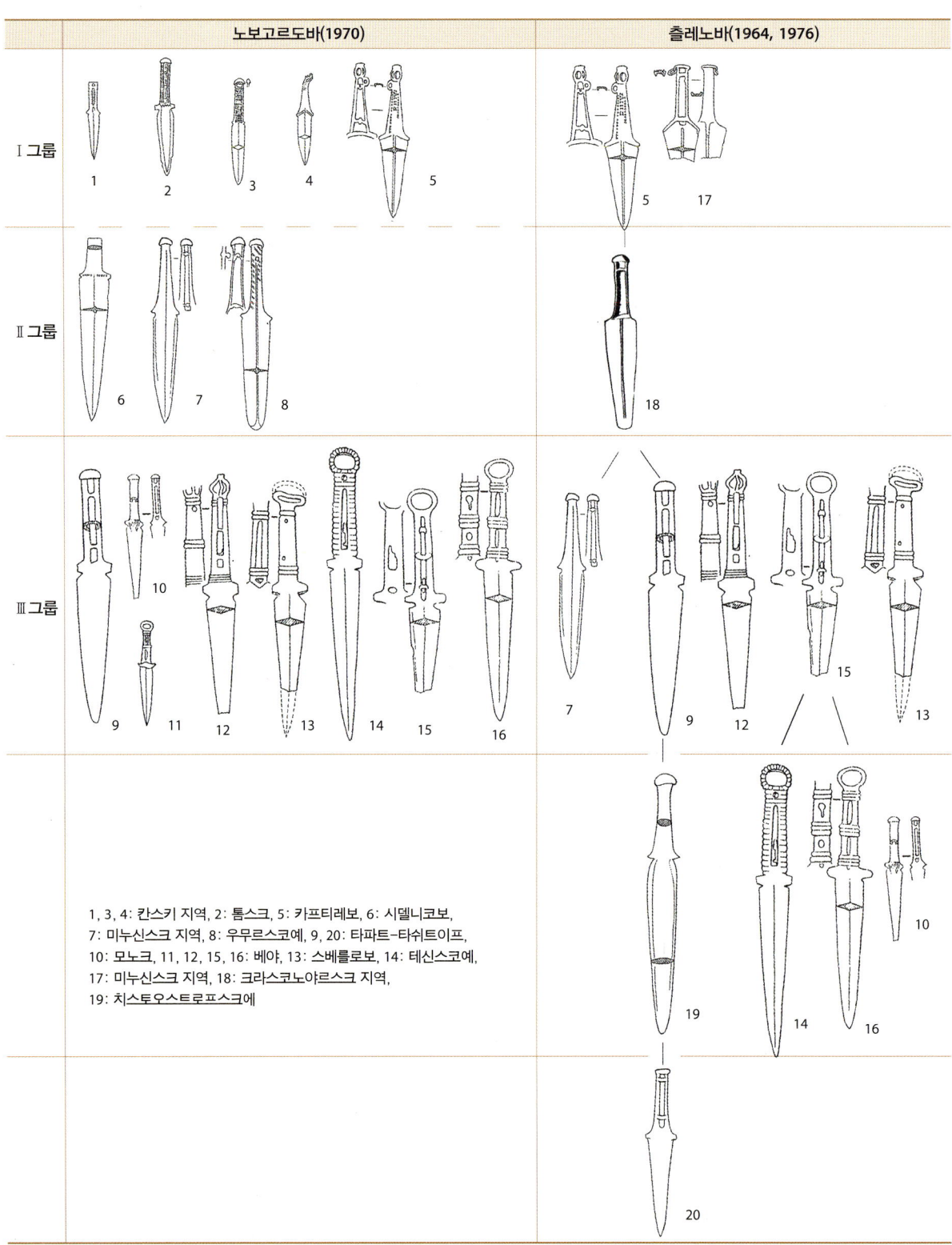

그림 111 노보고르도바와 츨레노바의 카라숙 동검 편년(김재윤 2021b재인용)

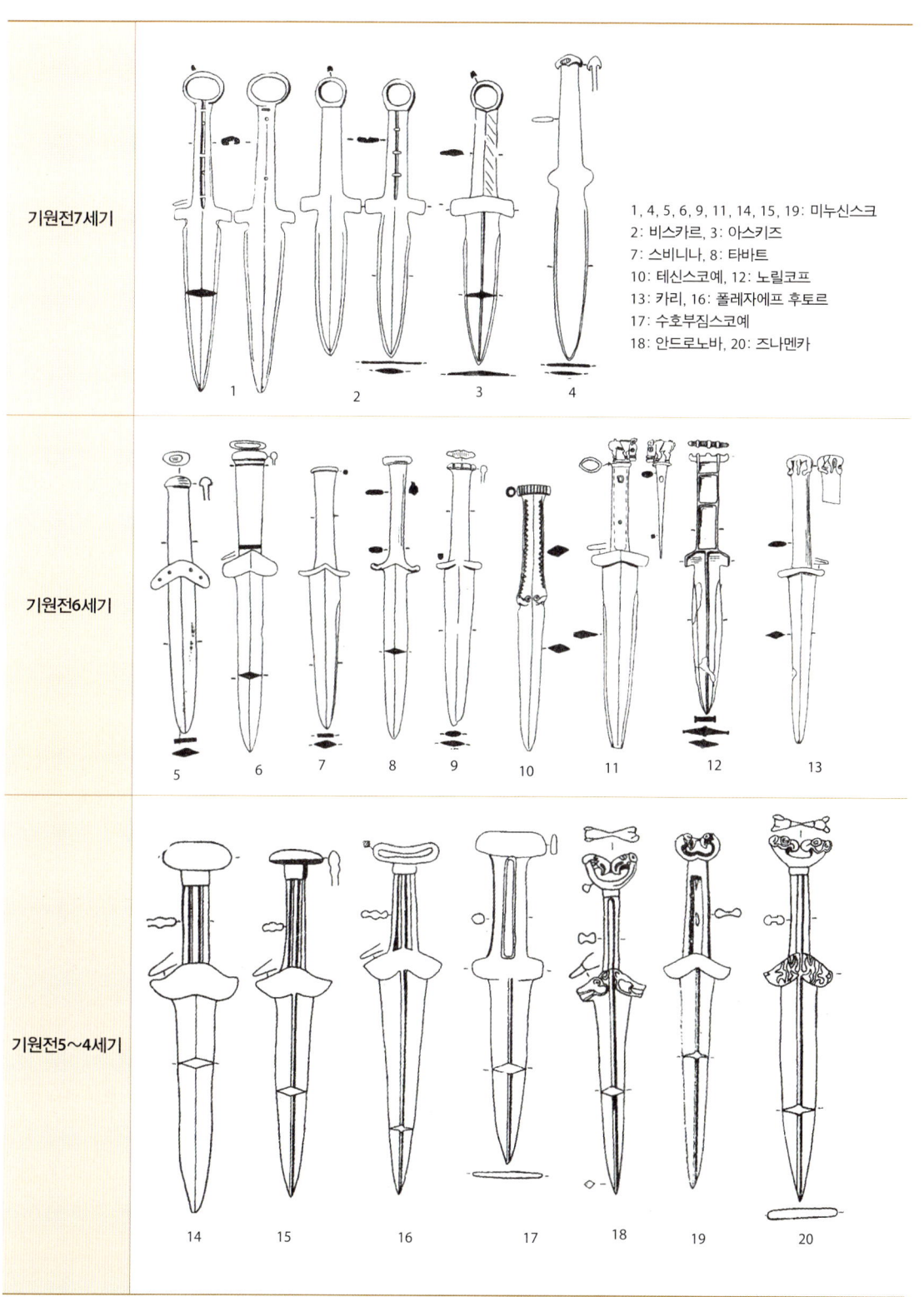

그림 112 츨레노바(1976)의 타가르 문화 동검 분류(김재윤 2021b재인용)

지도 5   환동해문화권 북부지역의 철기시대 유적(유적명은 표 20의 번호 참고)

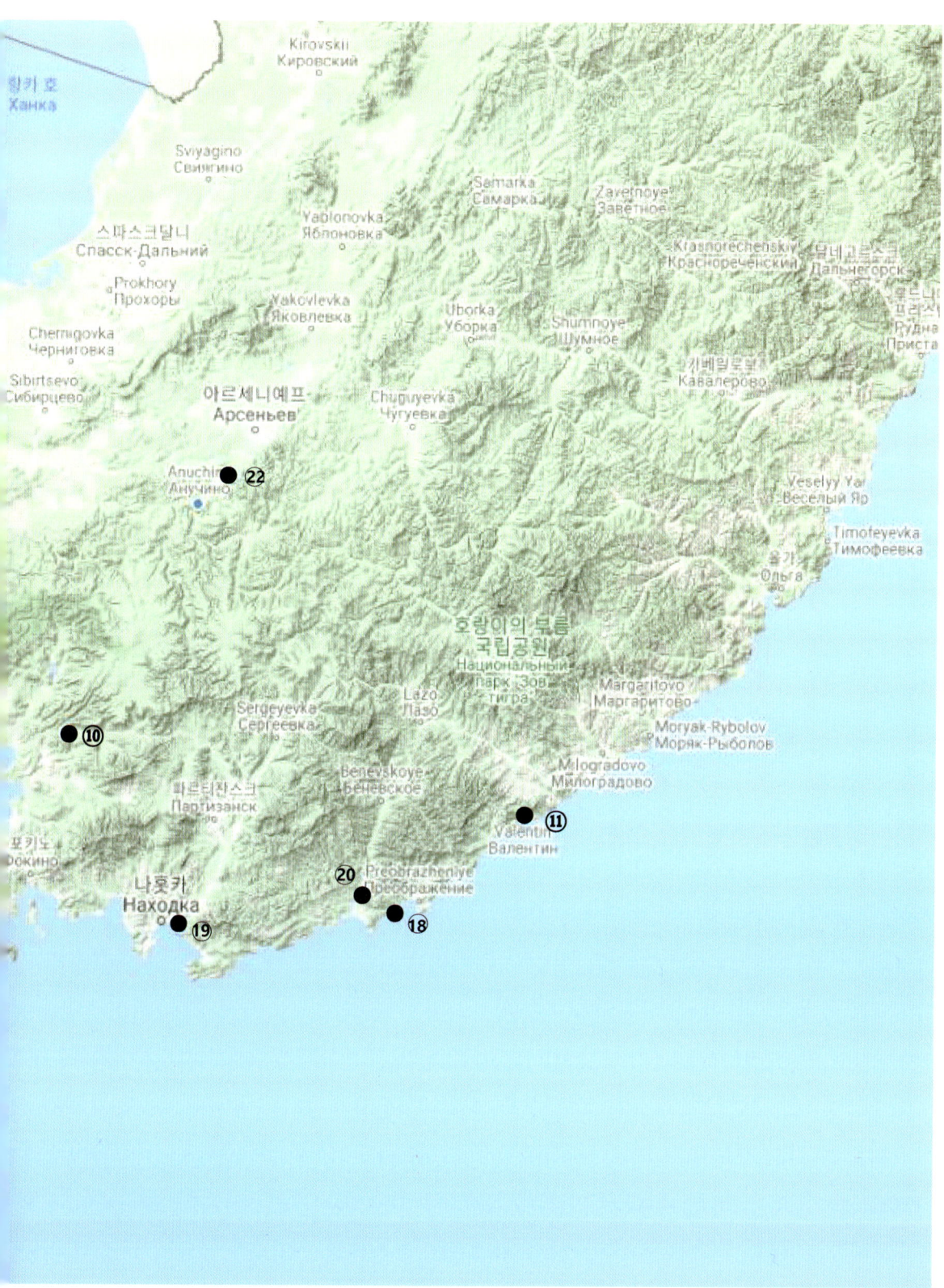

표 20 얀콥스키(Y) 문화와 크로우노프카(K) 문화의 유적(김재윤 2008 재편집)

지도 5의 번호	유적	지질학 위치	시대	유적성격	출토유물
1	라진 초도	동해 섬	柳後	주거지?	둥근파수
			Y	주거지?	Y꼼스끼형 호와 적갈색마연 유문토기
			K	주거지?	나무그루터기형 파수, 시루, 철제 유물
2	회령 오동	두만강 중류 하안단구	柳後	주거지 5호	발형토기 등 마연토기
			K	주거지 6호	둥근 파수(출토위치불명), 철부
3	범의구석	두만강	柳後	4기 주거지	파수부 발형토기 주류
			初鐵	5기~6기 주거지	주상파수 발형토기, 호형토기, 고배, 시루, 오수전, 철제유물
4	汪淸 新安閭	嘎呀河강변, 계곡부	團結	1지구2층	파수부 토기, 고배, 뚜껑
			柳後	1지구1층	마제석검, 잔형토기
			柳前	2지구	발형토기
			團結	3지구 문화	시루, 토기편
5	슬랴반카1	포이마강 입구, 바닷가(아무르만)	Y	패총	
6	슬라반카2	포이마강 입구 (슬라반까1과 2km)	Y	파괴심함	석기와 얀꼽스끼 토기편 등
7	페스 찬느이	아무르만 페스찬느이 반도, 바닷가	Y	패총, 주거지 19기	적갈색 유문의 얀꼽스끼 토기, 잔형 토기, 철제 유물 등
8	치파예보	아무르만의 북쪽 바닷가	Y	주거지, 무덤, 패총	주로 잔형토기, 동체부에 융기대가 부착된 얀꼽스끼 형 호, 철제?
9	올레니 1	아르테모프카 강의 하안단구	Y	상층주거지	얀꼽스끼형 호, 철제 유물, 고배 등.
			K	하층주거지	외반구연호, 내만 구연발, 파수부호, 고배, 청동제그릇편, 철도 주석덩어리
10	말라야포두세치카	강 합류점의 언덕의 경사	Y	주거지, 토기관련(요지), 무덤	얀꼽스끼형 호, 고배, 굽이 달린 낮은 배형토기 등
11	발렌틴	키예프카 강	Y	주거지	동체부에 융기대가 부착된 호가 주
12	바라바시-3	바라바시 강 하안단구	Y	주거지 및 대장공간	얀콥스키형 호, 고배, 주조철부 등
13	圖門嘎呀	嘎呀河와 通河의 합류점	K	문화층 (5×5m, 29곳)	주상파수 호, 주상파수 발, 시루, 고배, 잔형토기 등
14	琿春 一松庭	陡峭산과 琿春河강변	K	주거지	주상 파수 호, 시루, 잔형 토기, 고배와 대형 호
15	東寧 大成子	綏芬河 강변하안단구	K	주거지 2기	오수진, 주상파수 호, 주상파수 발, 고배, 시루
16	東寧團結 下層	수분하 강변하안단구	K	주거지 10	1기	6호 주거지: 주상파수 호, 고배
			K			9호 주거지: 대형호, 소형잔
			K		2기	1호 주거지: 주상파수 호, 단각 고배, 시루
			K			5호 주거지: 교상파수 호

절대연대	조사시기	참고문헌
×		
×	1949년	고고학 및 민속학 연구소, 1956
×		
×	1954년	고고학민속학 연구소, 1960
×	1955년	
×	1959년	황기덕 1973
×	1961년	
×	·	
×	·	王亞州, 1961
×	·	
×	1952년	
2830±40B.P.(1130-90cal B.C.)	1970년	안드레바 외 1976
	1975년	
×	1975년	
×		오클라드니코프 1963
2745±75B.P.(AA-20945)	1976	안드레바 외 1976
2195±25 B.P.(370-190calB.C.)		오클라드니코프·브로댠스키 1968
2180±260B.P.(830-380cal B.C		
2450±50B.P.(770-410cal B.C)	1964년	안드레바 외 1976
×		안드레바 외 1976
	2007~2011년	클류예프 2014
×	1983년	吉林延琿公路考古隊, 2001,
	1996년	
×	1972년	王亞州, 1961
2100±85B.P.(2호)	1972년	李雲, 1973
2120±85B.P.(B.C.200~A.D.47)		
2085±85B.P(A.D.171~62)	1972년	黑龍江省文物考古工作隊·吉林大學歷史係考古專業, 1978
1925±80B.P(A.D.31~232)	1977년	
2355±100B.P(B.C410~210)		

지도 5의 번호	유적	지질학 위치	시대	유적성격	출토유물
17	크로우노프카 1	크로우노프카 (라즈돌라야의 지류) 강변	K	주거지 6기	유견석부, 유공철부, 철도 철착, 장신구
			?	주거지 2기	시루, 파수부 발
			곤토령	주거지1기	파수부호와 발, 외반 구연호, 유견 석부, 보리
18	페트로프	동해 섬	K	주거지 40기	1호: 도가니, 청동방울, 청동 덩어리 등 그 외 주상파수부 발, 고배
19	불로치카	파르티잔 강 하구 구릉 위	K-Y	주거지	파수부호, 외반구연 호
			K		1호 외반구연호, 발, 파수부호
			K		8호 고배, 파수, 얀꼽스끼형 호?
			?		14호 고배, 파수부 발
			K		15-나 파수부 발, 대형호
					19-나 ×
20	키예프카	강입구	K	주거지 6기	외반구연호, 파수부 호, 고배가 주류
21	코르사코프스크예-2	크로우노프카 강 하안단구대	K	주거지 1기	외반구연호, 접시, 고배형 토기, 방추차 6점, 모루돌, 망치돌, 철촉, 지석, 동물뼈 2080±700B.P. (ГИН-84) 360-60cal B.C
22	노보고르디예프스코예 유적	강 하안단구대	K	주거지 1기	파수부 호, 외반구연호, 고배 등

2) 문화적 내용 유적과 유물

얀콥스키 문화의 유적은 주로 연해주의 해안가에 위치하며 패총, 취락유적, 무덤, 대장 등이 확인된다.

　　안드레예바가 서남부 유형으로 구분한 유적에는 슬라반카 1, 슬라뱐카 2 유적, 페스찬느이, 차파예보 유적 등이 있고, 내륙형에는 시코토프카(Шикотовка,Shikotovka) 강 유역에 있는 말라야 포두세치카 유적, 올레니 1유적, 올레니 2 유적이 해당된다. 동남부 유형은 키예프카 (Киевка, Kievka)강 유역에 위치한 키예프카 유적이다(안드레예바 외 1986). 뒤에 쥬시호프스카야(2004)도 비슷한 견해를 밝혔다. 브로단스키는 안드레예바의 분류안에 페트로

절대연대	조사시기	참고문헌
×	1968년	오클라드니코프 · 브로댠스키 1984
×	1984년	보스트레쵸프 1986 보스트레쵸프 1987
	2002년	Institute of History, Archaeology and Ethnography of the Peoples of the FAR EAST 2004
1770±25B.P.(140-340cal B.C)	1965 1967	오클라드니코프 · 브로댠스키 1979
×		
2050±40B.P.(60~40calB.C)	2003년	국립문화재연구소 2004
2280±40B.P.(380~260calB.C)	2004년	국립문화재연구소 2005
×	2004년	
1710±40B.P.(240~410cal A.D) 2150±60(370~50cal A.D)	2005년	국립문화재연구소 2006
×	2005년	
1980±50B.P.(100-110cal B.C)-1호	1976년 1979년 1981년	보스트레쵸프 1985
2420±50B.P.(Ки-84) 760-400cal B.C	1984년 1986년	보스트레쵸프 · 주시호프스카야 1987
2480±85B.P.(ТИГ-243) 790-400 cal BC	1986년 1987년	볼딘 1987

프(Петровка, Petrovka) 섬과 아누치노 유적을 포함해서 내륙형을 올레니 유형과 아누치노 유형으로 구분했다(브로댠스키 1987).

(1) 유적

① 슬랴반카-1, 2유적

아무르만으로 흘러가는 포이마강의 하류에 위치한다. 1960년 7개 지점에 소규모로 발굴된 바 있고, 얀콥스키 문화의 층위만 발견되었다. 패총이 확인된 곳은 슬랴반카 1유적에서 서쪽으로 2km 떨어진 슬랴반카 2 유적이다. 유적은 파괴가 극심했으나 시굴조사를 통해서 유적에서 얀콥스키 문화층이 발견되었다. 유물은 토기와 마제석기가 대량으로 출토되었다

(안드레예바외 1986).

② 페스챤느이-1유적

유적은 연해주의 블라디보스톡(Владивосток, Vladivostok) 지구에 위치하는데, 페스챤느이 곶에서 북쪽으로 해안에서 120~150m 가량 떨어진 곳에 페스찬느이 반도에 위치한다. 높이 25m의 테라스에서 표토층이 얇아서 육안으로도 구덩이 20기가 확인된다.

유적에서는 얀콥스키 문화의 패총과 주거지 10기가 확인되었다. 주거지는 긴 네모꼴 모양으로 크기에 따라서 50~70m², 120~150m², 270m²으로 나눌 수 있다. 주거지는 수혈식으로 벽 가장자리에는 암반이 노출된 경우도 있다. 큰 주거지에는 집의 중앙을 가로질로 2줄의 기둥구멍이 배치되었다. 화덕자리는 집 중앙에 위치하는데, 벽이나 모서리쪽에서 확인되기도 한다.

10기의 주거지는 이른 시기와 늦은 시기로 구분했으나 주거지 간의 뚜렷한 차이는 확인되지 않는다.

③ 말라야 포두세치카 유적

우수리만으로 흘러가는 수호돌(Суходол, Sukhodol) 강의 하류에 위치한 구릉 위 경사면에 위치한다. 이 구릉에는 얀콥스키 문화와 폴체 문화의 유구가 확인되는데, 전자는 서편 아래 경사면에 집중되어 있고 경사면 위쪽인 동편에 분포하며, 양 문화의 경계면에는 얀콥스키 문화층 위에 폴체 문화 층이 형성된 것이 확인되었다. 유적에서는 주거지, 무덤, 토기 가마 등이 확인되었다.

얀콥스키 문화의 주거지는 모두 7기가 발굴되었는데 5기는 구릉의 북서쪽 끝에 모여있고, 남쪽으로 20m 떨어진 곳에 2기가 있다. 주거

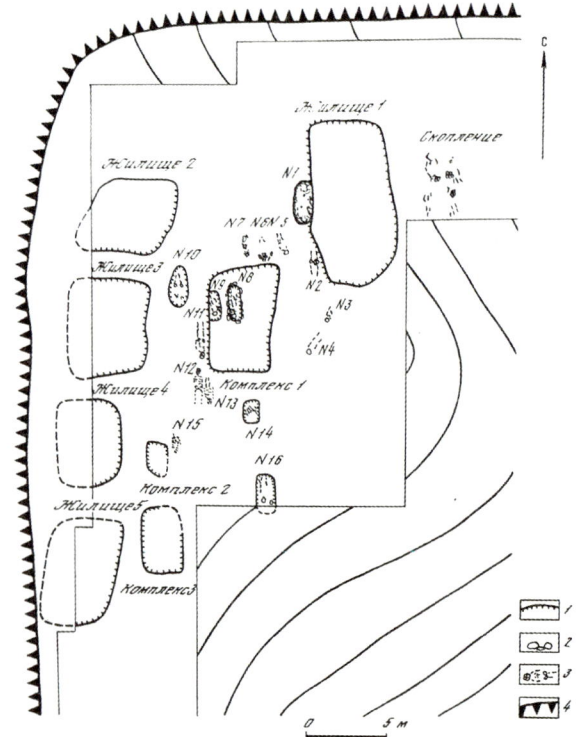

그림 113 말라야 포두세치카 유적(안드레예바 외 1986)

지 사이에는 토기를 구운 가마터가 2기 발견되었는데, 1~3호 주거지 사이에 1기가 위치하고, 5호 주거지의 동편에 위치한다. 이곳에는 깨진 토기편이 대량으로 확인되었다.

무덤은 16기가 확인되었는데, 주거지 사이의 공간에서 대부분 밀집하고 있다. 1호 무덤과 2호 무덤이 1호 주거지의 아래 층에서 확인되는 것으로 보아서 무덤이 설치된 후에 주거지가 들어섰을 가능성이 있다(그림 113).

무덤은 대부분 구덩이를 파고 시신을 안치했는데, 그 흔적이 잘 남아 있지 않는 경우도 있다. 1기를 제외하고 대부분 두향은 남쪽으로 앙와신전장이다. 2차장한 흔적은 14호 무덤에서 확인가능하다. 부장품은 대부분 장신구로 구슬, 귀걸이, 옥수석 드리개 등이 있고 석부, 방추차, 토기도 있다.

④ 차파예보 유적

유적은 아무르만의 서북쪽 해안가에 위치한 언덕 위에 유적이 형성되었는데 그 곳은 패총으로 그 위에 주거지와 무덤이 확인되었다. 무덤은 유적의 북서쪽에 있고, 남동쪽에 1기가 더 있다. 북서쪽 매장유구는 특별한 시설없이 신전장 5기와 뼈가 흩트러진 채로 확인된 인골 4기가 수혈에서 확인되었다.

주거지는 방형 또는 장방형이 5기가 발굴되었고, 그 중 4호 주거 아래에서 신전장 1기가 발견되었는데, 많은 장신구와 함께 있었다. 흩트러진 뼈는 불탄흔적이 있고, 2차장의 흔적이 확인된다.

⑤ 발렌틴 유적

유적은 연해주 동남부의 해안가에 위치하는데, 발렌틴 강의 하류에 발렌틴(Валентин, Valentin) 만으로 합류하는 지점에 위치한다. 이 유적에서는 주거지 1기가 발굴되었는데, 장방형이다. 동쪽벽에 적석유구가 붙어 있다. 직경 8~9m, 높이 0.6~0.7m이다. 이곳의 용도는 정확하게 알수 없으나 제사유구로 추정하기도 한다. 바라바쉬-3유적에서도 주거지의 한쪽에 집석이 붙어 있는 경우가 발견되었다.

⑥ 바라바쉬-3 유적

유적은 연해주 바라바쉬 강의 왼쪽 강변에 있는 돌출된 높이 8~10m 곳의 남쪽에 위치하는데, 서쪽 경사면은 가파르고, 동쪽은 경사가 완만한데 이곳에 유적이 확인된다. 유적의 면적은 약 2000m²로 10기의 구덩이 및 환호가 확인되었다(그림 114). 그 중에서 4기를 발굴했는데, 2곳에서 대장공간 및 주철을 이차 가공하기 위한 공간으로 추정되는 공간이 확인되었다(그림 115).

철 제작소(그림 115)의 너비는 3.5× 3.6m로 대장공간에만 숯이 남아 있는 것으로 보아서 폐기된 주거지의 서쪽 부분만을 이용하였다. 남아 있는 목제라인으로 보아서 대장공간에는 벽이 이중이었다. 이 공간의 평면형태는 문쪽(동)으로 갈수록 넓어지는 사다리꼴형태로, 4개의 주혈이 확인되었다. 이곳에서는 아주 심하게 불 맞은 흙과 돌이 남아 있는 아궁이가 확인되었고, 남쪽에는 공기가 빠져나가는 구들도 있다. 대장공간의 바닥 전체에 아주 작은 숯 알갱이가 깔린 채로 확인되었다. 유구에서는 제작과 관련된 도구는 확인되지 않았지만, 모두 7개의 철제품이 확인되었다. 아궁이와 멀지 않은 곳에서 단면 장방형의 쇠도끼가 확인되었다. 10개 이상의 철제품이 아궁이 근처의 벽 부근에서 확인된 것으로 추정되는데, 그 중 미완성품인 2개의 철제도끼는 같은 형식인데, 불량제품으로 버려졌을 가능성이 있다.

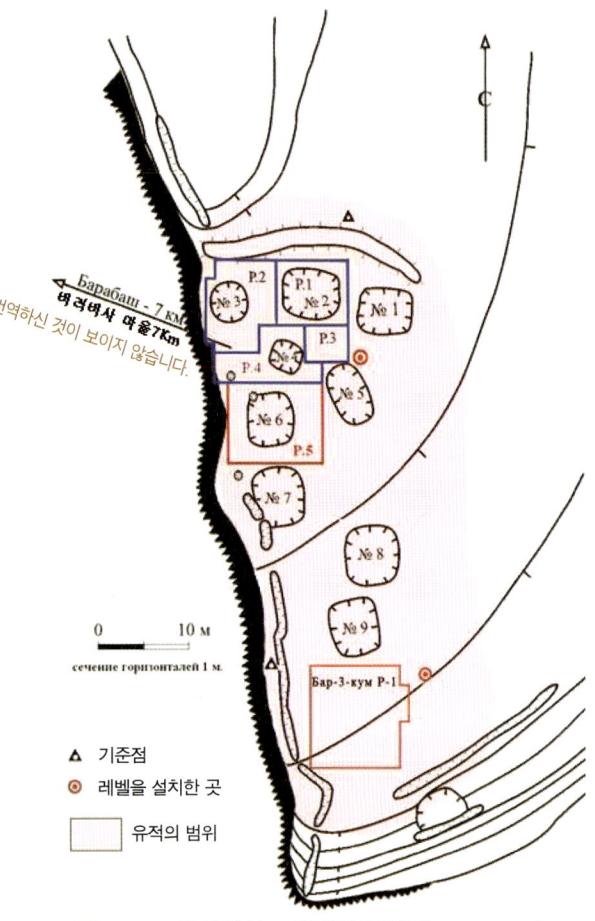

그림 114 바라바쉬-3 유적의 평면도(김재윤 2018c)

제철유구의 남쪽에서 6km 떨어진 공간에서 주철제품을 2차 공정하는 공간이 확인되었다. 이 수혈의 평면형태는 장방형으로 깊이 25~30cm, 너비 7×6m이다. 발굴당시 중앙의 둑 아래에서 암회색 사양토로 길게 흔적이 남아 있는데, 이것은 기둥사이의 벽체로 추정된다. 시설물의 바닥 아래에서는 2차 공정이 있었던 건축물의 흔적으로 보인다. 제철의 남서쪽 모서리 부근에서는 평면도와 토층으로 보아서 아궁이의 잔재가 아주 심하게 파손된 채로 남아 있다. 이 유구 남서의 모서리에 타원형으로 너비가 1.5×1m 인 길쭉한 흔적이 남아 있는데, 공기가 빠지는 구들로 생각되며 이곳은 아궁이 시설로 추정된다. 아궁이의 벽체는 심하게 불 맞은 점토로 제작되었다. 아궁이의 입구도 아주 심하게 불 맞은 흔적

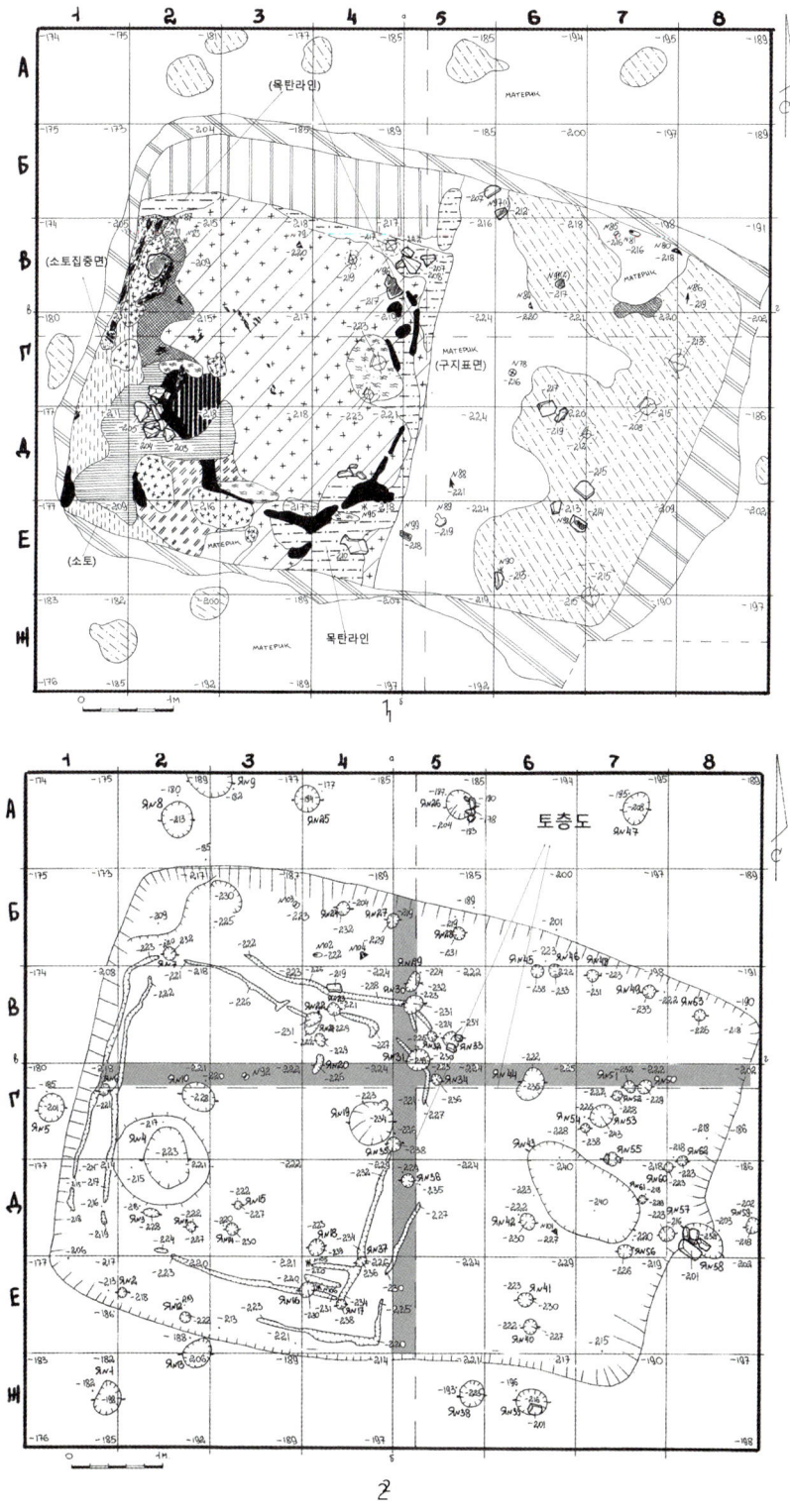

그림 115 바라바쉬-3 유적의 제철유구 (김재윤 2018c)

이 남아 있고, 그 주변에는 숯이 아주 많이 남아 있다. 이곳에서는 얀콥스키 문화의 토기가 확인되었다. 이 아궁이는 백주철의 제품을 '담금질'하기 위해서 가열 했던 곳으로 생각된다. 백주철은 긴 시간 동안 용융된 후, 응고 과정에서 철의 조직이 변화되면서 생성된다(클류예프 2014).

또한 간과할 수 없는 점이 이 아궁이가 다른 용도로 사용되었을 가능성이다. 백주철의 세멘타이트(cementite)로 되는 과정에서 숯과 동물의 뼈, 다른 유기 물질들을 넣게 되면 저탄소화 된 철을 얻을 수 있다. 이 방법은 이미 기원전 1 천년 기 후반에 유라시아 전역에 퍼져 있었는데, 이때 토기 안에 여러 가지 혼입물을 담아 두었던 것으로 알려졌다(호무토바 1982). 이 유적 아궁이의 남서쪽 모서리에 불 맞은 흙 아래의 아궁이로 추정되는 곳 안에 토기 1점이 세워진채 있었고, 내부에 붉은색 흙이 채워진 상태였는데 관련된 장소였을 수 있다.

⑦ 올레니 1, 2 유적

우수리만으로 흘러들어가는 아르타모프카(Артамовка, Artamovka) 강 하안단구에 취락유적이 분포하는데, 얀콥스키 문화층과 크로우노프카 문화층에서 각 각 주거지가 발굴되었다. 올레니 1 유적에서는 18개의 주거지가 발굴되었다. 주거지는 장방형으로 출입구로 향하고 있다. 주거지의 입구에는 복도시설이 있으며, 화덕자리가 3개 남아 있는 주거지가 있다. 큰 주거지에는 벽을 따라서 침상의 흔적이 있고, 흙벽에 단 선반의 흔적도 있다.

브로댠스키는 이 유적과 아누치노 유적으로 얀콥스키 문화의 내륙형으로 구분했으나 유적에 대한 정보는 많이 남아 있지 않다.

(2) 동북한
① 초도 유적

현재 보고된 자료의 한계가 있지만 연해주의 자료와 비교하면 철기시대는 얀콥스키 문화와 크로우노프카 문화 단계가 있다. 얀콥스키 문화의 토기는 적갈색마연된 것으로 호나 옹형기형이다(그림 117-17·18). 서포항 유적과 범의구석 유적의 청동기시대 적색마연토기와는 확연하게 차이가 있다. 유사한 기형의 적색마연토기는 인접한 연해주 철기시대 얀콥스키 문화에서 확인된다(그림 117-11·12·15·16·28). 적색마연토기 외에도 이 문화의 호형토기(그림 117-13·14·17~22)가 확인된다. 이를 초도 3기로 명명한 바 있다(김재윤 2011).

크로우노프카 문화의 토기(초도 4기)는 굽이 없는 배, 단각 고배, 시루, 나무그루터기형 파수(그림 117-7~9·23)이다. 굽이 없는 낮은 배는 전체기형의 84%를 차지한다. 회령 오동

6호 주거지와 유사한 주거지가 초도 유적에서도 존재했을 수 있다.

② 오동 유적

두만강 지류의 회령천 하안 단구대에 위치한다. 유물로 보아서 신석기시대문화층부터 청동기시대와 철기시대 주거지까지 유구가 확인된다. 청동기시대 주거지 8호→2호로 발전하고, 뒤에 철기시대 주거지 4호→5호 순서로 층위에서 확인된다(고고학민속학연구소 1960).

오동보고에 의하면 8호에서는 갈색토기, 1·2호에서는 채색토기와 갈색토기, 4호에서는 갈색토기, 5호는 마연토기, 6호는 유정이가 달린 토기가 출토된다고 기술되었다(고고학민속학연구소 1960). 그런데 오동유적 4호의 갈색토기는 갈색토기 중에서 기벽이 매끈하게 마연된 것을 일컫고, 5호의 마연토기는 검정마연토기로 기술되었다(황기덕 1975). 그렇다면 보고서에서 채색토기로 표기된 도면(고고학민속학연구소: 도판CIX)은 적색마연토기일 가능성이 많다. 그 중 대부분의 적색마연토기는 인접한 연해주의 청동기시대 가장 이른 문화인 마르가리토프카 문화에서 나오는 기형이다(김재윤 2011). 적색마연토기 가운데서 구연부가 외반한 호형토기(그림 117–13·14)가 있는데, 연해주 철기시대 얀콥스키 문화토기(그림 117–16)일 가능성이 있다.

오동에서도 여러 모양의 파수가 확인되는데 출토위치는 확실하지 않지만 단결-크로우노프카 문화의 파수와는 달리 단면이 반타원형 인 것이 있다. 뿐만 아니라 종방향 파수(그림 117–21·22)도 있는데 얀콥스키 문화에서 확인된 파수(그림 117–11·17)와 같다. 또 석기 중에서 석모(그림 117–41) 및 장방형 석도(그림 117–39·40)도 얀콥스키 문화에서 찾아 볼 수 있는 것이다. 그래서 오동 유적에서도 얀콥스키 문화의 주거지 혹은 문화층이 있었을 수 있다.

한편 철기시대 주거지로 생각된 주거지 가운데 6호에서는 흙과 돌로 쌓인 노지가 발견되었다. 잔존된 평면형태가 말굽과 같다는 것으로 보아서 부뚜막이나 구들시설로 추정되는데 단결-크로우노프카 문화의 주거지일 수 있다. 보고서에는「젖꼭지」토기로 보고된 것 중에서 완형이 1점 있는데 이 토기의 기형은 구연부가 약간 내만해서 동체부가 둥글며, 파수도 끝이 뾰족하지 않고 넓고 큰데 단결-크로우노프카 문화의 주상파수부 발형토기와 가깝다(그림 117–5). 또한 출토된 위치는 정확하지 않지만 시루(그림 117–6)도 확인되었다. 동벽에 붙은 시설물은 주거지의 평면형태가 '凸'자형이었을 수 있다. 돌출형 파수가 달린 토기 및 철부가 출토되고, 주거지의 크기와 노지 시설 등으로 보아서 크로우노프카 문화의 주거지일 수 있다(김재윤 2007).

③ 범의구석 유적

범의구석 유적은 1~6기로 신석기시대 후기에서 철기시대까지 존재한다. 1기는 신석기 유물이 남아 있기 때문에 신석기시대 후기로, 2기와 3기는 적색마연토기와 갈색 무문 토기로써 청동기시대, 4기·5기는 검정마연토기가 출토되는데 4기에서는 청동조각, 5기에서는 철제유물, 6기에서는 나무그루터기형 손잡이 토기와 철제 유물이 확인되어 5기와 6기는 철기시대로 편년되었다(황기덕 1975).

범의구석 4기는 갈색마연토기와 흑색마연토기가 주를 이루는 층으로 8호 주거지에서는 적색마연토기가 1점 보고되었는데, 동체부에 점토띠가 붙은 토기이다. '단추'모양의 파수가 부착된 토기(그림 116-2)와 '이중'구연토기(그림 116-1)도 출토되었다. 이와 유사한 토기는 4기의 36호(그림 116-23), 5기의 27호(그림 116-26)와 38호(그림 116-4·27~28)에서도 발견되었다. 이중구연이라기 보다는 점토띠를 구연단 아래에 덧댄 것으로 생각된다. 이와 같은 특징의 토기는 얀콥스키 문화의 토기(그림 117-12·27)이다. 구연단 아래에 점토띠를 덧대는 특징은 얀콥스키 문화에서 관찰된다. 뿐만 아니라 구멍이 한 개 뚫려 있는 장방형 석도(그림 116-11~13)과 마제석모(그림 116-14~19)도 출토된다. 4기의 토기 중 단추형 모양의 파수는 얀콥스키 문화에서는 아직 확인된 예가 없다.

범의구석 4기의 갈색마연토기와 적색마연토기, 점토띠 토기는 얀콥스키 문화와 닮았으며, 특히 직인의 단공인 장방형 석도와 마제석모는 얀콥스키 문화(그림 116-29·32·37·38)에서 폭증한다.

범의구석 5기와 6기는 철제 유물이 발견되어서 철기시대로 생각되었으나, 그 소속은 불분명했다. 5기의 27호(그림 116-26)와 38호(그림 116-4·27~28)의 구연부 아래에 점토띠가 붙은 토기는 얀콥스키 문화의 것이다. 37호(그림 116-33), 44호(그림 116-31·32) 주거지에서는 단결-크로우노프카 문화의 것으로 보이는 나무그루터기형 파수가 출토되었다. 따라서 범의구석 5기는 얀콥스키 문화(27호, 38호)와 단결-크로우노프카 문화(37호와 44호)로 구분할 수 있다.

범의구석 6기에서는 주상 파수부가 부착된 발형토기, 시루, 고배 등이 출토되었다. 7호에서 출토된 주상파수부 발형토기(그림 116-44)는 구연부가 내만되며 동체부가 둥글게 처리된 것으로 동최대경에 파수가 부착된 것인데, 이와 같은 형태의 발형토기가 29호 주거지에서도 출토되었다. 고배(그림 116-42)는 배신과 대각의 높이 비가 같다. 시루도 잔발형

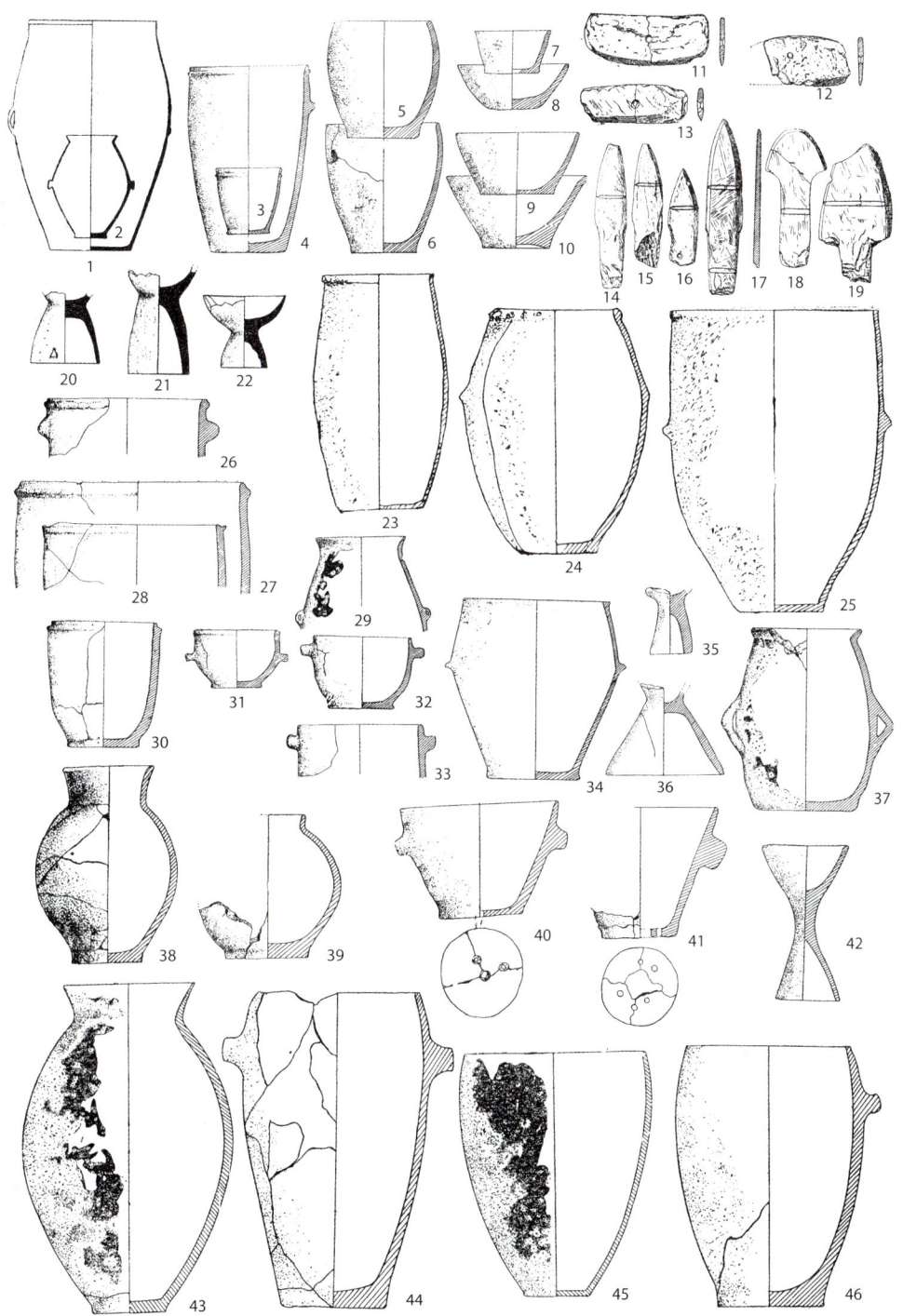

그림 116 범의구석 4기~6기의 유물(김재윤 2016 재인용) 1·5·11·13·14·20·22: 8호 | 2: 45호 | 3·9·10·18·19: 50호 | 4·27·28·34~36: 38호 | 6·7·17: 11호 | 8·15·16: 14호 | 21·30: 교란층 | 23·29: 36호 | 24: 42호 | 25·37: 49호 | 26: 27호 | 31·32: 44호 | 33: 37호 | 38~41: 17호 | 42~45: 7호 | 46: 29호

얀콥스키 문화: 1·11~14·23·26~28·30, 35~36 | 크로우노프카 문화: 31~34·42~45

태에 파수가 부착된 것인데, 중앙에 큰 구멍이 있고 가장자리에 작은 구멍이 있는데 구멍 형태와 기형은 크로우노프카-1유적의 68년 출토품과 같다.

그래서 범의구석 유적의 5기와 6기는 얀콥스키 문화(4기 36호,5기의 36호, 38 주거지)와 단결-크로우노프카 문화(5기-37호, 44호 주거지)가 존재한다.

3) 문화적 특징

(1) 유물

① 토기

얀콥스키 문화에서는 적색마연토기가 출토된다(그림 108). 호형토기, 발형토기, 잔발, 고배 대부분의 기종에서 관찰된다. 얀콥스키 문화의 호형토기 문양은 동체부에 점토띠가 몇 개 돌아가거나 점토띠 사이에 기하학적 문양이 침선으로 새겨지기도 한다. 문양은 대부분 동체부의 상단에 시문된다. 호형토기에는 파수가 붙기도 한다.

잔발형 토기도 호형토기와 문양의 종류는 같다. 고배형토기에도 문양이 있는 경우가 있는데, 접시부분의 안쪽에 기하학적인 문양을 선을 눌러서 새긴 문양이 있다. 고배형 토기는 다리의 길이에 따라서 키가 큰 장각고배와 키가 작은 단각 고배가 있다.

얀콥스키 문화는 이전의 청동기시대 문화인 시니가이 문화의 토기와는 정면방법, 기형 및 기종 등에서 차이가 크다. 시니가이 문화에서는 갈색으로 마연되고 문양이 없는 토기가 얀콥스키 문화에서는 적색마연되었으며 문양이 있는 토기로 변화되었다. 뿐만 아니라 고배가 생기는데, 연해주에서는 얀콥스키 문화에서 최초로 출토되며 그 이후에 크로우노프카 문화까지 지속적으로 확인된다.

고배는 연해주에서 최초로 얀콥스키 문화에서 처음 출토된다. 말라야 포두세치카 유적의 고배(그림 117-24)는 배신부의 형태는 이 문화에서 59%를 차지하는 납작한 발형 기형과 유사하다. 대각의 모습은 나팔상으로 벌어지는 것과 원통상 대각 고배는 초도 유적(그림 117-20)과 얀콥스키 문화의 슬라뱐카 유적(그림 117-25)에서도 확인된다.

② 석기

얀콥스키 문화에서는 대부분 마연된 석기가 출토되는데 석검, 석창, 화살촉, 석부, 석도 등이 대표적이다.

얀콥스키 문화의 석검은 검신, 단면, 검신과 손잡이 경계, 손잡이 끝장식으로 5형식으로 구분가능하다. 검신이 V자형이며 단면은 중앙에 능이 확실하고, 손잡이 끝장식이 원구

그림 117 크로우노프카 문화와 얀콥스키 문화의 유물(김재윤 2016 재인용) | 1·2·8~10·15·17~20·23: 초도유적 | 3: 수북유적2기 | 4: 신강유적 | 5·6·9: 오동유적6호 | 13·14·35·36·39~41: 오동유적 | 16·27·28: 치파예보유적 | 15·25: 슬라반카1 유적 | 11·12·29~34: 피샤느이 유적 | 24·37·38: 말라야 포두쉐치카 유적 출토 유정동유형: 1·2 | 크로우노프카문화: 3~9·42 | 얀콥스키 문화: 11~41

철기시대 237

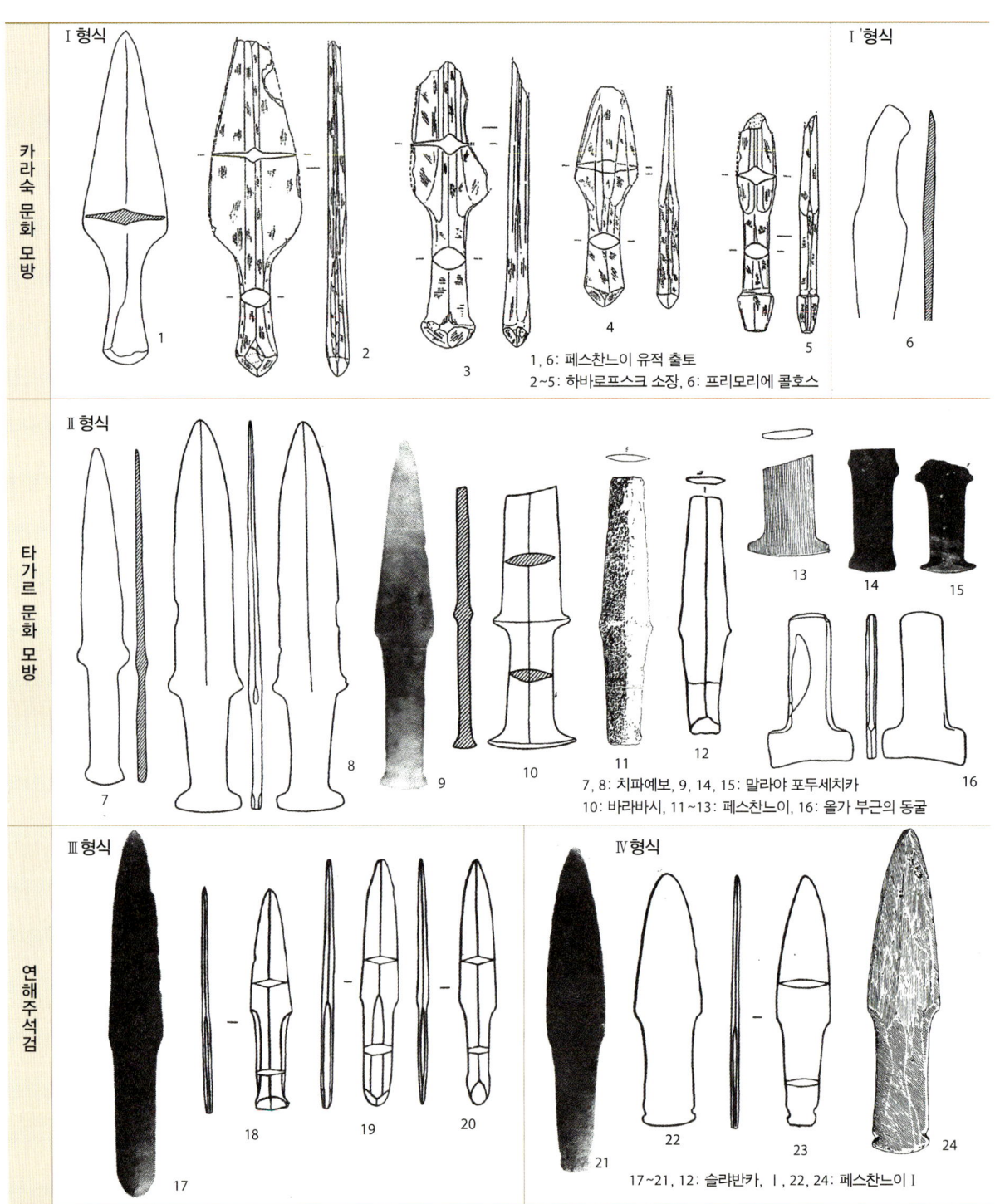

그림 118 연해주 얀콥스키 문화의 석검(김재윤 2021b)

형인 석검(I형식, 그림 118-1~5), 검신과 단면의 형태는 같지만 손잡이 끝만 구부러진 형식(I´)(그림 118-6)이 있다. 손잡이 부분과 신부의 경계가 V자형으로 튀어나오면서 손잡이 끝이 일자형인 것(II형식)(그림 118-7~16), 손잡이 부분과 신부의 경계가 없으면서 손잡이 끝이 둥글게 처리된 것(III형식)(그림 118-17~20)이 있다. 이 두 형식의 검신의 단면은 마름모형이다. 반면에 검신 전체가 납작하면서 손잡이가 편평하게 처리된 것으로 손잡이 끝장식도 양쪽에 홈이 난 석검(IV형식)(그림 118-21~24)도 제작되었다.

이 외에도 손잡이가 없는 석창과 화살촉(그림 119)이 있으며, 단면이 장방형인 석부도

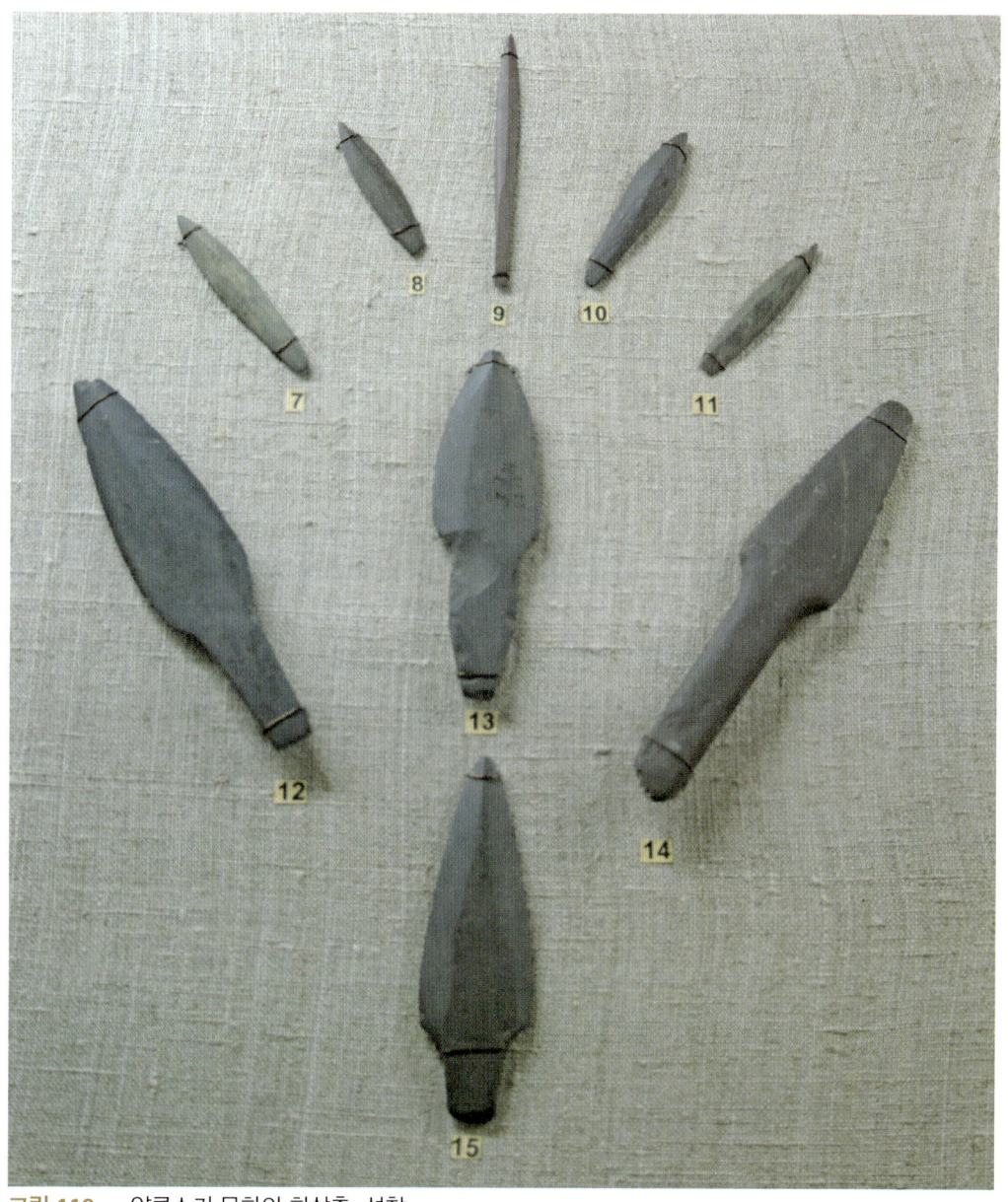

그림 119　야콥스키 문화의 화살촉, 석창

출토되었다. 그 외에도 구멍이 하나인 장방형 석도(그림 117–37·39)도 얀콥스키 문화의 특징적인 유물이다.

③ 철제품

얀콥스키 문화의 대표적인 철제품은 주조철부이다. 페스챤느이 유적 10점, 말라야 포두세치카 유적에서 9점, 바라바시 유적에서 3점이 출토되었다. 주조철부는 단면이 장방형으로 모든 유적에서 출토되는 유물의 형태가 비슷하다.

특히 앞에서 설명한 바와 같이 바라바시 유적의 주거지는 제철소로 사용된 곳이다. 유구에서는 제작과 관련된 도구는 발견되지 않았지만 모두 7개의 철제품이 확인되었다. 아궁이와 멀지 않은 곳에서 철부가 발견되었다.

제철 유구의 남쪽에는 철을 2차 가공하는 장소로서 담금질 하기 위한 장소로 추정된다. 백주철은 오랫동안 용융된 후 응고 과정에서 철의 조직이 변화되면서 생긴 것으로, 레데부라이트+세멘타이타+펄라이트의 구조로 이루어져 있다. 주철의 기본구조는 페라이트+탄소의 구조를 갖추어야 하는데, 백주철은 소성하는 과정에서 시멘트와 레데부랴이트로 분리되고, 세멘타티트가 공석화되면서 펄라이트화 된다. 첫 번째 담금질하는 과정에서 950~1000℃온도에서 세멘타이트는 레데부라이트와 세멘타이트로 바뀌고, 다시 담금질해서 740~720℃로 내려가면서 응용화된 세멘타이트가 다시 변하게 되며, 760~720℃까지 천천히 식는다(보가체프 1956).

철제 화살촉 1점이 차파예보 유적에서 발견되었는데, 현재까지 유일한 예이다. 그 외에도 용도 불명의 철제품이 말라야 포두세치카 유적, 바라바시-3 유적에서 발견되었다.

④ 골제품

얀콥스키 문화에서도 뼈나 뿔을 이용해서 바늘, 송곳류가 제작되어 사용되었다. 뿐만 아니라 차파예보 유적에서는 동물의 견갑골을 이용한 유물이 출토되었는데 문양을 새긴 유물이다(그림 120). 한 점은 납작한 부분을 이용한 것인데, 긴 변의 가장자리에 구멍이 있다. 다른 유물은 원통형으로 침선문양은 납작한 골제품과 같은 방법이다. 용도는 정확하게 특정할 수 없다.

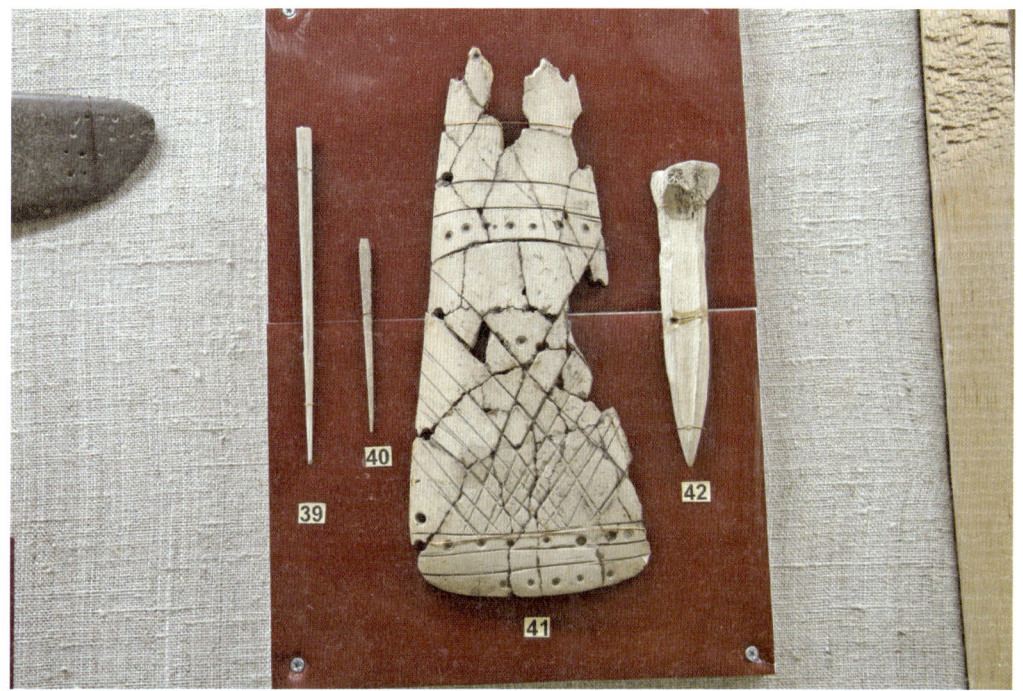

그림 120 치파예보 유적 출토 골제품

2. 크로우노프카 문화

1) 연구현황

(1) 연구사

크로우노프카 문화는 연해주, 북한, 중국을 접하는 지역에서 유적이 발견되었다. 라즈돌나야 강 유역의 크로우노프카 유적은 처음에 얀콥스키 문화의 내륙유형으로 생각되었으나(오클라드니코프, 데레뱐코 1973), 뒤에 올레니 A유적에서 얀콥스키 문화의 윗 층에서 크로우노프카 문화층이 발견되면서 선후관계가 명확해지게 되었다. 세미퍄트나야(Семипятная, Semipyatnaya-1) 유적, 소콜치 유적, 불로치카(Блочка, Blochka) 중층 유적, 페트로바 섬 유적 등이 크로우노프카 유적과 같은 성격의 유적이 발굴되면서 얀콥스키 문화에서 분리해서 크로우노프카 문화로 규정되었다(안드레예바 1977).

키예프카 유적을 발굴하면서 주거생활 및 생업경제에 대한 복원(보스트레초프 1985·1987), 토기 제작방법에 대한 분석(주시호프스카야 1979·1980), 석기 사용흔적(주쉬호스프스카야·코노넨코 1987) 등이 연구된 바 있다.

문화의 편년은 1969년에 브로댠스키가 세미퍄트나야-1 유적의 탄소연대를 근거로 기원전 일천년기 전반으로 보았다. 그러나 이때는 올레니-A유적이 발굴되기 이전으로 아직 크로우노프카 문화의 시간적 위치를 정확하게 몰랐을 시점이었다. 안드레예바는 기원전 6~1세기로 편년했고, 그 뒤에 데레비얀코도 세미퍄트나야-1 유적의 연대가 지나치게 이르며 안드레예바의 의견을 지지했다(데레비얀코 1976). 오클라드니코프와 데레비얀코는 여순, 대련 지역에서 출토되는 전국시대의 고배와 유사성을 보고 문화의 연대를 이 문화의 하한을 조정해서 기원전 6~3세기로 판단하였다(오클라드니프, 데레뱐코 1973).

뒤에서 후술하겠지만 세미퍄트카야-1 유적은 한카호 부근에 위치했는데, 단결-크로우노프카 문화가 아닌 동강문화에 속한다(김재윤 2016).

러시아 연해주의 고고문화는 인접한 중국에서 비슷한 성격의 문화가 발견된다. 크로우노프카 문화도 東寧 團結 유적과 大成子 유적 등 대규모 발굴조사 이후, 團結文化로 명명된 고고문화와 같은 문화로 인지되었다. 林澐(1985)은 유정동 유형과 단결문화를 구분하고, 북한과 러시아 등 인접한 지역에 단결문화와 같은 성격의 문화가 존재함을 인지하였다. 뿐만 아니라 단결문화는 『三國志』 東夷傳의 東沃沮와 관련시키고, 옥저의 물질문화로 보았다(林澐 1985). 북옥저와 남옥저를 구분하고 현재 수분하 일대 및 두만강 유역에서 확인되는 단결문화는 북옥저이고, 두만강 유역에서 남쪽으로 떨어진 곳에 또 다른 남옥저가 존재했을 것이라는 의견(匡瑜 1982)과는 달리 옥저를 하나의 정치체로 이해하였다(林澐 1985). 匡瑜(1982)의 북옥저 개념은 북옥저문화로 확장되어 철기시대 문화 뿐만 아니라 그 지역 신석기시대 문화까지도 포함하고 있는데, 고고문화의 계열이 확실하지 않아 위험한 시도로 비판되었다(林澐 1985).

한편 단결문화 속에 동강 문화를 포함시키고 있었는데(楊志軍 1982), 단결문화와 동강문화를 다른 독립적인 개념으로 이해하였다(林澐1985).

한국에서는 단결-크로우노프카 문화와 옥저와의 문제, 문화의 편년과 범위, 중부지방 무문토기문화와의 관련성, 쪽구들 등 가장 다양한 주제로 연구되고 있다. 이 부분에 대해서는 II장의 1절 환동해문화권의 범위와 교류지역에서 다루었다.

(2) 편년

필자는 연구 초기에 단결-크로우노프카 문화의 시작연대를 기원전 7세기로 보았으나(김재윤 2007), 동강문화 및 동북한 유적의 관계를 정리하면서 기원전 5세기(김재윤 2016)로 수정

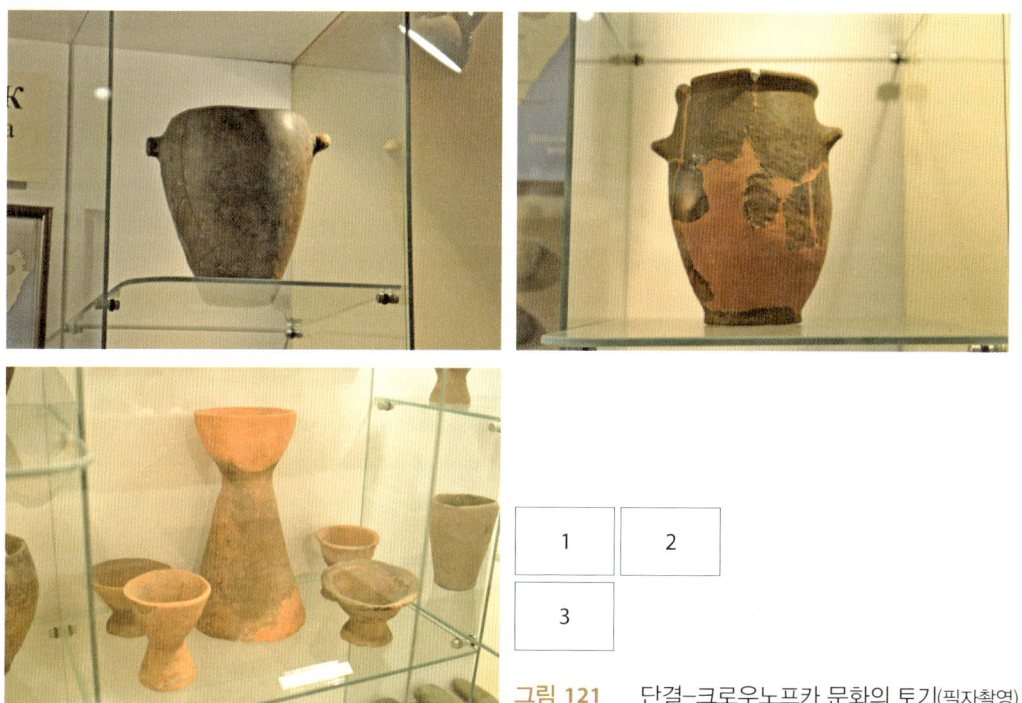

1	2
3	

그림 121   단결-크로우노프카 문화의 토기(필자촬영)

했다. 유은식(2018)은 기원전 4세기부터 크로우노프카 문화가 시작되는 것으로 보았다.

나무그루터기형 토기(그림 121-1, 2)와 고배(그림 121-3)를 분류해서 III기로 구분했는데, 노보고르데예프스코예(Новоегореевское, Novoyegoreyevskoye) 유적과 대성자 유적 1호에서 가장 이른 형식의 유물이 출토되고 유적의 절대연대를 근거로 I기가 기원전 5세기부터 시작되는 것으로 보았다.

단결-크로우노프카 문화의 표지유물인 나무그루터기형 고배는 구경이 저경보다 큰 역사다리꼴 모양의 발형토기가 가장 이르며(그림 126-1·2) 점차 동체부가 둥글어지고 가장 마지막에는 구연부가 외반하며 파수가 부착되는 기형(그림 126-12~14·24)으로 변화된다. 또한 고배는 단결 하층에서 고배 대각이 높은 것이 확인되고, 상층에서는 대각이 낮아지는 경향이 보여서 단결-크로우노프카 문화의 고배발전방향도 대각이 나팔형태이면서 배신은 낮은 것이 가장 이른 형식(그림 126-5·6)이고, 점차 배신은 깊어지고 대각은 낮아지는 방향으로 변화된다.

I기에 해당하는 유적은 수분하(라즈돌라야 강)을 중심으로 분포하고 있다. 절대연대가 알려진 것은 노보고르데예프스코예-2 유적이 있다(표 21). 단결유적의 연대는 탄소연대 및 오수전으로 판단해서 기원전 5세기~기원후 1세기(黑龍江文物考古工作隊·吉林大學歷史係考古專

業, 1978)혹은 기원전 5세기~기원후 2세기(林澐 1985)까지이다. 따라서 가장 I기의 안정적인 연대[18]는 기원전 5세기부터 일 것이다.

II기는 두만강 내륙과의 지류인 알하하, 바닷가에서 확인되는데, 내륙에서 해안가로 확산된다. II기에서 참고할 수 있는 절대연대자료는 단결 하층1기, 불로치카 15-나호, 키예프카 1호, 대성자 2호, 페트로바 섬의 자료가 있다(표 21·22). II기 중 가장 올라가는 연대는 불로치카 자료와 대성자 2호인데, 불로치카 자료는 대략 기원전 4~3세기 대성자 2호는 기원전 3세기 정도이다. II기의 연대 중 가장 늦은 것은 키예프카(1~4세기)와 페트로바 섬(2~4세기)

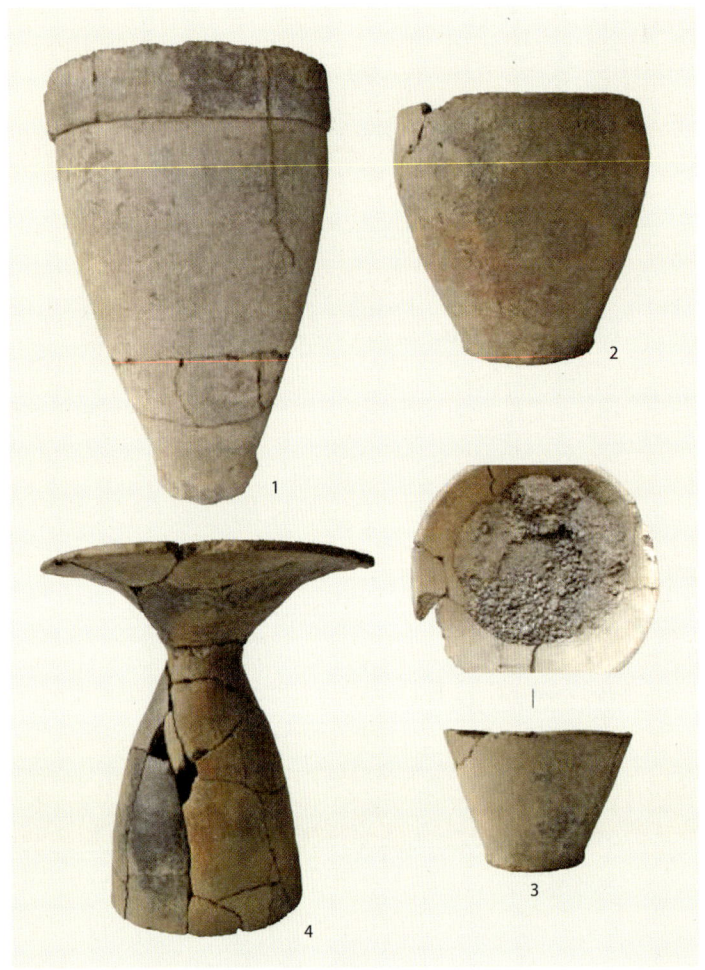

그림 122 단결-크로우노프카 문화의 토기(국립문화재연구소 2008 재인용)
셀로마예프 클류치-1 유적

자료가 있는데, 4세기는 이미 이 지역에서 폴체문화가 생겨날 때로 너무 늦은 자료이다. II기의 하한은 III기의 연대를 참고 하는 것이 현재로서는 적합하다.

II기 범의구석 6기의 17호 출토 철부(그림 123-1·2)는 측면에 주조한 흔적이 그대로 남아 있어서 범의구석 6기의 철부는 주조와 단조가 공존한다. 연해주의 얀콥스키 문화에는

---

18 전고에서는 단결-크로우노프카 문화의 연대를 크로우노프카 문화와 얀콥스키 문화의 말라야 포두쉐치카 연대(2450±50B.P.(МГУ-499) 770-410cal B. C.)를 참고로 해서 기원전 7세기로 판단하였다(김재윤 2007). 그러나 얀콥스키 문화의 연대 폭이 크며, 단결 유적의 연대를 참고로 할 때 기원전 5세기 정도가 현재의 자료로는 가장 적절한 것으로 생각된다.

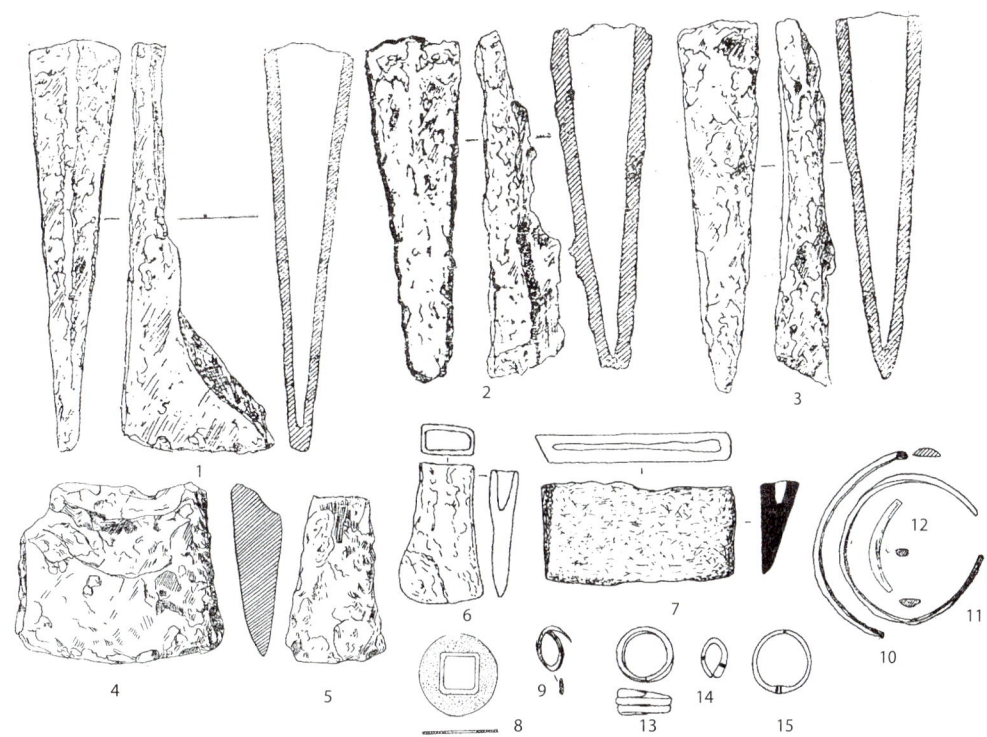

그림 123 범의구석 6기의 철제와 청동제유물 및 관련유물(김재윤 2016 재인용) | 1~3·9~12: 범의구석17호 | 4: 범의구석6기 교란층 | 5: 범의구석21호 | 6: 운성리9호 | 7: 바라바쉬 주조철부 | 8: 범의구석 29호 | 14~15: 하가점하층문화(대전자유적) | 13: 위영자유적

이미 주조철부가 존재했다. 뿐만 아니라 6기의 17호 주거지(그림 123-9~12)에서는 청동팔찌와 청동가락지로 보고된 유물이 출토되었다. 청동가락지(그림 123-9)는 하가점하층과 상층부터 광범위하게 출토되는 초원계 청동이식(그림 123-13~15)과 유사하다. 요녕지역에서 초원계청동유물이 나타나는 시기는 상주교체기로 보고 있다(귀다순·징싱더 2008). 물론 범의구석에서 출토되는 것은 시기가 뒤떨어지는 것이겠지만 6기의 연대를 올릴 수 있는 개연성은 충분하다.

한편, 이 층에서 오수전[19]으로 추정되는 동전(그림 123-8)도 출토되었으나 문자가 다

---

19 오수전은 기원전 119년부터 제작되었는데 186년에 제작된 오수전은 수대에 이르기 까지 사용되어 역사상 가장 길게 사용되었다. 이 동전은 글자의 형태가 직선적인 것에서 곡선적인 것으로 변화하는 특징을 보인다. 즉 범의구석 6기 오수전은 글자가 없기 때문에 연대근거의 전거로는 부족하다. 둥글고 네모난 구멍형태는 오수전 보다 오래된 진나라의 반량전도 존재하기 때문에 동전은 연대측정의 근거로 부족하다.

표 21   단결크로우노프카 문화의 절대연대(김재윤 2016 재인용)

문화	유적명		절대연대		참고문헌
			보정연대		
유정동 유형	유정동FI			B.C 1405±155	中國社會科學院考古研究所編, 1991
	금곡석관묘			B.C.1545±200	
얀콥스키 문화	말라야 포두세치카		2450±50B.P.(МГУ-499)	770-410cal B.C.	
단결·크로우노프카 문화	노보고르데예프스코예		2480±85B.P.(ТИГ-243)	790-410cal B.C	Кузьмин Я.В. 1989
	불로치카 15-나		2150±80B.P.	390~1cal B.C.	
			2150±60B.P.	370~50cal B.C.	
			1710±40B.P.	240~410cal A.D	
	키예프카 1호		1980±50B.P.(МАГ-367)	100B.C.-110cal A.D	
			1820±80B.P.(ЛЕ-4184)	20~390 A.D.	
	페트로바 섬		1770±25B.P.(СОАН-1543)	140~340 A.D.	
	올레니A		6호주: 2180±260 В.Р.(ДВГУ-ТИГ-82)	830 B.C.~380 A.D.	
			4호주: 1800±120B.P.(ДВГУ-ТИГ-81)	50 B.C.~530 A.D.	
	대성자2호		2160±90B.P.	B.C 350-1	中國社會科學院考古研究所編, 1991
			2100±90B.P.		
	단결하층 1기	F6	2120±85	B.C.200-A.D.47	
			2060±85		
		F9	2080±95	B.C. 171-A.D.62	
			2030±95		
	단결하층 2기	F5	2290±100	B.C. 410-210	
			2355±100		
		F1	1925±80	A.D. 31-232	
			1870±80		
	오수전		B.C.74-B.C49		

표 22   단결-크로우노프카 문화의 편년(김재윤 2016 재인용)

		수분하(라즈돌나야)	두만강 및 지류	두만강 하류	연해주바다
B.C.5	I	대성자1호	노보고르데예프스코예 크로우노프카1 (57년발굴)		
B.C.3	II	단결하층1기, 크로우노프카68년, 대성자2호	범의구석5기(37호,44호) 범의구석 6기, 오동 6호주거지 일송정2, 안전	초도 4	페트로바 섬 키예프카1호,6호 불로치카 14호, 불로치카 15-나
B.C. 1 A.D. 1	III	단결하층 2기	하알		올레니A

지워져서 시기 판별이 불가능하다.

　　III기는 II기와 마찬가지로, 단결-크로우노프카 문화 유적이 나타나는 연변과 연해주 전체에서 확인된다(**표 21**). 단결 하층의 2기 중 탄소연대가 알려진 것은 1호 주거지와 5호 주거지인데, 단결 하층 1기보다도 연대가 높기 때문에 이를 제외하고 1호 주거지를 참고로 한다면 1세기까지는 이 문화가 존재했다. 또한 단결하층 2기에서 출토된 오수전[20]은 西漢 孝宣時代(B.C.74-49) 제작품인 것으로 알려졌다(黑龍江文物考古工作隊·吉林大學歷史係考古專業, 1978)는데, 오수전의 제작연대보다는 출토층의 연대가 오래되지 못함으로 III기의 상한은 기원전 1세기로 볼 수 있고, 이 연대는 II기의 하한으로 참고 가능하다.

(3) 분포범위와 옥저의 문제

단결-크로우노프카 문화의 분포범위 가장 남쪽은 두만강 주변 및 함경남도를 포함해, 동쪽은 동해가 경계가 된다. 그런데 서쪽 경계는 목단강 주변과 수분하 북쪽 한카호 주변의 유적은 동강문화로 생각되는데, 이를 단결-크로우노프카 문화의 하위 유형으로 볼 것인지 혹은 독립적인 문화로 볼 것인지에 따라서 차이가 있다.

　　동강 문화는 '동강 組'로서 단결 문화의 하위유형이라는 의견(楊志軍 1982)과 이 문화가 독립적이라는 견해(林澐 1985)로 양립된다. 또한 연해주 학계에서 또한 막연하게 철기시대이면서 나무그루터기형 파수와 비슷한 형태만 확인 되면 다른 문화요소를 고려하지 않고, 크로우노프카 문화(Vostretsov, Y.1986; Subbotina 2005)로 간주하였다. 그래서 연해주 전체에 크로우노프카 문화가 분포하는 것으로 생각되었지만, 한카호 주변 유적인 드보랸카-3 유적, 세미파트노예- 1, 3 유적은 크로우노프카 문화와 차이가 있다(김재윤 2016).

　　동강 문화가 단결-크로우노프카 문화와 큰 차이점을 보이는 것이 주거지이다. 단결-크로우노프카 문화의 주거지(**그림 124-10~12**)에서는 구들이 설치되었지만 동강 문화의 주거지는 장방형 주거지로 반수혈식이며, 대체적으로 석벽을 설치하며, 노지는 위석식(**그림 124-1~3**)이다. 석벽이 설치된 주거지는 단결-크로우노프카 문화에서는 찾아 볼 수 없고, 온돌이 없는 점은 양 문화가 큰 차이를 보인다. 같은 주거지는 석회장 중층 1호, 서안촌동 후기, 동강 유적 2호, 드보랸카-3 유적 등에서도 확인된다(김재윤 2016).

20　그 외에 대성자와 범의구석 6기에서 오수전이 출토 되었다는 보고는 있다. 전자는 동전 제작시기는 알려지지 않았다. 후자는 문자가 거의 지워진 것으로, 동전의 형태만 띄고 있어 시기 판별이 불가능하다.

그래서 단결-크로우노프카 문화의 서부 및 북부 경계는 한카호에 미치지 못하며 수분하가 경계가 되고, 북부 및 서부는 동강 문화와 서로 인접하고 있다. 동쪽은 키예프카 강과 가까운 페트로바 섬이 가장 동쪽의 유적이며, 남쪽은 함경남도를 포함 할 수 있다(趙鎭先 2005; 이현혜 2010).

단결-크로우노프카 문화의 유적이 가장 많이 분포하고 있는 지역은 수분하이며 두만강 유역과 그 지류 및 연해주 해안가에도 유적이 알려져 있다. 반면 한카호 주변과 목단강 유역에 위치한 동강 문화는 바다와 어느 정도 거리를 두고 있고, 고고물질자료 및 기원에서도 차이가 있기 때문에 동강 문화와 단결-크로우노프카 문화는 기원전 5세기부터 지역적 분포를 달리 하는 개별 문화이다(김재윤 2016).

단결-크로우노프카 문화의 편년과 범위는 옥저문제와도 연결되어 있다.

林澐은 단결-크로우노프카 문화를 옥저로 비정했다.『三國志』東夷傳의 東沃沮[21]의 기사를 보아서 옥저는 한나라 초기(서기전 206~서기 8년)에서 동한에 이르는 동안 백두산 동쪽의 연해 지역에 독자적인 민족집단인 것으로 생각했다. 특히 '동옥저'의 '동'은 예를 동예라고 부르는 것과 같이 집단에 방위의 개념을 넣은 것으로 동옥저와 옥저는 같은 맥락으로 이해했다 (林澐 1985).

그런데 匡瑜는 삼국지의 내용은 남옥저에 관한 것이고, 실제 고고문화인 단결문화는 북옥저로, 중심지인 훈춘 팔련성 보다 남쪽으로 8백리 떨어진 곳에 남옥저가 존재했을 것으로 추정하였다(匡瑜 1982). 林澐은 삼국지에 등장하는 북옥저와 남옥저를 다른 정치집단으로 보지 않고 옥저의 남쪽과 북쪽을 지칭하며,『三國志』「毌丘儉傳」을 근거로 거리가 8백여 리 정도 된다고 보았다.

하지만 이현혜(2010)는 옥저와 관련된 여러 기사를 분석해서, 옥저가 함경남도를 포함하는 것으로 판단했다.

결국 단결-크로우노프카 문화가 기록의 옥저로 볼 수 있는지 하는 문제이다. 林澐은 옥저와 단결-크로우노프카 문화 전체를 옥저로 보았으나, 기록의 옥저는 최소한『三國志』가 작성된 시기[22]보다 그 이전부터 존재하였는데, 최초로 기록에 등장하는 옥저는 기원전 2세기부터이다(김재윤 2007).

여러 기사에 반영된 옥저를 다각도로 분석해서 이 명칭으로 사용하기 시작한 것은 기

---

21 한무제 元封 2년(기원전 109년)에 '옥저성으로 현토군을 삼았다'
22 陳壽에 의해 3세기 중반에 씌여진 것으로 알려졌다.

원후 30년 이후이며, 빨라도 단결-크로우노프카 문화 1세기말~2세기 초엽이라는 주장(이현혜 2010)을 따르면 단결-크로우노프카 문화 전체를 옥저로 볼 수 없다.

　　필자는 기록에 남아 있는 옥저가 단결-크로노프카 문화의 II기 부터로 판단한 적이 있다.『三國志』東夷傳의 東沃沮에 의하면 소금, 해산물, 맥포 등의 특산품을 생산하는 것으로 보아 바다와 많은 관련을 띤 정치체로 볼 수 있기 때는데, 실제로 고고 유적이 내륙에서 바다로 확산하기 때문이다(김재윤 2007).

　　그러나 다각도로 분석된 옥저의 기사에 관한 연구(이현혜 2010), 세형동검의 관점에서 고찰된 한사군의 위치(趙鎭先 2005), 고구려와의 관계 등을 볼 때 단결-크로우노프카 문화의 III기(기원전 1세기)를 옥저라고 보는 것이 타당하다(김재윤 2016).

　　또한 전한 때에는 옥저에 군이 설치되었으며 광무제때에는 옥저가 설치되었기 때문에 기원전 2~서기 1세기에는 중국과의 교역관계가 조공형태로 나타났을 가능성(강인욱 2009b)도 단결-크로우노프카 문화 전체가 옥저로 비정되는 것이 무리가 있음을 반영한다.

2) 문화적 내용

(1) 유적[23]

러시아 국경 내에서는 라즈돌나야 강 주변 우수리강의 지류인 아르세니예프카 강과 무라베이카 강과 해안가의 강과 페트로바 섬 등에 유적이 존재한다.

① 크로우노프카 1 유적

크로우노프카 1 유적은 우수리강의 지류인 크로운프카 강변에 형성된 첫 번째 하안단구와 두 번째 하안단구 위에 위치한다. 유적에서는 신석기시대 자이사노프카 문화층과 철기시대 문화층이 발견되었다. 철기시대 문화층에서는 얀콥스키 주거지가 거의 파손된 채 발견되었고 그 나마 잔존상태가 양호한 주거지는 크로우노프카 문화의 주거지이다.

　　이 유적은 면적이 약 12,000m²가 이르는 대형 주거유적으로 파악된다. 처음 1956년도에 지표조사가 이루어졌고 다수의 토기편들이 수습되었다. 1957년에 유적지 남쪽에 있는 크기가 20×3m 지점을 중심으로 조사가 이루어졌고 1,000여 점의 토기편이 출토되었다. 완형 유구가 발견되지 못했지만 파손된 주거지에 속하는 石箱形 온돌시설이 확인되었다.

23　유적에 대한 참고문헌은 표 20에 표기했다.

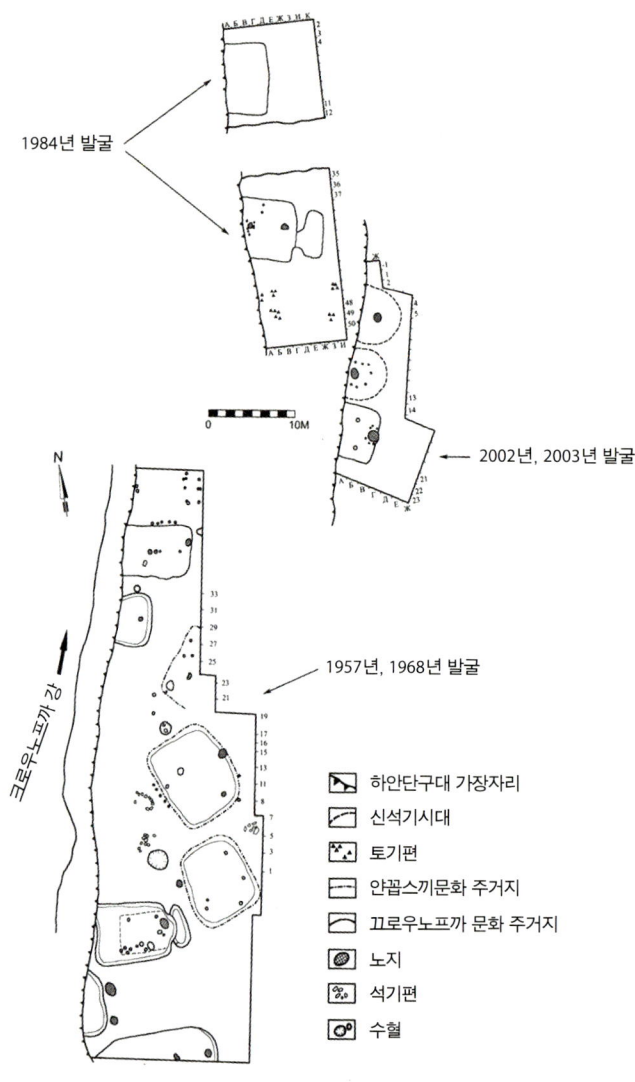

그림 124 　 크로우노프카 1유적의 평면도(김재윤 2008 재인용)

1968년에 유적지 남쪽인 지방도로와 테라스의 끝부분 사이에 중심으로 면적이 약 1,000m²가 되는 지역에 대한 전면발굴조사가 이루어졌다. 크로우노프카문화로 분류된 몸자형 추거지(7, 9호)와 장방형 주거지(2, 5, 8호) 5기, 지상건축물(1호 유구) 및 기둥구멍이 조사되었다. 그 중 7호 주거지는 잘 남아 있고, 2호와 9호는 일부가 유실된 상태이며, 5·8호는 대부분이 유실된 상태에서 발견되었다.

주거지 바닥과 내부퇴적토에서는 有肩石斧, 有銎鐵斧, 鐵刀, 鐵鑿, 骨角器(칼, 바늘, 두르게), 裝身具(土製 구슬, 圓形土製品, 멧돼지 이빨, 구멍 뚫은 사슴 이빨) 등 유물이 출토되었다. 토기로는 把手附壺와 壺形土器 주류를 이룬다. 1984년에 기존 발굴지역에서 약 50~100m 정도가 동북쪽으로 이동한 지점을 중심으로 발굴조사가 실시되었는데, 크로우노프카 문화의 주거지가 2기가 발굴했다. 1호 주거지는 몸자형 주거지이며, 2호 주거지는 유실된 상태이므로 확실한 형태를 알 수 없는 편이다. 2002년에 유적지 동북쪽에 있는 면적이 70m²가 되는 곳에 발굴이 이루어졌는데, 이 문화의 주거지 1기가 파손된 상태에서 발굴되었고 주거지 안에는 부뚜막시설이 확인되었다.

② 코르사코프스코예 2 유적

코르사코프스코예 2 유적은 크로우노프카-1유적에서 5km 떨어진 지점인 크로우노프카 강 왼쪽 강변 높이 약 5m에 이르는 하안대지 위에 위치한다. 발굴 당시 문화층 대부분이 인위적으로 파손된 상태였는데 유적의 면적이 약 600m²으로 1983~1984년에 약 130m²를 조사하였고 크로우노프카 문화 주거지 4기를 발견하였다. 1호에 대한 조사가 완료되었으나, 2, 3호는 파손이 심해서 일부만 발굴할 수밖에 없었고 4호에는 시굴조사가 실시되었다. 1호 주거지는 평면형태가 장방형이고 진흙으로 축조된 ㄷ자형 온돌이 확인되었다. 아궁이는 石箱刑이다. 1호 주거지의 특징은 남쪽에 어떠한 진흙으로 만들어진 유구가 딸려 있다. 출입구 시설이 발견되지 못하였지만 아마도 남서쪽 모서리에 있었을 것 같다(그림 125-12). 출토유물은 새의 뼈, 돼지와 멧돼지 아래턱 뼈, 탄화된 재배곡물, 토기 등이 발견되었다고 알려졌으나 토기의 자료가 잘 남아 있지 않다.

③ 노보고르데예프스코예 유적

아르세니예프카 강 오른쪽 크루글라야 언덕 위에 위치하는데, 노보고르데예프카 마을에서 약 5km 정도 떨어진 지점이다. 발해~여진의 성터인데 다른 시대의 문화층위도 발견되었다. 크로우노프카 문화층은 중세시대의 건축으로 인하여 심하게 파손되는데 1987년에 유적의 서북쪽 끝(13지구)에 확인된 바 있다.

크로우노프카문화 주거지 1기가 조사되었다. 주거지는 평면형태가 장방형으로 爐址가 2개 확인되었으며 하나는 주위에 돌로 둘러싼 圍石式 爐址이고 다른 하나는 無施設式이다 (그림 125-1).

1986~1987년도 발굴 성과로 노보고르데예프스코예 유적에 대한 확실한 층위구분을 설정할 수 있었다. 특히, 이 유적에서 처음 크로우노프카 문화와 얀콥스키 문화의 유물과 유구가 함께 확인되었다.

④ 아누치노-1 유적

아누치노-1 유적은 아누치노 마을 근처 아르세니예프카 강 오른쪽 지류인 무라베이카 강변 경사면에 위치한다. 동북쪽 경사면에는 주거지 30기가 확인되었는데 유적 전체의 예상 면적은 약 300m²에 이른다. 1986년에는 취락지 대략 중간부분에 위치하고 있는 주거지 1기를 조사하였는데 지상 가옥으로 추정된다. 주거지는 평면형태가 장방형이며 주거지 내부에는 爐址나 다른 煖房施設이 확인되지 않았다. 1997년에는 유적의 서남쪽 부분이 발굴되었고 발굴된 면적이 48m²이다. 조사에서는 장방형 주거지가 발견되었는데 주거지 중간부분에 無施設式 爐址가 있었다.

아누치노 1(안드레예바·끌류예프 1987)에서는 파수부호와 합인석부 등 끄로우노프까 문화 계통의 유물과 동체가 타원형이며 좁은 저부에 구연부가 90°로 꺾인 호, 장식화 된 꼭지형 파수 등 얀꼽스끼 문화의 것도 보인다. 이에 따라서 유적은 끄로우노프까 문화와 얀꼽스끼 문화가 결합된 것으로 판단되었다(끌류예프·얀쉬나 2000).

⑤ 아누치노-4 유적

아누치노-4 유적은 아누치노 마을에서 2.8km 떨어진 지점 무라베이카 강으로 합류하는 無名 하천 양쪽에 위치한다. 유적 전체 면적은 약 11,000m²이다. 1998년에 유적 남쪽을 조사했지만, 크로우노프카 문화로 분류할 수 있는 유구가 발견되지 않았다. 아래로부터 두 번째 층에서는 크로우노프카 문화 유물이 출토되었으며 토기로는 직립, 외반구연호와 파수가 붙은 호형토기 편이 출토되었다. 유물의 배치를 고려하면 군집을 이루고 있어 군집을 이루는 곳에 크로우노프카 문화 주거지가 있었을 가능성이 있다.

⑥ 올레니-A 유적

올레니-A 유적에서는 전면발굴을 통해서 4개의 문화층위가 확인되었는데, 후기구석기시대, 신석기시대, 얀꼽스키 문화, 크로우느포카 문화로 변화하는 것이 관찰된 유적이다. 그 중 윗문화층이 크로우노프카 문화에 속한다. 크로우노프카 문화 층에서는 모두 평면형태가 장방형이나 凸자형인 주거지 9기가 조사되었다. 주거지 내부에는 ㄱ자형 또는 一자형 온돌이 확인되었다(그림 125-13). 유적에서는 다양한 유물이 출토되었는데 그 중 가장 특이한 것은 청동제 그릇편, 鐵刀 그리고 주석 덩어리가 있다. 주석 덩어리의 표면에는 직물의 자국(방직문)이 있는 것으로 볼 때 원래 주머니에 담긴 것으로 보인다. 유적에서는 역시 豆形土器製作所와 온돌을 만들기 위한 석재를 떼어내는 소규모의 採石場이 확인되었다.

⑦ 페트로프 섬

페트로바 섬은 동해 프레오브라제니예 만에서 0.5km 떨어진 곳에 위치한다. 유적은 대형주거유적으로 크로우노프카 문화로 분류되는 주거지가 약 40기가 있는데, 섬의 북과 서북편에 분포하며 군집을 이루고 있다. 발굴된 주거지는 4기가 있는데, 장방형 평면형태이고 소형이다. 내부에도 ㄱ자형 구들이 존재하는데(그림 125-11), 연도 하나 또는 두 개가 있는 발전된 형태이다. 1호 주거지는 지상가옥으로 내부에서 금속 제작시설로 추정된 유구, 도가니, 청동방울, 청동덩어리, 청동 그릇편, 슬래그 등 청동제작 관련 유물이 있었다. 나무그루

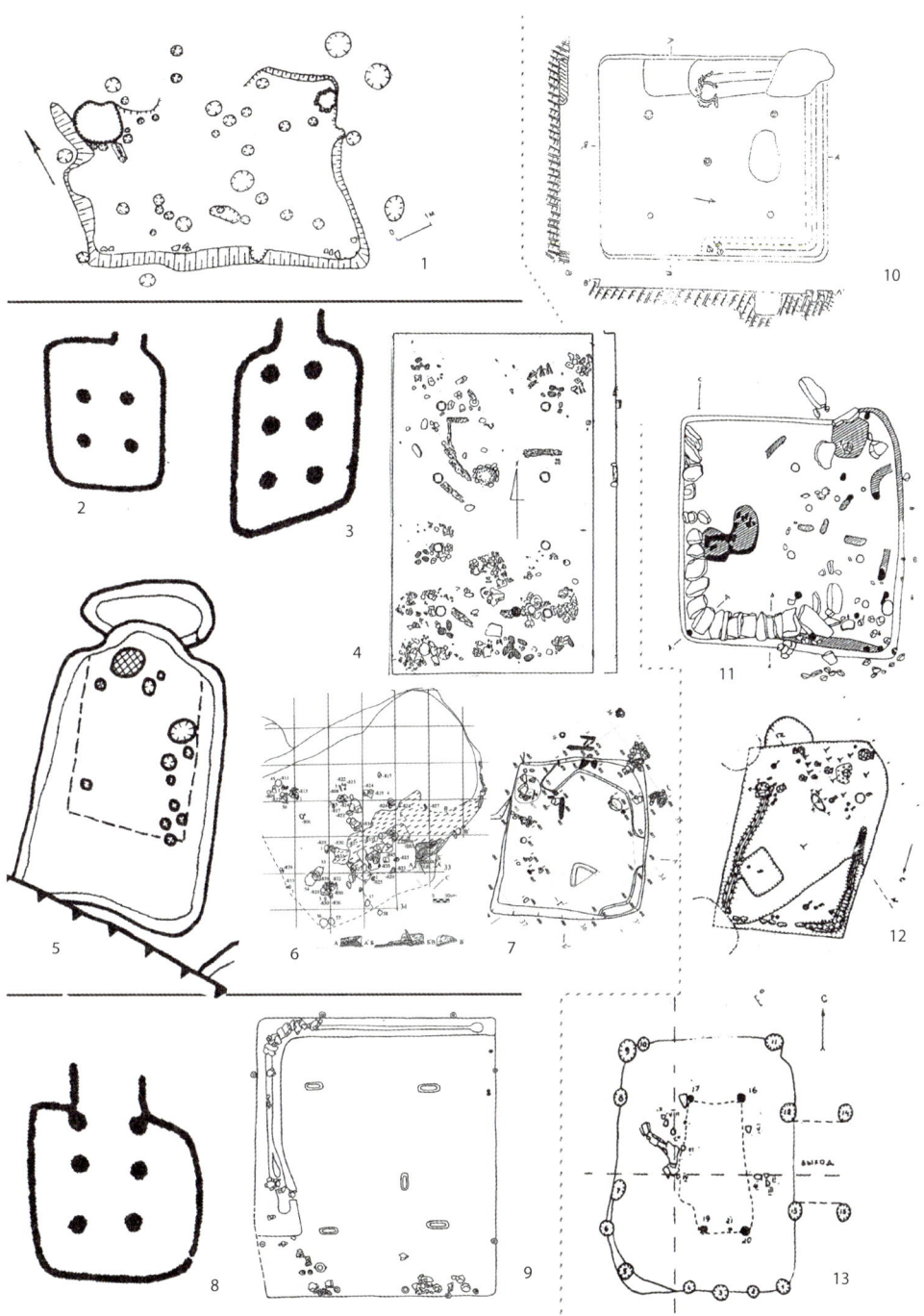

그림 125 단결-크로우노프카 문화의 주거지(김재윤 2016 재인용) 1: 노보고르데예프스코예 2 유적 | 2: 키예프카 유적 1호 | 3: 키예프카 유적 2호 | 4: 범의구석 유적 17호 | 5: 크로우노프카-1유적 68년 2호 | 6: 불로치카 유적 14호 | 7: 불로치카:15-나 | 8: 키예프카 유적 5호 | 9: 단결 유적 하층Ⅱ기 1호 | 10: 단결 유적 하층Ⅰ기 9호 | 11: 페트로바섬 유적 1호 | 12: 코르사코프스코예 2 유적 | 13: 올레니A 유적

* 점선 밖의 그림은 주거지출토유물이 알려지지 않아서, 주거지 시기를 대강으로 짐작할 수 있는 것이다. 자료를 소개하는 측면에서 함께 편집하였다.

표 23 얀콥스키 문화와 크로우노프카 문화의 주거지 특징(Y: 얀콥스키 문화, K: 크로우노프카 문화)

번호	유적	호수	시기	평면형태	주거지크기(m, m²)	장축	노지	출입	비고
1	초도	?	Y, K	장방형	?	?	위석식	?	
2	오동	4	흥성문화	장방형	4.2×6.1(26.4)	남북	무시설	·	
		5	유정동	장방형	55.3×4.5.8(25.3)	남북	무시설		
		6	K	凸	9.6×5.4(51.8)	남북	남쪽벽에 부뚜막?	서	
3	범의구석	5	유정동	장방형	5.6×4.8(26.9)	남북	?	?	
		6	유정동	장방형	9.5×5.2(45.5)	남북	?	?	
	5기	27	유정동	장방형	4×3.5(14)	남북	서북벽에 적색소토흔적		
		28	유정동	장방형	5.2×4.2(21.8)	남북	?	?	
		36	유정동	장방형	10.4×5.3(55.12)	남북	?	?	
		37	K	장방형	8.2×4.9~5.2(40.2)	남북	?	?	
	5기의 38, 42,43,44,46,48,49호 주거지 형태와 크기등 불명								
	6기	7	K	?	11×?	?	소토흔적		돌 시설들,연결. ㄷ자형 터널식 노지가능
		17	K	장방형	7.7×12.7(98)	남북	중앙에서 북쪽으로 치우친 곳에 위석식노지		
							각벽의 모서리, 4기, 남벽1기, 간단한 돌시설(2-3)		
		29	K	?	12.5×?	?	·	·	
	6기 21, 26, 47호 불명								
4	페스찬느이	1	Y	凸	10.4×6.3(65.5)	북서-남동	무시설식노지 출입구와 일직선상	북동	南로 치우침
		2	Y	?	76.4×?	?	무시설식노지	`	파괴
		3	Y	?	6.1×?	?	무시설식노지	`	철기조각
		4	Y	凸	8.3×6.6(54.8)	북서-남동	남쪽벽, 튀어나온 부분에 무시설식 노지2		철기
		5	Y	장방형? 凸?	10.8×7.3(78.9)	동서	중앙 무시설식노지1, 남쪽벽 튀어나온 곳 노지1		철기
		6	Y	?	8.8×?	?	무시설식노지1	`	동로치우침
		7	Y	?	8.5×6-7(57)	?	?		철부
		8	Y	장방형?	10×5.5(55)	?	?		패각층,
		9	Y	방형?	?	?	?		
		10	Y	장방형? 凸?	7.9×5.7(45)	동서	무시설식노지1	남서 모서리?	
		11	Y	장방형	11×6.6(70)	남북	?	?	철부
		12	Y	장방형	13×12.5(52)	남북	?	?	
		13	Y	장방형	9.1×6(54.6)	동서			철기
		14	Y	?	5.5×?	?	?	?	?
5	차파예보	1	Y	방형?	4×?	북서-남동	남서쪽무시설식		
		2	Y	?	?	북서-남동			?
		3	Y	장방형	?	북동-남서	`	`	
		4	Y	방형	5×5(25)	북동-남서			
		5	Y	부정형	?	북동-남서			
6	올레니A	하층	Y	모두 17기, 방형계 수혈주거지로만 알려짐.					
		상층 1	K	장방형	3.7×3.5(13)		석상형		
		상층 2	K	凸	8×4(32)	북서-남동	노지3, 'ㄱ'자형 가능성, 돌과 소토가 바닥깔림	동	돌출출입

번호	유적		호수	시기	평면형태	주거지크기(m, m²)	장축	노지		출입	비고
6	올레니A	상층	4	K	凸	4.8×3.9(19)	남북	'ㄱ'자형 판석		동	돌출출입
			6	K	장방형	4.5×3.6(16)	남북	석상형			
			7	K	방형	3.2×2.8(9)	북서-남동	'ㄱ'자형 판석			
			9	K	장방형	2.9×2.2(15)	북서-남동	석상형			
			10	K	방형	3.5×3(8)	동서	석상형			
			21	K	장방형	4×3(12)	북서-남동	석상형			
			22	K	장방형	2.9×2.7(8)	북서-남동	·			
7	말라야 포두쉐치까		1	Y	凸	10×5(50)	남북	주거지 중앙에 숯,남쪽벽에 부석			철НАСАЛ
			2	Y	장방형	5~6×4	남북	북서바닥면에 불맞은 소토			
			3	Y	장방형?	5×(3)	북남	석상노지		·	철부3, 철기편2
			4	Y	장방형?	5×(1)	북남				철부
			5	Y	장방형	(6×3)	북남				·
			6	Y	장방형	4×6		남쪽바닥에 부석			노지가능성
			7	Y	장방형?	(3×4)	북남	동쪽바닥에 부석			노지가능성
8	발렌틴 유적		1	Y	장방형+부석시설	4×7	북남				동쪽벽 주거 바닥면 부석
9	琿春 一松庭		1	K	방형	5×4.9(24.5)	?	?		?	
10	東寧 大成子		1	K	파괴	?	?	노지4			
			2	K	장방형	8(동),6(서)6.1(북),3.26(남)	?	노지2	'ㄱ'자형		
11	東寧團結下層	하층 1기	2	K	장방형	?	?	·	火壇		
			4	K	장방형	?	?	·	火壇		
			6	K	장방형	12.55×7.9(99)	남북	무시설노지1	·		
			9	K	장방형	7×5(35)	남북-동서	노지	'ㄷ'자형		
			12	K	장방형	?	?	?	?		
			13	K	장방형	?	?	?	?火壇		
		하층 2	1	K	장방형	9.3×7.2(48.4)	남북-동서	노지	'ㄱ'자형		
			3	K	장방형	?	?	?	火壇		
			5	K	장방형	6.1×5.26(32)	동서	노지	·		
			7	K	장방형	?	?	?	?		
12	크로우노프카1	57	1	K	?	?		'ㅡ'자 흙,판석			지상
			2	K	?	?		석상형			
			3	K	?	?		석상형			
		67	1	K	?	?	?	석상형1,무시설식2			
			2	K	장방형	(8×5.8)	동서	무시설3,석상형1			
			5	K	장방형?	(4×5.8)	?	석상형		·	강유실
			7	K	呂자형	10.4×5.8 (본주거지)	동서	본주:무시설식,부주:석상형		·	·
			8	K						·	·
			9	K	?	(14×7)	?	'ㄱ'자형, 석사형2		서	
		84	1	K	呂	본(30), 부9					본
			2	K	장방형?	(40)		·		·	·
		02-3		K	장방형	22	부뚜막	·		·	·

철기시대

번호	유적	호수		시기	평면형태	주거지크기(m, m²)	장축	노지	출입	비고
13	페트로바	1		K	방형	6×5.5	·	'ㄱ'자형,판석, 석상형	·	2고래, 지상
		2		K	방형	4×4	·	'ㄱ', 석상형, 무시설식	·	
		3		K	방형	3.9×3.6	·	'ㄱ'판석, 무시설식	·	외고래
		4		K	방형	5×4.65	·	'ㄱ'판석, 무시설식 수혈, 판석 2	·	삼고래,아궁이 노지?
14	불로치카	1		K	방형	2.6×2.5	·	석상형, 무시설식	·	
		8		K	장방	6.3×3	남북		·	
		14		K	장방형	5.5×3.4	남북	판석, 점토?, 소토흔적	·	
		15-나		K	장방형	3.48×3	동서	'ㄱ' 점토, 무시설식		
		19-나		K	장방형?	(3.36×20.4)	·	구들시설로추정		파괴심함
15	키예프카	76	1	K	凸자형	24	동서	'ㅡ' 판석	서	돌출출입
		79	2	K	凸자형	30	동서	'ㄱ' 판석	동	돌출출입
			3	K	凸자형	15	·	'ㄷ' 판석	남	돌출출입
		81	4	K	凸자형	11	동서	'ㄷ' 판석	서	돌출출입
			5	K	凸자형	23	남북		남	돌출출입
			6	K	凸자형	26	남북		남	돌출출입
16	코·프-2	1		K	凸자형	5.2×5.4(36)	남북	'ㄷ' 점토판석		아궁이?
17	노·프	20		K	장방형	7×5(35)	북서-남동	석상형, 무시설식		
18	아·누1	86	1	K	장방형	77	북서-남동	·		지상
		97	1	K	장방형	30	·	무시설식	·	
19	소콜치	1,2,3호 장방형 수혈주거지 그 외 불명								
20	셀로마예프 클류치	1		K	장방형	6×9	남동-북서	위석식		

터기형 파수가 달린 발형토기와 고배가 출토되었고 숫돌, 망치돌, 어망추 등이 출토되었다.

페트로바 섬에서 'ㄱ'자형 구들이 나오는 것을 보고 크로우노프카 문화에서 온돌이 제작된 것으로 브로단스키(1968)는 생각했다. 이 의견에 대한 비판적 의견(보스트레초프, 주쉬호프스카야 1990)도 있지만 실제로 다른 크로우노프카 문화의 유적에서도 구들이 발견되기 때문에 크로우노프카 문화에서 구들은 발명되었다고 볼 수 있다(송기호 2006, 강인욱 2009b).

⑧ 불로치카 유적

블로치카 유적은 파르티잔 강 하구에 위치한 낮으막한 언덕 위에 위치한다. 8개의 인위적인 테라스 위에 축조되었다. 유적은 다층위로 크로우노프카 문화와 폴체 문화가 선후를 이루면서 유적이 형성된 것이 확인되었다.

1970년에 처음 발굴조사를 하였고 흑갈색 사질토로 된 중간층에서 크로우노프카 문화의 유물이 발견되었다. 나무그루터기형 파수부호, 구연부가 내만한 발형토기, 구연부가 외반한 호형토기이다. 2003년도 한러 공동발굴조사에서는 크로우노프카 주거지가 나왔는데 석상형 노지가 있었다(그림 125-6, 7). 토기 중에는 외반구연호, 내만 구연발, 파수부 호 등 기형의 토기가 나왔다

⑨ 키예프카 유적

키예프카 강 하류의 오른쪽 강변 언덕 면에 위치한다. 1976년 주거지 1기, 1979년 1기, 1981년 3기 발굴되었는데, 모두 화재난 주거지이다. 평면형태가 모두 凸자형이며, 구들이 발견되었다. 구들의 모양으로 주거지의 선후가 정해졌는데, ㅡ자형 구들이 발견된 1,2호 주거지가 가장 이르고(그림 125-2, 3), ㄱ자형 구들이 발견된 3호가 그 후, ㄷ자형 구들이 발견된 4호가 가장 늦다. 5호, 6호 주거지에도 구들이 있다(보스트레초프 1985·1987). 숫돌, 어망추, 석겸, 석도, 방추차, 철도와 철제 유물 등도 발견되었다. 외반구연 호형토기, 발형토기, 고배형 토기가 주류이다.

⑩ 단결 유적

東寧 團結은 토층상 4층으로 구분되는데, 그 중 두 번째 층은 단결 상층, 세 번째 층과 네 번째 층은 단결하층으로 구분된다. 상층은 발해시대, 하층은 초기철기시대이다. 하층은 다시 1기와 2기로 나누어지는데, 1기는 2호, 4호, 6호, 9호(그림 125-10), 12호, 13호 주거지, 2기는 1호(그림 125-9), 3호, 5호, 7호 주거지가 해당된다. 1기와 2기 유물에서는 고배의 형식변화, 주상파수 부 토기의 형식변화 등의 발전상황이 보인다.

단결 하층 주거지는 장방형의 반수혈식이다. 크기는 대략 30-50㎡, 1호 주거지는 100㎡로 보고되어 있다. 특징적인 점은 구들이 발견된 것이다(9호, 1호)(그림 125-9, 10).

보고서에는 기본적으로 동전의 시기로 단결 유적의 하층을 편년했다. 오수전은 3층(단결하층 2기)에서 출토 되었으므로, 하층 2기의 상한은 서한 말까지이다. 그리고, 1기의 하한은 서한시대로 내려가지 않고, 상한은 별다른 근거 없이 춘추 전국의 말까지로 보아서, 기원전 4-5세기에서 2세기라는 결론을 내렸다(黑龍江省文物考古工作隊 1978).

그러나 필자는 동전은 만들어진 연대와 사용된 연대가 차이가 있기 때문에 동전을 편년판단의 근거로 보는 것은 무리가 있다고 생각하며, 토기의 상대편년과 인접한 지역의 절대연대를 근거로 단결하층 1기는 기원전 3~기원전 1세기, 단결하층 2기는 기원전 1~기원후 1세기로 보았다(김재윤 2016).

⑪ 대성자

東寧 大城子은 주거지가 2기가 조사되었다. 1호는 거의 파괴되고, 2호는 서벽과 북벽에서 판석열이 확인되었는데, 보고자는 돌담기초로 보고 하였다. 그러나 서벽남단에 노지가 위치하고 있는 점 등으로 미루어서 구들의 구조물로 볼 수 있다(劉銀植 2004).

(2) 유물

① 토기

나무그루터기형 파수가 붙은 발형토기는 크로우노프카 문화를 대표한다. 연해주의 얀콥스키 문화에서는 보이지 않는 기형이지만, 두만강 유역의 류정동 유형에는 끝이 둥근 파수가 붙은 발형토기가 크로우노프카 문화의 나무그루터기형 파수토기로 발전했다.

크로우노프카 문화의 파수토기는 구경이 저경보다 크며, 동체부가 역사다리꼴 모양이 가장 이르고, 구연이 내만하고 동체부가 둥글어지며 파수가 부착된 지점에 동최대경이 생기는 기형으로 변화된다. 구연부가 안으로 내만한 토기는 점차 구연부가 외반하면서 둥근 동체는 장타원형으로 변하면서 구연부가 외반하는 특징이 있다(김재윤 2007).

발형토기의 파수는 끝이 둥글지 않고 원통형 모양의 나무그루터기형이 대부분이다. 하지만 한카호 부근의 세미퍄트노예 유적에서는 봉상파수와 함께 출토되어 크로우노프카 문화와 다른 문화지역일 것이라는 지적(주시호프스카야 1984)이 있었고, 필자도 한카호 유역은 크로우노프카 문화가 아닌 동강문화일 가능성을 제시했다(김재윤 2016).

호형토기 가운데 높이 40cm이상의 토기는 대형으로 분류할 수 있다. 단결 하층 II기 5호(그림 126-32)의 대형호에서 탄화된 밤이 저장된 채 출토 된 것으로 보아 저장용으로 사용되었던 것으로 가늠해 볼 수 있다. 대형호는 아주 불안정한 기형으로 저경과 동최대경 비율이 4배가 넘으며, 동체부가 심하게 굴곡되었고 파수가 부착된 것이 일송정에서 출토되는데, 두만강 유역의 청동기시대 흥성문화의 대형토기에서부터 변화된 것이다. 단결-크로우노프카 문화에서는 파수가 붙으면서 땅에 묻어서 사용되지 않았을 수 있고, 사용 방법이 변화되었을 것이다(김재윤 2007).

고배는 『魏志』 東夷傳에서는 동이족 중에 읍루만이 사용하지 않는 것으로 기록 되었으며, 단결-크로우노프카 문화의 대표적인 토기 기종이다. 대각과 배신의 비율이 1: 4가 넘는 대형의 유물이 대성자, 단결 하층 I기 2점, 쉴로마예프 클류치, 불로치카, 크로우노프카 유적에서 나오고, 단각고배도 많이 출토되었다.

단결하층 2기에서는 대형 고배가 존재하지 않으므로, 대각부가 낮고 배신이 둥글고 깊

그림 126 단결-크로우노프카 문화의 토기(김재윤 2016 재인용) | 1·34: 대성자유적 1호 | 2: 크로우노프카-1 유적(57년) | 3·6·30: 단결 유적 하층1기 | 4·11: 초도 | 5: 대성자 | 7·10·15·38: 불로치카 유적 15-나 | 8: 범의구석 유적 17호 | 9: 페트로바섬 유적 | 12~14·25·26·31·35: 단결 유적 하층 2기 | 24: 하알 | 16·32·33·36: 대성자 유적 2호 | 17: 크로우노프카-1 유적(68년) | 18·23: 전엄와 유적 | 19: 범의구석 유적 1호 | 20·21: 키예프카-1 유적 | 22: 키예프카-5 유적 | 29~31: 올레니 A 유적 | 37: 크로우노프카-1 유적(68년) | 38~41: 불로치카 유적

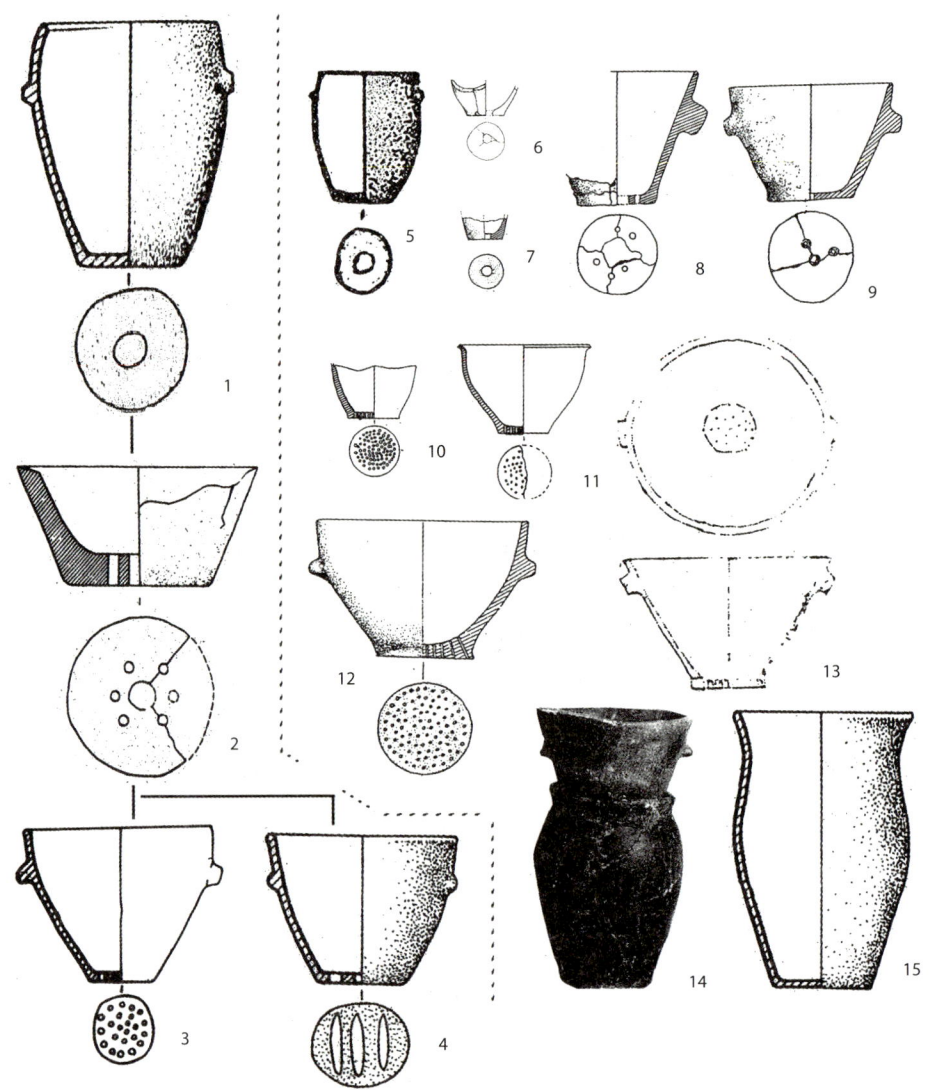

그림 127 단결-크로우노프카 문화의 시루(김재윤 2008 재인용) 1: 대성자 유적 1호 | 2: 크로우노프카-1 유적(68년) | 3: 단결 유적 하층 2기 | 4: 대성자 유적 2호 | 5: 올레니 A 유적 | 6: 불로치카 유적 | 7·12: 초도 유적 | 8·9: 범의구석 유적 17호 | 10·11: 하알 유적 | 13: 일송정 유적 | 15: 대성자 유적 2호 | 14: 사진에 해당되는 유물로 15번 유물 위에 4가 올려진 채 출토됨

어지는 형태로 변화하는 것으로 보아(林澐 1993, 村上恭通 2000)도 무리가 없다.

단결-크로우노프카 문화의 고배는 얀콥스키 문화의 고배에서 발전한 것이다. 두만강 유역의 청동기시대 신광 유적에서도 고배가 있지만 배신 중앙부가 움푹하게 들어가서 대각과 바로 연결된 것이다. 그러나 셀로마예프 클류치-1 유적 등 크로우노프카 문화의 고배 **(그림 122-4)**는 배신 바닥면이 편평하고, 배신과 대각을 따로 접합했는데, 대각 안쪽에 접합

흔적이 확연하게 보인다. 그래서 신광 유적의 유물은 크로우노프카 문화의 고배로 발전한 것으로 보기 어렵고 얀콥스키 문화 말라야 포두쉐치카 유적의 대형 고배를 시원으로 보는 것이 적절하다(김재윤 2007, 김재윤 2016).

고배의 대각이 나팔상으로 벌어지는 것과 원통형 모두 크로우노프카 문화의 이전 시대인 얀콥스키 문화의 말라야 포두쉐치카 유적에서 볼 수 있다. 그 중에서 나팔상 대각의 토기는 이 문화의 단결하층 1기 6호(그림 126-5, 6), 셀로마예프 클류치-1로 이어진다. 얀콥스키 문화의 원통형 대각고배도 단결-크로우노프카 문화의 대성자 유적 2호, 전엄와 유적까지 이어지면서, 대각의 높이가 점점 낮아진다(김재윤 2007, 김재윤 2016).

단결-크로우노프카 문화에서는 시루가 그 이전시대에는 보이지 않는 기형으로 새롭게 나온다. 선행 연구에서 대성자 1호와 대성자 2호, 단결 하층 2기를 시기 구분하는 중요한 자료로써(賈偉明, 村上恭通 1987) 구연이 약간 내만한 발에 圓孔시루(대성자 1호)(그림 127-1)에서, 기형이 점점 낮아지며 多孔시루(단결하층 2기)(그림 127-2), 三孔시루(대성자 2호)(그림 127-3, 4)로 변화하는 것으로 본다.

중원의 시루(甑)은 鬲, 鼎은 袋狀의 다리가 붙은 삼족기의 일종이며, 기원전 2000년기 후반에서부터, 요서의 하가점 하층 문화, 요하 하류의 고태산 문화로 확대된 것으로 보았다(大貫靜夫 1998).

그러나, 단결-크로우노프카 문화의 시루는 원공형태부터 나타나는데, 이는 중원의 영향이 아닌 필요에 의해서 생겨난 것으로 보인다. 시루는 음식물을 '찌는'데 사용된다. 煮沸器에 물을 넣고 끓이는 방법과는 다른 조리기법이며, 상당히 발전된 방법으로 보이며 음식생활에 많은 변화가 있었을 것으로 보인다. 그런데, 이런 高技能(high tech)을 받아들여서, 시루의 원형으로 보이는 圓孔시루[24]를 다시 사용할 필요는 없었을 것이다.

그래서 단결-크로우노프카 문화의 시루는 자체적인 필요에 의해서 개발되어서 발전한 것으로 보인다. 즉, 가운데 구멍이 한 개인 것에서부터 제작되어, 가운데 구멍을 중심으로 주변에 작은 구멍을 뚫은 것에서 다공으로 발전한 것이다. 구멍이 장타원형으로 길게 생긴 시루 삼공시루는 多孔보다 늦은 형식(村上恭通, 2000) 이라기보다는 七圓孔에서 따로 계열을 분리(그림 127)해서 변화했다(김재윤 2007, 김재윤 2008).

---

24 한반도 남부 청동기시대 남강대평 유적 등에도 원공시루는 많이 확인되고 있는 점으로 보아서도, 단순한 발형기형의 시루는 어딘가의 영향을 받았다는 것 보다는 자체적으로 발생해서 발전한 것으로 생각된다.

그림 128 단결-크로우노프카 문화의 청동유물

② 청동기

단결-크로우노프카 문화에는 한반도와의 관계를 설명하는 중요한 유물이 있는데 세형동검과 동경이다(그림 128, 그림 129).

세형동검 2자루는 같은 형식(길이: 312~314mm)이다. 검신은 좁으며 양 측면은 돌출되어 있다. 寬部는 제 1 절대부분에 위치하고 기부까지 인부가 형성되었다. 제 1 절대 까지만 마연되었는데, 절대 구분이 분명하지 않고 호선을 그리며 연결된다. 등대단면은 팔각형이고, 경부 단면은 원형이다. 기부는 직각을 이룬다. 경부 양측면에 주조흔이 잔존하고, 등대에서 경부로 이어지는 부분이 약간 단이 져 있다(그림 128-4~7, 그림 129-1, 2).

청동동모 공부의 단면은 타원형이며 기저부의 양 측면에는 홈이 파져 있고, 정면에도 작은 천공이 있다. 한반도의 비슷한 형식 세형동검과 비교할 때 날 기저분이 좀 더 비스듬하게 마루 된다. 길이는 136mm이다(그림 128-8).

동경은 단면은 한쪽 면에 문양이 새겨져 불룩하고 표면은 편평하다. 기하학적 문양은 전체적으로 삼각집선문을 이룬다. 두 개의 뉴가 대칭으로 가장자리에 가까운 쪽에 부착되어 있고 지름은 125mm이다(그림 128-1~3). 동제품은 주석, 납, 비소가 함유된 것으로 분석되었다(클류예프 2008).

③ 철제품

철제 양인철부는 단면 장방형이거나 원형이며 인면은 곡선이다(그림 130-1~3). 단인철부는 평면형태가 양인에 비해서 좁으며 장방형이거나 사다리꼴이고, 단면은 약간 불룩한데 인면은 직선이거나 곡선이다(그림 130-4).

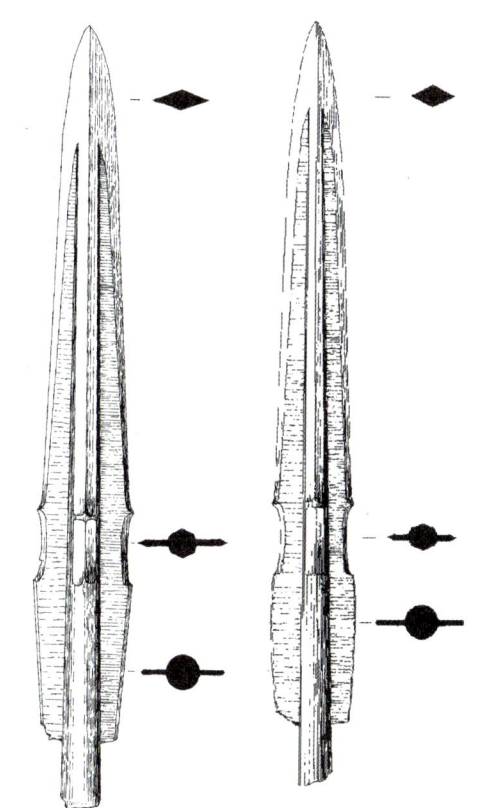

그림 129 　이즈웨스토프카 유적 출토 세형동검과 동경(클류예프 2008재인용)

철기시대　263

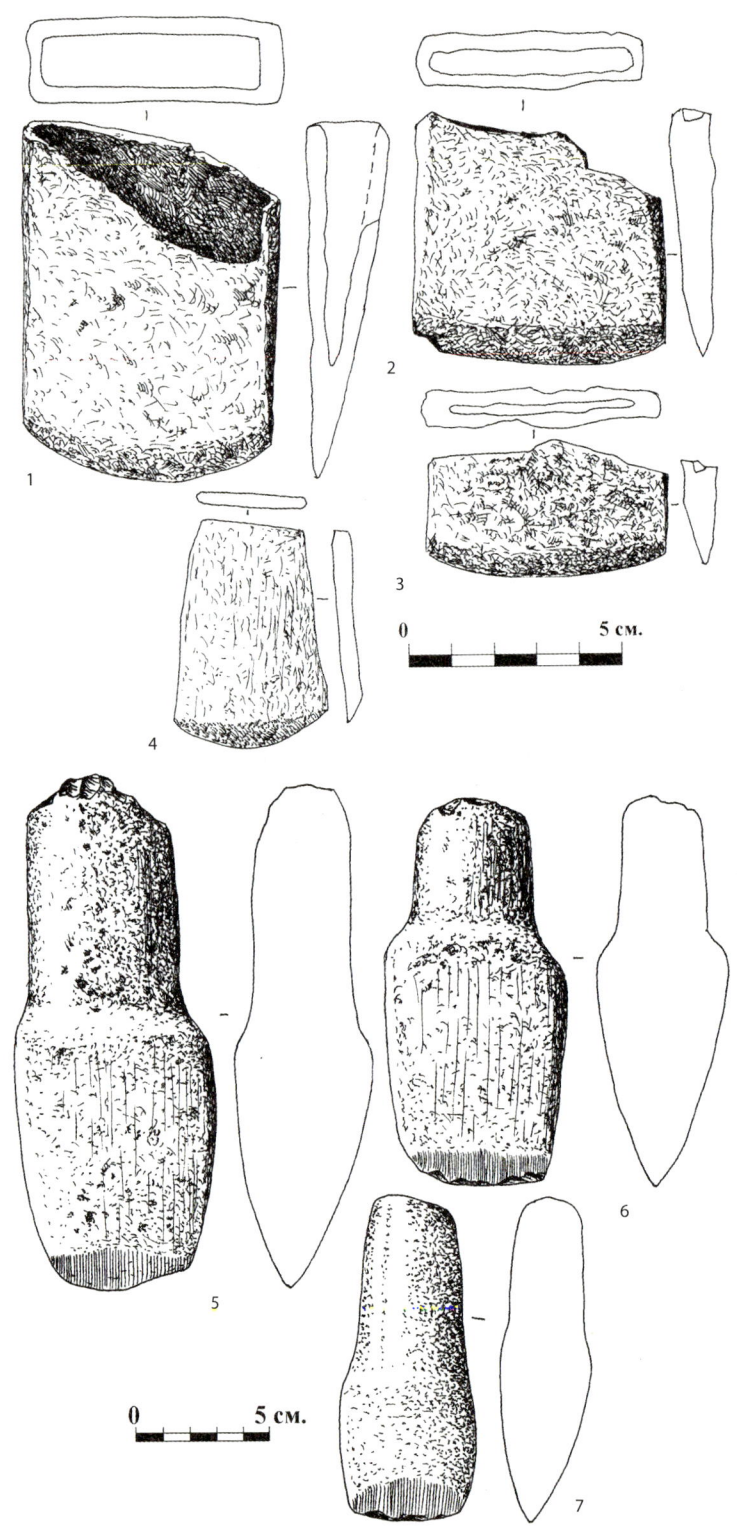

그림 130 단결–크로우노프카 문화의 철부와 석부

刀는 두 가지인데, 첫 번째는 얇은 손잡이가 부착된 것으로 직선의 인부가 비스듬하게 기부에 부착된 것이다. 손잡이는 짧고 인부와는 구별된 것으로 이러한 형태는 일반적이다. 키예프카 유적에서 길이 20cm 가량의 가장 큰 것이 확인되었다. 다른 형태는 반월형 철도로 구멍이 두 개 뚫어져 있다. 철모는 크로사코프스코예-2 유적 출도의 것이 유일하다. 손잡이가 없는 것으로, 평면형태가 葉型이고, 단면은 약간 볼록하다. 철촉은 아누치노-1 유적에서 한 점 확인되었다. 이 제품은 양익형이고 단면이 볼록렌즈형이다(클류예프 2008).

④ 석기, 골각기 및 토제품

크로우노프카 문화의 석기는 마연된 것은 적은 반면에 자갈로 제작된 것이 다량이다. 크로우노프카 문화의 석기연구는 다른 유물에 비해서 연구가 적은 편이지만, 키예프카 유적에서 출토된 석기가 분석된 바 있다. 전체 석기 중에서 마연 석기는 4%정도 밖에 없고 타제 석기가 많다. 금속기가 마연 석기를 대체 하면서 생긴 현상으로 보고 있다(주시호프스카야, 코노넨코 1987).

단결-크로우노프카 문화의 유견석부(그림 130-5~7)는 水晶과의 석제로 대부분 제작된다. 인부는 마연기법, 기부는 고타의 기법으로 제작되었다. 도끼는 단면이 방형을 이루며, 견부가 확실하게 표현되고, 인부는 직선 혹은 곡선을 이룬다. 석기 중에는 수확용 도구로 반월형 석도, 갈돌, 갈판, 망치 등이 있다.

3. 동강문화

1) 연구현황

(1) 연구사와 편년

동강 문화는 단결 문화에 속하는 유적 가운데 목단강 유역에 위치한 유적 군을 일컫는다. 처음에는 '동강 組'로서 단결 문화의 하위 유형이라는 의견(楊志軍 1982)이 있었으나 독립적이라는 견해(林澐 1985, 김재윤 2016)로 확대되었다. 동강 조는 대형옹과 시루가 없고, 고배가 드물고 주거지 안에서 구들이 발견되지 않아서 단결 문화와는 차별되기 때문이다. 하지만 따로 분리하지 않고 동강 조로 단결 문화 안에서 지역적 유형으로 구분하는 의견도 있다(楊志軍 1982).

처음 동강 문화가 알려진 당시 편년은 토기를 기준으로 웅장유적과 대목단 유적을 목단강 1기, 동강 유적과 동승 유적을 목단강 2기로 보았다. 단결 하층 1기와 비슷한 기형의 형태가 대목단 유적에서 확인되기 때문이다. 또한 동강 유적의 단각고배와 단결 2기의 고배의 유사성으로 인해서 대목단과 웅장유적 보다는 늦은 것으로 보아 목단강 유역 2기로 보았다(陽志軍 1982).

동강 유적과 유사한 유적이 연해주의 한카호 유역 부근에 위치한 드보랴카(Дворянка, Dvoryanka-3) 유적, 세미퍄트노예-1, 세미퍄트노예-3 유적이다. 이들 유적에서는 나무그루터기와는 다른 형태의 파수(그림 131-2)가 붙은 토기가 출토되지만, 단결-크로우노프카 문화와는 차이가 있어서 같은 문화의 범주로 보기 힘들기 때문이다(김재윤 2007, 김재윤 2016).

단결문화와 동강 문화를 별개의 문화로 구분한 林澐(1985)은 동강 유적 2호 주거지에서 출토된 토기에서 조와 기장의 보정연대(기원전 70±105)를 근거로 단결문화보다는 늦다고 보았다. 하지만 2000년대 들어서 동강 유적 보다 이른 단계인 봉수유적과 웅장 유적 등이 조사되면서 동강 문화의 연대가 보다 올라갔다. 봉수 유적의 탄소연대는 2475±250B.P.(525±250 B.C.), 2525±255B.P.(565±255 B.C.)(牧丹江市文物管理站 2003·牧丹江市文物管理站 2004)로 단결문화와 거의 비슷한 시기인 것이 밝혀졌다. 목단강 1기로 함께 편년된 유적은 서안촌동 후기, 러시아의 드보랴카-3 유적, 봉수 유적, 웅장유적이 있다. 목단강 2기에 해당하는 동강 유적의 연대는 목탄은 1695±85B.P.(255.A.D.)이고, 주거지출토 토기내부에서 확인된 탄화된 밤에서 추출된 연대는 70±105 B.C.로 보정되었다. 목단강 1기는 기원전 5세기, 목단강 2기는 기원전 2~1세기부터 시작하며 동강 유적의 절대연대에 따라 기원후 2세기 가량이다(김재윤 2016).

2) 문화적 특징

(1) 유적

동강 문화가 단결-크로우노프카 문화와 큰 차이점을 보이는 것이 주거지이다. 이 문화의 주거지에서는 구들이 설치되었지만, 동강 문화의 주거지는 장방형 주거지로 반수혈식이며, 대체적으로 석벽을 설치하며, 노지는 위석식이 발견되었다. 석벽이 설치된 주거지는 단결-크로우노프카 문화에서는 찾아 볼 수 없다. 또한 주거지 내에 구들이 없는 점은 양 문화가 큰 차이를 보인다. 석벽이 설치된 주거지는 석회장 중층 1호, 서안촌동 후기, 동강 유적 2호, 드보랴카-3 유적 등에서도 확인된다(표 24).

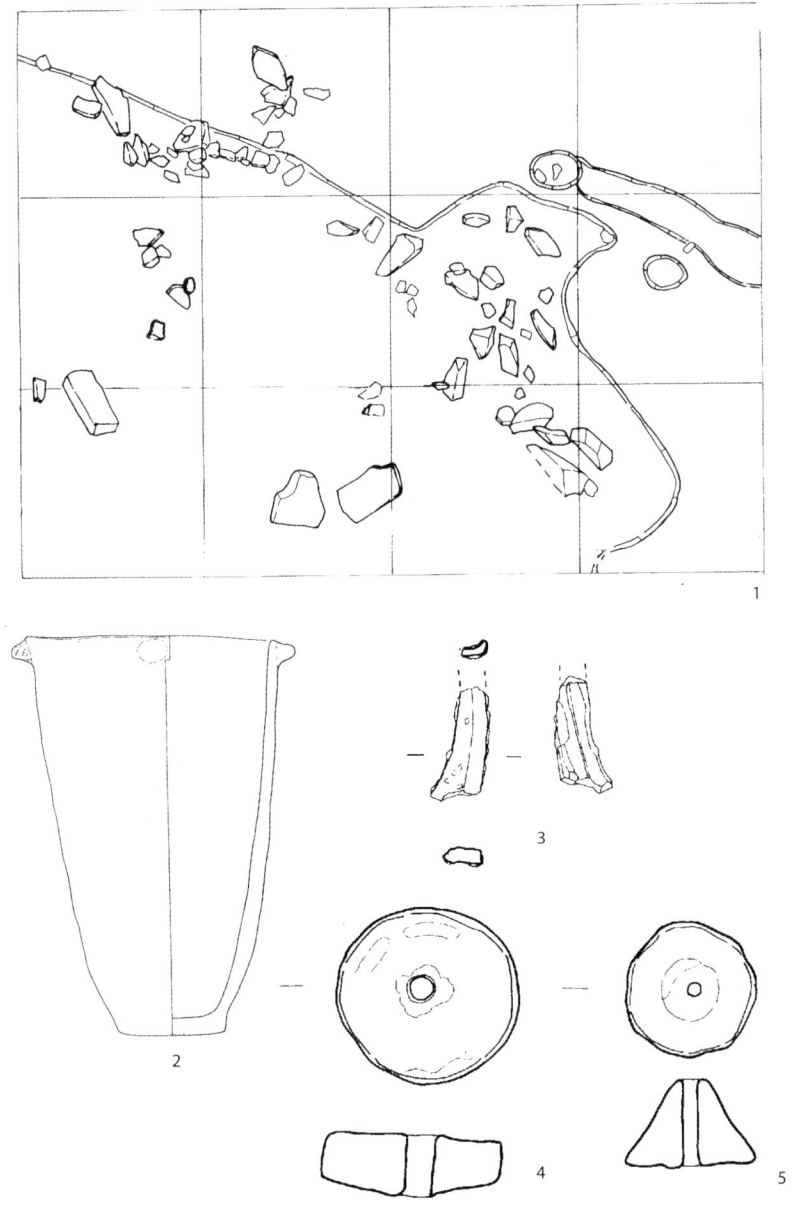

그림 131   드보랸카-3 유적 출토유물과 평면도(김재윤 2009)

① 드보랸카-3 유적

드보랸카-3유적은 1997년 러시아과학아카데미 역사고고민속학연구소의 클류예프 박사에 의해서 처음으로 조사된 유적이다. 한카호가 위치한 드보랸카 마을에서 북쪽으로 1.7km, 중국 국경과 5km 떨어진 곳이다. 코미사로프카(Комиссаровка, Komissarovka) 강의 남서쪽 경사면에 위치하고 있다. 취락유적으로 2005년에 발굴한 결과 주거지 일부가 확인되었다.

철기시대 267

돌은 발굴 범위를 전체적으로 덮고 있는 것이 아니라, 일정한 부부분이 적석 되었고, 북서-남동으로 방향으로 이루고 있다.

② 세미퍄트나야-1 유적

한카호 지구의 노보카잘린스크(Новоказалинск, Novokazalinsk) 마을에서 8km 떨어진 곳에 위치하는데, 나지막한 언덕 위에 위치한다. 1957년에 조사된 곳은 세미퍄트나야-1, 1983~1984년 조사는 세미퍄트나야-3으로 명명되었다. 나지막한 언덕 위에 있고 수혈 주거지가 20여기가 확인되었고 1기가 발굴되었다. 화재 난 장방형 주거지1기가 확인되었다. 주거지 중앙에 위석식 노지가 확인되었다. 출토 유물은 유정이가 4개 달린 토기, 봉상파수 달린 토기, 방추차, 철기 편 등이 출토 되었다.

③ 세미퍄트나야-3 유적

유적에서는 주거지로 추정되는 유구가 53기가 확인되었고 그 중에서 주거지 2기와 부속유구 2기가 발굴되었다. 모두 장방형 주거지로 노지는 부시설식이다. 출토된 토기는 파수부 토기, 접시, 단각 고배, 지석, 방추차, 갈판과 갈돌 등이 출토되었다. 주거지에서 약 2.5~3m 떨어진 지점에 부속유구가 발견되었으며 저장고로 추정된다.

쥬쉬호프스카야(1984)는 이 유적에서는 봉상파수와 유정이 파수, 삼각형 파수(**그림 132**)등 여러 가지 형태의 파수와 단각 고배가 특징적인데, 크로우노프카 문화의 크로우노프카-1 유적, 키예프카 유적, 소콜치 유적에서 출토된 토기와는 차이가 있다고 지적했다.

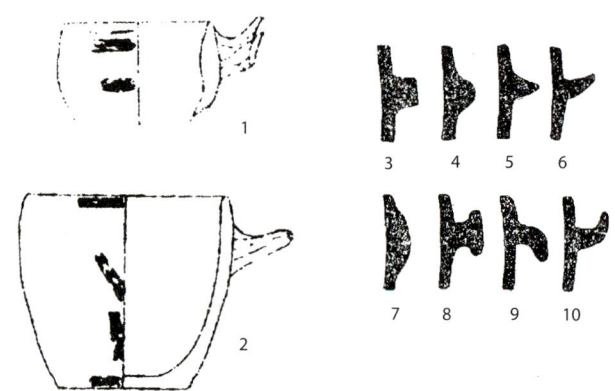

그림 132   세미퍄트나야-1·3 출토 토기 (김재윤 2009 재인용)

④ 대목단둔 유적- 하층

대목단둔(大牧丹屯) 유적은 영안현의 서남쪽에서 20km 떨어진 곳으로, 목단강 북안의 강안 대지 위에 위치하며 대목단 성지가 1km 떨어진 곳에 위치한다. 유적은 강의 충적대지 위의 단애면에 위치하는데, 풍우로 인해서 많이 교란된 상태이다.

발굴결과 주거지 1기, 회갱 2기가 조사되었다. 문화층은 상하로 나누어지는데, 상층은 발해, 요, 금나라 시기가 뒤섞여 있고 아래층은 철기시대이다.

철기시대와 관련된 유구는 2호 주거지로 남북 방향으로 돌을 쌓은 적석기단이 확인되었다. 기단의 길이는 4.1m, 너비는 0.23m 이다. 주거지 잔존 상태는 불량한 편이어서 평면형태 파악이 힘들다. 주거지 내부에는 석부, 석도, 석착, 갈돌과 갈판 등 석제 유물과, 골각기, 동물유존체 등이 확인되었다. 토기는 흑갈색의 마연토기가 보고되었다.

⑤ 雄場 유적

목단강시 교구 삼도향 2촌에서 남쪽으로 1km 떨어진 곳으로 산사면에 위치하고 있다. 지표면은 경작층으로 토기와 석기들이 채집되면서 유적이 알려지게 되었다.

주거지 1기가 조사되었는데 장방형 주거지로, 북부는 파손되었다. 잔존한 주거지의 크기는 4.6(남북)×3.8(동서)m 이다. 주거지에서는 반수혈식으로 입구, 노지, 주혈 등이 전혀 확인 되지 않았다. 출토된 유물은 갈판과 갈돌을 비롯해서 대량의 석기와 토기, 직물과 곡물도 확인되었다. 토기는 소형 발을 비롯해서, 유정이가 달린 발형토기, 저면이 타원형인 토기 등이 확인되었다.

⑥ 石灰場 유적 중층

흑룡강성 정안현의 성동향 석회장촌에서 동북으로 2km떨어진 곳, 목단강과 烏蓮河가 합해지는 지점의 충적대지 위로 해발 283m 이다. 유적에서 서쪽으로 4km 떨어진 곳에는 우장 유적, 서남쪽으로는 동강 유적이 위치한다.

상층은 발해, 하층은 목단강유역의 대표적인 신석기말기 유적으로 알려져 있다. 주거지 4기, 회갱 12기, 무덤 1기가 조사되었는데, 초기 철기시대의 것은 F1, F2, H1~H3, H9~H12이다.

1호 주거지는 추정 장방형으로 북동·서면이 대부분 잘려나갔으며 남은 부분의 크기는 5×4.5m이고, 문지는 발견되지 않았다(**그림 134-1**). 벽을 따라서 돌이 같은 간격으로 놓여 있는데 주거지와 관계된 시설물인 것으로 석벽 혹은 석단인 것으로 보인다. 출토 유물은 석겸, 석도, 석부 등의 석기와 乳丁耳가 붙은 이중 구연토기, 잔발 등이 확인되었다.

⑦ 우장 유적

우장(牛場) 유적은 영안현 동경성 철도에서 동북으로 5km 떨어진 곳에 위치하는데, 발해 상경용천부와 4km 떨어진 곳이다. 유적은 모란강의 강안 충적대지의 해발 200m에 위치한다. 유적에서는 길이 5m, 너비 0.5m의 석축이 확인되었는데, 잔존상태가 불량하나, 석축의 내부에서 석부 등의 유물이 확인된 것으로 보아 주거지의 일부인 것으로 추정된다.

그 밖에 문화층에서는 유물이 많이 확인되었는데, 파수, 소형발, 방추차, 이중구연 토기 등, 갈판, 골제침, 동물 유존체 등이 대량 확인되었다.

⑧ 서안촌동 유적의 후기

서안촌동(西安村東)유적은 발해진에서 서쪽으로 10km, 서안촌에서 북쪽으로 100m떨어진 곳이다. 유적의 면적은 1만평 정도이고 도로를 만들기 위해서 흙을 다듬는 가운데 확인되었다.

유적의 성격은 2기로 나누어지는데 A지구 4호 주거지는 신석기 후기, B지구 1호, 2호, 3호 주거지는 동강문화의 유적이다.

세 주거지는 주거지 평면형태와 축조방법 등이 유사하다. 장방형의 반수혈식 주거지로, 벽을 돌로 쌓아서 축조한 것이 특징이다.

1호 주거지는 주거지의 북서쪽이 유실되었는데, 동벽과 남벽을 기준으로 할 때 주거지의 크기는 9×5.6m이다.

석벽은 남쪽 벽이 가장 잘 남아 있는데 높이가 1.6m 이다. 노지는 주거지 남쪽에 위석식 노지 1기가 잔존한다. 여러 가지 크기의 돌을 서로 맞물리게 쌓아서 가지런하도록 축조하였다(**그림 134-2**).

⑨ 앵가령 유적-상층

앵가령 유적은 정안현 장백향 학원촌동 서남쪽에서 1.5km 떨어진 곳에 위치한다. 宋乙河가 동쪽으로 흘러 장백호로 들어간다. 유적이 위치한 곳은 유적의 서, 북, 동쪽이 호수에 위치하고 있어 마치 반도 같은 모습을 하고 있다.

유적은 5개의 층으로 나눠지고, 4·5층은 하층과, 2·3층은 상층문화로 구분된다. 하층문화는 앞서 밝힌 대로 신석기후기 문화로 연해주의 자이사노프카 문화와 같은 성격이다.

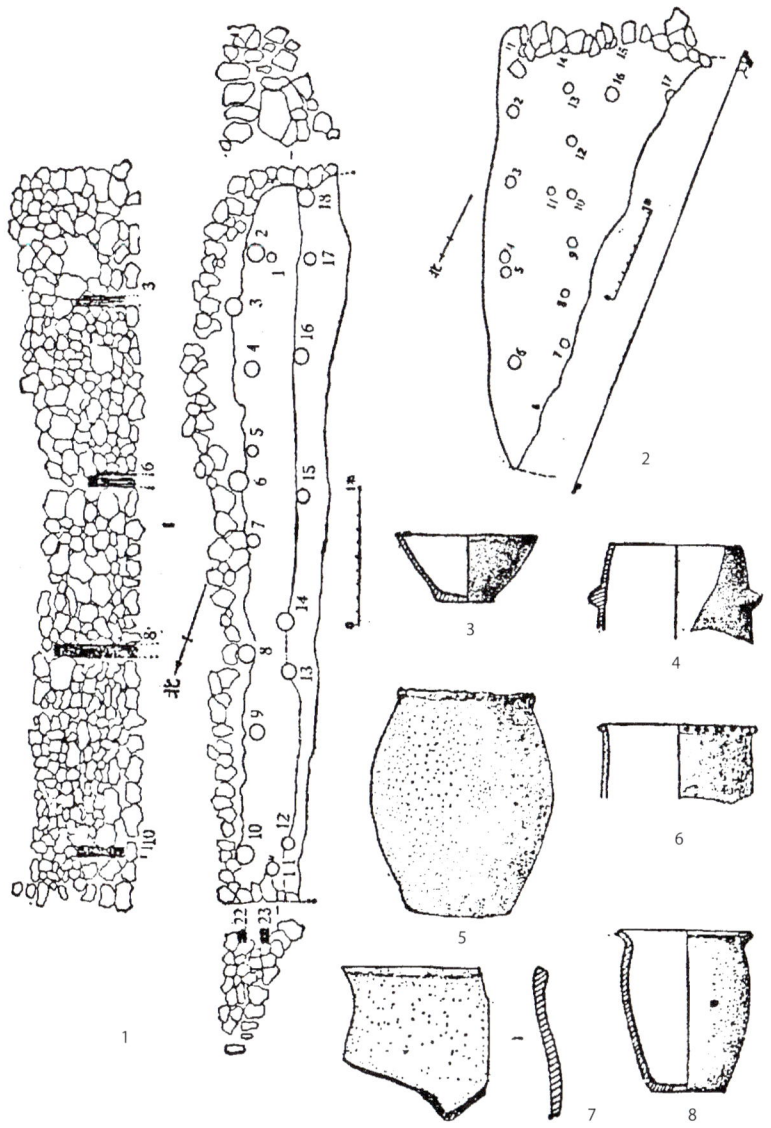

그림 133 앵가령 유적의 하층 주거지와 토기(김재윤 2009 재인용) 1: 1호 주거지 | 2: 2호 주거지 | 3~8: 출토유물과 채집유물(축척부동)

상층문화는 청동기시대로 보고되었으나, 석벽을 쌓은 주거지는 석회장 유적 중층, 서안촌동 유적 후기, 동강유적 2호(그림 134-3)에서도 발견되어서 동강문화일 가능성이 크다.

동강문화층인 앵가령 유적의 2,3층에서 확인된 것은 1호 주거지, 2호 주거지, 1호 수혈(회갱)있다.

1호 주거지(그림 133-1)장방형 수혈식 주거지로 벽을 돌로 쌓았다. 석벽은 크고 작은 돌을 여러 겹 쌓았는데 높이가 25cm가량이다. 바닥에서 대량의 목탄이 확인되었는데, 화

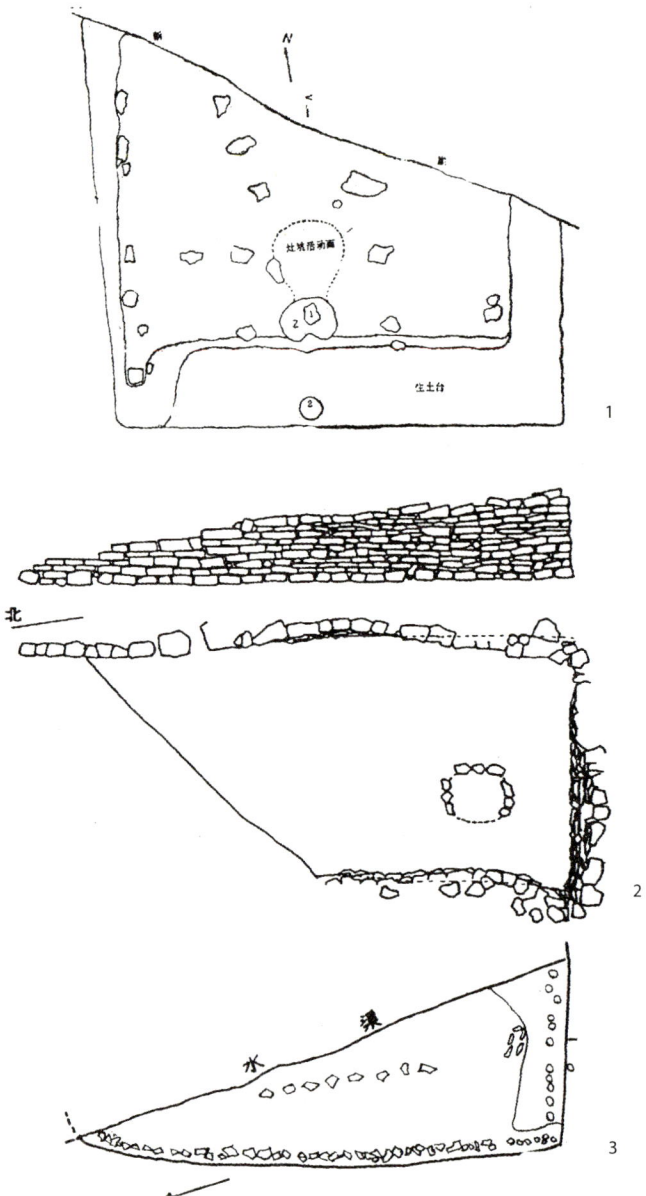

그림 134　동강문화의 주거지(김재윤 2009 재인용)　1: 석회장 유적 중층 1호 ｜ 2: 서안촌동 유적 후기 ｜ 3: 동강유적 2호

재 난 주거지일 가능성이 있다. 1호에서는 토기들이 많이 확인되지 않았고 골각기와 석기 등이 남아 있다.

　　2호 주거지(**그림 133-2**)는 반수혈식 주거지이고 단벽의 높이는 45~51cm이다. 주거지의 서벽과 북벽은 호수에 의해서 유실되고 남벽과 동벽만이 잔존하며 남벽에는 1열의 석단이 남아 있다. 석단의 길이는 1.43m, 높이 0.73m로, 석축방법과 돌의 크기와 형태 등이 1

호와 상당히 유사하다. 주혈과 저장혈이 남아 있다.

그 밖에 회갱에서 출토된 유물은 무문토기가 대부분으로 이중구연토기와 유정이 파수가 부착된 발형토기, 잔배형 토기 외에 석부, 유견 석조, 마제석부, 석촉 등이 출토되었다(그림 133). 그 외에 돼지, 곰, 개를 표현한 토우가 있다.

석벽을 쌓은 주거지나 토기로 보아서 단결-크로우노프카 문화보다는 동강문화에 속한다고 볼 수 있다. 그러나 상층의 절대연대 3025±90B.P.(1240±155 B.C.), 2985±120B.P.(1190±145 B.C.)로 알려져 있는데, 동강문화의 연대로는 빠르고 단결-크로우노프카와도 상응하지 않는다.

즉, 확인된 문화적 특징은 동강문화에 가깝지만 절대연대는 청동기시대이기 때문에 여러 시기일 가능성도 배제할 수 없다. 그러나 본고에서는 앵가령 상층에서 확인된 문화 내용은 동강문화로 보고자 하며, 절대연대는 동강문화와 상응하지 않는다는 점을 밝혀두고자 한다.

⑩ 동강 유적

동강(東康) 유적은 목단강 지류의 烏蓮河 북안의 하안대지에 위치하며 주거지 4기, 회갱 6기, 무덤 1기가 조사 되었다.

주거지 2호는 강에 의해서 북동쪽이 유실되었으나 남서부분이 잔존한다. 주거지 서벽을 따라서 적석 되어있고, 남벽에는 단시설이 잔존한다. 2호에서 대량 유물이 확인되었는데 옹, 발, 완, 고배, 접시, 소형토기 등과 마제석검 류가 대량으로 확인되었다.

전체적으로 출토된 유물은 젖꼭지 형태의 乳丁狀, 봉상 파수가 붙은 토기와 외반 구연된 돌대문이 부착된 토기, 고배 등이 특징적이다. 이러한 토기는 문양이 없는 것이 대부분이고, 돌대문에 각목된 형태는 여러 가지인 것으로 보고 되었다. 또한 구연부에 돌대 혹은 점토대를 덧대어 구연을 두껍게 한 토기(이중구연)도 확인되었다(그림 135-19~24·28~31).

⑪ 동승 유적

동승(東升) 유적은 영안현 서남쪽에서 10km 떨어진 동승촌에 위치한다. 목단강의 지류인 蛤蟆河子의 북안의 고지 위에 위치한다.

문화층은 경작층 바로 아래 단일층으로 드러났는데, 조사 결과 유물이 대량 출토 되었다. 석부, 석도, 석모 등 다양한 마제석기와 골편, 골도 등의 골각기가 대량으로 확인 되었다. 토기는 고배, 발형토기, 배, 외반구연 호 등의 기형이다. 구연부에 乳丁耳가 부착된 토

표 24 동강 문화 유적과 토기

지도5의 번호	유적	참고문헌	주변강	주거지		토기							
						파수		구연부		배		소형잔	타원형 토기
						유정이	봉상	이중구연	돌대	단각	고각		
23	대목단	黑龍江省博物館 1981	목단강	장방형	석단	○	·	○	·	·	?	·	○
24	웅장	牧丹江市文物管理站 2003	선능하	장방형		○	·	○	·	·	·	·	○
25	석회장 중층	牡丹江文物管理站 1990	목단강	장방형		○	·	○	·	·	·	·	○
26	우장	黑龍江省博物館 1960	목단강	장방형	석축	·	·	○	○	·	·	○	·
27	서안촌동-후기	牡丹江市文物管理站, 2004	목단강	장방형	석축	·	·	○	○	·	·	·	·
28	앵가령상층	黑龍江省文物考古工作隊 1981	목단강	장방형	석축	○	·	○	·	·	·	·	·
29	동강	朱國沈·張太湘 1975	목단강	장방형	석단	○	·	○	·	·	·	·	○
30	동승유적	牧丹江市文物管理站 2003	목단강	·	·	·	·	○	·	·	·	·	·
31	드보랸카-3	김재윤 2009	한까호	?	석단	○	·	○	·	·	·	·	·
32	세미퍄트냐야 1	오클라드니코프 1959	한까호	장방형	·	○	○	·	·	·	·	·	·
33	세미퍄트냐야 3	보스트레초프 1986	한까호	장방형	·	○	·	·	·	·	·	·	·

기 등이 대량으로 확인되었다. 유적은 우장, 대목단, 동강 유적과 비슷한 문화에 속하는 것으로 보고 되었다.

(2) 유물

발형토기에는 대체적으로 끝이 뾰족한 유정(그림 135-10, 21, 22, 32) 혹은 삼각형인 파수가 있고 그 외에도 봉상파수(그림 135-33, 34) 등이 부착되었다. 구연부에 돌대를 부착해서 이중구연으로 구연부가 두텁게 표현되거나, 각목을 해서 돌대를 부각시키는 외반 돌대구연토기가 우장 유적, 서안촌동 유적 후기(그림 135-12, 13), 드보랸카-3(그림 135-1~5), 동강 유적(그림 135-31) 등에서 확인된다. 유정이 파수와 함께 돌대가 붙은 토기는 이 문화의 특징적인 토기이다.

고배는 다리가 짧은 것만 출토되는데, 배신에서 대각의 안쪽에 횡단면의 도구로 찌른 것이 발견(그림 135-11) 되는데, 단결-크로우노프카 문화의 고배와는 제작방법이 다르다. 다리가 긴 고배, 대형옹, 시루는 동강문화에서는 발견되지 않는다. 그 외에 마제석부와 석도 등이 발견된다.

그림출처

그림 108 얀콥스키 문화의 적색마연토기
그림 109 얀콥스키 문화의 마제석검
그림 110 바라바시-3 유적의 철제품

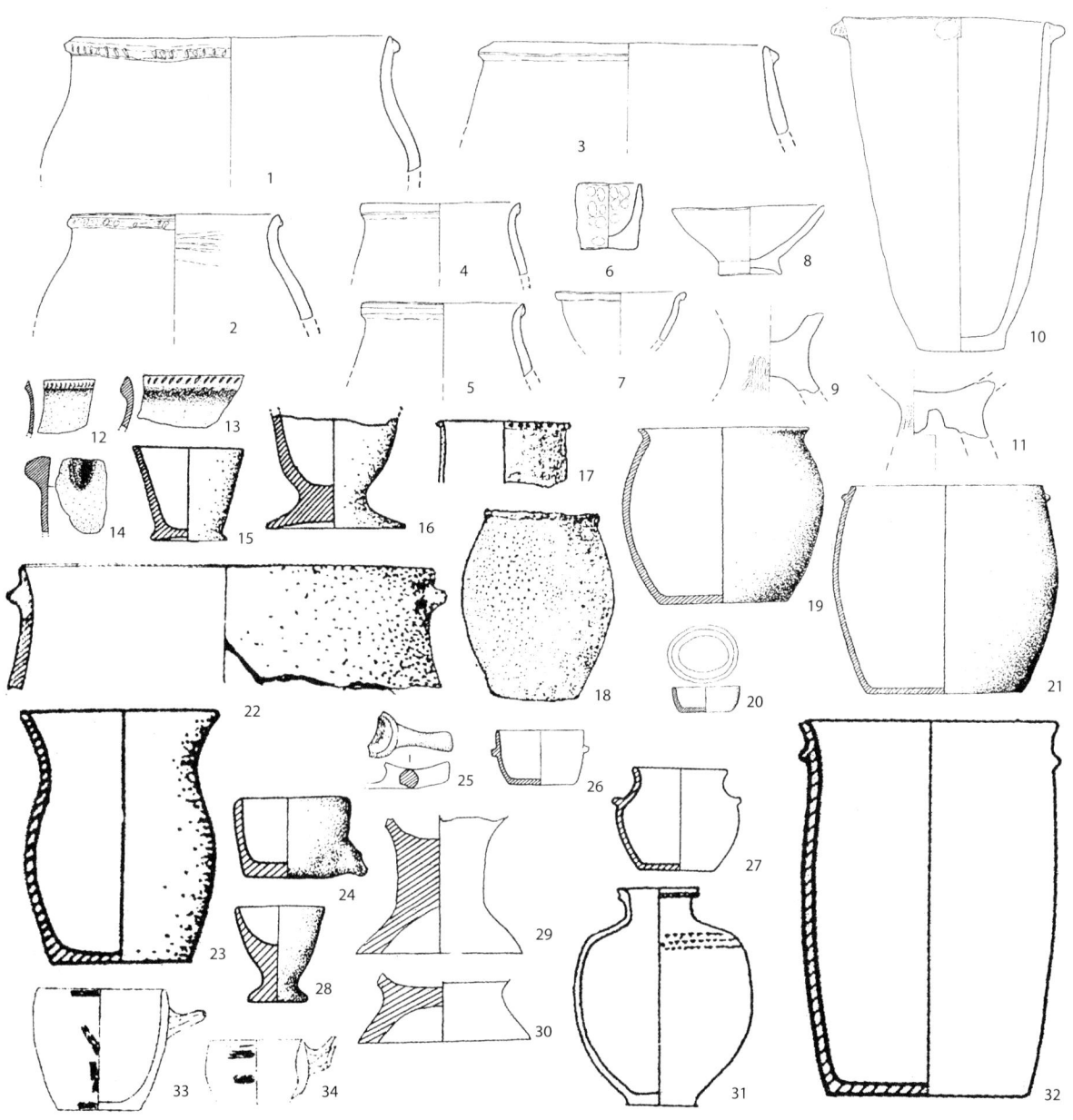

그림 135 동강문화의 토기(김재윤 2016 재인용) 1~11: 드보랸카 3 유적(필자실측) | 12~16: 서안촌동 유적 후기 | 17·18: 앵가령 유적 상층 | 19~24·28~31: 동강유적 | 33·34: 세미퍄트나야 1 유적(1~11: 필자실측)

그림 111	노브고르도바와 즐레노바의 카라숙 동검 편년(김재윤 2021b재인용)
그림 112	즐레노바(1976)의 타가르 문화 동검 분류(김재윤 2021b재인용)
지도 5	환동해문화권 북부지역의 철기시대 유적(유적명은 표 20의 번호 참고)
그림 113	말라야 포두세치카 유적(안드레예바 외 1986)
그림 114	바라바쉬-3 유적의 평면도(김재윤 2018c)
그림 115	바라바쉬-3 유적의 제철유구(김재윤 2018c)
그림 116	범의구석 4기~6기의 의 유물(김재윤 2016 재인용) 1·5·11·13·14·20·22: 8호 ǀ 2: 45호 ǀ 3·9·10·18·19: 50호 ǀ 4·27·28·34~36: 38호 ǀ 6·7·17: 11호 ǀ 8·15·16: 14호 ǀ 21·30: 교란층 ǀ 23·29: 36호 ǀ 24: 42호 ǀ 25·37: 49호 ǀ 26: 27호 ǀ 31·32: 44호 ǀ 33: 37호 ǀ 38~41: 17호 ǀ 42~45: 7호 ǀ 46: 29호
그림 117	초도, 오동 유적 유물(김재윤 2016 재인용) 1·2·7~9·15·17~20·23: 초도 ǀ 3: 수북2기 ǀ 4: 신강유적 ǀ 5·6·9: 오동6호 ǀ 13·14·35·36·39~41: 오동 ǀ 16·27·28: 치파예보 ǀ 15·25: 슬라뱐카1 ǀ 29~34: 피산느이 ǀ 24·37·38: 말라야 포두쉐치카 유적 출토
그림 118	연해주 얀콥스키 문화의 석검(김재윤 2021b)
그림 119	얀콥스키 문화의 화살촉, 석창
그림 120	치파예보 유적 출토 골제품
그림 121	단결-크로우노프카 문화의 토기(필자촬영)
그림 122	단결-크로우노프카 문화의 토기(국립문화재연구소 2008 재인용) 셀로마예프 클류치-1 유적
그림 123	범의구석 6기의 철제와 청동제유물 및 관련유물(김재윤 2016 재인용) 1~3·9~12: 범의구석17호 ǀ 4: 범의구석6기 교란층 ǀ 5: 범의구석21호 ǀ 6: 운성리9호 ǀ 7: 바라바쉬 주조철부 ǀ 8: 범의구석 29호 ǀ 14~15: 하가점하층문화(대전유적) ǀ 13: 위영자유적
그림 124	크로우노프카 1유적의 평면도(김재윤 2008 재인용)
그림 125	단결-크로우노프카 문화의 주거지(김재윤 2016 재인용) 1: 노보고르데예프스크예 2 ǀ 2: 키예프카 1호 ǀ 3: 키예프카 2호 ǀ 4: 범의구석 17호 ǀ 5: 크로우노프카 68년 2호 ǀ 6: 불로치카 14호 ǀ 7: 불로치카:15-나 ǀ 8: 키예프카 5호 ǀ 9: 단결하층II기 1호 ǀ 10: 단결하층 I 기 9호 ǀ 11: 페트로바섬1호 ǀ 12: 코르사코프스코예 2 ǀ 13: 올레니A
그림 126	단결-크로우노프카 문화의 토기(김재윤 2016 재인용) 1·34: 대성자1호 ǀ 2: 크로우노프카-1(57년) ǀ 3·6·31: 단결 하층1기 ǀ 4·11: 초도 ǀ 5: 대성자 ǀ 7·10·15·38: 불로치카 15-나 ǀ 8: 범의구석17호 ǀ 9: 페트로바섬 ǀ 12~14·26·27·32·35: 단결 하층 2기 ǀ 24: 하알 ǀ 16·36: 대성자2호 ǀ 19: 범의구석1호 ǀ 20·21: 키예프카-1 ǀ 22: 키예프카-5 ǀ 23: 전엄와 ǀ 28~30: 올레니 A ǀ 36: 대성자 2호 ǀ 37: 크로우노프카-1(68년) ǀ 38~41: 불로치카 출토
그림 127	단결-크로우노프카 문화의 시루(김재윤 2008 재인용) 1: 대성자 1호 ǀ 2: 크로우노프카 68년 3: 단결하층 2기 ǀ 4: 대성자 2호 ǀ 5: 올레니 A ǀ 6: 불로치까 ǀ 7·12: 초도 ǀ 8·9:호곡 17호 ǀ 10·11: 하알 ǀ 13: 일송정 ǀ 15: 대성자 2호 출토 ǀ 14: 사진에 해당되는 유물로 15번 유물 위에 4가 올려진 채 출토됨
그림 128	단결-크로우노프카 문화의 청동유물
그림 129	이즈웨스토프카 유적 출토 세형동검과 동경(클류예프 2008재인용)
그림 130	단결-크로우노프카 문화의 철부와 석부
그림 131	드보랸카-3 유적 출토유물과 평면도(김재윤 2009)
그림 132	세미퍄트나야-1·3 출토 토기(김재윤 2009 재인용)

그림 133 앵가령 유적의 하층 주거지와 토기(김재윤 2009 재인용) 1: 1호 주거지 | 2: 2호 주거지 | 3~8: 출토유물과 채집유물(축척부동)

그림 134 동강문화의 주거지(김재윤 2009 재인용) 1: 석회장 유적 중층 1호 | 2: 서안촌동 유적 후기 | 3: 동강유적 2호

그림 135 동강문화의 토기(김재윤 2016 재인용) 1~11: 드보랸카 3 출토(필자실측) | 12~16: 서안촌동 후기 | 17·18: 앵가령 상층 출토 | 19~24·28~31: 동강유적 출토 | 33·34: 세미퍄트나야 1 유적출토(1~11: 필자실측)

참고문헌

강인욱, 2007, 「청동기시대 연해주두만강유역과 한국의 문화교류」, 『환동해지역 선사시대 사회집단의 형성과 문화교류』

강인욱, 2009a, 「기원전 13~9세기 카라숙 동진(東進)과 요동」, 『호서고고학』, 21집

강인욱, 2009b, 「연해주 초기철기시대 크로우노프카 문화의 확산과 전파」, 『철기시대 한국과 연해주』, 환동해고고학회

강인욱, 2011, 「러시아 연해주 출토 석검의 연구 – 형식, 편년 및 한반도와의 비교를 중심으로」, 『동북아문화연구』

강인욱, 2020, 『옥저와 읍루』, 동북아역사재단

국립문화재연구소, 2004, 『연해주 불로치까 유적 I』

국립문화재연구소, 2005, 『연해주 불로치까 유적 II』

국립문화재연구소, 2006, 『연해주 불로치까 유적 III』

국립문화재연구소, 2008, 『연해주의 문화유적 II』

고고학 및 민속학 연구소, 1956, 『라진 초도 원시 유적 발굴 보고』, 과학원출판사

고고학민속학 연구소, 1960, 『회령 오동 원시유적 발굴보고』, 유적발굴보고 제 7집

김재윤, 2007, 「단결-끄로우노브까문화의 기원」, 『국가형성에 대한 고고학적 접근』, 제31회 한국고고학전국대회

김재윤, 2008, 「동북한과 중국 연변지구의 초기 철기시대문화(團結文化)-단결-끄로우노프까 문화의 계통적 성격」, 『고고학으로 본 옥저』

김재윤, 2009, 「동강문화와 단결~크로우노프카 문화의 비교」, 『철기시대 한국과 연해주』, 주류성출판사.

김재윤, 2011, 「동북한 청동기시대 형성과정」, 『동북아역사논총』 32, 동북아역사재단

김재윤, 2016, 「한중러 접경지역 철기시대 단결-크로우노프카 문화범위에 대한 검토」, 『한국상고사학보』, 93

김재윤, 2018a, 「청동기시대 조기 경남 평거동 유적과 연해주 시니가이 문화의 관련성 검토」, 『영남고고학』, 81

김재윤, 2018b, 「북한 서포항 유적과 연해주 청동기문화의 비교고찰-편년을 중심으로」, 『한국청동기학보』, 23

김재윤, 2018c, 「러시아의 발굴 -연해주 철기시대 얀콥스키 문화의 바라바시 3유적을 중심으로-」, 『야외고고학』, 제31호

김재윤, 2021, 「연해주 철기시대 시작연대에 대한 검토- 연해주 얀콥스키 문화의 마제석검과 시베리아 동검비교-」, 『한국상고학보』, 제113호

궈다순·장싱더, 2008, 『동북문화와 유연문명 하』, 동북아역사재단

클류예프, 2008, 「러시아 연해주 남부의 초기 철기시대문화(끄로우노프카문화)」, 『고고학으로 본 옥저』

클류예프, 2014, 「연해주의 고금속기시대 최신자료-드보랸카 석관묘와 바라바쉬 제철유적」, 『한국청동기학보』, 14

Subotina, 2005, 『철기시대 한국과 러시아 연해주의 토기문화 비교연구』, 서울대학교 대학원 고고미술사학과 고고학전공

Subotina, 2008, 「한반도의중도식토기문화와크로우노프카문화의비교, -옥저문화와한반도의상호교류에대한실증적비교연구」, 『고고학으로 본 옥저문화』, 동북아역사재단

趙鎭先, 2005, 「北韓地域 細形銅劍文化의 發展과 性格」, 『韓國上古史學報』第47號

이현혜, 2010, 「沃沮의 기원과 문화 성격에 대한 고찰」, 『韓國上古史學報』第70號

유은식, 2009, 「두만강유역 초기철기문화의 변천과 연대」, 『韓國上古史學報』第64號

유은식, 2017, 「동북아시아 초기철기문화의 병행관계와 교류양상」, 『한국상고사학보』 96호, 201

유은식, 2020, 「두만강유역 단결크로우노브카 문화의 변천과 확산양상」, 『백산학보』, 118

송기호, 2006, 『한국 고대의 온돌 – 북옥저, 고구려, 발해』, 서울대학교출판부

홍형우, 2014, 「극동지역 초기철기시대 지역별 토기문화의 양상과 전개」, 『한국상고사학보』, 84

王輝 外, 2000, 『黑龍江考古文物圖鑒錄』, 黑龍江人民出版社

臼杵 勳, 2004, 『鐵器時代の 東北アシア』, 同成社

大貫靜夫, 1998, 『東北アシアの考古學』, 同成社

後藤直 1982,「朝鮮の靑銅器と土器·石器時代」,『森貞次郎博士古稀記念古文化論集』,福岡

匡 瑜, 1982,「戰國至兩漢的北沃沮文化」,『黑龍江文物叢刊』, 1982年 第1期

吉林延琿公路考古隊, 2001,「吉林城圖問市下嘎遺趾發掘報告」,『北方文物』2

牡丹江市文物管理站, 1990,「黑龍江省寧安縣石灰場遺趾」,『北方文物』2期

牡丹江市文物管理站, 2003,「牡丹江市郊區熊場遺址清理筒报」,『北方文物』, 3期

牡丹江市文物管理站, 2004,「丁安市渤海鎭西安村東遺趾發掘通報」,『北方文物』, 4期

朱國沈·張太湘, 1975,「東康原始社會遺址發掘報告」,『考古』7期

林 澐, 1985,「論團結文化」,『北方文物』, 1985年 第1期

王亞州, 1961,「吉林王淸顯白草溝遺趾發掘通報」,『考古』1961-8

楊志軍, 1982,「牧丹江地區原始文化試論」,『黑龍江文物叢刊』,1982年 第3期

李雲, 1973,「吉林琿春南團山, 一松亭遺趾調査報告」,『考古』1973-8

黑龍江省博物館, 1960,「黑龍江省寧安牛場新石器時代遺址淸理」,『考古』, 4期

黑龍江省文物考古工作隊, 1981,「黑龍江寧安縣鶯歌岭遺址」,『考古』, 6期

黑龍江文物考古工作隊·吉林大學歷史係考古專業, 1978,『東寧團結遺趾發掘報告』

Андреева Ж.В., 1970, : Древнее Приморье. Железный век. М.: 1970. 148 с.(안드레예바, 1970, 연해주의 철기시대)

Андреева Ж.В., 1977, Приморье в эпоху первобытнообщинного строя. Железный век (1 тыс. до н.э. – VIII в. н.э.). М.: Наука, 1977. 240 с.(안드레예바, 1977, 연해주 철기시대)

Андреева Ж.В.Жущиховская И.С., 1975, Посления янковсокой культуры возле Славя-ки-Арх. ИА АН СССР. (안드레예바 외, 1975, 슬라뱐까 얀꼽스끼 문화유적)

Андреева Ж.В., Жущиховская И. С., Кононенко Н. А., 1986, Янковская культура. М.(안드레예바, 주시호프스카야, 코노넨코 1986, 얀콥스키 문화)

Андреева Ж.В. Дьяков О.В., 1973, Раскопоки могильника на послении янковской культу-ры в колхозе им. Чапвево(안드레예바, 댜코프, 1973, 얀콥스키 문화의 차파예보 유적 발굴)

Болдин В.И., Ивлев А.Л., 2002, Моногослойный памятник Новогодеевское городище. Материалы раскопок 1986-1989 годов//Труды Институт истории, археологии, и этнографии народов Дальнеого Востока, Т.XI,《Актуальные проблемы дално-восточной архлогии》(볼딘, 이블리예프, 2002, 다층위 성 유적, 노보고르제예프스꼬예 성, 1986-1989 출토자료)

Бродянский Д.Л., 1969, Южное Приморье в эпоху освоения металла

Богачев И.Н., 1956, О механизме графитизации белого чугуна // Новое в теории и практике литейного производства. М.: Машгиз. С. 127-133.(보가체프, 1956, 「백주철의 용융메카니즘」

Бродянский Д.Л., 1969, Южное Приморье в эпоху освоения металла (II-I тыс. до н.э.): Автореф. дис. … канд. ист. наук. Новосибирск. 20 с.(브로댠스키, 1969, 기원전 II~I천년기의 연해주 남부의 철기시대)

Бродянский Д.Л., 1987, ВВедение в Далневосточную археглогия-Владивосток; Изд-во Далневосточого университет (브로댠스키(정석배 역), 1996, 연해주의 고고학)

Вострецов Ю.Е., 1985, Раскопки жилищ кроуновской культуры на поселении Киевка в Приморье // КСИА. 1985. Вып. 184. С. 60-63. (보스트레초프, 1985, 연해주 키로프카 유적 크로우노프카 문화 주거지 발굴)

Вострецов Ю.Е., 1986, Раскопки поселения падь Семипятнова III В приморе //КСИА 1986, вып.186(보스트레초프, 1986, 세미트니야- 3 유적 발굴)

Вострецов Ю.Е.Жущиховская И.С., 1987, Послeние кроуновсокй культуры Корсаковское-2 в Приморе//Новые материалы по превобытной археологии юга Дальнего Востока(препринт)-Владивосток ДВО РАН СССР,(보스트레초프·주시호프스카야, 1987, 연해주 코르사코프스코예 2의 끄로우노프까 문화 유적)

Дьяков В.И., 1989, Примоье в Эпоху Бронзы, 260с.(댜코프 1989, 청동기시대 연해주) Кононенко Н. А. 1978, К вопросу о функциональном назначении каменных шлифованных ножей поселения Малая Подушечка Археологические материалы по древней истории Дальнего Востока СССР Владивосток С. 37-41.(코노넨코, 1978, 밀라야 포두세치카 유적의 마제석기의 사용방법에 대해서)

Деревнко А.П., 1976, Приамуре (I тысятлетие до нашей эры). Новосибирск: Наука.Сиб. отд-ие.(데레비얀코, 1976, 기원전 천년기의 아무르 지역)

Жущиховская И.С., 1979, Новый памятник кроуновской культуры в Приморье. Препринт. Владивосток. 12 с.(주시호프스카야, 1979, 연해주의 크로우노프카 문화 새로

운 유적)

Жущиховская И.С., 1980, Керамика раннего железного века Приморья (I тыс. до н.э.): Автореф. дис. ... канд. ист. наук. Новосибирск. 18 с.(주시호프스카야, 1980, 연해주 철기시대 토기)

Жущиховская И.С., 1984, О локально-хронологических врианлах памятников кроунов- скрой культуры(по данным анализа керамика)//Археология и этнография на- родов дальнего востока(쥬쉬호프스까야, 1984, 끄로우노프까 문화 유적의 지역 유형에 관해서)

Клюев Н.А.,Яншина О.В., 2000, Посление Анучино-1 в Приморье и проблема выделения анучинской археологической культуры //Вперед...В прошлое. К70-летнию ..-Владивосток (끌류예프·얀쉬나, 2000, 아누치노1 유적과 아누치노 고고문화의 분리)

Окладников А.П., 1956, Приморье в тысячелетии до н э по материалам поселений с ра- ковинными кучами //СА Т. 26(오클라드니코프, 1956, 기원전 연해주의 패총 유적)

Окладников А.П., 1958, Далекое прошлое Приморья Владивосто(오클라디코프, 1958, 연해주의 먼 과거)

Окладников А.П., 1959, Начало железного века в Приморье // Тр. / АН СССР. СО. ДВФ. Сер. ист. Т. 1. С. 13-36. (오클라드니코프, 1959, 연해주 초기 철기시대)

Окладников А.П., 1963, Древнее поселение на полуострове Песчаном у Владивостока // МИА (오크라드니코프, 1963, 블라디보스톡 부근의 페스찬느이 반도의 고대 유적)

Окладников А.П. БродянскийД.Л., 1968, Многослойное Олений 1 в Приморе(오클라드니코프·브로단스키, 1968, 연해주 올레니1 다층위 유적)

Окладников А.П.БродянскийД.Л., 1979, Древнее поселение на острове Петрова//Архео- логия южнойСибири.-Кемерево.(오클라드니코프·브로단스키, 1979, 페트로바 섬의 고대 유적)

Окладников А.П.БродянскийД.Л., 1984, Кроновская культура //Археология юга Сибири и Дальнего Востока-Новосибириск Наука. (오클라드니코프·브로단스키, 1984, 끄로우노프까 문화)

Окладников А. П., Деревянко А. П., 1973, Далекое прошлое Приморья и Приамурья Владивосток(오클라드니코프, 데레뱐코, 1973, 연해주와 아무르강 유역의 먼 과거)

Новгородова Э.А., 1970, : Центральная Азия и карасукская проблема. М.: ГРВЛ.(노보고르도바, 1970, 카라슉 문화와 중앙아시)

Членова Н.Л., 1964, Карасукская культура, Материалы по древней истории Сибири // Улан-Удэ: 1964. с.263-279 (츨레노바, 1964, 카라슉 문화)

Членова Н.Л., 1967, : Происхождение и ранняя история племё н тагарской культуры. М. 300 с.(츨레노바, 1967, 타가르 문화 사람의 기원과 초기 역사)

Членова Н.Л., 1976, : Карасукские кинжалы. М.(츨레노바, 1976, 카라슉문화의 단검)

Zaitseva GI, Vasiliev SS, Marsadolov LS, van der Plicht J, Sementsov AA, Dergachev VA, Lebedeva LM., 1998, A tree-ring and 14C chronology of the key Sayan-Altai monuments. Radiocarbon 40(1):571-80.

Institute of History, Archaeology and Ethnography of the Peoples of the FAR EAST, RUSSIAN ACADEMY of Science, Department of Archaeology, KYMAMOTO UNIVERSITY, 2004, Krounovka 1 Site,

IV

Primorskii

환동해문화권 북부지역의 선사문화: 연해주 선사고고학 개론

맺음말

환동해문화권 북부지역인 연해주는 늘 한국역사의 공간이다. 가장 가깝게는 독립운동의 기지 중에 한 곳이었다. 연해주는 북경조약(1860년)으로 러시아제국의 영토로 들어갔지만, 19세기 말에서 20세기 초에 주로 살던 사람들은 한국인과 중국인이었다. 블라디보스톡에는 한국인마을 20개소 7,000명, 중국인은 90,000명 정도가 살았던 것으로 알려졌고 당시에 이는 러시아인 보다 더 많은 수였다. 이를 잘 보여주는 것은 블리디보스톡의 거리 이름인데, 지금은 개명되었지만 한국거리, 중국거리, 일본거리 등이 있었다. 또한 연해주의 중국식 혹은 한국식 지명들을 1970년대가 되어서야 모두 일괄해서 러시아식으로 바꾸었는데, 예를 들면 핫산지역의 강 이름 중에 신석기시대 대표유적인 자이사노프카-1이 위치한 글라드카야 강은 개명 이전에는 삼거리였다. 이외도 고개, 거리 등은 특히 한국식 이름이 많았다.

좀 더 거슬러 올라가면, 조선시대 세종 때 여진의 약탈을 막기 위해 녹둔도를 개척하였는데 그 위치가 현재 두만강의 북쪽, 러시아 핫산의 가장 남쪽인 것으로 알려져 있다. 베이징 조약 이후, 고종 26년(1889년)에 이에 대한 반환요구가 있었지만 체결되지 못했다.

고려시대는 예종 3년에 윤관이 여진을 토벌하고 동북지역에 9성을 지었는데, 그 위치는 정확하게 규정되지는 않았다. 그런데, 한국학을 연구하는 미하일 보로비요프는 역사기록에 근거하여 현재의 우스리스크시 근처의 유즈노-우스리스크 성(그림 12)과 크라스노야르스코예 성을 윤관 9성 중 가장 북쪽에 위치했던 공험진(公險鎭)으로 보았다.

러시아과학아카데미 극동고고학연구소에서 크라스노야르스코예 성곽은 매해 발굴조사 하고 있는데, 여진성으로 알려져 있다. 고고학적 정황과 역사적 기록이 정확하게 일치하는지는 연구되어야 하겠지만 최소한 연해주가 여진족의 주요 근거지였던 점을 고려해 본다면 윤관의 9성 중 일부가 존재했을 가능성은 충분하다.

남북국시대로 남쪽에 통일신라가 위치했을 때, 북쪽에 발해가 현재의 국경으로는 중국과 러시아, 북한 등에 걸쳐서 있었다. 그 중에서 한국이 공동연구 할 수 있는 지역은 러시아로 크라스키노(鹽州城)성, 코크샤로프카 성터, 체르냐치노 무덤군 등은 한국과 공동조사가 이루어졌다. 발해에 대한 역사기록이 아주 미흡한 상황에서 고고학적 자료의 중요성은 더욱 크다.

그러나 무엇보다도 어려운 점은 발해사의 역사 인식이 모두 제각각이라는 점이다. 한국, 북한, 중국, 러시아도 자신의 역사로 인식하고 연구하기 때문에 연구의 관점차이가 심하다.

발해 이전에 알려진 정치체는 옥저와 읍루가 있다. 옥저는 단결-크로우노프카 문화, 읍루는 폴체 문화일 것으로 추정하는 연구자 들이 많다. 물론 필자는 단결-크로우노프카 문화 전체를 옥저로 생각하는 것은 문제가 있다고 생각하며, 이 문화의 가장 마지막 기간에 옥저일 가능성이 있다고 생각한다.

이 책의 Ⅱ, Ⅲ장에서 다룬 것은 남북국시대 이전 선사시대이며, 연해주는 한국사의 영역이었다는 점을 알 수 있다.

머리말에서 다루었지만 필자가 연구한 환동해문화권의 북부지역은 한국사의 기원지로서의 검토가 아니라 당시에 문화권역을 찾고 구체화 한 것이다. 환동해문화권 북부지역의 문화가 남쪽에서 확인되는 이유는 기후변화와 관련있다. 기온 상승기의 문화 가운데 이동한 것은 신석기문화인 아무르강 하류 말리셰보문화와 연해주 루드나야문화(세르게예프카 유형)과 청동기시대 시니가이 문화이며, 환동해문화권 남부지역에서 뚜렷하게 특징이 드러난다. 기온 하강기에 발생한 문화이지만 환동해문화권 남부지역으로 이동한 단결-크로우노프카 문화는 그 이전 문화들과 달리 집에 쪽구들을 설치해서 가능했을 것으로 생각해 볼 수 있다.

참고문헌

각 장의 참고문헌은 장의 마지막에 확인할 수 있다, 같은 해의 논문은 각 장에서 구분할 수 있다. 아래는 참고한 문헌을 정리해서 표기한 것이다.

한국어

강인욱, 2007, 「청동기시대 연해주두만강유역과 한국의 문화교류」, 『환동해지역 선사시대 사회집단의 형성과 문화교류』

강인욱, 2009, 『춤추는 발해인』, 주류성

강인욱, 2009, 「기원전 13~9세기 카라숙 동진(東進)과 요동」, 『호서고고학』, 21집

강인욱, 2009, 「연해주 초기철기시대 크로우노프카 문화의 확산과 전파」, 『철기시대 한국과 연해주』, 환동해고고학회

강인욱, 2011, 「러시아 연해주 출토 석검의 연구 - 형식, 편년 및 한반도와의 비교를 중심으로」, 『동북아문화연구』

강인욱, 2020, 『옥저와 읍루』, 동북아역사재단

고고학 및 민속학 연구소, 1956, 『라진 초도 원시 유적 발굴 보고』, 과학원출판사

과학원출판사, 1960, 『회령오동 원시유적 발굴보고』, 유적발굴보고 7집

김용간·서국태, 1972, 「서포항원시유적발굴보고, 」, 『고고민속론문집』, 4

김재윤, 2004, 「韓半島刻目突帶文土器의 編年과 系譜」, 『韓國上古史學報』, 第46號

김재윤, 2008, 「선사시대의 極東 全身像 土偶와 환동해문화권」, 『한국상고사학보』, 제 60호

김재윤, 2009, 「서포항 유적의 신석기시대 편년 재고」, 『한국고고학보』, 제 62호

김재윤, 2011, 「동북한 청동기시대 형성과정-연해주와 연변 고고자료의 비교를 통해서-」, 『동북아역사논총』 32호

김재윤, 2014, 「한-중-러 접경지역 신석기시대 고고문화의 변천」, 『考古廣場』 14號

김재윤, 2015, 「평저토기문화권 동부지역의 6500~6000년 전 신석기문화 비교고찰」, 『韓國考古學報』 96호

김재윤, 2016, 「한중러 접경지역 철기시대 단결-크로우노프카 문화범위에 대한 검토」, 『한국상고사학보』, 제93호, pp.109-142

김재윤, 2016, 「5000B.P.이후 평저토기문화권 동부지역의 무덤으로 전용된 주거지에 대한 이해」, 『韓國新石器研究』, 第32

김재윤, 2016, 「압록강·연해주의 신석기시대 석기」, 『신석기시대 석기론』, 진인진

김재윤 2017, 『접경의 아이덴테티: 동해와 신석기문화』, 서경출판사

김재윤, 2018, 「청동기시대 조기 경남 평거동 유적과 연해주 시니가이문화의 관련성 검토」, 『嶺南考古學』, 81호

김재윤, 2018, 「제2장 신석기시대」, 『북방고고학개론』, (재)중앙문화재연구원

김재윤, 2018, 「북한 서포항 유적과 연해주 청동기문화의 비교고찰-편년을 중심으로」, 『한국청동기학보』, 23

김재윤, 2018, 「러시아의 발굴 -연해주 철기시대 얀콥스키 문화의 바라바시 3유적을 중심으로-」, 『야외고고학』, 제31호

김재윤, 2019, 「선사시대 동심원문 암각화를 통해서 살펴본 환동해문화권의 범위와 교류영역 - 고아시아족과 퉁구스족문제를 겸해서」, 『한국상고사학보』, 제104호

김재윤, 2020, 「바이칼 지역 순동시대 글라스코보 문화의 무덤변화와 옥기부장양상 검토」, 『러시아연구』, 제30권-2

김재윤, 2021, 「환동해문화권 선사시대문화의 이동과 동해기온변화와의 관련성에 대한 검토」, 『동북아문화학회』, 제66호

김재윤, 2021b, 「환동해문화권 북부지역 철기시대 시작연대에 대한 검토- 연해주 얀콥스키 문화의 마제석검과 시베리아 동검비교-」, 『한국상고학보』, 제113호

金材胤·Kolomiets·Kyptih, 2006, 「동북한 신석기 만기에서 청동기시대로의 전환기 양상」, 『석헌정징원정년퇴임기념논총』

공봉석, 2008, 「경남 서부지역 삼국시대 수혈 건물지의 구들연구」, 『한국고고학보』, 제66집

궈다순·장싱더, 2008, 『동북문화와 유연문명 하』, 동북아역사재단

클류예프, 2008, 「러시아 연해주 남부의 초기 철기시대문화(끄로우노프카문화)」, 『고고학으로 본 옥저』

클류예프, 2014, 「연해주의 고금속기시대 최신자료-드보랸카 석관묘와 바라바쉬 제철유적」, 『한국청동기학보』, 14

디야코바 2019(김재윤 譯), 『러시아 연해주의 성(城) 유적과 고대 교통로』, 서경출판사

수보티나 A,, 「鐵器時代 韓國과 러시아 沿海州의 土器文化 比較硏究 -硬質無文를 中心으로」, 서울대학교석사학위논문, 2005.

Subotina, 2008, 「한반도의중도식토기문화와크로우노프카문화의비교, –옥저문화와한반도의상호교류에대한실증적비교연구」, 『고고학으로 본 옥저문화』, 동북아역사재단.

趙鎭先, 2005, 「北韓地域 細形銅劍文化의 發展과 性格」, 『韓國上古史學報』 第47號

이현혜, 2010, 「沃沮의 기원과 문화 성격에 대한 고찰」, 『韓國上古史學報』 第70號

바타르세프 외 2017, 「연해주의 마르가리토프카 고고문화: 논쟁의 연속」, 『러시아 연해주와 극동의 선사시대』, 한강문화재연구원

배진성, 2020, 「망자의 壺, 영혼의 壺」, 『한국고고학보』, 116집

황기덕, 1975, 「무산범의구석 유적발굴보고」, 『고고민속론문집』6

유은식 2009, 「두만강유역 초기철기문화의 변천과 연대」, 『韓國上古史學報』第64號

유은식, 2014, 「한반도 북부지방 토기문화를 통해 본 중부지방 원삼국문화의 계통 – 소위 '중도유형문화'를 중심으로」, 『고고학』 13-2, 2014

유은식, 2015, 「동북아시아 초기 쪽구들의 발생과 전개」, 『고고학』 14, 2015

유은식, 2017, 「동북아시아 초기철기문화의 병행관계와 교류양상」, 『한국상고사학보』 96호, 2017

유은식 2020, 「두만강유역 단결크로우노브카 문화의 변천과 확산양상」, 『백산학보』, 118

송기호 2006, 『한국 고대의 온돌 – 북옥저, 고구려, 발해』. 서울대학교출판부

심재연, 2011, 「경질무문토기의 기원 – 점토대토기문화와의 관련성을 중심으로」, 『고고학』 10-1, 중부고고학회, 2011

셰프코무드 외 2017(김재윤 譯), 「아무르강 하류 이른 신석기시대에 관한 문제점: 아미흐타 유적의 연구조사 결과」, 『러시아 연해주 및 극동의 선사시대』, 서경문화사

홍형우, 2014, 「극동지역 초기철기시대 지역별 토기문화의 양상과 전개」, 『한국상고사학보』, 84

홍형우, 2017, 「연해주의 고고 문화와 강원도」, 『江原史學』, 29

황상일, 1998 「일산 충적평야의 홀로세 퇴적환경변화와 해면활동」, 『대한지리학회』 33-2

황상일·윤순옥·조화룡, 1997, 「완신세 중기에 있어서 道垈川유역의 堆積環境變化」, 『대한지리 학회지』, 32-4

황상일·윤순옥, 2011, 「해수면 변동으로 본 한반도 홀로세(Holocene)기후변화」, 『한국지형학회지』 제18권 제4호

중국어

匡 瑜, 1982, 「戰國至兩漢的北沃沮文化」, 『黑龍江文物叢刊』, 1982年 第1期

吉林延琿公路考古隊, 2001, 「吉林城圖問市下嘎遺趾發掘報告」, 『北方文物』 2

牡丹江市文物管理站, 1990, 「黑龍江省寧安縣石灰場遺趾」, 『北方文物』 2期

牡丹江市文物管理站, 2003, 「牡丹江市郊區熊場遺址清理簡報」, 『北方文物』, 3期

牡丹江市文物管理站, 2004, 「丁安市渤海鎮西安村東遺趾發掘通報」, 『北方文物』, 4期

延邊博物館 1991, 「吉林省龙井县金谷新石器时代遗址清理简报」, 『北方文物』 1 期

延邊博物館·吉林省文物考古研究所, 2002, 『和龍興城—新石器及青銅时代遺址發掘報告』

朱國沈·張太湘 1975, 「東康原始社會遺址發掘報告」, 『考古』7期

林澐 1985, 「論團結文化」, 『北方文物』, 1985年 第1期

王亞州, 1961, 「吉林汪清顯白草溝遺趾發掘通報」, 『考古』1961-8

王輝 外, 2000, 『黑龍江考古文物圖鑒錄』, 黑龍江人民出版社

楊志軍 1982, 「牧丹江地區原始文化試論」, 『黑龍江文物叢刊』, 1982年 第3期

李雲, 1973, 「吉林琿春南團山, 一松亭遺趾調査報告」, 『考古』1973-8

黑龍江省博物館, 1960, 「黑龍江省寧安牛場新石器時代遺址清理」, 『考古』, 4期

일본어

臼杵 勳, 2004, 『鐵器時代の 東北アシア』, 同成社

大貫靜夫, 1998, 『東北 アシアの考古學』, 同成社

後藤直 1982, 「朝鮮の靑銅器と土器·石器時代」, 『森貞次郎博士古稀記念古文化論集』, 福岡

藤田亮策 1930, 「櫛文文樣土器の分布就きて」, 『靑丘學叢』2

黑龍江省文物考古工作隊, 1981, 「黑龍江寧安縣鶯歌岭遺址」, 『考古』, 6期

黑龍江文物考古工作隊·吉林大學歷史係考古專業, 1978, 『東寧團結遺趾發掘報告』

러시아어

Андреев Г.И. 1957, "Поселение Зайсановка 1 в Приморье", СА, 2, 121-145 (안드레예프, 1957, 「연해주의 자이사노프카 1 유적」, 『소련 고고학 1957-2호』)

Андреев Г.И., 1960, "Некоторые вопросы культур Южного Приморья III – I тыс. до н.э.", МИА 86, 136-161. (안드레예프, 1960, 「기원전 3천년기~1천년의 연해주 남부 제문제」, 『소련물질문화연구 86호』)

Андреева Ж.В., 1963, Археологические исследования на южном и восточном пребережье Приморья в 1960г.(안드레예바, 1963, 「1960년에 조사된 연해주 남부와 동부 해안가의 고고학 유적」)

Андреева Ж.В, . 1970, Древнее Приморье. Железный век. М.: 1970. 148 с.(안드레예바 1970, 연해주의 철기시대)

Андреева Ж.В., 1977, Приморье в эпоху первобытнообщинного строя. Железный век (1 тыс. до н.э. – VIII в.н.э.). М.: Наука, 1977. 240 с.(안드레예바 1977, 연해주 철기시대)

Андреева Ж.В., Жущиховская И.С. 1975, Послениея янковсокой культуры возле Славяки-Арх. ИА АН СССР. (안드레예바 외 1975, 슬라뱐까 얀꼽스끼 문화유적)

Андреева Ж.В., Жущиховская И. С., Кононенко Н. А. 1986, Янковская культура. М. (안드레예바 외 1986, 얀꼽스키 문화)

Андреева Ж.В. Дьяков О.В. 1973, Раскопоки могильника на послении янковской културы в колхозе им. Чапвево(안드레예바, 댜코프 1973, 얀꼽스키 문화의 차파예보 유적 발굴)

Алексеева, Э.В., Андреева, Ж.В., Вострецов, Ю.Е., Горшкова, И.С., Жущиховская, И.С., Клюев, Н.А., Кононенко, Н.А., Кузьмин, Я.В., Худик, В.Д., 1991, Неолит юга Дальнего Востока: Древнее поселение в пещере Чертовы Ворота (알렉세프 외, 1991, 『남극동의 신석기시대: 쵸르토븨 바로타 유적』).

Арсеньев В.К. 1922, Обследование Уссурийского края в археологическом и архигеографическом отношениях // Изв. Южно-Уссур. отд-ния Приморского отдела РГО. Никольск-Уссурийский. 1922. 1. Январь. С. 55. (아르시네프 1922, 우수리 지역의 고고학 유적에서 고건축물의 연구)

Батаршев С.В., 2009, Руднинская археологическая культура в Приморье. -198с.(바타르쉐프 2009, 『연해주의 루드나야 고고문화연구』)

Болдин В.И., Ивлев А.Л., 2002, Моногослойный памятник Новогодеевское городище. Материалы раскопок 1986-1989 годов//Труды Институт истории, археологии, и этнографии народов Дальнеого Востока, Т.XI, 《Актуальные проблемы далневосточной архнлогии》 (볼딘, 이블리예프, 2002, 다층위 성 유적, 노보고르제예프스꼬예 성, 1986-1989 출토자료)

Бродянский Д.Л. 1987, ВВедение в Далневосточную археология-Владивосток; Изд-во Далневосточого университет (브로댠스끼 델. 엘. (정석배 역), 1996, 연해주의 고고학)

БродянскийД.Л., 1996, Культурная многолнейность и хронологические парллели(по материалам археологии Приморья), записки общества изучения Амурского края (브로댠스키 1996, 「연해주 고고학에서 문화의 다양성과 편년문제」)

Болотин Д. П., 2008. "Происхождение амурских эвенков." Краведение Приамурья, 3(볼로틴 2008, 『아무르강의 에벤키 기원』)

Богачев И.Н., 1956. О механизме графитизации белого чугуна // Новое в теории и практике литейного производства. М.: Машгиз. С. 127-133.(보가체프 1956, 「백주철의

용융-메카니즘」

Ветренников В. В., 1976, Геологическое строение Сихотэ-Алинского заповедника и центрального Сихотэ-Алиня, Труды Сихотэ-Алинского заповедника. — 1976. — Вып. 6. — 167 с.(베테르니코프 1976, 시호테 알린 산맥의 중부 자연보호구역의 지형학적 특징)

Вострецов Ю.Е., 1985, Раскопки жилищ кроуновской культуры на поселении Киевка в Приморье // КСИА. 1985. Вып. 184. С. 60-63. (보스트레쵸프 1985, 연해주 키로프카 유적 크로우노프카 문화 주거지 발굴)

Вострецов Ю.Е., 1986, Раскопки поселения падь Семипятнова III В приморе //КСИА 1986, вып.186(보스트레쵸프 1986, 세미트냐야- 3 유적 발굴)

Вострецов Ю.Е., Жущщховская И.С. 1985, Раскопки жилищ кроуновской культуры на поселении Киевка в Приморье С. 60-63.(보스트레쵸프 1985, 연해주 끼예프까 유적 발굴)

Вострецов Ю.Е., Жущиховская И.С., 1987, Посление кроуновсокй культуры Корсаковское-2 в Приморе//Новые материалы по превобытной археологии юга Дальнего Востока(препринт)-Владивосток ДВО РАН СССР, (보스트레쵸프·주시호프스카야 1987, 연해주 코르사코프스코예 2의 끄로우노프까 문화 유적)

Вострецов Ю.Е.. 1998 Археологические материалы поселений Заречное-1, Зайсановка-3, 4, Ханси-1, Бойсмана-1// Первые рыболовы в заливе Петра Великого-Владивасток.(보스테레쵸프 1998, 자레치노 예-1, 자이사노프카-3·4, 한시-1, 보이스만-1 유적 연구, 『표트르 대제만의 원시어업』)

Гарковик А.В., 1973, Посление с гротами у подножтя Синих Скал С. 43-45(가르코빅 1973, 「시니예 스칼르이 계곡 아래의 동굴유적」)

Гарковик А.В., 1989, Новый неолитический памятник Боголюбовка 1(в Приморе), Древние культуры Дальнеого Востока СССР(археологический поиск)/ ИИАЭ ДВО РАН СССР.-Преритнт-Владивосток, -С.8-10.(가르코빅 1989, 「보골류보프카-1 신석기 유적」, 『소련극동의 고대문화』)

Гарковик А.В., 1993, Реальтаты раскопки на поселении Мустанг 1 в 1987г. //Археологические исследования на Дальнем Востоке России /ИИАЭ ДВО РАН -Препринт.-Владивосток, С.3-6.(가르코빅 1993, 1987년 무스탕 1유적 발굴보고)

Гарковик А.В., 2000. Архаичные керамические комплексы Приморья // Вперед… в прошлое: К 70-летию Ж.В. Андреевой. Владивосток, С. 252-271.(가르코빅 2000, 연해주의 고토기 유형)

Гарковик А.В., 2005, Некоторые особенности перехдного периода от палеолита к неолиту, Российский Дальний восток в древности и средневековье(가르코빅 2005, 「구석기시대에서 신석기시대로의 이행기에 대한 몇 가지 문제」

Гарковик А.В. 2008, Боголюбовка-1 памятник позного неолита Приморя, Окно в неведомый мир-Новосибриск, Изд-во ИИАЭ СО РАН, 2008-С.131-139.(가르코빅 2008 「연해주 신석기 후기 보골류보프카-1 유적」, 『』)

Гарковик А.В. 2011, Сооружения этохи неолита на памятнике Мусан-1 в Примоье, Дальний Восток России в древностии и средневековье (가르코빅 2011, 「연해주 무스탕-1 유적의 신석기시대 주거지」, 『러시아 극동의 선사와 중세시대』

Дьяков В.И. 1989, Примоье в Эпоху Бронзы, 260с.(댜코프 1989, 청동기시대 연해주)

Деревнко А.П. 1976 Приамуре (I тысятлетие до нашей эры). Новосибирск: Наука.Сиб. отд-ие.(데레비얀코 1976, 기원전 천년기의 아무르 지역)

Деревянко А.П., Зенин В.Н., 1995. Палеолит Селемджи (по материалам стоянок Усть-Ульма-1-3) // Новосибирск, 160с. (데레비얀코, 제닌 1995, 후기구석기시대 셀렘자 문화)

Деревянко А.П., Деревянко Е.И., Нестеров С.П., Табарев А.В., 2017, Кадзунори Учида, Даи Куникита, Кацуки Морисаки, Хироюки Мацудзаки. Новые радиоуглеродные даты громатухинской культуры начального этапа неолита в Западном Приамурье// Археология, этнография и антропология Евразии, т. 45, №. 4, с. 3 - 12(데레비얀코 외 2017, 아무르강 중류의 신석기 초기 그로마투하 문화의 절대연대 최신자료)

Джалл Э.Дж.Т., Бурр Дж., Деревянко А.П., Кузьмин Я.В., Шевкомуд И.Я., 2001. Радиоуглеродная хронология перехода от палеолита к неолиту в Приамурье (Дальний Восток России) // Современные проблемы евразийского палеолитоведения. Новосибирск, С. 140-142 (드 좔 외 2001, 아무르강의 후기구석기시대~신석기시대 이행기의 탄소연대)

Дьяков В.И., 1989, Примоье в Эпоху Бронзы, 260с. (댜코프 1989,『연해주의 청동기시대』)

Дьяков В.И., 1992, Многослойное поселение Рудная Пристань и периодизация неолитических культур Приморья. − 140 с. (디코프, 1992,『연해주의 루드냐야 프린스턴 유적과

신석기 문화의 편년』)

Жущиховская И.С., 1979. Новый памятник кроуновской культуры в Приморье. Препринт. Владивосток. 12 с.(주시호프스카야 1979, 연해주의 크로우노프카 문화 새로운 유적)

Жущиховская И.С., 1980, Керамика раннего железного века Приморья (I тыс. до н.э.): Автореф. дис. ... канд. ист. наук. Новосибирск. 18 с.(주시호프스카야 1980, 연해주 철기시대 토기)

Жущиховская И.С., 1984, О локально-хронологических врианiтах памятников кроуновскрой культуры(по данным анализа керамика)//Археология и этнография народов дальнего востока(쥬쉬호프tm까야 1984, 끄로우노프까 문화 유적의 지역 유형에 관해서)

Жущиховская И.С. 2004, Очерки истории древнего гончарства Дальнего Востока России. Владивосток, 312(주시호프스카야, 2004, 러시아 극동의 고대 토기 제작)

Морева О.Л. 2003, Относительная периодизация керамических комплексов Бойсманской археологической культуры памятника Бойсмана-2(모레바 2003, 보이스만-2 유적의 보이스만 문화의 토기상대편년)

Медведев В.Е. 2000., Поселение Перевал на юге Приморья, История и архкология Дального Востока. К 70-летию Э.В. Шавкунова. С-40-48.(메드볘제프 2000, 「연해주 남부의 피레발 유적」)

Морева О.Л., 2005, Керамика Бойсманской културы (по материалам памятника Бойсмана-2);Автореф.дис...канд.ист.нук.(모레바 2005, 보이스만 문화의 토기, 박사학위논문 요약본)

Морева О.Л., Батаршев С.В., Попов А.Н., 2008, Керамический комплес эпохи неолита с многослойного памятника Ветка-2(Приморье)//Неолит и неолитизация бассейна японского моря: человек и исторический ландшафт -Владивосток, 2008. -С131-160.(모레바 외 2008, 「다층위 베뜨까-2 유적의 신석기시대 토기고찰」, 『동해안의 신석기시대: 역사경관에서 인간』)

Морева О.Л., Батаршев С.В., Дорофеева Н.А., Куртых Е.Б., Малков С.С., 2009, "Предварительные результаты изучения памятника Гвоздево-4 в южном Примрье" С.52-104. (모레바 외 2009, 그보즈제보-4 유적의 발굴조사)

Глушков И.Г. 1996, Керамика как археологический источник (그루쉬코프 1996, 『고고학 자료

에 있어서 토기』)

Нестров С.П. 2005, Стратиграфия неолитических памятников Новопетровка-III и Громатуха из западного Приамурья, Северная пацика-культурные адаптции в конце плейстоцена и голоцена(네스테로프 2005, 「아무르강 서쪽 그로마투하 문화의 노보페트로프카-3 유적」)

Нестеров С.П. 2008., Черниговка-на-Зее – поселение громатухинской культуры в западном Приамурье // Неолит и неолитизация бассейна Японского моря: человек и исторический ландшафт: Материалы междунар. археологич. конф., посв. 100-летию со дня рожд. А.П. Окладникова. Владивосток, С. 170-181(네스테로프 2008, 아무르강 중류의 그로마투하 문화의 체르니고프카-나-지 유적)

Нестеров С.П., Алкин С.В., Петров В.Г., Канг Чан Хва, Орлова Л.А., Кузьмин Я.В., Имамура М., Сакамото М., 2005. Результаты радиоуглеродного датирования эпонимных памятников громатухинской и новопетровской культур западного Приамурья // Проблемы археологии, этнографии, антропологии Сибири и сопредьных территорий:

Материалы год.й сес. Ин-та археологии и этнографии СО РАН 2005 г. Новосибирск, Т.XI. Ч. I. С. 168-172 (네스테로프 외 2005, 아무르강 중류의 그로마투하 문화와 노보페트로프카 문화의 탄소연대측정결과)

Нестеров С.П., Зайцев Н.Н., Волков Д.П., 2006, Ранненеолитический памятник громатухинской культуры Черниговка на реке Зее // Проблемы археологии, этнографии, антропологии Сибири и сопредьных территорий. – Новосибирск: Изд-во ИАЭТ СО РАН, – Т. XII, ч. 1. – С. 201 – 205(네스테로프 외 2006, 그로마투하 문화의 유적 체르니고프카-나-지 유적)

Жушщховская И.С. 1976, Отчет об археологических работах на поселении Киевка Лазовского района Приморского края 1976г.(주쉬호프스카야 1976, 『연해주 라조지구의 키예프카 유적조사』)

Клюев Н.А Гарковик А.В., 2008 Новые данные о неолите Приморья(по материалам исследований 2000-х годов), Неолит и неолитизация бассейна японского моря: человек и исторический ландшафт – Владивосток, 2008. – С85-97.1(클류에프·가르코빅 2008 「연해주 신석기시대의 새로운 자료」, 『동해안의 신석기시대: 역사경관에서 인

간』)

Клюев Н.А., Яншина О.В., 2000, Посление Анучино-1 в Приморье и проблема выделения анучинской археологической культуры //Вперед...В прошлое. К70-летнию ..-Владивосток (끌류예프·얀쉬나 2000, 아누치노1 유적과 아누치노 고고문화의 분리)

Клюев Н.А., Яншина О.В., 1994, Новые материалы по эпохе палеометалла Примортя(поселение Глазовка-2), Вопросы археологии, истории и этнографии Дальнеого востока С.18-30(클류에프·얀쉬나 1994, 「연해주 고금속기시대의 새로운 유적-글라조프카 2」)

Клюев Н.А., Яншина О.В., 2002, Финальный неолит Приморья: новый взгляд на старую проблему, Россия и АТР. - №. 3. - С. 67-78(클류예프·얀쉬나 2002, 「연해주의 신석기시대 가장 마지막 순간: 오래된 문제에 대한 새로운 접근」)

Клюев Н.А., Яншина О.В., Кононенко Н.А., 2003, Поселение Шекляево-7 - новый неолитический памятник в Приморье, Россия и АТР. - №. 4. - С. 5-15 (클류예프 외, 2003, 「셰클랴예보-7 유적」, 『러시아와 태평양』제4기)

Клюев, Н.А., Пантюхина, И.Е., 2006, Новые памятники раннего неолита Примрья (стоянка-ЛЗП-3-6), Гродековские чтения (클류예프, 판튜히나, 2006, 「연해주 이른 신석기시대 새로운 유적(엘제페-3-6)」, 『그로제코바 기념논총』.

Кононенко Н. А., 1978, К вопросу о функциональном назначении каменных шлифованных ножей поселения Малая Подушечка Археологические материалы по древней истории Дальнего Востока СССР Владивосток С. 37-41.(코노넨코 1978, 말라야 포두세치카 유적의 마제석기의 사용방법에 대해서)

Кононенко Н.А., 1998, Каменный и костяной инвентарь поселения Бойсмана-1// Первые рыболовы в заливе Петра Великого-Владивасток.(코노넨코 1998, 보이스만-1 유적의 석기와 골각기연구, 『표트르 대제만의 원시어업』)

Клюев Н.А., Слепцов И.Ю., 2001, Раскопки поселения Анучино-14 в Приморье в 1999 году, Шестая Дальневосточная конференция молодых историков С.19-38(클류에프 외 2001, 「아누치노-14 유적의 발굴보고」)

Ким Чже Ен, 2009, Керамика поздеого неолита приморя и соредельных территорий Восточной Азии ; Автореф. дис...канд.ист.нук.(김재윤 2009b, 『러시아 연해주 및 인접한 동아시아의 신석기 후기 연구』, 박사학위논문요약본)

Куртых Е. Б., Батаршев С.В., Дорофеева Н.А. Малов С.С., Морева О.Л., Попов А.Н., 2007, Археологическая исследования на памятнике гвоздево-4 в южном приморе, Археология каменного века палеоэкология (쿠르티흐 외 2007, 그보즈제보-4 유적의 고고학조사, 『고고학과 석기시대 고환경』)

Кузьмин, Я.В., Алкин, С.В., Оно, А., Сато, Х., Сакаки, Т., Матсумото Ш., Оримо, К., Ито Ш., 1998, Радиоуглеродная хронология древних культур каменного века Северо-Восточной Азии / – Владивосток: Тихоокеанский ин-т географии ДВО РАН, 1998. – 127 с. (쿠즈민 외, 1998, 『선사시대 절대연대』).

Кузмин Я.В., Коломиец С.А., Орлова Л.А., СулержицкийЛ.Д., Болдин В.И, Никитин Ю.Г., 2003, Хролонология култур Паллеометалла и средневековя Приморя(Дпльний Восток России), C.156-163(쿠즈민 외 2003, 「연해주의 고금속기시대와 중세시대 절대연대」)

Крупянко А.А., Яншина О.В., 2002, Поселение Суворово 6 и его место в археологии Приморья // Археология и культурная антропология Дальнего Востока. Владивосток, С. 57-74.(쿠루퍈코, 얀쉬나 2002, 연해주 유적에서 수보로보 6 유적의 시간적 위치)

Коломиец С. А. Батаршев С.В.. Круьых Е.Б., 2002, Послание Реттиховка-Геолоческая:хроногия, культурная : Археология и Культурная Антрология Дальнкго Востока ДВО РАН -Владивосток (콜로미예츠 외 2002, 「레치호프카-게올로기체스카야 유적: 연대와 문화특성」, 『러시아 극동의 고고학과 문화인류학』)

Коротий А.М., Гребенникова Т.А., Пушкарь В.С., Разжигаева Н.Г., Волкова В.Г., Ганзей Л.А., Мохова Л.М., Базарва В.Б.. Макарова Т.Р.. 1996, Клаиматические смены на территрии юга Дальнего Востока в позднем кайназое (миоцен-плейстоцен), Владиосток (카로트키이, 그레베니코바, 푸시카리 등 1996, 신생대 홀로세의 극동 남부 기후변화)

Коротий А.М., Вострецов Ю.Е.. 1998 Географическая среда и культурная динамика в среднем голоцене в заливе Петра Великого// Первые рыболовы в заливе Петра Великого-Владивасток.(카로트키, 보스테레초프 1998, 표트르 대제만의 홀로세 중기 문화변동과 자연환경, 『표트르 대제만의 원시어업』)

Конькова Л.В., 1989 : Бронзолитейное производство на юге Дальнего Востока СССР (рубеж II-I тыс. до н.э. — XIII век н.э.). Л.: 1989. 124 с.(콘코바 1989, 소비에트 극동

남부의 청동기 제작)

Ласкин А.Р., 2015, ПЕТРОГЛИФЫ СИКАЧИ-АЛЯНА: ИСТОРИКО-КУЛЬТУРНЫЙ КОНТЕКСТ И СОСТОЯНИЕ СОХРАННОСТИ :Автореф. дис...канд.ист.нук., Москва(라스킨, 2015, 사카치 알리안; 보존상태와 문화적 교류의 텍스트)

Окладников А.П., 1955 Неолит и бронзовый век Прибайкалья. Ч. III, МИА №43. Москва-Ленинград. 376 с. (오클라드니코프 1955, 프리바이칼 지역의 신석기시대와 청동기시대 III권)

Окладников А.П., 1956 Приморье в тысячелетии до н. э. по материалам поселений с раковинными кучами //СА Т. 26(오클라드니코프 1956, 기원전 일천년기의 연해주의 패총유적)

Окладников А.П., 1958 Далекое прошлое Приморья, Владивосток (오클라드니코프 1958, 연해주의 머나먼 과거)

Окладников А.П., 1959. Начало железного века в Приморье // Тр. / АН СССР. СО. ДВФ. Сер. ист. Т. 1. С. 13-36. (오클라드니코프, 1959, 연해주 초기 철기시대)

Окладников А.П., 1963 Древнее поселение на полуострове Песчаном у Владивостока // МИА (오클라드니코프 1963, 블라디보스톡 부근의 페스챤느이 반도 고대유적)

Окладников А.П., 1964, Древнее поселение в Пхусун, Материалы по истории Стбтрии С.73-83(오클라드니코프 1964, 「푸수훈 만(灣)의 고대 유적」)

Окладников А.П., 1964, "Советский Дальний Восток в свете новейших достижений археологии", ВИ 1, С. 44-57(오클라드니코프, 1964, 「극동 고고학의 새로운 성과」, 『역사의 제문제 1』)

Окладников А.П., 1966, неолитические племена Прибайкалья, Восточной Сибири и дальнего Востока// ИСТОРИЯ СССР: С древнейших времен до наших дней.-Москва, 1966-Том 01. Первобытнообщинный строй. Древнейшие государства Закавказья и Средней Азии. Древняя Русь (до начала XIII в.)(오클라드니코프 1966, 「동시베리아와 극동, 프리바이칼의 신석기시대 주민」, 『소비에트의 역사: 고대부터 현대까지』)

Окладников А.П. (гл. ред.), 1968, История Сибири с древнейших времен до наших дней. Древняя Сибирь Том 1, 1968 (오클라드니코프 1968, 선사시대에서 현재까지 시베리아의 역사)

Окладников А.П., 1970, "Неолит Сибири и Дальнего Востока", МИА 166. - С. 172-193. (오

클라드니코프 1970, 「시베리아와 극동의 신석기시대」, 『소련물질문화연구 166호』)

Окладников А.П., 1971, Петроглифы нижнго Амура, издательство НАУКА, Лениград(오클라드니코프 1971, 아무르강 하류의 암각화)

Окладников А.П., 1976, Неолитические памятники Нижней Ангары. (오클라드니코프 1976, 앙가라 강 하류의 신석기유적)

Окладникв А.П., 1978 Верхоленский могильник памятник древней культуры народов Сибири. Новосибирск (오클라드니코프 1978, 시베리아의 고대문화, 베르홀렌스크 무덤 유적)

Окладников А.П., 1968, БродянскийД.Л. 1968, Многослойное Олений 1 в Приморе(오클라드니코프·브로단스키 1968, 연해주 올레니1 다층위 유적)

Окладников А.П., БродянскийД.Л., 1979, Древнее поселение на острове Петрова//Археология южнойСибири.-Кемерево.(오클라드니코프·브로단스키 1979, 페트로바 섬의 고대 유적)

Окладников А.П., Бродянский Д.Л. 1984, Кроуновская культура, Археология юга Сибири и Дальнего Востока. ‒ Новосибирск: Наука. Сиб. отд-ние. (오클라드니코프·브로단스키 1984, 「크로우노프카 문화」, 『시베리아 남부와 극동의 고고학』)

Окладников А.П., Деревянко А.П., 1973, Далекое прошлое Приморья и Приамурья(오클라드니코프, 데레비얀코 1973, 『연해주와 아무르강의 머나먼 과거』)

Окладников А.П., Деревянко А.П., 1977. Громатухинская культура. Новосибирск, 211 с(오클라드니코프, 데레비얀코 1977, 『그로마투하 문화』)

Окладников А.П., Дьяков В.И., 1974 Поселение эпохи бронзы в пади Хаинской, Новое в археологии Сибири и Дальнего Востока, Новосибирск(오클라드니코프, 댜코프 1974, 『하린 계곡의 청동기시대 유적』)

Новгородова Э.А., 1970 : Центральная Азия и карасукская проблема. М.: ГРВЛ.(노보고르도바 1970, 『카라숙 문화와 중앙아시아』)

Членова Н.Л., 1964, Карасукская культура, Материалы по древней истории Сибири // Улан-Удэ: 1964. с.263-279 (츨레노바 1964, 『시베리아 고대역사, 카라숙 문화』)

Членова Н.Л., 1967 : Происхождение и ранняя история племё н тагарской культуры. М. 300 с.(츨레노바 1967, 『타가르 문화 사람의 기원과 초기 역사』)

Членова Н.Л., 1976 : Карасукские кинжалы. М.(츨레노바 1976, 『카라숙문화의 단검』)

Сидоренко Е.В., 2007, Северо-Восточное Приморье в эпоху палеометалла. Владивосток: Дальнаука. 271 с.(시도렌코 2007, 고금속기시대 연해주 동북지역)

Слепцов И.Ю., 2005, Жилище маргартовской культуры(по материалам полевых исследований поселения Преображение 1), Социогнез в Северной Евразии: Сборник научних трудов, С.154-158(슬렙초프 2005, 「프레오브라제니예 1유적, 마르가리토프카 문화의 주거지」, 『북유라시아의 사회형성』)

Слепцов И.Ю., Ким Чже Ен, 2009, Памятник Анучино-29 в Центральном Приморье: планиграфия поселения и типология археологического инвентаря, Россия и АТР.-Ио 4-С.(슬렙초프·김재윤 2009, 「연해주 아누치노-29 유적의 토기와 주거지 복원」, 『러시아와 태평양』 제4기)

Поляков И.С., 1884, Отчет об исследованиях на острове Сахалине, в раяо-Уссурийском крае, в Японии: Приложение к XLVIII Т. Записок Имп, Академии наук, No6 -СПб.(폴랴코프 1884, 「우수리스크 지역과 사할린 섬의 비교연구」)

Попов А.Н., Чикишева Т.А., Шпакова Е.Г., 1997, Бойсманская археологическая культура Южного Приморья (по материалам многослойного памятника Бойсмана-2). (포포프 외 1997, 「남부 연해주의 보이스만 고고문화」)

Попов А.Н., Кононенко Н.А., Дорофеева Н. А. 2002, Харатеристика каменного инвентаря Бойсманской культуры(по результатам раскопок памятника Бойсмана-2 1998г.), //Археология и культурная антропология Дальнего Востока и Централльной Азий (파포프 외 2002, 「보이스만 문화의 석제도구 특징」, 『극동과 중앙아시아의 고고학과 문화인류학』)

Попов, А.Н., Батаршев, С.В., 2007, Материалы руднинской культуры на памятнике Лузанова Сопка-2 в Западном Приморье, Северная Евразия в антропогене : человек, палетехнологии, геоэкология, этнология и антропология: материалы всерос. конф. с междунар.участием, посвящ. 100-летию со дня рождения(파포프·바타르쉐프, 2007, 「루자노바 소프카-2 유적의 루드나야 문화의 토기 연구」).

Шевкомуд И.Я., 2002. Памятники Хехцирского геоархеологического района и проблемы переходного периода от палеолита к неолиту в Приамурье // История и культура Востока Азии. Новосибирск, Т.2. С. 178-182.(셰프코무드 외 2002, 아무르강 하류

의 후기구석기시대에서 신석기시대 이행기의 헤흐치르 지구 유적)

Шевкомуд И.Я., 2003. Осиновая Речка-10 – новый памятник переходного периода от палеолита к неолиту на Нижнем Амуре // Археология и социокультурная антропология Дальнего Востока и сопредельных территорий.Третья международная конференция ≪Россия и Китай на дальневосточных рубежах≫. Благовещенск, С. 63-70.(셰프코무드 2003, 아무르강 하류의 후기구석기시대에서 신석기시대 이행기의 새로운 유적, 오시노바야 레치카-10 유적)

Шевкомуд И.Я., Яншина О.В., 2012, Начало неолита в Приамурье: поселение Гончарка-1. СПб: МАЭ РАН, 270 с(셰프코무드, 얀쉬나 2012, 곤차르카-1 주거 유적: 아무르강의 신석기시대 시작)

Н.А. Кононенко, Х. Кадзивара, А.В. Гарковик, А.М.Короткий, А.В. Кононенко, Ю.Екояма, Е.Такахара, 2003, Охотники-собиратели бассейна Японского моря на рубеже плейстоцена - голоцена(코노넨코 외 2003, 플라이스토세 동해의 사냥꾼과 채집민)

Деревянко А.П., 1983, Палеолит Дальнего Востока и Кореи. – Новосибирск.(데레비얀코 1983, 극동과 한국의 구석기시대)

Янковский М.И., 1881, Кухонные остатки и каменные орудия, найденные на берегу Амурского залива на полуострве, лежащем между Славянской бухтой и устьем р.Сидми: Заметка, приложенная к археологическим древностям, пересланным в музей ВСОРГО, //Изв, ВСОРГО.-Т.XII, No2-3. Иркутск (얀코프스키 1881, 아무르만 지역의 시데미강 하류와 슬라뱐카 반도 사이에서 발견된 고대의 패총 흔적과 석제품)

Яншина О.В., 2001, Финальный неолит-брозовтй век Приморья. Систематзация археологических памятников; Аатореф. дис… канд.ист.наук. (얀쉬나 2001, 『연해주의 신석기 말기와 청동기시대』, 박사학위논문)

Яншина О.В., 2004, Проблема выделения бронзового века в приморе -211с.(얀쉬나 2004, 『연해주의 청동기 분리』)

Яншина О.В., Клюев Н.А., 2005, Поздний неолит и ранний палеометалл Приморья: критерии выделения и характеристика археологических комплексов, Российский Дальний Восток в древности и средневековье: открытия, проблемы, гипотезы: Открытия, проблемы, гипотезы-Владивосток – С. 187-233 (얀쉬나·클류에프, 2005, 「연해주 신석기 후기와 고금속기시대 전기의 고고유형 분리와 특징」, 『러시아 극동

의 선사와 중세』)

Яншина О.В., Клюев Н.А., 2005, "Поздний неолит и ранний палеометалл Приморья: критерии выделения и характеристика археологических комплексов", Российский Дальний Восток в древности и средневековье: открытия, проблемы, гипотезы: Открытия, проблемы, гипотезы-Владивосток - С. 187-233 (얀쉬나·클류에프, 2005, 「연해주 신석기 후기와 고금속기시대 전기의 고고유형 분리와 특징」, 『러시아 극동의 선사와 중세』)

영어

Cassidy J. Kononenko N., Sleptsov I. Ponkratova I. On the Margarita Archaeological Culture: Bronze age or Final Neolithic ?, Проблемы археологии и палеэкологии Сеыерной, Восточнойи Центральной Азии-Новосибриск:-С. 300-302.

Derevianko A.P., Kuzmin Y.V., Burr G.S., Jull A.J.T., Kim J.C. AMS 14C age of the earliest pottery from the Russian Far East: 1996 – 2002 results // Nuclear Instruments and Methods in Physics Research. Section B: Beam Interactions with Materials and Atoms. – 2004. – Vol. 223/224. – P. 735 – 739.

E.I. Gelman, M. Komoto, K. Miyamoto, T. Nakamura, H. Obata, E.A. Sergusheva, Y.E. Vostretsov. Kumamoto 2003, Krounovka 1 Site in Primorye, Russia: Preliminaly Result of Excavations in 2002 and 2003

Okaldnikov A.P. 1965 The Soviet Far East in Antiquity: an Archaeological and Historical Study of the Maritime Region of the USSR-Toronto: Univ. Toronto Press.

Zaitseva GI, Vasiliev SS, Marsadolov LS, van der Plicht J, Sementsov AA, Dergachev VA, Lebedeva LM. 1998. A tree-ring and 14C chronology of the key Sayan-Altai monuments. Radiocarbon 40(1):571 – 80.

Institute of History, Archaeology and Ethnography of the Peoples of the FAR EAST, RUSSIAN ACADEMY of Science`Department of Archaeology, KYMAMOTO UNIVERSITY, 2004, Krounovka 1 Site,